HEYNE <

Judith Etz

BARFUSS UM DIE WELT

Wie ich durchs Barfußlaufen geheilt wurde und zu mir selbst fand

WILHELM HEYNE VERLAG
MÜNCHEN

MIX
Papier aus verantwortungsvollen Quellen
FSC® C083411

Penguin Random House Verlagsgruppe FSC® N001967

Originalausgabe 06/2021

Redaktion: Ulrike Strerath-Bolz
Umschlaggestaltung: Eisele Grafik-Design unter Verwendung
der Motive von © Veselin Kolev und © Bigstock / NotionPic
Fotos im Innenteil: Seite 14 oben: © Nada Brahma Healing Center,
alle anderen: © privat
Satz: Satzwerk Huber, Germering
Druck: CPI books GmbH, Leck
Printed in the Czech Republic
ISBN: 978-3-453-60565-7

www.heyne.de

Inhalt

Einleitung

Von Schuhen habe ich noch nie viel gehalten. Mal waren sie zu eng oder zu klein, mal zu groß, drückten oder sahen einfach nur hässlich aus. Daher spazierte ich am liebsten barfuß herum. Schon als Kind liebte ich das Gefühl von bloßen Füßen. Kühles Gras im Morgentau oder von der Sonne erwärmter Asphalt waren ohne Schuhe ein völlig anderes Erlebnis. Meine Lehrer sahen mich im Sommer oft barfuß in der Schule, und genauso marschierte ich auch durch die Stadt. Einmal fragten meine Freundinnen, ob das denn nicht eklig wäre mit den ganzen Kaugummis auf dem Boden. Darauf entgegnete ich nur: »Ich muss ja nicht mit meinen Füßen essen!«, und wir liefen lachend weiter.

Nachdem bei mir eine Autoimmunerkrankung festgestellt wurde und die Medikamente nicht recht anzuschlagen schienen, entdeckte ich als Heranwachsende das Barfußlaufen für mich als Therapie. Irgendwann reichten mir die Sommer nicht mehr, ich lief auch im Herbst barfuß und dann sogar zeitweise im Winter. »Pass auf, du erkältest dich noch«, hörte ich häufig. Aber ich erkältete mich nicht, im Gegenteil, mir ging es besser als je zuvor.

Als ich erwachsen wurde, schlichen sich dann doch wieder die Schuhe in mein Leben. In der Bank, wo ich meine Ausbildung zur Privatkundenberaterin startete, trugen alle Kolleginnen

Schuhe mit hohen Absätzen. Sie gehörten eben zum Dresscode, und so passte ich mich an. Auch mein Partner fand High Heels attraktiver als schwarze Fußsohlen oder breite Barfußschuhe aus Gummi mit Zehen dran. Nur ich fühlte mich immer beengter, und mit meiner Gesundheit ging es bergab.

Nach einer Lebenskrise fasste ich endlich den Entschluss auszubrechen: aus meinen Schuhen und dem damit verbundenen Leben. Ich löste mich aus der Beziehung, wechselte den Beruf und beschloss, mit meinem angesparten Geld barfuß um die Welt zu reisen.

Meine Füße haben mich seither über heißen Sand und scharfkantige Felsen getragen, durch Dschungel mit giftigen Schlangen, Fröschen und Spinnen, sie haben sich Dornen eingefangen und wurden von Krebsen gekitzelt. Vor allem aber haben sie mich eine Kraft in der Natur erspüren lassen, von der ich zuvor keine Ahnung hatte. Sie haben meinen Körper und meine Seele aufgerichtet und mir neue Energie geschenkt. Meine Füße brauchen die Erde und das Gefühl der Verbundenheit. Seitdem »Earthing« und Barfußlaufen ein weltweiter Trend geworden sind, werde ich auch immer seltener komisch angeschaut. Oft lächeln mich die Menschen aufmunternd an. Wildfremde Passanten in der Stadt verwickeln mich in ein angeregtes Gespräch über meine bloßen Füße. Auf Instagram und Facebook schreiben mir andere Barfußläufer, und wir tauschen uns über unsere Erfahrungen aus.

Uns alle eint die Erkenntnis: Beim Barfußlaufen kommen wir Schritt für Schritt den Wurzeln unseres Körpers näher. Als die Tarahumara, ein indigenes Volk von barfüßigen Ultralangstreckenläufern im Norden Mexikos, durch den Bestseller *Born to Run* von Christopher McDougall ins Blickfeld der Wissenschaft gerückt sind, ist das Thema Barfußlaufen auch in der breiten Öffentlichkeit angekommen.

Ich war barfuß in Fünf-Sterne-Hotels beim Dinner und habe mit dem Personal über Champagner gefachsimpelt. Ich habe heilige Orte betreten und war die Attraktion in fernen Großstädten. Die Neuseeländer haben mich nach einem Blick auf meine Füße lächelnd als Hobbit willkommen geheißen. Vor allem aber haben mich meine Füße auf meiner Reise um die Welt Schritt für Schritt einem Ziel näher gebracht: mir selbst. Erst kürzlich habe ich eine Blutuntersuchung machen lassen; meine Autoimmunkrankheit ist nicht mehr nachweisbar. Ohne OP und ohne Medikamente, ein kleines medizinisches Wunder.

In diesem Buch erzähle ich, wie ich die Schuhe ausgezogen habe und losgelaufen bin, um die Welt zu erspüren. Ich berichte von überraschenden Begegnungen und kulturell geprägten Reaktionen auf mein Barfußlaufen. Dabei stelle ich fest: Wer barfuß läuft, bleibt nicht lange allein. Außerdem beschreibe ich die magische Verbindung zwischen Mensch und Natur, die ich erst spüre, seit ich auf die isolierende Schuhsohle verzichte. Ich lade Dich ein, mir in meinen Fußstapfen rund um die Welt zu folgen. Dazu brauchst du beim Lesen die Schuhe nicht einmal auszuziehen. Aber ich gebe Dir keine Garantie, dass du im Laufe des Buchs nicht doch Lust bekommst, die Schuhe abzulegen und auch einmal auf bloßem Fuß loszumarschieren.

Kapitel 1

Die Vorgeschichte: Wo der Schuh drückt

Als ich sieben Jahre alt bin, wird bei mir Morbus Basedow festgestellt, eine Autoimmunerkrankung der Schilddrüse. Der Arzt erklärt es mir so: »Dein Körper greift deine Schilddrüse an, die darauf mit einer übermäßigen Produktion von Hormonen reagiert. Weil wir derzeit nur die Symptome behandeln können, nimmst du zuerst Medikamente, um die Schilddrüse in ihrer Aktivität zu hemmen. Wenn deine Schilddrüse sich in den nächsten ein bis zwei Jahren nicht selbst reguliert, was nur äußerst selten passiert, nehmen wir sie heraus oder bestrahlen sie radioaktiv. Danach wirst du dein Leben lang Schilddrüsenhormone nehmen müssen, aber dafür bleiben dann auch die Symptome aus.«

Symptome – zunächst spüre ich nichts davon, aber dann geht es allmählich los: Schlaflosigkeit, Nervosität, Zittern, unregelmäßiger und beschleunigter Herzschlag, Heißhunger, Gewichtsverlust, Schweißausbrüche, Wärmeintoleranz, Muskelschwäche und mit dem Heranwachsen auch Zyklusstörungen. Außerdem entsteht häufig ein Druck- und Engegefühl im Hals, das zu Schluckbeschwerden und Luftnot führt. Durch den erhöhten Druck treten die Augen deutlicher hervor. Und ich weiß, unbehandelt kann die Krankheit zum Tod führen.

Also nehme ich brav meine Medikamente, und meine Eltern fahren mich jede Woche zur Blutabnahme und anderen Kontrollen. Auf eine Weise finde ich das ganz faszinierend und stelle auch viele Fragen. Aber am liebsten halte ich mich im Wartezimmer auf. Es gibt dort nämlich so viele Bücher, die ich bald alle durchgelesen habe.

Irgendwann sagen die Ärzte, ich solle mich beim Sport schonen und vorsichtig mit schnellen Bewegungen sein. Mich zurückzunehmen finde ich seltsam, denn ich bin gerne aktiv und habe es in der Grundschule zum altersbesten Mädchen im Weitsprung geschafft. Als ich die weiterführende Schule besuche, lassen meine sportlichen Leistungen aber schnell nach. Auch meine Psyche leidet: Das dauernde Hin und Her mit den Medikamenten verunsichert mich. Immer mehr Ärzte raten dazu, die Schilddrüse herauszuoperieren oder zu bestrahlen. Aber allein der Gedanke an eine Bestrahlung macht mir Angst, weil ich Radioaktivität nach der Katastrophe von Tschernobyl nur in einem negativen Zusammenhang sehen kann. Eine Operation fürchte ich nicht weniger, vor allem, seit ich den Zettel mit all den möglichen Risiken in der Hand gehalten habe. Außerdem will man einen Teil von mir wegnehmen, und ich werde für immer auf Medikamente angewiesen sein. Meine Schilddrüse gehört zu mir, auch wenn sie gerade nicht richtig mitmacht.

Ich denke, dass es andere Lösungen geben muss. Und wenn die Schulmedizin mir diese nicht geben kann, werde ich eben selbst danach suchen. Meine Mutter unterstützt mich und teilt den Ärzten als Erziehungsberechtigte ihre Entscheidung mit:

Wir möchten mit einer OP bis zu meinem achtzehnten Geburtstag warten. Die Ärzte versuchen zwar immer wieder, ihr diese Entscheidung auszureden, und betonen, dass die Medikamente auf die Dauer Leber- und Knochenmarkschäden oder einen Rückgang der weißen Blutkörperchen bewirken können. Aber meine Mutter bleibt unbeirrt. Sie hat einen unerschütterlichen Glauben daran, dass ich völlig gesund werden kann.

Ich bin gerade in die sechste Klasse gekommen, als meine Augen immer schlechter werden und mein vorher so dickes Haar dünner wird. Manchmal rast mein Herz scheinbar grundlos wie wild, und ich kann abends nicht einschlafen. In den langen Nächten habe ich viel Zeit und suche selbst nach alternativen Informationen und Lösungsansätzen. Wochen, Monate und Jahre des Ausprobierens und Umsetzens folgen.

Eines Tages lese ich, dass Barfußlaufen für verschiedene Erkrankungen gut sein soll, und beschließe, es damit zu versuchen. Die Studien und Ausführungen von Dr. Daniel Lieberman, Clint Ober, Stephen T. Sinatra, Pawel Sokal und anderen klingen vielversprechend. Nicht nur mein Immunsystem soll gestärkt und die Entzündung reduziert werden, sogar mein Schlaf verspricht besser zu werden. Die wissenschaftliche Erklärung dazu lautet, dass die Erde negativ geladene Elektronen abgibt, die im Körper wie Antioxidantien wirken und daher positiv geladene freie Radikale neutralisieren. Bei chronischen Entzündungen und Erkrankungen fallen diese freien Radikale über Zellen her und entziehen ihnen die Elektronen, sodass sie oxidieren und schneller altern. Studien lassen außerdem darauf schließen, dass das negative Potenzial der Erde eine stabile bioelektrische Umgebung für das Funktionieren aller Systeme des Körpers schafft. Schwankungen in der Intensität der Ladung sind wichtig, um die biologische Uhr zu kalibrieren, die den täglichen Rhythmus bestimmt, wie zum Beispiel die Kortisol Ausschüttung.

Voller Begeisterung stürze ich mich darauf. Ich genieße die warmen Spätsommertage, an denen ich die verhassten Schuhe ausziehen kann, um das warme Gras zu spüren. Als der erste Schnee fällt, gehe ich jeden Morgen eine Runde barfuß durch den Garten. Danach fühle ich mich wach und klar. Mit dem Frühling lege ich die Schuhe noch weiter ab und erscheine sogar barfuß im Gottesdienst. Aber die Reaktionen meines Umfelds auf meine nackten Füße verunsichern mich. Meinen Eltern bin ich peinlich, von meinem Ansatz sind sie weniger überzeugt. Und langsam kommen auch mir einige Zweifel. *Was haben die Füße denn mit meiner Schilddrüse zu tun?* Außerdem sind meine Fußsohlen noch sehr empfindlich. Sobald ich das weiche Gras verlasse, bereitet jeder Stein mir Schmerzen. Zumindest versuche ich es danach mit knallroten Barfußschuhen, die ich bei einer Youtuberin gesehen habe. Sie haben eine dünne Gummisohle, die vor spitzen Steinen, Dornen und Glasscherben schützt, und fünf einzelne Zehen.

Der Laufstil ändert sich beim Barfußlaufen häufig automatisch, und in mehreren Videos habe ich gesehen, dass der Vorderfuß- oder Ballenlauf bei ungepolsterten Schuhen sinnvoller ist. Hierbei kommen entweder nur der Vorderfuß oder Vorder- und Mittelfuß zuerst auf dem Boden auf und rollen dann weich zur Ferse hin ab. Landet der Fuß hingegen ungedämpft auf der Ferse, verschleißen die Gelenke mit der Zeit. Nach diesen für mich völlig neuen Informationen beginne ich den Ballengang zu üben. Allerdings hat mir niemand gesagt, dass ich das Ganze äußerst vorsichtig angehen muss. Meine Muskeln sind für den Ballengang noch untrainiert, und bald melden sie Überlastung. Ich muss einige Wochen pausieren, und das nimmt mir bereits viel von der anfänglichen Begeisterung. Außerdem sind meine Minimalschuhe nicht so bequem, wie ich erwartet habe. So kommt es, dass sie irgendwann vergessen im Schrank landen.

Mit ihnen geht meine Jugend, und ich heirate früh. In der Kirchengemeinde, in die ich hineingewachsen und seit einiger Zeit Vollmitglied bin, ist es undenkbar, eine ernsthafte Beziehung vor der Heirat zu führen. »Wer weiß, was da passieren könnte«, wird mit einem verlegenen Räuspern geflüstert. Ebenso schändlich ist es, eine einmal begonnene Beziehung zu beenden. Eigentlich wäre es am besten, gleich nach dem ersten Kennenlernen zu heiraten, so die gängige Meinung in diesem Umfeld. Obwohl meine Zweifel deutlich spürbar sind, beuge ich mich diesem Druck. Wenn die Leute über mich reden, weil ich einen Rückzieher gemacht habe, werden meine Eltern darunter leiden, und das will ich ihnen nicht antun.

Nur, was ist das für eine Gemeinde, in der ich mir solche Gedanken machen muss? Diese Frage stelle ich mir immer wieder, und fühle mich mit jedem verstreichenden Tag unwohler – nicht nur in dieser Gemeinschaft, sondern auch in der Ehe und in meiner Ausbildung zur Bankkauffrau. Ich kann nur schwer benennen, was ich fühle, denn meine Gefühle zu reflektieren oder gar über sie zu sprechen, ist mir noch nie leichtgefallen. Dafür schreit mein Körper alles, was ich nicht aussprechen kann, in umso größerer Lautstärke in die Welt heraus. Er versucht mir zu zeigen, was ich noch nicht so recht wahrhaben will. Doch meine Angst vor dem Unbekannten ist stärker, und so ignoriere ich, was er mir sagt und bleibe lieber bei dem vertrauten Übel.

In dieser Zeit verschlimmert sich meine Krankheit wieder. Es kommt zu unüblichen Nebenwirkungen, ich nehme rapide zu. Überhaupt bin ich so häufig krank, verletze mich oder mir passiert sonst etwas, dass es auffällig ist. So geht es viele Monate, und es wird immer schlimmer. Eine ganze Weile quält mich, neben einigen anderen Dingen, ein Tinnitus, der mir den Schlaf raubt. Ich höre mein Herz in den Ohren, sobald der Lautstärkepegel unter normale Gesprächslautstärke fällt. Das ist schon im Alltag störend, aber nachts, wenn alles still ist, wird das Klopfen zu einem dröhnenden Hämmern. Dazu kommt ein tiefer Brummton, der mich ständig begleitet. Es hört sich an wie ein warnendes Dauerknurren. Morgens bin ich nach den schlaflosen Nächten vollkommen erschöpft und komme immer öfter zu spät zur Arbeit. Als ich versuche, im Wohnzimmer bei dröhnender Bassmusik einzuschlafen – welche die quälenden inneren Geräusche zumindest übertönt –, beschweren sich Nachbarn aus der Kirchengemeinde über die unchristliche Musik.

Dafür habe ich in den langen schlaflosen Nächten mehr Zeit zum Reflektieren, als mir lieb ist. Vielleicht will mein Inneres genau das erreichen und mir Zeit geben, mich sogar dazu drängen, mir mein Leben genauer anzusehen? Ich greife zu Stift und Papier und beginne zu schreiben. Lähmende Gefühle plagen mich. Ständig fühle ich mich kontrolliert und fast schon eingesperrt von meinem eigenen Ehemann. Der Kontakt zu meinen Eltern wird weniger, weil er meint, ich hänge zu sehr an ihnen. Er schreibt mir vor, welche Freunde meinem Seelenzustand guttun und welche nicht. Wie ich mich anzuziehen habe. Wie ich auszusehen habe. Ich werde begleitet von destruktiver Kritik: »Nicht gut genug, nicht schön genug, nicht fleißig genug, nicht genug.« Oft fühle ich mich abgewertet und niedergemacht. Wenn ich ihm etwas präsentiere, erhalte ich Antworten, wie: »Das hättest du besser machen sollen.« Oder: »Das ist nicht Besonderes. Lieber hättest du dich um etwas anderes kümmern sollen.« Egal, wie viel Mühe ich mir gebe, ich höre statt Anerkennung erneut Kritik. Warum soll ich mich überhaupt noch bemühen, wenn es nie gut genug ist?

Die Dinge und Eigenschaften, die er am Anfang unserer Beziehung sagte, dass er sie an mir schätzte, lehnt er jetzt ab und verlangt von mir, sie auszumerzen. Ich habe das Gefühl, nichts mehr richtig machen zu können, und fühle mich für alles verantwortlich. Auch dafür, ihn glücklich zu machen. Wenn er wütend wird, suche ich die Schuld bei mir. Ich gebe klein bei, weil ich in der Kirchengemeinde gelernt habe, mich meinem Mann unterzuordnen. Mir fällt auf, dass er mit mir alleine ein anderer Mensch ist, als wenn andere dabei sind. Häufig macht er kränkende Witze auf meine Kosten. Ich fühle mich unfähig, seine Erwartungen zu erfüllen. All das macht mich traurig, lässt mich an mir selbst zweifeln und verzweifeln. Er ignoriert mich, droht mir, und lässt herabwürdigende Bemerkungen fallen. Wenn ich versuche, über meine Gefühle, Empfindungen und Gedanken zu reden, blockiert er oder lenkt vom Thema ab, sodass ich mich am Ende ganz wertlos fühle.

Irgendwann stelle ich fest, dass ich manchmal Angst vor ihm habe. Er scheint so unberechenbar, so kalt! Ich muss perfekt sein, jemand anders sein, damit ich akzeptiert werde. Dabei war ich davon überzeugt, dass er meine große Liebe ist und ich seine bin. Aber ich scheine nicht mehr gut genug zu sein. Vielleicht war ich es nie? Er behandelt mich manchmal wie eine Puppe, einen Gegenstand, den man benutzen und wieder beiseitelegen kann. Den man so behandeln kann, als hätte er keine Gefühle. Die Ehe scheint ihm seiner Meinung nach Besitzrecht zu verleihen. Wenn ich versuche, ihn darauf hinzuweisen, streitet er alles ab. Er leugnet meine komplette Realität.

Und ich zweifle allmählich selbst an dieser Realität. Vielleicht bilde ich mir das alles wirklich nur ein? Vielleicht werde ich verrückt? Wem kann ich mich mitteilen? Seinen Eltern? Die lieben ihn und würden nur ihn verteidigen. Wer würde mir glauben? Meine Freunde? Sie kennen ihn nur so, wie er sich ihnen zeigt. Sie würden mich sicher nicht ernst nehmen. Meine Eltern? Würden sie mir glauben? Auch sie kennen ihn nur so, wie er sich ihnen präsentiert. Allen präsentiert er sich als Gentleman. Für die Menschen in unserer Kirchengemeinde wäre eine Trennung oder Scheidung eine Sünde, und ich habe nicht mal einen triftigen Grund, oder? Ich meine, er hat mich nie wirklich ernsthaft und sichtbar verletzt. Das heißt, ich kann nichts vorweisen. Alles spielt sich im Großen und Ganzen nur auf der verbalen Ebene ab, und das ist doch kein Grund! Außerdem kann ich meine Erfahrungen ohnehin schwer in Worte fassen, wie soll ich es da anderen erzählen?

Woher kommen meine Empfindungen von Demütigung, Hilflosigkeit, Schwäche, Terror, Angst, Verzweiflung, Ekel, aber auch Mitleid überhaupt? Ich bin viel zu verwirrt und traue mir selbst nicht mehr. Wenn ich mir selbst nicht mehr glaube, wer soll mir dann glauben? Die niederschmetternde Antwort, von der ich überzeugt bin, lautet schlicht und einfach: Keiner.

Ich habe das Gefühl, mich verloren zu haben. Ich werde depressiv, schaffe es aber, nach außen hin immer ein fröhliches, heiles Bild von mir zu zeigen.

Auch auf der Arbeitsstelle in der Bank nimmt der Druck zu, und ich fühle mich nicht nur innerlich wie in viel zu engen Schuhen eingesperrt, in denen die Füße immer mehr anschwellen und versuchen, aus ihrem Käfig auszubrechen – meine Füße schwellen tatsächlich an. Aber ich schiebe es ohne großes Nachdenken auf das lange Stehen und meine sich immer mehr verschlimmernde Autoimmunerkrankung. Meinen Vorgesetzten kann ich nichts recht machen, und ich bemerke, dass ich, wie in meiner Ehe, ständig kritisiert werde. An viel zu vielen Tagen scheint alles, was schiefgehen kann, auch tatsächlich schiefzugehen. Ich verzähle mich, vergesse Dinge beim Gespräch mit Kunden und stehe ständig neben mir. Mein Gehirn fühlt sich an wie ein nasser grauer Wischmopp, ich kann nichts mehr behalten und funktioniere überhaupt nicht mehr richtig. Aber der Gedanke, das auf meine Erkrankung zurückzuführen, kommt mir ausgerechnet hier nicht. Stattdessen zweifle ich meine Kompetenz an und bin von Tag zu Tag mehr von meinem absoluten Unvermögen in jeder Hinsicht überzeugt.

Trotzdem versuche ich durchzuhalten, weil sonst die ganze Ausbildungszeit umsonst wäre. Auf die Abschlussprüfung kann ich mich kaum vorbereiten, weil es ständig etwas in der Kirchengemeinde zu tun gibt, weil ich eine gute Hausfrau zu sein versuche und mich nebenbei bemühe, Zeit mit der Familie meines Mannes zu verbringen, die viel Wert darauf legt, sich häufig zu treffen. Mit dem Druck und den Erwartungen von allen Seiten, überall dabei zu sein und alles zu schaffen, fühle ich mich wie kurz vor einer Implosion. Bin ich im falschen Leben gelandet?

Wo drückt der Schuh? Überall.

Mir bleibt nur ein Weg: Zuerst muss mir bewusst werden, wie stark die falschen Schuhe schmerzen. Erst dann kann ich sie ausziehen und ein für alle Mal loswerden. Vielleicht werde ich eines Tages auch neue Schuhe finden – Schuhe die *mir* passen und die *zu* mir passen.

Kapitel 2

Der Entschluss: Zeig her deine Füße

Mit einem glücklichen Seufzer kritzele ich meine Unterschrift unter den Text, falte den Brief und stecke ihn, ohne auch nur einen Moment zu zögern, in den Umschlag. Diesen lege ich auf den Ausgangsstapel im Postfach der Bank und überprüfe noch einmal, ob Adresse und Direktion stimmen. Gleich wird der Postbote kommen und sie abholen. Dann wird meine Kündigung endgültig. Ich lasse mich auf den Stuhl neben der Kasse fallen und kümmere mich um paar kleinere Angelegenheiten, solange gerade keine Kunden hereinschauen. Meine Füße fühlen sich an, als wollten sie schon wieder anschwellen. Ich ziehe meine Schuhe aus. Von der anderen Seite der Bank ruft jemand: »Judith, ich brauche deine Hilfe!«, und ich eile ohne einen Gedanken an meine Schuhe hinüber zum Büro der Kollegin. Sie wirft einen missbilligenden Blick auf meine nackten Füße. Erst will ich mich entschuldigen und sagen, dass ich meine Schuhe gleich wieder anziehe – aber warum eigentlich? Stattdessen lächle ich und erkläre, dass ich barfuß bin, damit meine Füße nicht zu Elefantenpfoten werden. Das scheint sie vorerst ruhigzustellen.

Das Ende meiner Probleme in der Bank ist abzusehen. Dafür scheinen sich die Schwierigkeiten in meiner Ehe zuzuspitzen. Als der Kontrollwahn meines Mannes immer stärker wird, sehe ich einen Ausweg. Weder elegant noch klug ist dieser Weg, aber ich weiß mir anders nicht mehr zu helfen. Also folge ich zum ersten Mal seit Langem wieder einem inneren Gefühl. Ich habe einige Wochen zuvor einen Mann kennengelernt, mit dem ich viel Zeit verbringe. Mit ihm kann ich über alles reden, er hört mir zu, hat keine Vorurteile und kennt meinen Partner und dessen Selbstdarstellung nach außen nicht. Stattdessen sieht er ihn so, wie ich ihn wahrnehme, und kennt ihn nur aus meinen Erzählungen.

Und er sagt ganz klar: »Du musst so schnell wie möglich von deinem Ehemann weg.« Und das tue ich dann auch, mit seiner Hilfe: Ich gehe fremd. Es passiert einfach, und ich lasse es zu. Als ich den richtigen Zeitpunkt sehe, lasse ich mein Handy mit verschiedenen verräterischen Nachrichten in der Wohnung liegen. Ein Geheimnis wie dieses lange zu bewahren, ist ohnehin nichts für mich. Mein Mann geht an diesem Tag später als ich zur Arbeit. Ich vermute, dass er mein Handy nehmen und durchscannen wird. Also nehme ich auch das Passwort heraus, damit er einen leichteren Zugang hat. Dann fahre ich ganz normal zur Arbeit.

Nach Feierabend mache ich mich sicherheitshalber erst auf den Weg, nachdem ich mir sicher sein kann, dass er bereits aus dem Haus ist. Es tut mir weh, ihn so zu verletzen, denn egal, was er mir angetan hat – ich finde, er hat es nicht verdient. Aber in meiner Verzweiflung habe ich nach einem vorbeischwimmenden Strohhalm gegriffen. Wahrscheinlich wird jetzt niemand mehr Kontakt mit mir haben wollen, nicht einmal meine Familie. Bei dem Gedanken treten mir Tränen in die Augen, und schnell wische ich sie weg. Es ist ein hoher Preis, aber ich bin es mir wert. Trotzdem bin ich deprimiert und mache mir große Vorwürfe.

Was wird Gott von mir denken, wenn ich meinen Mann verlasse? Ich lache bitter auf. So ein Gott kann mir gestohlen bleiben! Wo war er denn die ganze Zeit, als ich in diesem Schlamassel steckte? Da hat er sich nicht um mich gekümmert. Also brauche ich ihn jetzt auch nicht. Ich parke und gehe in die Wohnung, die zum Glück leer ist. Dort packe ich einige Sachen ein, die mir wichtig sind und die ich brauchen werde. Als ich fertig bin, räume ich alles auf, um die Wohnung so sauber wie möglich zu hinterlassen.

Das Telefon klingelt. Mir ist vollkommen klar, was jetzt kommt. Ich atme tief durch und hebe ab. Mein aufgebrachter Ehemann ist am anderen Ende der Leitung. Er kann einen anbrüllen, ohne die Stimme zu erheben, und das erlebe ich jetzt wieder. Er beschimpft mich nicht, droht nicht und demütigt mich auch nicht. Das überrascht mich. Sicher ist er noch zu überrumpelt. Die einzige Frage, die ich immer wieder höre, ist: »Wie konntest du mir das antun? Wie konntest du MIR das antun?« Ich will es ihm erklären, aber er hört mir nicht zu. Ich will ihm alles sagen, aber bringt das etwas? Trotzdem versuche ich es, aber ich weiß nicht, wie viel bei ihm ankommt. Dann sage ich ihm, dass ich weggehen werde. Endlich habe ich einen Grund, und außerdem ist es ja ohnehin wie immer: Ich bin schuld. Damit sind wir auf vertrautem Terrain. Dazu erlöse ich ihn von seiner hinterhältigen und gemeinen Ehefrau. Den letzten Satz sage ich mit einem leisen Sarkasmus, den er sicher überhört. Nach einer langen Pause murmele ich: »Es tut mir wirklich leid« und lege auf. Es tut mir tatsächlich leid, dass ich keinen anderen, direkteren Weg genommen habe. Trotzdem empfinde ich keine Reue. Nur wieder Mitleid mit jemanden, der mein Leben zerstört hat.

Ich hätte etwas dagegen tun können. Aber was? Die Erziehung und Programmierung sind mächtige Werkzeuge, und sie lassen sich nicht einfach so abschütteln.

Als ich mich umdrehe, klingelt das Telefon erneut. Noch bevor ich die Nummer auf dem Display sehe, ahne ich, dass es meine Mutter ist. Zögernd nehme ich das Gespräch an. Wie ich befürchtet hatte, ist sie bereits informiert und ganz aufgebracht. Sie redet auf mich ein, will wissen, warum ich das getan habe. Fremdgehen. Ich sei doch kein Flittchen! Und ich wäre doch so loyal! Sie würde mich immerhin kennen, oder? Aber sie wartet keine Antwort ab, redet weiter, ein Schwall aus Worten ergießt sich über mich. Auch meiner Mutter kann ich nichts erklären. Selbst wenn, sie würde mich doch nicht verstehen. Ich verabschiede mich, sage ihr ebenfalls, dass es mir leidtut und dass es der einzige Ausweg war, den ich gesehen habe. »Ich liebe dich«, bringe ich hervor. »Und ich werde fortgehen.« Dann beende ich das Gespräch. Fest beiße ich die Zähne zusammen, nehme meine wenigen wichtigen Habseligkeiten und verschwinde. Erst im Auto fällt mir auf, dass ich den Schlüssel der Wohnung mitgenommen habe. Egal. Es gibt kein Zurück.

Drei Tage vergehen, die ich in Hotels, bei einer Freundin und mit meinem Lover verbringe. Dann rufe ich meine Eltern an. Ich weiß, dass sie vor Sorge außer sich sind, und fühle, dass ich ihnen zumindest ein Lebenszeichen schulde. Sie sind total aufgelöst, wollen, dass ich zu ihnen komme, wenigstens kurz. Sie versprechen, mich nicht zu verurteilen und mich jederzeit wieder gehen zu lassen. Sie wollen lediglich, dass ich ihnen meine Perspektive erzähle. Egal, was passiert ist, sie lieben mich. Das berührt mich, und nach einigem Zögern mache ich mich auf den Weg. In meinem Elternhaus angekommen, bricht alles aus mir heraus. Beide hören mir geduldig zu und stellen zwischendurch Fragen.

Ich sehe, wie die Augen meines Vaters sich zu schmalen Schlitzen verengen und seine Hände sich zu Fäusten ballen, sich dann aber wieder entspannen, als er einen tiefen Atemzug nimmt.

Meine Eltern umarmen mich und sagen mir, dass sie mich verstehen. Das kommt völlig unerwartet für mich; ich schaue sie verblüfft an. Meine Mutter hat Tränen in den Augen. »Wir wussten doch nicht, wie es bei euch lief, Kind«, schnieft sie. »Du hättest schon viel früher zu uns kommen sollen.«

Ich schüttele den Kopf. »Hättet ihr mir geglaubt?«

Die beiden zögern einen Moment und sehen sich an. Dann sagt mein Vater vorsichtig: »Nun wir hätten dir zugehört und uns eine Meinung gebildet. Und danach hätten wir deinen Mann gefragt, was er dazu sagt.«

Ich gebe einen Laut von mir, der irgendwo zwischen einem Schnauben und einem Lachen liegt. »Genau das ist es. Ihr kennt ihn eben auch nur so, wie er sich allen gegenüber verhalten hat!«, rufe ich. Ärger und Verzweiflung steigen in mir hoch.

Meine Mutter seufzt. »Nein, Schatz. Schau, dein Vater und ich haben uns schon seit einer ganzen Weile Sorgen gemacht. Ich habe euch beide beobachtet, und jetzt, wo du uns das alles erzählt hast, fallen auch mir einige Dinge wieder ein. Dinge, denen ich vorher weniger Beachtung geschenkt habe. Äh ... er ...« Sie stockt, und ich stelle mit einiger Verwunderung fest, dass sie den Namen nicht mehr aussprechen mag. Genau wie ich. »Mir fallen jetzt einige Begebenheiten ein, in denen er Freude daran zu haben schien, dir nicht nur mit Worten, sondern auch körperlich Schmerzen zuzufügen«, fährt sie langsam fort, als würde sie die Ereignisse noch einmal erleben. Dann schüttelt sie den Kopf und schluckt schwer.

Ich sehe meinen Vater an. Er nickt. »Das stimmt«, bestätigt er. Seine Augen trüben sich. »Wir beide haben uns Sorgen gemacht. Aber wir wussten nicht, unter wie vielen Dingen du zu leiden hattest. Es tut mir körperlich weh, wenn du davon erzählst, mein Mädchen.« Auch er schluckt jetzt schwer. »Es tut uns leid, dass wir nicht wachsamer waren«, bringt er hervor. Meine Mutter nickt, Tränen rollen über ihre Wangen. Beide umarmen mich fest.

Einige Wochen vergehen, in denen ich zwar aus der Kirchengemeinde ausgeschlossen werde – was mir nur recht ist –, trotzdem aber noch einige Gespräche mit den Ältesten und dem Leitenden führe. Nicht aus eigenem Antrieb, möchte ich ergänzen. Sie wollen mich dazu überreden, zu meinem Mann zurückzukehren, aber ich bin fest entschlossen, das zu vermeiden. Auch meine Eltern stehen geschlossen hinter mir und verteidigen mich, wo sie nur können. Von der Reaktion meiner Eltern ermutigt, erzähle ich auch meinen engsten Freunden von der ganzen Sache. Sie reagieren mit Entsetzen und Empörung. Meine Freundin Brigitte begleitet mich zu einem Gespräch mit dem Gemeindeältesten. Dort muss ich erneut über die ganze Sache sprechen, und zwar allein vor Männern, denn Frauen sind in solchen Positionen nicht zugelassen. Brigitte wird rausgeschickt, weil sie noch nicht verheiratet ist. Also rede ich über intime Erfahrungen und alles, was passiert ist. Einige der Männer räuspern sich nervös. Die Sache ist ihnen offenbar sehr peinlich.

Als ich nach draußen komme, umarmen mich meine Eltern. Ihnen ist es wichtig, dass die ganze Wahrheit ans Licht kommt, und allein um ihretwillen habe ich mich zu diesem Gespräch überreden lassen. Denn bisher sehen mich die Menschen in meinem näheren Umfeld als die Hure, die ihrem Mann weggelaufen ist. Als wir uns wieder voneinander lösen, teile ich ihnen meine Entscheidung mit. »Ich werde mich scheiden lassen«, sage ich fest. Die beiden nicken.

Eine große Idee: Auf freiem Fuß

Einige Monate sind vergangen. Auf der einen Seite fühle ich mich deutlich besser, aber ich verharre mit einem Fuß immer noch auf altem Grund. Das zerreißt mich innerlich, ich kann nicht mehr klar denken. Was ich jetzt brauche, ist ein wenig frische Luft. Ich ziehe meine Jacke und meine Sportschuhe an und laufe über die Wiese hinunter zum Wald.

Plötzlich steigt Ärger in mir hoch. Warum habe ich bloß Geld für Dinge verschwendet, die letztlich doch nicht zu meiner Heilung beigetragen haben? Ich fühle mich wie eine Versagerin. Waren meine Entscheidungen doch alle falsch? Meine Blutwerte sind so schlecht wie nie zuvor. Hätte ich die Schilddrüse besser herausoperieren lassen sollen? Nimmt diese endlose Krankheitsgeschichte denn nie ein Ende?

Ein paar trockene Äste knacken unter meinen Sohlen. Ich mag das Geräusch. Ein bisschen erinnert es mich an das leise Knistern von Flammen. Feuer ist etwas Schönes, es wärmt, es frisst alles, was man ihm hinwirft, und löst es in Rauch auf. Ich müsste nur noch herausfinden, wie ich meinen Ärger verbrennen könnte. Als ich aus dem Wald auf die Lichtung trete, wirft die untergehende Sonne ihre ganze Farbpalette auf den Himmel. Langsam ziehe ich meine Schuhe aus. Ich weiß selbst nicht, weshalb ich das tue. Ich möchte einfach da sein, alles bis ins kleinste Detail fühlen. Das orangefarbene Schimmern im grünen Gras ertasten und zusehen, wie es unter meiner nackten Fußsohle verschwindet. Das Gras kitzelt an meinen Fußsohlen, als ich die ersten barfüßigen Schritte mache. Zwar ist es ein wenig kühl, aber die Kälte wirkt belebend. Eine Ameise krabbelt mein Bein hinauf. Zuerst will ich sie wegschnippen, halte dann aber inne. Sie dreht um und eilt wieder hinunter, über meinen linken Zeh zurück ins Gras. Es kribbelt. Ich fühle mich wie ein

Kind, das die ersten Schritte macht. Und plötzlich ist die Idee da.

Ich stelle mir vor, wie ich barfuß durch heißen Wüstensand laufe, über steinige Felsen klettere und dann am Strand entlangrenne. Vielleicht versuche ich mich sogar mal im Surfen. Das sieht so elegant aus, leicht und unbeschwert! Ich möchte weg von allem, was mich einengt und mir die Luft zum Atmen nimmt. Ich möchte raus in die Welt. Das Leben geht mir gerade gehörig auf den Senkel. Was, wenn ich also die Schuhe mitsamt den Senkeln ausziehe? Was, wenn ich alle Probleme einmal hinter mir lasse und im wahrsten Sinne des Wortes meinen Problemen davonlaufe? Werde ich auf meinem Weg finden, was ich suche? Einen Sinn, eine Berufung, die mich wirklich erfüllt?

Ich werde das Gefühl nicht los, dass etwas Abstand mir guttun wird. Und wer weiß, vielleicht lösen sich meine Probleme dann einfach in Luft auf? Mit einem Lächeln atme ich die frische Abendluft tief ein und spüre, wie mich eine lange nicht mehr empfundene Leichtigkeit überfällt. Meine Füße tanzen einen neuen Rhythmus, schreiben ihn in das Gras.

Der Plan klingt gut, hat aber einen Haken. Bisher weiß ich nicht, wie viel Geld ich für eine Weltreise brauchen würde. Sicher deutlich mehr, als ich gerade besitze. Seit Monaten drehe ich mich im Kreis. Bisher habe ich meine Entscheidungen immer auf Bodenständigkeit und Sicherheit gegründet und habe mich dabei viel von außen beeinflussen lassen. Nach dem Abitur wollte ich eigentlich Ernährungswissenschaften studieren, habe mich aber stattdessen davon überzeugen lassen, dass ein fundierter Beruf besser für mich geeignet sei. Deshalb wählte ich die Bankausbildung und habe diese Entscheidung bereits kurze Zeit später bereut. Auch als mein Herz, mein Bauch und mein Kopf mir immer wieder signalisiert haben, dass mein Mann nicht der Richtige für mich ist, habe ich alle diese Warnungen ignoriert und stattdessen auf die Meinung anderer, auf die Maßstäbe der Kirchengemeinde und auf Werte wie Sicherheit und Bodenständigkeit geachtet. Doch wohin hat mich diese Scheinsicherheit gebracht? Sie hat mich und mein Leben ins Chaos gestürzt. Vielleicht gibt es gar keine Sicherheit, vielleicht ist sie nur ein Trugbild, eine Fata Morgana.

Ich habe nicht auf meine innere Stimme gehört, sondern mir von anderen eine scheinbare Sicherheit einreden lassen. Doch woher wollen andere wissen, was mir guttut, wonach ich mich sehne und worauf ich mein Leben gründen möchte? Sie stecken nicht in meiner Haut, kennen meine Erfahrungen und meine Perspektive nicht und sind noch keine einzige Meile in meinen Schuhen gelaufen! Was wissen sie von meinen Wunden, meinen Blasen und meinen Schmerzen? Wie soll jemand wissen, was am besten für mich ist, wenn er nicht aus meinen Augen in die Welt sieht, nicht mit meinen Ohren hört und nicht mit meiner Seele begreift? Wie konnte ich nur so dumm sein zu glauben, dass jemand meinen Weg besser für mich bestimmen kann, als ich es selbst tun kann? Wer schaut am Ende meines Lebens auf verpasste Gelegenheiten, wundervolle, aber übersehene Umwege und versäumte Begegnungen zurück, wenn nicht ich?

Nach meiner Trennung und Kündigung hat mein Arzt mich eine ganze Weile krank geschrieben und mir geraten, mich zuerst einmal arbeitslos zu melden, um Atem holen zu können. In dieser Zeit wusste ich nicht, wohin mit mir, und ich habe mich unendlich nutzlos gefühlt. Also bin ich ins Arbeitsamt marschiert, weil ich diesen Zustand nicht aushalten konnte und habe nach einem Job gefragt, für den ich meinen Kopf nicht brauche. Wenig später saß ich als Leiharbeiterin am Fließband und steckte Elektronik zusammen. Das Gefühl der Nutzlosigkeit verstärkte sich dadurch aber nur, und ich fühlte mich dumm. Außerdem wusste ich nicht, was ich mit den Gedanken machen sollte, die mich Tag für Tag überfluteten. Der zweite Job im Front Office Management gefiel mir bereits deutlich besser, nicht zuletzt, weil der ständige Kontakt mit Menschen mich beschäftigt hielt und mir kaum Zeit zum Nachdenken ließ. Trotzdem war ich nicht an dem Ort, an dem ich sein wollte. Wieder einmal zog ich weiter und versuchte es mit dem Studium der Ernährungswissenschaften, das ich eigentlich nach dem Abitur hatte machen wollen. Ohne groß darüber nachzudenken, ob der Wunsch noch aktuell war, bewarb ich mich, bekam eine Zusage an der Universität in Lübeck und freute mich darauf, an der Ostsee zu wohnen und lange Spaziergänge barfuß am Meer zu machen.

So packte ich meine Siebensachen in mein kleines rotes Auto und fuhr voller Vorfreude in den Norden. Allerdings stellte ich schon bald fest, dass das Studium ganz anders war, als ich es mir vorgestellt hatte. Zum einen langweilten mich die Vorlesungen in Mathematik und den naturwissenschaftlichen Fächern, weil sie nur wiederholten, was ich schon in der Schule gelernt hatte. Zum anderen schienen die Themen, die mich wirklich interessierten, in viel zu weiter Ferne. Statt in den Vorlesungen zu sitzen, unternahm ich lange Streifzüge barfuß am Meer entlang und sprang zwischendurch ins Wasser. Die Kälte härtete mich ab, und ich forderte mich, indem ich jeden Tag mehr Zeit im Wasser verbrachte. Dafür fühlte ich mich auf intellektueller Ebene stark unterfordert. Mit jeder verstreichenden Woche wurde mir mehr bewusst, dass ich Zeit verschwendete, ohne voranzukommen. Daher brach ich das Studium nach kurzem Überlegen und Beratschlagen mit den wichtigsten Menschen in meinem Leben ab.

Mit dem linken Fuß streiche ich das Gras vor mir zur Seite und fahre nachdenklich mit den Zehen hindurch. Klar ist, dass meine bisherigen Entscheidungen mir viel Schmerz und Probleme eingebracht haben. Klar ist auch, dass ich auf mein Umfeld statt auf mein Bauchgefühl gehört habe und dass meine Werte namens Sicherheit und Bodenständigkeit mich nicht dorthin befördert haben, wo ich sein möchte. In Bezug auf das Studium habe ich dagegen nicht hingehört, was ich zu diesem Zeitpunkt wollte, sondern bin einfach auf ein vertrautes Ziel zumarschiert.

Die entscheidende Frage ist: Wie und auf welcher Basis möchte ich meine Entscheidungen ab jetzt treffen? Welche Werte sollen mich dabei leiten? Bodenständigkeit und Sicherheit jedenfalls nicht mehr, denn ich muss zuerst herausfinden, was sie für mich bedeuten. Mir scheint es wichtiger, im Fluss zu sein, auch mal den Boden unter den Füßen zu verlieren und im Strudel der Begeisterung zu schwimmen. Nicht auf der Stelle zu verharren, sondern in Bewegung zu sein und wie das Wasser um Hindernisse herumzufließen, statt zu versuchen, sie aus dem Weg zu kämpfen. Dinge und Sachverhalte können sich jederzeit ändern, und dann ist nicht nur Flexibilität hilfreich, sondern auch Achtsamkeit. Wenn ich achtsam bin, fühle ich gleich, was mein Bauchgefühl mir sagt, und erspare mir dadurch eine Menge Probleme und Ärger. Dazu halte ich Offenheit für essenziell, denn Neues kommt sowieso auf mich zu, und durch Offenheit freunde ich mich leichter damit an. Wesentlich für mich ist jedoch, dass ich nicht mehr auf die Meinung meines Umfelds hören möchte, wenn mein Herz mir etwas anderes sagt. Kein fremdes Urteil soll mehr der Maßstab meiner Entscheidungen sein, sondern ich werde Schritt für Schritt meinen eigenen Maßstab entwickeln, mit dessen Hilfe ich Entscheidungen treffen kann. Das ist eine gute Liste, anhand derer ich ab jetzt entscheiden kann.

Der Gedanke an eine Weltreise lässt meine Augen leuchten. Jetzt weiß ich, was ich wirklich will, und muss »nur noch« das Wie lösen. Die Aufregung füllt mich ganz aus, und ich spüre endlich wieder das Feuer der Begeisterung, nach dem ich so lange gesucht habe.

Mittlerweile frieren meine Füße, ich ziehe ihnen die Schuhe über. Zu Hause angekommen, nehme ich mir voller Elan ein Blatt Papier und einen Stift und beginne darauf herumzukritzeln. Bald habe ich meine Gedanken aufgeschrieben. Fein säuberlich steht dort, worauf meine Entscheidungen bisher gefußt haben und worauf ich sie von jetzt an gründen möchte. Dann blicke ich auf und drehe den Stift zwischen Daumen und Zeigefinger. Ich fühle mich erfrischt und viel klarer im Kopf. Kann das von der kurzen Barfußexpedition kommen? Auf jeden Fall nehme ich mir fest vor, von jetzt an so oft wie möglich barfuß durch die Natur zu streifen – schaden kann es sicher nicht.

Aber was für ein Job bringt mich nicht nur der Weltreise näher, sondern auch meiner Heilung? Die Ernährungswissenschaft war in Bezug auf meine Gesundheit eine gute Entscheidung, nur, wie kann ich mehr über gesunde Ernährung lernen, ohne mich durch ein Präsenzstudium zu quälen, das meine Abiturthemen wiederkäut? Während ich an die Wand starre, beginne ich mit beiden Füßen einen langsamen Rhythmus zu klopfen und stelle mit einem Lächeln fest, dass Laminat eine recht gute Akustik hat. Wie weit der Schall meine kleine musikalische Darbietung wohl trägt? *Peng!* Ein Neuron des Ideengenerators feuert, und damit wird eine Idee durch das Netzwerk meines Gehirns bis zum Zentrum des logischen Denkens im Frontallappen getragen. *Weit. Entfernung.* Eine Alternative zum Präsenzstudium ist ein Fernstudium. Diesen Gedanken setze ich gleich auf das Papier als ersten Lösungsansatz. Ich greife bereits nach dem Laptop neben mir und klappe ihn auf, um zur Recherche überzugehen, als ich innehalte. »Was sagen Herz und Bauchgefühl dazu?«, steht in Großbuchstaben und mehrmals unterstrichen rechts unten. Ups, das hätte ich beinahe schon wieder vergessen. Nach einer tiefen Innenschau kehre ich mit einem eindeutigen Ja von beiden zurück und widme mich erst einmal der anderen Hälfte der Frage. Wie komme ich der Weltreise näher? Wie viel Erspartes brauche ich dafür? Und wie komme ich am schnellsten dahin, in einem Beruf, der mir Freude macht? Wie kann ich ausreichend Geld beiseitelegen und trotzdem meine monatlichen Kosten und die Rechnungen meiner Vergangenheit bezahlen?

Ich stütze den Kopf auf beide Hände. Das Leben kann eine böse Spaßbremse sein, wenn man aus den Träumen zur Realität zurückwankt und plötzlich so viele Faktoren beachten und einkalkulieren muss. Und so viele Fragen! Ich werde sie alle beantworten, wann und wie es mir möglich ist. Einen Schritt nach dem anderen, und bevor ich mich versehe, werde ich meinen Ziel bereits näher gekommen sein.

Einige Minuten und Internetseiten später weiß ich mit Sicherheit, dass meine derzeitigen Ersparnisse nicht ausreichen. Kein geeigneter Job scheint in Aussicht zu stehen, aber einen weiteren Schritt kann ich bereits machen. *Klack, klack, klack* singen die Tasten, als ich mit fliegenden Fingern einen Begriff in die Suchmaschine hämmere: Fernstudium Ernährungswissenschaften. Auf einer Seite finde ich einen Lehrgang zur Ernährungsberaterin. Warum nicht? Herz und Bauch nicken, und ich melde mich an. Alleine lerne ich ohnehin am besten, und obwohl erneut viele Wiederholungen auftauchen, kann ich, anders als im Präsenzstudium, gleich zum Test übergehen und bei erfolgreichem Bestehen mit der nächsten Lektion starten. So verschwende ich keine Zeit und kann den Lehrgang im besten Fall schneller abschließen. Zufrieden klappe ich den Laptop zu und lehne mich zurück. Ein Job. Ich brauche einen Job, der mir zudem auch den Fernlehrgang finanziert. Ein Gedanke hebt zaghaft den Finger. »Wie wäre es mit Network Marketing? Ich wollte nur einbringen, dass du schon seit Monaten zu einer dieser Veranstaltungen eingeladen wurdest und die Produkte gerne benutzt«, sagt er leise. Ich weiß nicht so recht, aber was habe ich schon zu verlieren? Nur den Boden unter meinen Füßen. Und Schwimmen kann ich.

Tatsächlich starte ich nach der Veranstaltung damit, andere Menschen von den Produkten zu begeistern und mir ein wachsendes monatliches Einkommen zu generieren. Mir geht das alles aber viel zu langsam, und deshalb mache ich neben dem Network Marketing ab und zu einige Gelegenheitsjobs, zum Beispiel als Aushilfe auf Messen. Auf einer Veranstaltung komme ich mit einem Model in Kontakt, und sie schlägt mir vor, es ebenfalls damit zu probieren. Vor allem Fotografen würden immer neue Modelle zum Üben suchen. Sie nennt mir eine Website, auf der ich mich anmelden kann. In den darauffolgenden Tagen erhalte ich mehr Anfragen als erwartet und stürze mich begeistert in ein neues Abenteuer.

Dabei komme ich nicht nur meinem finanziellen Ziel näher, indem ich alles beiseitelege, was ich in diesem Monat nicht brauche, sondern ich stelle auch fest, wie unsicher ich in Bezug auf meinen Körper bin. Nagende Selbstzweifel haben mich einen Großteil meines Lebens begleitet und sich während der Ehe potenziert. Diesen Berg von Zweifeln trage ich immer noch auf meinen Schultern; ich kann mich nicht schön finden. Stattdessen fühle ich mich beschmutzt und dreckig, innen wie außen. Es ist, als klebten die Spuren meiner schlechten Erfahrungen noch an mir wie Teer. Und es braucht etwas anderes als Wasser, um diesen Teer aufweichen zu lassen. Das Modeln hilft mir dabei, mich selbst anzunehmen. Ich sehe mich in verschiedenen Posen, aus verschiedenen Blickwinkeln, in verschiedenen Momenten. Ich sehe mit meinen eigenen Augen und nicht mit den Augen anderer, nicht mit den Augen der Medien, meines Exmannes oder anderer Kritiker. Ich höre auf, mich mit anderen zu vergleichen. Mit jedem Foto beginne ich, mich anders wahrzunehmen, mich etwas mehr anzunehmen und mich einen Hauch schöner zu finden. Aus Angst, selbstverliebt zu erscheinen, habe ich mich bisher immer weit heruntergestuft und niemals das Wort »schön« im Zusammenhang mit mir in den Mund genommen. Dadurch bin ich ins andere Extrem geschlittert, habe mich hässlich, unscheinbar und sogar wertlos gefühlt, weil bei Frauen am Ende doch ohnehin nur alles auf Schönheit hinausläuft. Und wenn sie nicht schön sind, müssen sie wenigstens perfekt sein. Das war ich aber auch nicht, denn ich machte ja alles falsch. Aber damit habe ich äußere Maßstäbe angewendet, habe meinen Wert und meine Schönheit über das Außen definiert. Was macht Schönheit aus? Diese Frage würde sicher jeder anders beantworten. Wonach soll ich mich richten? Warum nicht nach mir selbst? Der Weg ist mühsam und langwierig, aber dadurch, dass mir diese Arbeit Freude macht, setze ich weiter einen Fuß vor den anderen.

Zusätzlich habe ein großes Visionboard gestaltet und Bilder von Orten, an die ich gerne reisen möchte, und Dingen, die ich gerne erleben möchte, darauf geklebt. Das Board hänge ich an die Wand. Manchmal ruht mein Blick darauf, wenn ich vorbeigehe. Dann halte ich einen Moment inne, schließe meine Augen und stelle mir die Orte vor, an denen ich gerne sein möchte. Ganz klar sehe ich die Landschaften vor mir, fühle ich den weichen Sand der polynesischen Inseln, stehe auf der erstarrten Lava Hawaiis, spaziere barfuß über die Golden Gate Bridge in San Francisco und fühle das Salz des Death Valley unter meinen Füßen. Wenn ich die Augen wieder öffne, lasse ich die Bilder los und gehe motiviert durch den Tag.

Auf einer der Network-Marketing-Veranstaltungen sitze ich in der ersten Reihe, während der Mann auf der Bühne in seiner ruhigen, aber bestimmten Art über seine Erfahrungen, Misserfolge und Erfolge spricht. Gleich nach dem Hinsetzen bin ich aus meinen Pumps geschlüpft und spüre, wie meine Füße die Freiheit genießen. Langsam dehne ich meine Zehen zuerst in die eine und dann in die andere Richtung, während ich aufmerksam zuhöre. Meine Augen habe ich fest auf den Redner gerichtet. Gegen Ende seines Vortrags fragt er, wer Lust auf eine Weltreise hat. Meine Hand schießt nach oben, bevor ich nachdenken kann. Als ich mich umschaue, sind ausnahmslos alle Hände oben. Der Sprecher blickt zu mir herüber, geht aber durch den Mittelgang zum hinteren Teil des Raumes. Mit einem inneren Seufzen lasse ich meine Hand zur Hälfte sinken. Nach der auflodernden Begeisterung machen sich Zweifel breit. Wann habe ich denn je etwas gewonnen, geschweige denn geschenkt bekommen? Wahrscheinlich ist das ohnehin nur ein Scherz oder ein Test. Mein Blick klebt nach wie vor an dem Redner, und ich beobachte, wie die Hände der Menschen in den Reihen, die er passiert, ebenfalls sinken. Aber mit einem verschmitzten Lächeln und funkelnden Augen kommt er gemessenen Schrittes wieder nach vorne. Blitzschnell saust meine Hand wieder nach oben. Er schaut durch die Reihen und beobachtet die Menschen. Bald erreicht er die erste Reihe und dreht sich zur linken Seite. Genau dahin, wo ich sitze. Dann schaut er mich an und kommt immer weiter auf mich zu, bis er direkt vor mir stehen bleibt. Etwas unsicher lächele ich ihn an. »Sind sechs Stopps in Ordnung?«, fragt er. Ich nicke und kriege meinen Mund nicht auf. Aufgeregt wippe ich mit meinen nackten Zehen. »Ich schenke dir einen Flug um die Welt. Die Zwischenstopps darfst du dir aussuchen. Komm nach der Veranstaltung auf mich zu, und wir besprechen alles Weitere«, erklärt er mir. Wieder nicke ich und kriege gerade ein »Danke« heraus. Nur das Leuchten in meinen Augen sagt das Ungesagte. Ich kann noch nicht fassen, was gerade passiert ist. Meine Sitznachbarn klopfen mir auf die Schultern, und nach der Veranstaltung kommen einige auf mich zu, um mich zu beglückwünschen, während ich auf den hinteren Teil des Raumes zusteuere, wo der Redner sich mit einem Paar unterhält.

Einige Stunden später befinde ich mich auf dem Weg zu meinem Auto. Wenn ich so weit bin, soll ich auf ihn zukommen, hat er gesagt. Mein breites Lächeln macht mit Sicherheit der Grinsekatze aus *Alice im Wunderland* Konkurrenz. Ich strahle von Kopf bis Fuß. »Danke!«, rufe ich meinen guten Geistern zu und tanze zur Musik in meinem Kopf. Vorbeigehende Passanten schauen mich herablassend an, aber was wissen die schon von meinem Glück. Gerade kann nichts meine Freude trüben. Ich werde weiterhin alles von meinen Einnahmen beiseitelegen, was ich nicht brauche, damit ich genug Geld für die Reise sparen kann, denn über die Flüge hinaus, die mir geschenkt wurden, gibt es natürlich weitere Kosten. Vielleicht entscheide ich auch, dass ich die Route ändern möchte, und brauche dafür zusätzliche finanzielle Mittel. Die Zeit kann ich gleichzeitig zum Planen nutzen, um zu sehen, wo ich meine Stopps am liebsten setzen möchte. Und natürlich, um meine Füße auf die Herausforderungen vorzubereiten.

Einige Monate später sehe ich auf einer Networking-Veranstaltung einen jungen Mann, der schick gekleidet im Anzug, aber barfüßig einige Reihen vor mir sitzt. In der Pause steuere ich auf ihn zu und spreche ihn auf seine bloßen Füße an. Er erklärt mir, dass er fast immer und überall barfuß unterwegs ist. Das finde ich großartig, und ich bewundere seinen Mut, hier in diesem seriösen Rahmen ohne Schuhe aufzutauchen. »Frieren deine Füße zu dieser kühlen Jahreszeit nicht?«, frage ich.

»Nein«, lächelt er. »Die sind das gewöhnt.«

»Das möchte ich auch versuchen«, erwidere ich und schlüpfe gleich aus meinen Schuhen. »Tada«, grinse ich. »Jetzt sind wir schon zu zweit. Meine Füße haben ohnehin bereits wehgetan in diesen unbequemen Schuhen. Daher habe ich schon vorher mit dem Gedanken gespielt, sie auszuziehen. Du hast mich inspiriert.« Er muss lachen. Als ich hinunter zu meinen nackten Füßen schaue, frage ich mich, ob Barfußlaufen eines Tages zu einem Trend werden kann. Bei den vielen Vorteilen sollte doch keiner lange überlegen und gleich seine Schuhe ausziehen. In meinem Kopf liste ich die Vorteile auf, an die ich mich erinnere: Stärkung von Muskeln, Bändern und Sehnen, aber vor allem Stärkung der vielen kleinen Muskeln, die für die Balance zuständig sind. Entzündungen und damit Schmerzen werden verringert. Das Immunsystem im Allgemeinen wird gestärkt, und man hat mehr Energie. Besserer Schlaf, weniger Stress, weil Barfußlaufen das Nervensystem reguliert. Schützt den Körper von schädlichen elektromagnetischen Strahlungsfeldern. Das ist doch bereits eine ganze Menge. Ach, und das Risiko für Herzerkrankungen sinkt, weil Blutzellen nicht mehr zusammenkleben und das Blut auf natürliche Weise verdünnt wird. Wie viele Herzkranke gibt es, denen das Barfußlaufen vielleicht Besserung und Linderung schenken könnte?

Wenigstens für einen Teil des Tages sollten die Füße Freiheit haben und vor allem in der Natur die Gelegenheit bekommen, sich »umzufühlen«, ihre Welt zu erkunden und sich mit der Erde zu verbinden. Wenn mehr Menschen dazu übergehen würden, dann würde es irgendwann das neue »Normal« werden, sodass irritierte Blicke und erschrockene Gesichter der Vergangenheit angehören. Werde ich mich je an die negativen Reaktionen der anderen gewöhnen? Schon als Teenager haben mich Menschen vor allem in der Stadt oft merkwürdig angeschaut, wenn ich schuhlos daherkam. Aber auch in der Natur, auf Wanderwegen oder Wiesen ernte ich entsetzte Blicke. Der Grund für die Blicke in der Stadt erschließt sich mir noch, aber in der Natur? Menschen sind seit jeher barfuß gelaufen. Wann wurden Schuhe eigentlich *normal* und Barfüße *komisch*?

Die Pause endet, ich gehe barfuß, meine Schuhe in der Hand wieder zu meinem Sitzplatz. Einige Teilnehmer lächeln, andere schauen erschrocken drein. Ich stelle die Schuhe ab und setze mich. Der kühle Boden ist angenehm. Mir ist sowieso meistens warm. Diese Hitzewallungen haben mit meiner Schilddrüse zu tun. Es geht ihr bereits deutlich besser, aber ich scheine auf einem Plateau hängen geblieben zu sein. Die Medikamente nehme ich nur noch in einer geringen Dosis, aber ich möchte gerne ganz ohne sie auskommen. Nicht zuletzt, weil ich ohne sie besser spüre, wie es mir geht. Ich fühle ganz deutlich, wie meine Hitze durch die Füße in den Boden abfließt und meine Körpertemperatur sich ausgleicht. Dann stockt mein Atem, als ein Gedanke in meinen Kopf steigt: Könnte konsequentes Barfußlaufen der Schlüssel zur Heilung sein?

Nach der Veranstaltung laufe ich durch die Stadt über den eiskalten Boden zu meinem Auto. Meine Füße frieren, aber ich halte durch. Wie ist es möglich, bei diesen Temperaturen dauerhaft barfuß zu laufen? Bevor ich losfahre, bewege ich die Zehen und drehe die Heizung auf. Als Teenager bin ich zwar im Winter barfuß durch den Schnee gelaufen, aber da habe ich auch jeden Morgen eiskalt geduscht. Ein Lächeln huscht über mein Gesicht, als ich daran denke. Danach habe ich mich immer unbesiegbar gefühlt. Ich beschließe, wieder mit dem kalten Duschen anzufangen und ab jetzt so gut ich kann überall barfuß zu gehen.

Das klappt ganz gut, bis einige Tage später Schnee fällt. Einige Sekunden halte ich es im watteweichen Pulverschnee aus, aber dann hüpfe ich schnell zurück ins Warme. Den ganzen Winter habe ich Schuhe getragen, meine Haut an den Füßen ist dünn und sensibel. Als der Schnee kurz darauf taut, spaziere ich barfuß durch die Natur. Asphaltierte Wege und Straßen lassen sich dabei jedoch kaum vermeiden. Ein brennender Schmerz lenkt meine Aufmerksamkeit auf die kleinen Zehen; zwei Blutflecken zieren den staubig grauen Asphalt neben ihnen. Sie sind zu stark gekrümmt, wahrscheinlich vom ständigen Tragen enger oder hoher Schuhe, und dadurch laufe ich auf den Zehennägeln. Dies hat sie an der Außenseite bis auf die Haut abgeschliffen, die heftig blutet. Was mache ich jetzt? Zwei Pflaster und ein wenig Desinfektionsmittel wären hilfreich, aber der Weg zurück wird eine ganze Weile in Anspruch nehmen.

Einige Schritte weiter biegt eine Schotterstraße links ab und führt an eingezäunten Wiesen entlang bis zum Wald. Am Rand sehe ich Breitwegerich und humpele über die boshaft spitzen Schottersteine darauf zu. Dieses Kraut stoppt die Blutung, wirkt antibakteriell und unterstützt sogar die Wundheilung. Ich zerreibe ein wenig von der Pflanze zwischen meinen Händen und tupfe das Blut damit ab. Aus Breitwegerich Blättern bastele ich einen provisorischen Verband, den ich mit einigen Grashalmen zusammenbinde. Für die restliche Strecke wähle ich den schmalen Wiesenstreifen in der Mitte des Weges, da die Steine meinen zarten Füßen zu viele Schmerzen bereiten. Erst jetzt fällt mir auf, wie viel Schotter wir in Deutschland auf die Erde tapeziert haben.

Bald kann ich jedoch länger als nur die anfänglichen 20 Sekunden darauf laufen. Einige Tage später hat sich nicht nur eine dickere Haut auf meinen misshandelten kleinen Zehen gebildet, ich bringe es sogar auf den scharfkantigen Schottersteinen schon auf fünf Minuten.

Dann merke ich allerdings, dass sich allerhand zu meinem Schmerz dazugesellt. Verschiedene Emotionen kommen hoch: Ich fühle mich wütend, ärgerlich, traurig, schwermütig, bedrückt, verkrampft, beklommen, zerrissen und das alles gleichzeitig. Sobald ich von den Steinen auf die Wiese hüpfe, verschwinden die negativen Emotionen so plötzlich, wie sie gekommen sind.

Mache ich wieder einige Schritte auf den Schottersteinen, kommen sie mit einem Schlag zurück. Manchmal wechseln sie, sind nicht alle gleichzeitig da, oder andere Emotionen kommen hoch. »Warum ist das so? Woher kommen die Emotionen?«, frage ich mich erstaunt. Dann fällt mir ein Artikel über die Fußreflexzonen ein. Die Steine könnten auf bestimmte Punkte drücken und durch die Nervenenden das jeweilige Organ an diesem Punkt aktivieren. Die traditionelle chinesische Medizin ordnet Organen ganz bestimmte Gefühle zu. Kann es wirklich sein, dass durch den Druck auf die Reflexpunkte in den Organen gespeicherte Emotionen an die Oberfläche kommen? Emotionen, die ich verdrängt habe? Das Barfußlaufen hat bereits meine volle Faszination, und ich beschließe, achtsam auf jedes Signal meines Körpers zu hören und meine Füße zur Kommunikation mit meinem Inneren zu nutzen.

Als ich einige Wochen fast ausschließlich barfuß gegangen bin, bemerke ich, das mein Schmerzempfinden sich verringert. Ich freue mich über jeden noch so kleinen Barfuß-Fortschritt. Nicht jeder versteht meine Begeisterung für nackte Füße, vor allem nicht in jedem Ambiente. Aber ich bleibe dabei und ziehe nur ab und zu Schuhe an, wenn ich mit Menschen unterwegs bin, denen ich barfuß eine peinliche Begleitung wäre. Zu Anfang enttäuscht mich das. Bin ich etwa ein anderer Mensch ohne Schuhe? Macht mich das minderwertig? Wenig später erkenne ich, woran mich diese Situation erinnern möchte. Ich verstehe diese Menschen, weil ich das Gefühl des Fremdschämens nur zu gut kenne. Mir selbst ist es noch viel zu wichtig, was andere von mir denken. Für jeden versuche ich, in ihren oder seinen Rahmen zu passen. Dafür habe ich manchmal sogar andere weggeschoben, habe so getan, als würde ich sie nicht kennen, weil sie nicht in den Rahmen desjenigen Menschen gepasst haben, in dessen Rahmen ich passen wollte. Mir wird bewusst, dass ich andere damit verletzt habe. Jetzt kann ich ihren Schmerz fühlen, ihre Enttäuschung. Das macht mich traurig, aber es hilft keinem weiter, wenn ich traurig bin. Der Kreislauf des Lebens ist faszinierend. Hätte ich diese Erfahrung nicht an meinem eigenen Leib gemacht, dann wäre mein Verständnis nicht vorhanden.

Aber wer bin ich ohne die Menschen und Dinge, über die ich mich definiere? Wird meine Reise mich näher zu mir selbst bringen? Werde ich mehr darüber erfahren, wer ich wirklich bin und was mich ausmacht?

Viele Abende und Nachmittage bin ich damit beschäftigt, Reisekataloge zu wälzen und zahllose Blog-Einträge über verschiedene Reiseländer durchzulesen. Bald habe ich eine viel zu lange Liste mit Destinationen und kann mich nicht entscheiden. Englands südliche Küste wollte ich immer schon erleben. So würde ich auch im »vertrauten Europa« starten. Danach vielleicht Asien? Hongkong interessiert mich mit seinen verschiedenen Vierteln und Inseln. Da gibt es auch allerlei Tempel, die ich gerne besuchen möchte. Okay, überzeugt. Im Anschluss plane ich Neuseeland mit seinen wilden, abwechslungsreichen Landschaften ein. Nach den Wanderungen und langen Fahrten klingt eine Südseeinsel wie Rarotonga nach perfekter Erholung. Mit Bleistift habe ich eine Weltkarte grob auf ein Blatt Papier gezeichnet. Ich male einen großen roten Punkt an den jeweiligen Zielort und verbinde ihn durch eine Linie mit dem nächsten Ort. Das stellt die Flugroute dar. Jetzt halte ich meine Liste wieder in der Hand und gehe mit dem Finger die verschiedenen Orte und Städte darauf ab. Bei einem Wort verharrt mein Finger; ich weiß, dass ich Hawaii ganz sicher einplanen werde. Etwas an dem Namen zieht mich an, ich möchte seine schwarze Schönheit bewundern. Ohne auf meine Liste zu schauen, markiere ich mit einem roten Punkt das nächste Ziel: das sonnige Kalifornien. Keine Frage, seit meiner Kindheit träume ich von der Westküste der Vereinigten Staaten. Mit der Südsee und Hawaii habe ich mir keine billigen Orte ausgesucht, und auch der Rest ist, verglichen mit Orten in Südostasien wie Thailand, nicht unbedingt als Backpacker-Favorit bekannt. Wenn ich allerdings fleißig weiter modele, im Network Marketing arbeite und das verdiente Geld nicht aus dem Fenster werfe, dürfte ich bald genügende Ersparnisse beisammen haben. Und falls es während der Reise nicht ausreicht, werde ich mir eben eine Arbeit suchen, auch wenn ich das lieber vermeiden möchte, um mich ganz auf die Reise konzentrieren zu können.

Die Weltkarte zeigt mir, dass ich bei dieser Route die Erde bereits fast umrundet habe. Ich beschließe, alles Weitere offen zu lassen, damit mir Raum für spontane Entschlüsse bleibt. Zufrieden lege ich den Stift beiseite. Die Abendsonne scheint durch das Fenster und lädt mich auf einen Spaziergang ein. Ich laufe nach draußen und stelle wieder einmal fest, wie praktisch das Barfußlaufen ist. Keine Zeit wird verschwendet, um Schuhe anzuziehen, und die kalten Duschen härten mich ebenfalls immer mehr ab. Die Abendluft ist kühl, aber ich brauche keine Jacke. Meine Haut reicht mir.

Eines Morgens laufe ich über den Asphalt zum Wald, als mir auffällt, dass ich barfuß automatisch den Mittelfußgang nutze. Mit meinen Barfußschuhen musste ich häufig daran denken, weil ich sonst wieder in den Fersengang verfallen wäre. Auch sonst scheint sich bei mir einiges zu tun. Meine Schilddrüse bewegt sich von ihrem Plateau kontinuierlich in Richtung Besserung und Stabilisation. Durch das ständige Barfußlaufen nehme ich mehr negativ geladene Elektronen in meinem Körper auf, die freie Radikale neutralisieren und Entzündungen senken. Da mein Morbus Basedow eine entzündliche Erkrankung ist, unterstützt das Laufen mit bloßen Füßen über natürlichen Untergrund die Heilung. Am besten funktioniert dieser Austausch auf nassem Untergrund, wobei natürlich nicht jeder Untergrund geeignet ist. Wichtig ist, dass ich dabei auf einem leitenden Material stehe. Gras, Sand oder andere natürliche Untergründe eignen sich am besten, genauso wie Lederschuhe oder Schuhe aus Naturmaterialien. Plastik, synthetische Materialien, Asphalt und Teer dagegen – Gummisohlen übrigens auch –, isolieren uns von der heilsamen Wirkung der Erde.

Einige Wochen später ziehe ich spontan nach München. Zum einen bin ich damit näher am Team meines Network Marketings und zum anderen weiter weg von meiner Vergangenheit. Außerhalb der Stadt darf ich bei meinem Freund Peter wohnen. Neben dem Modeln und Network Marketing erhalte ich die Gelegenheit, als Wellnessmasseurin zu arbeiten. Ich freue mich vor allem darüber, dass ich barfuß arbeiten kann. Beim Modeln sind dann doch manchmal noch die Schuhe dran, aber in den anderen beiden Bereichen hilft mir das Barfußlaufen sogar in vielerlei Hinsicht weiter. Ich komme leichter ins Gespräch, vor allem mit Menschen, denen Gesundheit ein Anliegen ist, und habe beim Massieren eine bessere Standfestigkeit.

Kapitel 3

In der Großstadt: Auf bloßem Fuß leben

An einem bunten Spätsommertag spaziere ich durch München und bleibe vor einem Schaufenster mit Trekkingausrüstung stehen. Für meine anstehende Reise werde ich einen Rucksack brauchen, der alles mitmacht, nicht zu groß, aber geräumig ist und vor allem gut sitzt. Bisher habe ich noch nicht danach gesucht, aber es wird langsam Zeit, damit anzufangen. Die ersten Flüge sind bereits gebucht, für London habe ich auch eine Unterkunft. Alles Weitere wird spontan passieren, weil ich diese Freiheit schätze. Wenn mich auf meinem Weg jemand inspiriert, kann ich meine Route jederzeit ändern.

Mit der Freiheit kommt aber auch die Ungewissheit. Lange war mein Leben routiniert und vorhersehbar. Durch meine Entscheidungen habe ich fast alle Konstanten verworfen. Die Ungewissheit und die Angst sind jetzt ein Teil meines Reisegepäcks, und ich möchte mich nicht von ihnen bestimmen lassen, sondern lernen, mit ihnen umzugehen.

Eine ältere Dame mit langen weißen Haaren bleibt neben mir stehen und schaut auf meine bloßen Füße an diesem kühlen Oktobertag. Sie wirkt fit, und ihr Blick ist klar, als sie mir anschließend in die Augen schaut. »Ich bewundere Sie dafür«, meint sie nachdenklich und zeigt auf meine Füße. »In meiner Kindheit sind wir alle so herumgelaufen. Und wissen Sie was? Wir waren so gut wie nie krank! Aber damit sage ich Ihnen sicher nichts Neues.«

Ich nicke lächelnd. »Genau das stellen allerhand Forschungen jetzt auch fest«, antworte ich. »Was mich nicht umbringt, macht mich stärker!«

»Richtig so! Gehen Sie Ihren Weg barfuß weiter und inspirieren Sie andere Menschen, junge Frau!«, ermuntert sie mich noch, bevor sie davonspaziert. Wenn sie wüsste, wie weit der Weg ist, der mir gerade vorschwebt!

Die Haut an meinen Füßen ist schon widerstandsfähiger geworden, ich knicke seltener um und verletze mich nicht mehr so oft wie am Anfang. Die kleinen Zehen scheinen sich langsam aus ihrer extremen Krümmung zu lösen, jedenfalls bluten sie nicht mehr bei einem Spaziergang über asphaltierte Straßen. Trotzdem brauchen meine Füße noch Zeit, vor allem, weil sie viel zu lange nur in geschützten und gepolsterten Schuhen unterwegs waren. Mir fällt auf, dass ich auf dem Weg in die Münchner Innenstadt bereits etwas gelassener über die kiesbedeckten Parkwege spaziere, auch wenn einzelne spitze Steine immer noch schmerzen. Jemand hat mir erzählt, dass Schmerzen beim Barfußlaufen nur da auftreten, wo es noch Blockaden in der jeweiligen Reflexzone gibt. Denn im Fuß enden alle Nerven, und über die Stimulation der Nerven wird das jeweilige Organ oder der Körperteil zur Heilung angeregt. So löst man in der traditionellen chinesischen Medizin Muskelverspannungen. Wenn ich darüber nachdenke, fällt mir auf, dass ich tatsächlich so gut wie keine Rücken- oder

Nackenschmerzen mehr habe. Deshalb bereitet mir die Vorstellung, einen schweren Rucksack zu schleppen, auch keine Sorgen mehr. Beschwingt betrete ich den Laden und suche ein passendes Modell für meine Reise aus.

Auf dem Weg nach Hause spricht mich eine Mitreisende im Zug auf meine bloßen Füße an. »Läufst du immer barfuß?«

»Meistens ja. Wenn ich den Weg für zu gefährlich halte oder mehrere Stunden durch Schnee laufen muss, dann ziehe ich Schuhe an«, erwidere ich.

Sie starrt einige Sekunden auf meine Füße. »Gehst du öfter mal zur Pediküre?«, fragt sie weiter.

Ich schüttele den Kopf. »Nein, genau genommen war ich da noch nie. Meine Füße mag ich gern selbst behandeln. Das ist für mich ein kleines Wohlfühlritual.«

Sie reißt die Augen auf, und ich kann ihr die Verwunderung deutlich ansehen. »Dafür sehen deine Füße aber echt schön aus!«

»Danke!«, lache ich. Warum denken so viele, dass meine Füße hässlich aussehen müssen, nur weil ich barfuß laufe? »Danke für das Kompliment.«

Während ich nachdenklich auf meine Füße starre, stelle ich überrascht fest, dass meine Hornhaut weg ist. Wie so viele Menschen war ich bis vor Kurzem davon überzeugt, Barfußlaufen würde zu Hornhautbildung führen. Jetzt stelle ich fest, dass das Gegenteil der Fall ist. Ohne Schuhe zu laufen führt nur zu widerstandfähigerer Haut. Seit meine Füße der Reibung und Feuchtigkeit in Schuhen nicht mehr ausgesetzt sind, ist auch die Hornhaut verschwunden. Barfußlaufen hat enorme Auswirkungen auf den ganzen Körper, den Geist und die Seele – so viel steht für mich jetzt schon fest.

Zu Hause angekommen, wasche ich meine Füße gründlich. Das ist besonders wichtig, wenn ich auf Asphalt unterwegs war, denn dann sind sie ganz schwarz von Reifenabrieb und Straßenstaub. Danach streiche ich sanft über meine Fußsohlen. Die Haut ist weich und fühlt sich ein bisschen ledrig an. Ich greife zu einer Creme und massiere sie in die Haut ein. Barfüße sind immer dankbar für gute Pflege. Mir fällt das Kompliment der Frau im Zug erneut ein, und ich betrachte meine Füße kritisch. Die großen Zehen haben das Problem meines Vaters geerbt: in die Haut einwachsende Zehennägel. Verblüfft stelle ich fest, dass ich auch dieses Problem, seit ich barfuß laufe, nicht mehr habe. Ich beschließe: Manolo Blahnik war gestern. Heute ist barfuß sexy.

Abschied und baldige Abreise: Die Welt liegt mir zu Füßen

Vor der Reise geht es noch nach Hamburg, um mich von meinen Freunden Ben und Fynn zu verabschieden. Die beiden laden mich zum Abschied in die Oyster Bar ein. Ich bin nicht oft an so schicken Orten unterwegs und freue mich auf den Abend.

Allerdings werde ich zunehmend nervöser, während ich mich langsam vor dem Spiegel drehe. Das kleine Schwarze sitzt perfekt. Die dezente Halskette macht sich gut an meinem Dekolleté. Nur einige Haarsträhnen lösen sich bereits aus dem mühevoll hochgesteckten Haar. Seufzend schaue ich auf die Uhr – die Zeit reicht nicht mehr für eine Korrektur. Also werfe ich einen letzten Blick auf mein Spiegelbild und bleibe an meinen nackten Füßen hängen. »Nur Mut«, versuche ich mir selbst einzureden. »Vielleicht fallen die bloßen Füße im Restaurant nicht einmal auf.« Selbstgespräche helfen mir meistens, wenn ich mich beruhigen möchte, aber heute werden andere Stimmen in meinem Kopf laut. »Es ist schließlich ein Restaurant in einem Fünf-Sterne-Hotel. Du kannst da nicht ohne Schuhe hingehen.« Ich beiße mir auf die Lippe und stecke ein Paar Minimalsandalen in meine Handtasche. Sie haben eine dünne Sohle aus Leder und Naturkautschuk und werden mit einem quietschgelben Schnürsenkel um den Fuß gebunden. Sie sind nicht angemessen, geschweige denn schick. Aber sie sind alles, was ich dabeihabe.

Als ich einen Wagen hupen höre, straffe ich mich und gehe zur Tür. Fynn kommt mir entgegen. Wir kennen uns erst seit etwa einem Jahr, haben uns aber auf Anhieb gut verstanden. Ich fühle recht schnell, mit wem ich gut auskommen werde und mit wem nicht, seit ich gelernt habe, auf mein Bauchgefühl zu hören. Vielleicht hat das intensivere Fühlen sogar etwas mit dem Barfußlaufen zu tun. Fynn leitet ein Unternehmen und kommt gerade aus einem Meeting zurück, perfekt getimt für unser Abendessen mit Ben. Ich lächle und winke zaghaft. »Ben ist schon im Restaurant und wartet auf uns,« ruft er, als er die Treppen hinaufeilt. Dann bleibt er abrupt vor mir stehen und nickt anerkennend: »Wow, du schaust echt gut aus. Sorry, ich hab dich nicht mal richtig begrüßt.« Das ist absolut typisch für Fynn: Er ist oft so in seine Gedanken vertieft, dass er das meiste um sich herum kaum wahrnimmt. Oder er ist am Handy und regelt seine Geschäfte, die ihn ziemlich einnehmen können. Mit einem verlegenen Grinsen umarmt Fynn mich, und als hätte er meine Gedanken gelesen, holt er sein Handy aus der Anzugtasche und zeigt mir, dass es für heute Abend im Flugmodus bleibt.

Als wir die Treppen hinuntergehen, bleibt sein Blick an meinen nackten Füßen kleben. »Willst du das wirklich durchziehen?« Ich nicke langsam und erwidere: »Ja, wahrscheinlich werden sie mich ohne Schuhe nicht reinlassen, aber ich lasse es mal drauf ankommen.« Mit einem Kopfschütteln öffnet er die Autotür und lässt mich einsteigen. »Danke«, zwinkere ich ihm zu. Ich stelle gerade mehr Mut zur Schau, als ich in mir fühle. »Du bist einfach ein verrücktes kleines Barfußmonster«, lacht er, als er sich in den Fahrersitz fallen lässt. »Aber das macht dich aus.« Der letzte Satz hallt die ganze Fahrt über in meinen Ohren nach und versucht, die Zweifel an meinen Vorhaben zu übertönen.

Je näher wir unserem Ziel kommen, desto nervöser werde ich. Meine Hände sind eiskalt und schweißnass. Ich bekomme wortwörtlich kalte Füße. Schließlich erreichen wir das Grand Elysee und gehen zum Eingang. Ich liebe Meeresfrüchte und hatte vorhin auch schon Hunger. Aber ich weiß nicht, ob ich jetzt einen Bissen herunterbringe. Alles, woran ich denken kann, sind meine nackten Füße in diesem feinen Hotel. Ist das angemessen? Warum sind Schuhe eigentlich ein so wesentlicher Bestandteil unseres Lebens? Und weshalb spüre ich einen inneren Widerstand, barfuß in ein schickes Restaurant zu gehen? Weil »man« so was nicht macht ... Ich schließe kurz meine Augen und atme tief ein. Wie wird der Kellner reagieren und wie die anderen Gäste? Ich atme wieder aus, und mit der ausgeatmeten Luft verlässt mich zumindest ein Teil meines Unbehagens und meiner Zweifel. Wer sagt denn, dass gepflegte Barfüße nicht ebenfalls glamourös sein können? Ich bin bereit, die Herausforderung anzunehmen. Trotz meiner Zweifel und trotz meiner Angst.

Der Steinboden ist feucht, da es nachmittags kurz geregnet hat. Ich mache heute einen großen Bogen um die Pfütze auf dem Gehsteig, damit ich möglichst sauber ankomme. Ansonsten laufe ich absichtlich durch Pfützen, weil ich das kühle oder an Sommertagen warme Nass an meinen Füßen genieße. Es weckt Erinnerungen an meine Kindheit. Barfuß brauche ich mir nicht einmal Sorgen zu machen, dass meine Schuhe dreckig werden. Füße sind deutlich leichter zu säubern als Chucks oder High Heels.

Meine Gedanken haben mich abgelenkt, bis ich den weichen Teppich am Eingang passiere. Während ein Kellner auf uns zueilt, um uns zu einem Tisch zu führen, beobachte ich aufmerksam seine Reaktion. Falls er meine bloßen Füße bereits gesehen hat, lässt er sich nichts anmerken, sondern wahrt seine professionelle Haltung. »Ein Freund von uns wartet bereits an einem der Tische. Wenn es recht ist, gesellen wir uns dazu«, sage ich zu ihm. Ich höre mich an wie eine Fremde. So gekünstelt spreche ich sonst nicht. Er nickt aber nur und folgt uns durch das Restaurant. Wir passieren einige Tische, und ich warte auf eine Reaktion von einem der Gäste. Jemand, der mich ansieht, den Kopf schüttelt und mich anstarrt, als wäre ich eine neongrüne Außerirdische, die gerade aus einem riesigen Ufo steigt. Oder jemand, der den Kellner am Ärmel zupft, auf mich zeigt und fragt, ob man mich hinausbringen könnte, weil ich unangemessen gekleidet sei. Die meisten Gäste sind ins Gespräch mit ihrem Gegenüber vertieft. Spielt sich das ganze Drama etwa nur in meinem Kopf ab? Vielleicht bemerkt mich auch keiner, wenn ich mich ganz unauffällig verhalte? Ben erwartet uns am Tisch, und bevor ich halbwegs in seiner Nähe bin, ruft er quer durch das Etablissement: »Meine Güte, Judith! Du hast ja nicht einmal hier Schuhe an.«

Ich bringe ihn mit einer Handbewegung zum Schweigen, bevor er die Aufmerksamkeit der anderen Gäste auf uns zieht. Der Kellner steht die ganze Zeit über ruhig an unserem Tisch, während wir uns setzen und meldet sich nun zu Wort. »Verzeihen Sie bitte meine Neugierde, Madame, aber ich sah dies bereits, als Sie das Restaurant betraten. Tragen Sie grundsätzlich keine Schuhe?« Ich erkläre ihm, dass ich das Barfußlaufen für mich entdeckt habe und dass es eine Art Lebensphilosophie geworden ist. Er hört aufmerksam zu und stellt weitere Fragen, die ich geduldig beantworte.

Plötzlich wechselt er ein wenig verlegen das Thema: »Oh, Verzeihung, ich vergaß über unsere nette Unterhaltung zu fragen, was ich den Herren und der Dame servieren darf.« Mit einer geübten Handbewegung befördert er drei Speisekarten auf unseren Tisch.

»Können Sie uns zu Ihren Weinen beraten?«, frage ich, als ich die Getränkekarte studiere, und spüre, dass mein vertrauter Appetit wieder zurückkehrt.

Er räuspert sich: »Nun, das hängt nicht zuletzt von der Wahl Ihrer Speisen ab. Wenn Sie unsere exklusiven Austern wie die Fine de Claire oder Irish Donegal kosten möchten, dann ist ein guter Champagner der Klassiker.«

Ich überlege: »Die prickelnde Säure des Champagners und der leicht salzige Geschmack der Austern mit dem Hauch des Meeres ergeben bestimmt eine betörende Geschmackskombination. Welchen Champagner würden Sie empfehlen?« Er lächelt, und wir fachsimpeln nun über Champagner, ein Gebiet, in dem ich die Fragen stelle und er mir mit großem Enthusiasmus Rede und Antwort steht. Schließlich bestellen wir drei gemeinsam »Le Plateau Royal«, eine große Platte mit der gesamten Vielfalt der Speisekarte in Kombination mit einem Le Mont Benoit Premiere Cru Extra Brut. Der Champagner wird uns umgehend eingeschenkt, und wir trinken auf das Barfußlaufen – die Idee dazu hat der Kellner.

Ich bin sehr froh darüber, dass meine schlimmsten Erwartungen nicht eingetroffen sind und dass ich im Gegenteil wirklich zuvorkommend behandelt werde. Schließlich kommt unsere riesige Platte. Die Austern sind mein geheimer Favorit auf der Platte, zusammen mit dem vom Kellner empfohlenen Champagner. Mir ist klar, dass dieses vornehme Erlebnis allein schon aus Budgetgründen eine Ausnahme bleiben wird. Trotzdem macht mir der Geschmack des Meeres richtig Lust auf meine bevorstehende Reise.

Als wir die Platte bis auf die letzte Auster verspeist haben und uns noch unterhalten, bringt der Kellner einen Digestif. »Ihrer geht aufs Haus, Madame«, verkündet er lächelnd.

Kapitel 4

England: Getting my feet wet

Die letzten Tage mit all den Vorbereitungen vergehen wie im Flug und lassen mir keine Zeit zur Aufregung. Kurzfristig lasse ich in meinem Reisepass noch meinen Namen ändern, was zusätzlichen Stress und Zeitdruck mit sich bringt. Aber mir ist wichtig, nach meiner Scheidung unter meinem Geburtsnamen zu reisen. Sonst wäre die Zugehörigkeit zu einem Menschen, mit dem ich ein inzwischen abgeschlossenes Kapitel meines Lebens geschrieben habe, immer noch da. Jetzt will ich neue Kapitel in meinem Leben schreiben und freue mich auf jede Bekanntschaft, jedes Land, jeden Moment, der mich näher zu mir selbst führt. Seit der Trennung fühle ich mich, als wäre ein Teil meiner Identität verloren gegangen und der Rest voller Narben, die Heilung benötigen. Einen festen Plan habe ich nicht. Tatsächlich weiß ich nicht einmal, wie lange ich unterwegs sein werde. Und weil mir die Frage danach so oft gestellt wird, antwortete ich irgendwann einfach: »Etwa ein Jahr.«

Am Gepäckschalter gebe ich meinen Vierzig-Liter-Rucksack auf. Neben den riesigen Gepäckstücken und Koffern anderer Reisender wirkt er verschwindend klein. Minimalismus passt tatsächlich gut zum Barfußlaufen. Als ich in der kurzen Schlange vor der Sicherheitskontrolle stehe, fallen mir die hohen Schuhe der jungen Frau vor mir auf. Der Beamte fordert sie auf, ihre Schuhe auszuziehen, worauf sie die Augen verdreht und dann seufzend gehorcht. Ich wäre an ihrer Stelle froh, aus diesen Schuhen herauszukommen; wirklich bequem sehen sie nicht gerade aus. Die Höhe des schmalen Absatzes knackt mit Sicherheit die Zehn-Zentimeter-Marke. Dann bin ich an der Reihe. »Jacken, Gürtel, Schuhe ausziehen und alles aus den Taschen entnehmen. Alles größer als Handy bitte extra aufs Band legen«, leiert der Beamte herunter, ohne mich anzusehen. Als er sich zu mir umdreht, lächelt er: »Sie sind ja besonders schnell! Wo sind Ihre Schuhe?« Ich erkläre ihm, dass ich keine trage. Er zieht die Augenbrauen hoch. »Nie?«, fragt er beinahe bestürzt.

»Na ja, also genau genommen fast nie«, erwidere ich. »Es gibt tatsächlich immer mehr Menschen, die hier barfuß aufkreuzen«, stellt der Beamte nachdenklich fest. »Aber warum macht ihr das?«

»Ich fühle mich dadurch einfach freier und gesünder«, erwidere ich. »Passen Sie nur beim Boarding auf«, warnt er. »Manchmal lassen sie Personen ohne Schuhe nicht in den Flieger, das hängt von der Fluggesellschaft ab.« Er soll recht behalten. »Sie kommen hier ohne Schuhe nicht rein. Das ist eine Sicherheitsmaßnahme!«, heißt es kurz darauf. Ich seufze tief, und plötzlich erscheint mir mein Vorhaben verrückt. Wenn ich es nicht einmal ohne Schuhe aus München heraus schaffe, wie will ich dann barfuß um die ganze Welt reisen? Ich beschließe, dass ein Kompromiss wohl das Beste sein wird: Ich werde meine Barfußsandalen anziehen, wenn jemand das von mir fordert, und sie dann so schnell wie möglich wieder ausziehen.

Als ich kurz darauf aus dem Fenster des Flugzeugs schaue, taucht bereits der Londoner Flughafen unter den Wolken auf. Ich möchte hier Couchsurfing ausprobieren, aber bin auch angespannt bei dem Gedanken, gleich einem völlig Fremden zu seiner Wohnung zu folgen und dort zwei Tage und Nächte zu verbringen. Tief in mir wuchernde Ängste kommen hoch, die in frühester Kindheit eingepflanzt wurden. »Sprich nie mit Fremden. Folge niemals jemandem, den du nicht kennst.« Was, wenn ich gerade dabei bin, einen großen Fehler zu begehen? Zweifel machen sich in meinem Magen breit und kriechen meine Kehle hinauf.

Ich schließe die Augen und atme tief durch. Dann ziehe ich langsam meine Sandalen wieder aus und bewege meine Zehen. Ein Gefühl von Wärme und Entspannung steigt meine Beine hoch und erreicht meinen Kopf. Es breitet sich über die Zweifel wie eine warme Decke. Während der Flieger zur Landung ansetzt, beschließe ich fest, meine Gedanken lieber auf die positiven Möglichkeiten zu richten und diese damit auf meine Reise einzuladen. Mein Bauchgefühl hat mich noch nie enttäuscht, und ich habe ein gutes Gefühl bei der Sache.

Nach der Landung steige ich aus dem Flieger und folge dem Weg zu den öffentlichen Verkehrsmitteln. Die Oyster Card von meinem letzten Besuch habe ich nicht mehr, also kaufe ich mir eine neue Card und steige in die U-Bahn. Einige Fahrgäste starren auf meine nackten Füße; ich schenke jedem von ihnen ein frohes Strahlen. An meiner Haltestelle steige ich aus und schaue mich suchend um. Ein Mann mit sonnengebräuntem Gesicht kommt breit lächelnd auf mich zu und reicht mir die Hand. »Hi, ich bin Guille.« Er hat eine angenehme, warme Ausstrahlung. Seine Händedruck ist sicher und fest, für mich ein gutes Zeichen. Dadurch offenbart sich der Grad seiner Selbstsicherheit, der inneren Festigkeit und Offenheit für andere Menschen und das Leben. Sein Couchsurfing-Profil hat nicht wirklich viel über ihn gesagt, nur, dass er gern und viel reist. Auf den Profilbildern lächelt er offen in die Kamera und strahlt Freude und Leichtigkeit aus. Das und mein gutes Bauchgefühl haben mich letztlich überzeugt.

Er besteht darauf, meinen Rucksack zu tragen, und während wir durch Londons Gassen gehen, fragt er mich allerhand Dinge. Nach wenigen Minuten Fußweg erreichen wir sein Apartment. Es dämmert draußen bereits, als wir den Aufzug in den dritten Stock nehmen.

Mein Gastgeber schließt die Tür auf und lässt mich eintreten. Als ich mich umdrehe, steht er noch draußen vor der Tür und schaut mit einem überraschten Blick auf meine bloßen Füße. »Mir ist bis eben nicht mal aufgefallen, dass du barfuß läufst!«, ruft er. Wenn mich nicht alles täuscht, hat sein Englisch einen leicht spanischen Akzent. Ich lache auf. Ohne eine Antwort abzuwarten, fährt er fort: »Das habe ich zwar in deinem Profil gelesen, aber dass du hier wirklich barfuß auftauchst, hätte ich nie erwartet. Nicht in einer Stadt!«

»Warum denkst du, Barfußlaufen in der Stadt sei unpassend?«, hake ich nach.

Er schaut noch einmal auf meine Füße. »Na ja, manchmal ist es ziemlich dreckig, oder Glasscherben liegen auf dem Boden. Die Gefahr wäre mir persönlich zu hoch.« Er wendet seinen Blick von meinen Füßen ab und schaut mir in die Augen. »Aber ich finde das stark. Du bist eine toughe junge Frau.«

Ich lächle. »Danke, Guille. Wo darf ich meine Füße waschen?« Mit dem Kopf deutet er auf die Tür neben mir. »Entweder hier oder in deinem eigenen Bad im Zimmer«, erwidert er.

Er zeigt mir mein Zimmer, wo ich meinen Rucksack neben das Bett stelle. »Ich bin hinten im Wohnzimmer. Nimm dir alle

Zeit der Welt. Wenn du duschen möchtest, ist die Dusche ebenfalls in deinem Zimmer. Fühl dich einfach wie zu Hause«, fügt er noch hinzu, bevor er das Zimmer verlässt.

Einige Minuten später stehe ich unter der Dusche und lasse heißes Wasser über meinen Körper laufen. Die Wärme hüllt mich ein und gibt mir ein Gefühl von Geborgenheit und tiefer Entspannung. Ich schließe die Augen und denke an meine Sorgen und Vorurteile im Flugzeug zurück. Ein Grinsen zieht über mein Gesicht. Wie viel habe ich bisher in meinem Leben aus Angst, Sorgen und Vorurteilen verpasst? Und wie dankbar bin ich, dass ich auf mein Bauchgefühl gehört habe! Hat Vertrauen eigentlich einen Bezug zur Erde und zum Barfußlaufen? Man spricht vom Urvertrauen. Kann es sein, dass die Erdung eine Wirkung auf das Urvertrauen hat? Oder vielleicht darauf, wie vernehmbar das Bauchgefühl ist? Das werde ich noch herausfinden.

Das Wasser habe ich abgestellt, während ich meine Haare eingeseift habe. Etwas von der Seife ist mir in die Augen gekommen und erschwert mir die Sicht. Mit der Hand taste ich nach dem Hahn und drehe ihn auf die kälteste Einstellung. Ich atme scharf ein, als das eiskalte Wasser mir den Rücken hinunterläuft. Für einige Sekunden ist es unangenehm, aber ich genieße dieses Gefühl. Tief und langsam atme ich in den Schmerz, dann entspanne ich bewusst jeden Muskel. Mein Körper fühlt sich wie elektrisiert an, mein Kopf ist klar, und ich bin völlig im jetzigen Augenblick. Erfrischt und wach steige ich aus der Dusche und ziehe mich an. Meine Füße habe ich gründlich gewaschen, und trotzdem haben sie noch eine leichte schwärzliche Färbung. In viel befahrenen Städten ist das so, daran habe ich mich mittlerweile gewöhnt.

Im Wohnzimmer, das offen mit der Küche verbunden ist, steht Guille am Fenster. Er dreht sich zu mir um. »Hast du Hunger?«, fragt er. Ich zögere einen Moment. Auf einer Skala von eins bis zehn liegt mein Hunger ungefähr bei elf.

»Ja, ich habe etwas Hunger«, antworte ich vorsichtig. Oft habe ich die Erfahrung gemacht, dass mein großer Appetit viele Menschen erschrecken kann. Nur bei meiner Oma und bei meiner Stiefoma kann ich gar nicht genug essen. Je mehr ich esse, desto glücklicher mache ich die beiden. Und mich. Dazwischen gibt es aber auch immer wieder Tage, an denen ich wenig esse. Mein Körper gleicht das ganz allein aus.

Guille geht zum Kühlschrank und schaut hinein. »Hm, das reicht nicht«, murmelt er, schließt den Kühlschrank und wendet sich mir zu: »Darf ich dich zum Essen einladen?«

Als ich zögere, schaut er mich prüfend an. »Ich mache das gerne. Sonst würde ich es dir nicht anbieten.«

Ich muss grinsen. Er hat meine Unsicherheit erkannt. »Danke, ich nehme die Einladung gerne an«, sage ich.

Er nickt. »Das freut mich.« Sein Blick ruht für einen Moment auf meinen Füßen. »Ich möchte dich um etwas bitten. Es ist natürlich deine Sache, aber ich weiß, wie viel Glas da unten herumliegt. In manchen dunklen Gassen kannst du es nicht sehen. Es würde mich sehr beruhigen, wenn du dir Schuhe anziehst. Könntest du das tun?«, fragt er behutsam.

»Das ist völlig in Ordnung«, antworte ich.

»Vielen Dank«, lächelt er erleichtert. »Mach es dir ruhig bequem. Ich bin gleich fertig«, fügt er hinzu und verschwindet.

Ich schaue mich um. Alles ist einfach gestaltet, nur wenige Möbelstücke füllen den Raum. Genauso mag ich es. Wenn in einem Raum zu viele Dinge herumstehen, fühle ich mich unruhig und kann mich schwer konzentrieren. Es ist, als würde mein Geist dadurch abgelenkt. Auf der rechten Seite steht ein kleiner Tisch mit verschiedenen Gegenständen. Ich sehe ein Bild mit einer indischen Frau, eine Art Gebetskette, Edelsteine und

Weiteres. Als ich mich gerade umdrehen will, steht mein Gastgeber neben mir. »Auf geht's, Barfußfräulein«, grinst er.

Beim Essen unterhalten wir uns über Gott und die Welt – und auch über Guille. Seinen spanischen Akzent habe ich richtig herausgehört, denn er kommt aus Argentinien. Falls ich ihn nicht missverstanden habe, vermietet er Wohnungen in London. Ich will nachfragen, aber jetzt erzählt er mir von seinen Reisen. Da bin ich ganz Ohr. Ein Kapitel seiner Reise fasziniert mich ganz besonders. In Costa Rica war er in einem Retreat in den Bergen. Dort hat er sich neben Yoga auch mit traditioneller indigener Pflanzenmedizin beschäftigt.

»Und das Froschgift reinigt deinen Körper?«, frage ich mit großen Augen.

Er nickt. »Genau. Dir werden einige Löcher in die Haut gebrannt.« Mein Körper verkrampft sich allein bei der Vorstellung. Er dreht sich um, zieht sein T-Shirt etwas hoch und deutet auf einen Bereich an der Wirbelsäule. Im gedämpften Licht des Restaurants erkenne ich punktförmige Narben, die auf seinem mittleren Rücken gleichmäßig untereinander angeordnet sind. »Dadurch verteilt sich das Froschgift in wenigen Sekunden im Körper und reinigt ihn«, erklärt er mir. Jetzt schaue ich wirklich entgeistert drein. *Kambo* hat er diese Therapie genannt, bei der Froschgift in den Körper injiziert und dieser durch das Ausschwitzen oder Erbrechen schädlicher Substanzen und Emotionen gereinigt werden soll. Ich kann mir angenehmere Dinge vorstellen. Guille fährt fort: »An den darauffolgenden Tagen arbeiten die Leiter des Retreats mit anderen Arten von Pflanzenmedizin, die ebenfalls den Körper reinigt, angesammelte Blockaden befreit und emotionale Spannungen löst.«

Ich kann kaum fassen, was Menschen über sich ergehen lassen. Warum in der Welt macht man so etwas überhaupt? Guille erwähnt die Lösung von Blockaden und emotionalen

Spannungen. Viele Menschen haben die und leiden stark darunter. Vielleicht ist das ein Ausweg für sie. Trotzdem, für mich ist das sicher nichts.

Nachts träume ich davon, wie ich barfuß durch den dichten Dschungel streife. Ein knallgrüner Frosch hüpft vor mir auf den Weg und schaut mich lange mit seinen großen Augen an. Dann macht er einen Satz nach vorne und schaut zu mir zurück. Ich zögere. Unsicherheit breitet sich in mir aus. Aber was habe ich schon zu verlieren? Ich mache einige Schritte auf das Tier zu. Lianen klettern um mich herum an Ästen und Bäumen empor, einige von ihnen haben auf ihren Rinden vibrierende, tanzende Muster. Als der Frosch sieht, dass ich ihm folge, hüpft er weiter zu einem Bach. Er sieht zu mir hoch und dann zur anderen Seite des Wassers. Ich bücke mich und strecke meine linke Hand aus. Leichtfüßig springt er darauf, und ich trage ihn vorsichtig durch das Wasser hinüber. Als ich ihn absetze, ist der Frosch mit einem Satz im Dickicht des Dschungels verschwunden. Was dieser Traum mir wohl sagen will?

Am nächsten Tag darf ich London mit den Augen eines Locals sehen. Guille zeigt mir die seiner Meinung nach schönsten Flecken der Stadt, und wir haben eine unvergessliche Zeit. Die Sonne scheint fröhlich vom blauen Himmel auf meine nackten Füße.

Es ist Nachmittag und wir sitzen in einem Café, als Guille mich fragt, ob ich heute abends Lust auf ein Musical habe. Wenn es in Ordnung für mich sei, würde er eine seiner Freundinnen ebenfalls fragen. »Klar!«, antworte ich strahlend. Ich freue mich so sehr, dass ich sogar ganz vergesse zu fragen, um welches Musical es sich überhaupt handelt. Schick gekleidet stehen wir vor dem Eingang des Theaters und warten. Eine Frau Anfang dreißig kommt lächelnd auf uns zu und stellt sich mir als »Sarah« vor. Dann umarmt sie Guille zur Begrüßung, und wir gehen hinein.

Ich hole mein Portmonee aus der Tasche, aber Guille winkt mir mit einer Karte in der Hand. Darauf erkenne ich einen Eintritt für *Mamma Mia.* »Ich hab schon eine für dich gekauft«, bemerkt er. Ein breites Grinsen erhellt sein Gesicht. Womit habe ich das verdient? Er hat mir doch bereits sein Heim geöffnet, mir die Stadt gezeigt, mich ins Restaurant eingeladen, und jetzt will er mir auch noch das Ticket für das Musical schenken? Ich verstehe das nicht. Unsicher schaue ich ihm in die Augen. Er meint es ernst. Und es scheint ihn wirklich glücklich zu machen. Es gibt auch keine Bedingung und keine Falle, soweit ich das beurteilen kann. »Okay«, sage ich zögerlich. Er lächelt noch breiter. »Vielen Dank«, füge ich hinzu und lächle ebenfalls. Kann es sich tatsächlich gut anfühlen, etwas anzunehmen? Ich habe bisher nur gelernt, dass »Geben seliger als Nehmen« ist.

Nach dem Musical gehen wir essen und nehmen danach die U-Bahn zurück ins Viertel. Ich hatte einen riesigen Spaß, und ich werde traurig bei dem Gedanken, Guille morgen bereits zu verlassen. In der kurzen Zeit ist er mir in erstaunlicher Geschwindigkeit bereits sehr vertraut geworden.

Die Bahn fließt durch die Landschaften Englands. Ich schaue aus dem Fenster, während ich über die vergangenen Tage nachdenke. Die Begegnung mit Guille macht mir Mut. Ich werde zwar schnell warm mit anderen Menschen und habe schon oft darüber gestaunt, wie schnell Fremde zu Freunden werden können. Aber das hier war ein riesiger Schritt weiter. Es ist eine Art Blind Date gewesen, nur ohne den Dating-Teil. Ich bin Guille vorher nie begegnet und wusste nicht, was auf mich zukommen würde. Das Einzige, was ich hatte, war mein Bauchgefühl. Und das hat mir immer wieder weich und warm zugeflüstert, dass ich alle Bedenken beiseitelassen darf. Das habe ich nicht eine Sekunde bereut.

Die Anzeigetafel sagt, dass die nächste Station bereits Brighton ist. Meine Reise hat ein atemberaubendes Tempo – dabei möchte ich doch, dass sie ewig dauert. Kurz darauf steige ich aus dem Zug und versuche mich zu orientieren. Dann sehe ich eine schmale Gassen mit verzierten Häusern, die einen Blick auf das Meer freigibt. »Das Meer ist immer eine gute Richtung«, denke ich und setze mich in Bewegung. Es ist sonnig, der Himmel lässt den Übergang zum Meer in fließendem Blau verschwinden. England ist nicht gerade für seine Schönwettertage bekannt; ich weiß dieses Geschenk zu schätzen.

In einem kleinen Café setze ich mich an einen der Tische. Das Mittagessen ist liebevoll zubereitet und schmeckt ausgezeichnet. Auf der Zugfahrt habe ich mich von mitgebrachten Nüssen und Trockenfrüchten ernährt. Nach dem Essen spaziere ich am Pier entlang und steige die Stufen zum Meer hinunter. Das kalte Wasser umspült meine Füße und erfrischt mich. Ich beschließe, den Weg zu meiner Airbnb-Unterkunft zu Fuß zurückzulegen. Wie es aussieht, führt ein Fußgängerweg am Meer entlang. Außerdem wird es nach der Zugfahrt guttun, mir die Beine zu vertreten. Nach einem kurzen Blick auf mein Handy stelle ich fest, dass die Busse hier offenbar nur alle paar Stunden fahren. Ein weiterer Grund, der für das Laufen spricht. Ich schreibe meinem Vermieter eine kurze Nachricht und marschiere los.

Oft kann ich auf die Wiese neben dem Weg ausweichen, um meinen Füßen etwas Natur zu gönnen. Schade, dass so viel Grün zubetoniert wird. Gerade als Barfußläuferin würde ich mir weniger Teer und mehr natürlichen Untergrund wünschen. Viele Tiere und Pflanzen würden mir sicher zustimmen. Mittlerweile bin ein bereits ein gutes Drittel des Weges gegangen. Zufrieden sehe ich einer Möwe nach, die mühelos über das Meer segelt. Eine Windbö fliegt ihr hinterher und peitscht dabei die Wellen auf. Eine weitere Bö zerrt an meinen Haaren und weht sie mir gleich danach mit einem frechen Stoß ins Gesicht. Lachend schiebe ich sie zur Seite, um etwas sehen zu können, als ich plötzlich einen stechenden Schmerz in meinem rechten Fuß spüre und heftig zusammenzucke. Autsch! Vorsichtig humpele ich zu einer niedrigen Mauer und schaue mir die Bescherung an.

Eine klaffende Wunde ziert meinen Ballen auf der Höhe des großen Zehs. Wie habe ich denn das geschafft? Vorsichtig tupfe ich das Blut mit einem Taschentuch ab, aber ich sehe nichts außer einer stark blutenden offenen Wunde. Vielleicht habe ich mich nur an einem scharfkantigen Stein verletzt. Oder war es Glas? Da ich kein Pflaster bei mir habe, presse ich das Taschentuch fest auf die Wunde. Als die Blutung stoppt, versuche ich, das Taschentuch um meinen Fuß zu binden. Darüber ziehe ich meine Schuhe an; sicher ist sicher. Allerdings stelle ich nach kurzer Zeit fest, dass sie die Schmerzen nur schlimmer machen. Das Taschentuch ist bereits verrutscht, und einige Blutstropfen zieren das dunkle Braun der Ledersohle in leuchtendem Rot. Ich finde, dass Blut eine wirklich schöne Farbe hat. Ich male gerne, wenn auch selten. Einmal habe ich mich verletzt und hatte dann die verrückte Idee, ein Bild mit meinem Blut zu malen. Allerdings wurde aus dem schönen Rot nach dem Trocknen ein verwaschenes, schmutziges Braun. Als ich daran denke, muss ich herzlich lachen, und der Schmerz wird leichter, weil ich abgelenkt bin. Die Schuhe kommen also wieder in den Rucksack, und ich gehe barfuß weiter. Dabei achte ich genau auf den Weg, der, soweit ich sehen kann, frei von spitzen Steinen oder Glas ist.

Mit der Zeit scheint sich etwas bei jedem Aufsetzen immer tiefer in die Haut zu bohren. Das störende Gefühl und der Schmerz werden immer größer, je länger ich laufe. Zu blöd, dass kein Bus fährt. Vielleicht kann ich meinem Vermieter schreiben? Aber ich entscheide mich dagegen. Ich möchte ihm keine Umstände machen.

Nach der Hälfte des Weges humpele ich nur noch langsam und mühsam weiter. Die Schmerzen machen jeden Schritt zur Qual. Ich setze mich auf die niedrige Mauer und gönne meinem Fuß eine kurze Pause, während ich erneut Google befrage. Die App zeigt mir, dass eine Haltestelle mehr als fünfundvierzig Minuten zurück liegt. Die nächste ist mein Zielort. »Was soll's«, denke ich und entscheide mich dafür, die noch verbleibenden fünfundfünfzig Minuten bis zu meiner Unterkunft zu laufen. Zurückgehen kommt nicht in Frage. Mit meinem schmerzenden Fuß könnte das deutlich länger dauern. Mittlerweile benutze ich nur noch die Außenseite meiner Sohle zum Gehen und mache immer wieder kurze Pausen.

Dann vibriert mein Handy, und ich nehme es in die Hand, während ich meinen rechten Fuß entlaste. Mein Vermieter ruft an und fragt nach, ob bei mir alles in Ordnung ist. Ich bin etwas überrascht von seinem Anruf, schildere ihm jedoch kurz meine Lage. Ohne zu zögern erklärt er mir, dass er mich abholen wird. Nachdem ich meinen Standort durchgegeben habe, meint er, dass er in wenigen Minuten bei mir ist. Ich brauche nur über den Deich zur Straße hochzugehen.

Erleichtert und dankbar humpele ich über den Deich hinauf zur Straße und lasse mich erschöpft auf eine Bank in einer Bushaltestelle plumpsen. Moment! Bushaltestelle?! Bevor ich weiter darüber nachdenken kann, sehe ich einen glänzenden schwarzen TT auf mich zukommen. Mit quietschenden Reifen hält der Wagen, und ein Mann mittleren Alters springt heraus. »Hi, ich bin John«, stellt er sich mit einem freundlichen Lächeln vor. Dann hilft er mir auf und packt meinen Rucksack in den Kofferraum, während ich einsteige. Als der Wagen die Straße hinunterrollt, frage ich, ob eine Buslinie an dieser Haltestelle bis zu seinem Wohnort fährt und ob es weitere Haltestellen an der Straße gibt. Er nickt lachend und erklärt mir, dass alle paar Minuten eine

Haltestelle sei und der Bus bis fast vor die Haustür fahre. Ich schüttelte den Kopf und muss ebenfalls lachen. Auf Google ist eben nicht immer Verlass. Ich danke ihm überschwänglich für seine Hilfsbereitschaft. Im Haus angekommen kann ich mit Hilfe von heißem Wasser und einer Nadel ein kleines, aber scharfkantiges Glasstück aus meinem Fuß holen. Die nächsten beiden Tage schone ich den Fuß, bis die Wunde sich geschlossen hat. Danach renne ich bereits barfuß eine mit Disteln übersäte Wiese hinunter, um zu einem kleinen Sandstrand zu gelangen. Die Disteln sind grün und klein. Bei dem ersten Piksen erschrecke ich. Mein Kopf verbindet dieses Gefühl mit Glas und Schmerzen. Aber beim Hinunterlaufen beginne ich mich daran zu gewöhnen. Schon bald sieht mein Körper das Piksen nicht mehr als Gefahr an und genießt es sogar.

John erklärt mich für verrückt, weil ich mich von dem schmerzhaften Ereignis nicht nachhaltig beeindrucken lasse und immer noch barfuß laufe. »Ist das denn nicht gefährlich mit dem Glas und dem Dreck auf dem Boden?«, ist eine der häufigsten Fragen, die ich zu hören bekomme, nicht nur von ihm. Ich hole allerdings lieber ein paar Glasscherben aus meinen Füßen und habe dafür Freiheit und all die anderen positiven Aspekte des Barfußlaufens. »Und wenn da Heroinspritzen am Boden liegen? Was machst du dann?«, ist häufig die darauffolgende Frage. »Dann ziehe ich mir meine mitgebrachten Barfuß-Sandalen an. Auch wenn ich das Gefühl habe, dass ich meine Schuhe anziehen soll, tue ich es«, ist meine Antwort darauf. Ich denke, dass Sicherheit oft nur eine Illusion ist. Eine Einladung zur Komfortzone, zum Durchschnitt, zur Routine.

Wir packen uns in unsere bequemen Schuhe, weil wir uns weigern, Schmerz zu empfinden. Dadurch verpassen wir wir aber auch alles andere: den Morgentau im Gras, den rauen Asphalt, warme Erde und Tannenzapfen im Wald. Schönheit lässt sich erfühlen, und Kontakt mit der Natur kann Glücksgefühle hervorrufen. Mit der Vermeidung von Schmerz berauben wir uns auch der Freude. Schmerz ist Lebensgefühl. Wenn ich mich nackt im Schnee wälze, bis die schneidende Kälte durch meine Haut dringt, lebe ich. Wenn ich über spitze Kiessteine laufe, spüre ich jede Nervenzelle in meinen Sohlen. Wenn ich über Dornen und Disteln laufe, fühle ich mich lebendig. Wenn spitzes Glas durch meine Fußsohle tief eindringt, bin ich bei jedem Schritt ganz da mit dem Schmerz. Ich kann nirgendwo anders sein als hier im Moment. Wenn eine Mücke mich sticht und ich mir die juckende Stelle kratze, lebe ich im Jetzt. Dann bin ich mit meinen Gedanken nicht im Morgen oder Gestern, sondern *hier*. Schmerz ist eine Erinnerung daran, immer wieder den Moment zu leben. Ganz da zu sein. Wahrzunehmen. Wach zu sein.

Schmerz ist gleichzeitig Feedback. Trete ich im Gras auf eine Biene, so tue ich ihr weh, und sie verteidigt sich, indem sie mich sticht. Damit fühle ich nicht nur meine, sondern auch ihre Pein. Wenn wir uns in unseren Häusern und in unserem Leben verkriechen, sind wir zu weit weg von dem Leid anderer und können es nicht mehr spüren. Wir hören auf, ihren Schmerz wahrzunehmen, und merken nicht mehr, wie wir ihnen wehtun.

Nicht nur bloße Füße sind wichtig, um achtsam zu leben, sondern auch geistige Offenheit. Sie macht uns zugänglich für andere. Wir teilen und fühlen den Schmerz anderer. So können wir uns gegenseitig unterstützen. Nicht miteinander leiden, sondern mit*fühlen*. Einander hochziehen, um auf Augenhöhe zu kommunizieren und zu leben.

Eine Krankheit ist ebenso Feedback. Viele werfen sich eine Schmerztablette ein, sodass der Schmerz scheinbar verschwindet. Aber er wird nur unterdrückt und kommt entweder stärker an der gleichen Stelle wieder hoch oder an einer anderen. Eine Schmerztablette ist nicht per es schlecht. Wenn ich sie jedoch ständig dazu benutze, mein Inneres zu betäuben und zum Schweigen zu bringen, dann werde ich nie Heilung erfahren, sondern lediglich symptomatische Besserung. Dabei ist es wichtig, Schmerz als Feedback zu sehen, Krankheit als Feedback zu sehen. Nur so kann die wirkliche Ursache behandelt werden. Wenn wir jeden Schmerz unterdrücken, ist es kein Wunder, dass wir aufhören zu fühlen. Uns selbst und die anderen. Wir verlieren den Kontakt, die Tuchfühlung mit unserem Selbst.

Das Barfußlaufen hat mich Stück für Stück meinem Schmerz nähergebracht und damit Stück für Stück mir selbst. Angst vor dem Schmerz ist Angst vor dem Leben, denn Leben beinhaltet Schmerz. Wie ich ihn wahrnehme, entscheide ich ganz allein. Ich kann mir selbst im Weg stehen und eine Ausrede nach der anderen finden. Ich kann aber auch hinschauen und sehen, woher der Schmerz kommt. So kann ich ihn auflösen und seine Energie als Schwung nutzen. Denn Energie geht nicht verloren, sie wird nur umgewandelt.

Um es mit Shirley Hufstedlers Worten zu sagen: »Wenn du im Leben auf Nummer Sicher gehst, hast du entschieden, nicht mehr wachsen zu wollen.« Auf Sicherheit zu setzen heißt Stillstand. Die wenigen Gelegenheiten, bei denen ich etwas gewagt und mich ins Risiko gestürzt habe, waren jedes Mal erfüllt vom Glanz der neuen Sonne. Jeder Schritt ins Unbekannte hat sich gelohnt. Vieles, was so gefährlich wie ein hungriger aggressiver Löwe erschien, war bei genauerem Hinsehen ein Lamm. Bei einem völlig Fremden zu übernachten hat sich als der schönste Beginn meiner Reise herausgestellt. Dort habe ich die Sicherheit inmitten meiner Unsicherheit gefunden. Und die Glasscherbe in meinem Fuß hat mir geholfen, meinen Bedarf an Sicherheit noch einmal zu hinterfragen. Mit dem Ergebnis, dass der Bedarf im Vergleich zu meinen bisherigen Leben stark gesunken ist.

Ich habe für mich beschlossen, dass Stillstand nicht der von mir angestrebte Zustand ist. Ganz bewusst lasse ich die Sicherheit und Bodenständigkeit hinter mir und stürze mich vom Felsen hinunter ins Risiko. Woher soll ich wissen, ob ich fliegen kann, wenn ich es nie versucht habe?

Die Tage in Brighton vergehen viel zu schnell. Wieder fällt mir der Abschied schwer, denn ich muss meine neuen Freunde verlassen. Es fühlt sich so an, als würde ich herausgerissen aus einer Welt, die mir gerade vertraut wurde. So als reiße man eine gerade zugeheilte Wunde wieder auf. Dazu kommt die Aufregung. Was wird mich in Hongkong erwarten? Wie werden die Menschen dort auf meine bloßen Füße reagieren? Mit gemischten Gefühlen steige ich aus der Bahn und gehe die Stufen zum Flughafen hinauf.

Auf ins Unbekannte!

Kapitel 5

Hongkong: Im Barfüßerorden

Die Sicherheitsbeamten am Flughafen in London beachten meine nackten Füße kaum, und als ich an meinem Gate warte, bin ich guten Mutes, dass ich diesmal barfuß an Bord gehen darf. Während der Angestellte meinen Reisepass scannt, wirft er einen langen Blick auf meine Füße. »Haben Sie Schuhe dabei, Madam?«, fragt er dann. Ich nicke und antworte: »Ja, allerdings laufe ich überall barfuß. Ist es in Ordnung, wenn ich das Flugzeug ohne Schuhe betrete?« Er seufzt und meint schließlich: »Gehen Sie meinetwegen barfuß hinein. Aber wenn Ihnen etwas passiert, dann ist das Ihre Verantwortung. Halten Sie Ihre Schuhe in Hongkong auf jeden Fall griffbereit.« Ich bedanke mich und gehe den langen Gang entlang, bis ich den Flieger erreiche. Der Flug ist voll und laut. Einige Kinder jammern, Babys schreien, die Mütter versuchen, sie unter den missbilligenden Blicken der Mitreisenden zu beruhigen. Schlafen kann ich nicht, also starte ich das Unterhaltungsprogramm der Airline und schlage damit die Zeit tot.

Nach mehr als zwölf Stunden erreichen wir Hongkong, und als ich barfuß aus dem Flugzeug steige, fühle ich mich fremd. Vielleicht bin ich einfach nur todmüde von dem langen Flug und brauche eine Atempause. Aber hier gibt es keine Luft zum Atmen. Grauer Smog hängt zwischen den Häusern, als ich mit dem Bus in die Innenstadt fahre. Den blauen Himmel und die Sonnenstrahlen darüber kann ich nur erahnen. Meine Haltestelle verpasse ich und steige einfach an einer der nächsten Haltestellen aus. Mir ist egal, wo ich lande. Ich weiß nur, dass ich wieder weg möchte. Es ist laut und bunt, Autos hupen, Passanten schreien. Mein Kopf dröhnt, während ich mich mit dem Strom der Menschen treiben lasse. Ich weiß nicht wohin, aber meine Füße tragen mich einfach weiter. Es tut gut, wieder laufen zu können. Die Ampel vor mir wird rot, aber das sehe ich erst, als die schrille Hupe eines gelben Taxis ertönt, weil ich einen Fuß auf die Straße gesetzt habe. Erschrocken mache ich einen Satz zurück auf den sicheren Gehsteig. Keiner beachtet mich, alle sind viel zu sehr mit sich selbst beschäftigt. Die Fußgängerampel schaltet auf Grün, und Scharen von Menschen strömen auf die andere Seite, ich vorneweg. Staunend frage ich mich, wann ich das letzte Mal so viele Menschen gesehen habe. Es ist kurz nach fünf Uhr am Nachmittag, vielleicht eilen sie von der Arbeit nach Hause. Dann fällt mir auf, dass mich immer mehr Menschen anstarren. Einige bleiben sogar wie gelähmt stehen und fassen sich mit einer Geste der Entgeisterung an ihren Mundschutz. Sie schauen an mir herunter und dann wieder hoch. Zuerst bin ich verwirrt und frage mich, ob ich irgendwas in den Haaren habe. Plötzlich fällt es mir ein. Natürlich! Sie können nicht fassen, dass ich barfuß durch die Stadt laufe. Ich schaue auf den Boden, dem ich bisher keine Aufmerksamkeit gewidmet habe. Er ist verhältnismäßig sauber für eine Großstadt, und anders als in einigen deutschen Großstädten sehe ich bisher keine Glasscherben oder

Müll. Trotzdem scheine ich eine Sensation zu sein, zumindest in den Augen der Menschen, die mir Beachtung schenken.

Wann werde ich mich an das Tempo und den Lärm der Stadt gewöhnen? Der Asphalt ist angenehm warm, ich spüre den Herzschlag der Stadt durch ihn. Er ist schnell und laut, aber er wird mir mit jedem Schritt sympathischer. Wenn ich früher reiste, nahm ich meine Umgebung hauptsächlich durch zwei Sinne wahr: Sehen und Hören, vielleicht noch Schmecken. Durch das Barfußlaufen kommt nun aber noch ein weiterer Sinn dazu: das Fühlen. Es ist nicht nur die Temperatur oder die Beschaffenheit des Untergrunds, die ich ertaste. Jede Stadt hat eine andere Vibration, einen anderen Herzschlag, einen anderen Atem. Manche Orte geben mir Ruhe, vor allem Orte in der Natur. Manche rütteln an mir, sodass ich eine Verbindung erst suchen muss. So ein Ort ist Hongkong. Er fordert mich heraus, in jeder Hinsicht.

Als ich auf einen Tempelbau zugehe, knirschen kleine Kieselsteine unter meinen Sohlen. Vielleicht gibt es hier Mönche, die genauso barfuß laufen wie ich? Ich war bereits in katholischen Kirchen in Deutschland barfuß. Wird es in einem buddhistischen Tempel angemessen sein? Welche Götter verlangen eigentlich Schuhe?

Ich bin so in meine Gedanken vertieft, dass ich die klein gewachsene Polizistin beinahe übersehe, die gerade mit finsterem Blick auf mich zueilt. Sie gestikuliert und rudert wild mit ihren Armen, während sie mich auf Chinesisch zutextet. Selbst wenn ich Chinesisch sprechen könnte, wäre ihr rasantes Sprechtempo eine immense Herausforderung. Fasziniert höre ich einige Sekunden zu und schüttele dann meinen Kopf. Auf Englisch versuche ich ihr freundlich zu erklären, dass ich sie zu meinem Bedauern nicht verstehen kann. Sie fuchtelt noch wilder mit ihren Armen in der Luft und zeigt dann immer wieder auf mich, während sie heftig mit dem Kopf schüttelt. Aus ihren Gesten entnehme ich, dass ich unerwünscht bin. Aber warum? Verwirrt starre ich sie an und ziehe meine Brauen hoch. Da fällt das Brett vor meinem Kopf krachend zu Boden, und ich muss mir ein Lachen verkneifen, das die Polizistin sicher falsch verstanden hätte. In einem chinesischen Gefängnis möchte ich ungern wegen Beamtenbeleidigung festsitzen. Sicher bringen meine bloßen Füße sie auf die Palme. Die Dame hört auf, mit ihren Armen vor meiner Nase herumzuwedeln und dampft ab.

»Scheinbar gibt es Götter, die Schuhe verlangen und durch chinesische Ordnungshüter sicherstellen, dass sich alle daran halten«, sage ich kichernd zu mir selbst. Als die Beamtin mit einem Kollegen im Schlepptau um die Ecke biegt, setze ich aber sofort wieder eine todernste Miene auf und versuche dem Klischee der deutschen Humorlosigkeit alle Ehre zu machen. In gebrochenem Englisch wendet sich der Polizist an mich und fordert mich barsch auf, Schuhe anzuziehen. Ansonsten würde er mich aus dem Garten werfen.

Ich schaue einen Moment auf ihn hinunter. Nach kurzem Zögern hole ich enttäuscht meine Barfußschuhe aus dem Rucksack und setze mich auf die Bank hinter mir. Der strenge Beamte wartet, um zu sehen, ob ich tue, wie mir geheißen wurde. Erst als ich meine Sandalen an den Füßen habe und aufstehe, drehen er und seine Partnerin sich um und verschwinden. Zu gern hätte ich verstanden, warum ich hier Schuhe anziehen muss, aber der unfreundliche Ton der beiden Polizisten hat mich abgeschreckt. Ich habe nicht das Gefühl, dass ihre Ablehnung von nackten Füßen religiöse Gründe hat. Auch Sicherheitsgründe würden keinen Sinn ergeben, da ich auf eigene Verantwortung unterwegs bin und keine wirklichen Gefahren drohen. Wieso sind bloße Füße ein Problem, aber mein riesiger Rucksack nicht? Manche Kirchen darf man nicht in kurzen Hosen betreten. Vielleicht liegt es an der nackten Haut meiner Füße, die ich nicht zeigen darf? Aber meine leichten Sandalen verdecken lediglich die Fußsohlen, die man ohnehin nicht sieht. Vielleicht liegt es nur an starrem Denken, dass sie etwas gegen meine bloßen Füße haben. Oder ihnen ist langweilig. Haben sie wirklich das Recht, mich des Parks zu verweisen, nur weil ich keine Schuhe trage?

Mittlerweile habe ich die große Tempelanlage der Chi Lin Nunnery erreicht und zögere einen Moment. Gehen buddhistische Mönche nicht oft barfuß? Ich habe gehört, dass man in Ländern wie Myanmar die Schuhe in Tempelanlagen aus Respekt vor den Göttern sogar ausziehen muss. Dazu bin ich selbst gläubig und möchte keine religiösen Gefühle verletzen, nur weil ich mich mit der hiesigen buddhistischen Religion nicht auskenne. Dennoch regt sich in mir ein Anflug von zivilem Ungehorsam. Die beiden unfreundlichen Polizisten sind nicht mehr zu sehen. Nach kurzem Hin und Her siegt meine aufmüpfige innere Stimme. Kurzerhand ziehe ich die Sandalen aus und betrete die Tempelanlage.

Wie anders ist das Gefühl! Die kühlen Natursteine des Tempels scheinen meine Fußsohlen festhalten zu wollen, und nach dem lebhaften Asphalt, der zwar nicht von der Sonne, aber von den Gemütern der Menschen erhitzt war, ist das eine Oase. Ich erreiche den Eingang zu einer kleinen Halle, wo einige Mönche stehen. Sie tragen tatsächlich Schuhe. Vielleicht haben die Ordnungshüter hier ebenfalls das Sagen. Oder trete ich jemandem auf die Füße, indem ich die hiesigen Gepflogenheiten verletze? Vielleicht handele ich damit sogar respektlos? Mein Gang wird immer zögernder und langsamer, während das Murmeln von Gebeten und ein leiser Singsang immer lauter werden. Einer der Mönche schaut auf und sieht meine bloßen Füße. Wie offen ist ein Mann der buddhistischen Religion im Gegensatz zu den strikten Beamten? Trotz meiner Unsicherheit halte ich seinem Blick stand, als er mir in die Augen sieht. Ein feines Lächeln blitzt auf, das ich mir auch eingebildet haben könnte, so kaum merklich kräuselt es sich um seine Lippen, und mir scheint, seine Augen funkeln für einen kurzen Moment. Oder spielt mein Verstand mir einen Streich? Dann lächelt er gütig und streckt seine Hände zu einer Segnung aus. Ich senke den Kopf und fühle, wie mein Körper sich aufrichtet. Mein Rucksack scheint immer leichter zu werden, bis ich ihn kaum noch spüren kann. Als ich den Kopf wieder hebe, nickt er mir freundlich zu und schließt kurz die Augen.

Ich verlasse die Tempelanlage auf der anderen Seite und mache mich nach einem Spaziergang durch den Nan Lian-Garten auf den Weg in Richtung der Fährstation. Die beiden Ordnungshüter laufen mir zum Glück nicht mehr über den Weg. Wie engstirnig sie waren, dabei habe ich doch kein Verbrechen begangen als ich eine Tempelanlage ohne Schuhe betreten habe! Ihr Verhalten erinnert mich an die Engherzigkeit der Kirchengemeinde, in der ich aufgewachsen bin. Alles war geregelt, und falls es für einen Bereich des Lebens noch keine Regel gab, dann wurde anhand von einigen aus dem Zusammenhang gerissenen Bibelstellen eine gebastelt. Von der Frisur der Frauen und dem Aussehen im Allgemeinen über das Unterhaltungsprogramm bis hin zu gestatteten und nicht gestatteten Gotteserfahrungen war alles eingefasst in einen Rahmen. Und alles, was außerhalb dieses festgelegten Rahmens passierte, war Sünde.

Ich schüttele mich, um die Gedanken loszuwerden, denn sie gehören der Vergangenheit an. Trotzdem frage ich mich erneut, ob im Buddhismus Schuhe vor einem Tempel nicht sogar abgelegt werden müssen, und glaube mich daran zu erinnern, dass es mir von einem Thailand-Urlauber erzählt wurde. Mich interessiert zudem, was andere Religionen und die Weisen des Ostens, wie der Buddha, Konfuzius oder Laozi über bloße Füße zu sagen haben. Es ist Zeit für Recherchen.

Bevor ich mich nach einem Café umsehen kann, weht ein feiner Essensgeruch aus einem der Restaurants, und mein Magen knurrt sehnsüchtig. Schnuppernd hebe ich den Kopf und versuche herauszufinden, aus welchem Restaurant dieser himmlische Duft kommt. Ich entdecke eines, das Dim Sum serviert, gefüllte und dampfgegarte, manchmal auch frittierte Teigtaschen. Draußen scheint es bereits zu dämmern. Als ich meine Bestellung aufgebe, frage ich die Bedienung nach dem WLAN-Passwort. Sie bringt mir einen Zettel und ich tippe das Passwort in meinen Laptop ein.

Ich finde zwar keine Informationen darüber, ob und was der Begründer des Buddhismus, Siddhartha Gautama, der Buddha zu Barfüßen sagte, denn er hat wie Jesus keine direkten Schriften hinterlassen, aber ich kann mit einiger Sicherheit annehmen, dass der Buddha selbst barfuß ging, wie auf verschiedenen Abbildungen dargestellt. Er lebte zu einer Zeit, in der bloße Füße normal und beschuhte Füße als respektlos und als Zeichen für Überheblichkeit galten. Zudem gingen viele der Weisen barfuß, sicher um so einfach wie möglich zu leben, wenig mit sich zu tragen und aus spirituellen und gesundheitlichen Gründen. Dazu gibt es viele Mönche, die der Lehre des Buddha folgen und barfuß gehen, jedoch mit Ausnahmen, die der Buddha genannt haben soll: schlechte Straßen, im Kloster, um den Boden sauber zu halten, und bei Krankheiten an den Füßen. Viele Mönche tragen jedoch auch Schuhe in Städten, bei kaltem Wetter und wenn ihnen Schuhe geschenkt werden. Woher kommen diese Unterschiede? Ich beschließe, erst einmal weiterzulesen.

Mönche sollten, soweit ich weiß, ohnehin am Ort ihres Klosters bleiben. Aber der Buddhismus existiert ja auch in kalten Regionen, Tibet und Nepal zum Beispiel. Gibt es nicht auch Mönche in Tibet, die barfuß und sogar nackt die Nacht im Schnee verbringen? Gern möchte ich mehr über ihre Methoden herausfinden, denn bisher habe ich es barfuß im Schnee nur eine knappe halbe Stunde ausgehalten, und es war nur eine dünne Schicht, die nur die Fußsohlen berührte. Wie könnte ich in hohem Schnee länger barfuß gehen, wenn der Schnee auch die Fußoberseite, Knöchel, Waden und Knie berührt, die keine dickere Haut haben? Halb nackt im Schnee bin ich schon nach wenigen Minuten an meiner Grenze. Interessanterweise kann ich jedoch eine ganze Weile in kaltem Wasser verbringen, das sich nah an der Null-Grad-Grenze befindet. Dabei sollten die wenigen Grade kaum einen Unterschied machen. Vielleicht ist es eine Kopfsache, und das Weiß sieht viel kälter aus. Mir hilft mein Kopf dabei, mich in der Kälte wohlzufühlen, sie innerlich aufzuwärmen und die Wärme bis in die Füße zu leiten, aber sicher kann er mich auch dazu bringen, Kälte kälter erscheinen zu lassen. Ich möchte wissen, wie die Mönche es anstellen, ihren Kopf im Griff zu behalten und damit auch ihren Körper.

»Unter normalen Umständen kann man bei Minustemperaturen nur wenige Minuten in eisigem Wasser überleben«, lese ich. Gut, dass ich das nicht wusste, als ich bereits einige Male deutlich mehr Zeit in eisigem Wasser verbracht habe. Manchmal denke ich, würden wir nicht wissen, dass etwas nicht geht, dann würden wir es einfach machen oder zumindest probieren. Meine Augen fliegen über den Text, und ein begeistertes Lächeln zieht sich über mein Gesicht, während ich über die tibetische Tummo-Meditation lese. Es gibt noch eine Menge darüber zu lernen, aber mein Ansatz war nicht weit entfernt. Ich habe versucht, Wärme in meinem Kopf zu erzeugen und sie dann überall in meinen Körper zu leiten. Tummo bedeutet »inneres Feuer«, und über die Konzentration, innere Bilder und eine meditativen Zustand wird ausreichend Hitze erzeugt, um die Kälte zu überstehen. Interessanterweise hat Herbert Benson diese Methode mit seinen Kollegen an der Harvard University an tibetischen Mönchen überprüft und bestätigt.

Von einigen Mönchen lese ich, dass sie sagen, das Barfußgehen habe sie Sanftmut, Achtsamkeit und Anpassungsfähigkeit gelehrt und außerdem viel mehr Empfindungen an den Sohlen ausgelöst. Dem kann ich nur zustimmen, wobei ich sagen muss, dass auch viele meiner verdrängten Emotionen sich durch das Barfußlaufen einen Weg in die Freiheit bahnen, und nicht alle davon sind edel und schön.

Mir fällt die Frage nach dem Betreten der Tempel wieder ein, und ich tippe sie in das Suchfeld. In Thailand darf man Tempel anscheinend tatsächlich nur barfuß betreten, in Hongkong scheint es jedoch genau andersherum zu sein. Sehr verwirrend. Doch wenn es im Christentum so viele Strömungen gibt, vielleicht ist es im Buddhismus genauso? Begeistert von diesem Einfall bemühe ich die Suchmaschine und erhalte gleich auf der ersten Website die Antwort. Nach Gautamas Tod begannen schon bald Auseinandersetzungen über seine Lehre, und die erste Spaltung ebnete den Weg für viele weitere Richtungen. Wenn die Lehre von einem Ort und von einem Land ins nächste reiste, vermischte sie sich mehr oder weniger mit den dortigen Glaubensvorstellungen und veränderte sich dadurch, ganz ähnlich wie im Christentum.

Konfuzianismus und Taoismus bilden in China gemeinsam mit dem Buddhismus die *Drei Lehren.* Sie haben einander im Laufe der Zeit befruchtet, sich gegenseitig beeinflusst und ergänzt. Ein gewinnbringender Austausch konnte stattfinden. Vielleicht sollten politische Begegnungen draußen in der Natur und vor allem barfuß stattfinden, sodass alle Beteiligten besser geerdet sind. Ich glaube, dann hätten wir weniger hitzige Diskussionen oder eisiges Schweigen, vielmehr echte Begegnungen auf Augenhöhe.

Alles Streben zum Himmel ergibt nur Sinn, wenn ich mit dem Boden verwurzelt bin, sonst kann mich jeder Windstoß forttragen, mich im Kreis drehen und mir jedes Gefühl von Oben und Unten nehmen. Glaube sollte praktisch und bodenständig sein. Von dort aus kann er mich inspirieren, begeistern und mit sich tragen, denn ich bin mit dem verbunden, aus was ich gemacht bin: der Erde. Für einen Moment schließe ich die Augen und genieße es, die Füße auf dem Boden zu haben. Ein Zitat von Konfuzius kommt mir in den Sinn. »Ich beschwerte mich darüber, dass ich keine Schuhe habe, bis ich einen Mann traf, der keine Füße hatte.« Langsam schließe die Augen und lasse die Worte auf mich wirken.

Konfuzius hat, zumindest für eine Weile, wohl wirklich keine Schuhe besessen. Als er drei Jahre alt war, starb sein Vater, und die Familie wurde aus der Mittelschicht in die Armut gerissen. Vielleicht kommt sein Zitat aus dieser Zeit, als er unfreiwillig barfuß gegangen ist. Später, als Lehrer, Gouverneur, Philosoph und Denker, muss er viele Erfahrungen aus dieser Zeit in seine Lehre eingewoben haben. Was auch immer seine Füße gesehen haben, es hat ihn und damit die Welt nachhaltig geprägt. Viele der einflussreichsten Menschen, welche die Welt ein Stück besser gemacht haben, sind zuvor einen steinigen Weg gegangen, haben sich die Füße wund gelaufen und schmerzliche Erfahrungen gemacht. Was sie von all den anderen unterscheidet, die ein ähnliches Schicksal haben, ist, dass sie das Beste daraus gemacht haben. Diese weisen und großen Menschen haben aus den Steinen, die ihnen im Weg lagen, etwas Großartiges gebaut. Sie haben die Dornen, die ihnen die Füße zerkratzten, zu Rosen gezüchtet und sie der Welt hinterlassen. Ihr Duft strömt immer noch durch viele Teile der Welt.

Als ich die Augen wieder öffne, fällt mir ein, dass ich den Artikel über Thailand nicht zu Ende gelesen habe, weil ich ständig von einem Thema zum anderen und von einer Frage zur nächsten gesprungen bin. An einer Stelle stoße ich auf eine befremdliche Aussage. Im dortigen Buddhismus ist es unschicklich, mit den Füßen auf etwas zu zeigen, denn die Füße sind der niedrigste Teil des Körpers. Woher kommt diese Haltung dem Körperteil gegenüber, der uns ohne zu murren oder zu klagen durch die Welt trägt? Ich weiß gar nicht, was ich dazu sagen oder darüber denken soll, aber es ist eine kulturelle Vorstellung, die ich nicht diskreditieren möchte, wo ich doch die Kultur und Historie nicht einmal kenne. Deshalb lese ich weiter. Mit Schuhen ein Haus zu betreten gilt als Beleidigung, weil man das Haus wie einen Kuhstall behandelt, in dem man seine Schuhe nicht auszieht. »Schuhe als Beleidigung«. Das kommt mir vertraut vor, aber woher nur? Mein Gehirn rattert fieberhaft und präsentiert mir dann eine Erinnerung. 2008 wurde George W. Bush von dem irakischen Journalisten Muntazer al-Zaidi mit Schuhen und den Worten »Das ist ein Abschiedskuss, du Hund. Dies ist von den Witwen, Waisen und allen, die im Irak getötet worden sind« beworfen. Eine weitere Erinnerung wird aus dem Archiv gezogen. Wie die Tempel in Thailand dürfen auch Moscheen nur ohne Schuhe betreten werden, weil sie Staub und Schmutz berühren und daher als unrein gelten. Muslime wollen auf einem sauberen Boden beten.

Sofort sehe ich nach, was das Internet mir dazu an Informationen bietet. Jemandem seine Schuhsohle zu zeigen, gilt in der arabischen Welt bereits als Beleidigung. Noch schlimmer ist es, jemandem die Schuhsohle vors Gesicht zu halten oder gar mit dem Schuh nach jemandem zu schlagen, wie es 2003 mit der Statue von Saddam Hussein geschah. Wenn man die Schuhe in der Hand trägt, dann nur mit den Sohlen aneinander. Wertvolle

Gegenstände werden nie auf den Boden gelegt, und überhaupt wird der Bodenkontakt so weit wie möglich vermieden. Warum wird beim Beten jedoch der Boden mit der Stirn berührt, also eindeutig und bewusst der Kontakt zum Boden hergestellt? Ich erfahre, dass sich der Betende Allah dadurch hingibt und Demut zeigt. Außerdem sollten auch nackte Fußsohlen nie auf andere Personen zeigen. Warum das so ist, finde ich nicht direkt heraus, aber sicher hat das mit der Nähe zum unreinen Boden zu tun, der nach muslimischer Anschauung nicht nur Schuhe, sondern auch die Füße unrein macht. Wie würden sie auf jemanden reagieren, der keine Schuhe zum Ausziehen hat, weil er barfuß kommt? Das Internet gibt mir dazu keine Antwort. Wahrscheinlich muss ich das selbst herausfinden.

Der Islam und der Buddhismus, zumindest der in Thailand, haben also einige Parallelen, aber wie steht es mit dem Hinduismus? Ich weiß nur, dass Hindus ebenfalls ihre Schuhe vor dem Tempel ausziehen, aber ich weiß nichts über ihre Gründe. Gespannt befrage ich erneut das Internet und erfahre, dass auch hier wieder eine Parallele zum Islam und zum südlichen Buddhismus vorhanden ist. Die Füße werden von den Hindus als etwas Niederes angesehen, und genau wie im Islam gilt es als eine Beleidigung, seine Schuhe nach jemandem zu werfen. Man sollte auch nicht mit den Füßen auf jemand anderen zeigen oder sie vor einem Altar oder anderen Betenden ausstrecken. Auf der anderen Seite gelten die Füße Gottes und die der älteren Menschen als etwas Besonderes. Der Autor der Website erklärt, dass diese Symbolik auf die vedische Auffassung des Universums als Leib Gottes zurückgeht. So wie ein Körper hohe und niedrige Teile hat, so hat dieses Universum hohe und niedere, reine und unreine Orte. Die Füße berühren den niederen Boden, und beim Betreten eines heiligen Ortes, beispielsweise eines Tempels, wird der niedere Teil in Form von Schuhen vor der Tür zurückgelassen.

Die materialistische Seite bleibt vor der Tür, wenn ein spiritueller Raum betreten wird. Wie demütig Füße sein müssen, um hinzunehmen, dass sie der niederste und schmutzigste Teil des Körpers sind! Da sehe ich in manchen Köpfen und Herzen und auf manchen Zungen mehr Schmutz und Unrat. Demut ist schön und gut, aber ich denke, dass alles, was aus dem Gleichgewicht gerät und ins Extrem schießt, ungesund und sogar gefährlich werden kann, wie man nicht zuletzt an fanatischen religiösen Ansichten sehen kann.

Kann Demut auch eine schöne Geste sein? Mit Sicherheit. So wie bei dem derzeitigen Papst Franziskus, der es sich zur Gewohnheit gemacht hat, am Gründonnerstag statt zwölf Priestern in der prunkvollen Lateranbasilika lieber die Füße von zwölf Häftlingen im Stadtgefängnis Regina Coeli zu waschen. Die Männer gehörten im Jahr 2018 zum Beispiel nicht nur der katholischen, sondern auch der orthodoxen, muslimischen und buddhistischen Konfession an. Die Tradition beruht auf der Überlieferung, derzufolge Jesus beim letzten Abendmahl vor der Kreuzigung seinen Aposteln die Füße wusch – eine Geste der Demut. Dabei fließt aber auch die Vorstellung mit ein, dass die Füße niedrig und schmutzig sind und dass das Füßewaschen Sklavenarbeit war.

Auch im Tanach der Juden kommt die Fußwaschung vor. Hier ist sie oft eine rituelle Handlung, die Gastfreundschaft symbolisiert. Zum einen hat das praktische Gründe, damit der Gast das Zelt mit sauberen Füßen betritt. Dazu lag man damals zum Mahl und hatte damit die Füße des anderen auf Augenhöhe, was saubere Füße angenehmer machte. Zum anderen bedeutet eine Fußwaschung dem Gast gegenüber Ergebenheit und Freundlichkeit, selbst wenn ein Diener diese Aufgabe übernimmt, genauso wie Fürsorge. Es gibt die Fußwaschung zur Hygiene sowie die kultische Waschung, die ein Priester vor dem Betreten heiliger Orte wie dem Tempel vornahm. In der Tora gibt es zwei Stellen, laut denen Gott einmal Mose und beim anderen Mal Josua befahl, ihre Schuhe auszuziehen, da der Ort, auf dem sie standen, heilig war.

Schuhe waren bei den Juden früher ein Zeichen von Komfort und Luxus. Überliefert ist die Weisung Rabbi Akiwas an seinen Sohn: »Lass deine Füße nicht Schuhe entbehren«, und im Talmud heißt es, dass ein Mensch ohne Schuhe die Dachbalken seines Hauses verkaufen sollte, um mit dem Geld Schuhe zu erwerben. Das Ausziehen von Schuhen galt als Erniedrigung, wie zum Beispiel im Fall der Chalitza, der Schwagerehe. Nach dem Tod ihres Mannes sollte der Bruder die kinderlose Witwe heiraten, konnte dies jedoch auch verweigern. Dann trat seine Schwägerin auf ihn zu und und zog ihm vor Zeugen die Schuhe aus. In talmudischer Zeit galt diese Handlung als öffentliche Erniedrigung und Beschämung des Schwagers, weil er seine Pflichten zum Erhalt der Großfamilie missachtete. Schuhe waren ein Symbol der Besitz- und Erwerbsfähigkeit, und im Altertum mussten Land und Immobilien als Zeichen der Besitznahme mit den eigenen Schuhen betreten werden. Das Ausziehen oder Werfen von Schuhen gilt noch heute als Zeichen tiefer Verachtung gegenüber Herrschenden.

Mit einem Seufzen schiebe ich den Laptop beiseite und stütze den Kopf auf beide Hände. Ich finde die Parallelen der verschiedenen Religionen interessant. Die Vorstellung, Füße und Schuhe seien etwas Niedriges, wiederholt sich auf die eine oder andere Weise in allen fünf Weltreligionen. Schuhe dienen zum einen als Schutz – wie bei den buddhistischen Mönchen, die sie in der Stadt oder in kalten Regionen tragen –, zum anderen als Komfort und sogar Symbol, wie in der jüdischen Religion. Auch in unserer Gesellschaft sind Schuhe von der richtigen Marke ein Symbol für einen vollen Geldbeutel oder Attribute wie Modebewusstsein und guten Geschmack. Barfüße gelten dagegen immer noch als armselig, schmutzig und manchmal sogar erniedrigend. Nur in der buddhistischen Religion habe ich eine Art sanfte Aufforderung zum Barfußlaufen gesehen, begründet durch spirituelle und gesundheitliche Vorteile. In jeder Religion gibt es außerdem verschiedene Strömungen, die abweichende Vorstellungen und Praktiken vertreten. Deshalb ist eine klare Aussage schwierig. Ich glaube zwar, einen guten Einblick in die fünf Weltreligionen erhalten zu haben, und finde die Internetrecherche aufschlussreich. Trotzdem begegne ich Anhängern anderer Religionen am liebsten persönlich. Dadurch kann ich ihre unverfälschte Sicht aus erster Hand wahrnehmen. Gerne würde ich jemandem mit einer ethnischen Religion begegnen und mehr darüber erfahren. Hoffentlich wird dieser Wunsch auf meiner Reise wahr.

Mit meiner Recherche und dem würzigen Dim Sum habe ich gar nicht bemerkt, wie schnell die Zeit vergangen ist. Draußen ist es bereits dunkel, die Uhr zeigt halb zehn am Abend. Rasch texte ich meinen Gastgeber via Couchsurfing, und er schreibt mir, dass es gut passt, wenn ich mich jetzt auf den Weg mache. Er ist mit seiner Arbeit fertig und würde auf der Zwischenstation Hongkong Island auf mich warten. Ich stelle fest, dass die Fähre eine gute Gehstunde von mir entfernt ist. Mich nach einem Bus umzuschauen, dauert mir zu lange, auch, weil ich merke, wie müde ich bin. Daher winke ich ein Taxi herbei und frage nach dem Preis. Für umgerechnet 6 Euro werde ich bis vor die Fähre gefahren und kaufe mir dort ein Ticket für die Überfahrt.

Bei der Überfahrt leuchtet Hongkongs Skyline im Dunkeln auf und verführt mich dazu, einige Fotos zu machen. Als ich mich umdrehe, sehe ich, dass mich viele Leute anstarren. Einige Kinder zeigen auf meine Füße und fragen ihre Eltern etwas. Diese schauen auf mich und erzählen ihrem Kind mit vielen Gesten etwas über mich. Schmunzelnd betrachte ich die Szene, die ich hier anscheinend in Gang gesetzt habe.

Als ich auf der Zwischenstation aussteige und mich durch die Menschenmasse schiebe, sehe ich einen jungen Mann, der wartend umherschaut. Ich gehe vorsichtig auf ihn zu, weil ich ihn im Dunkeln schwer erkennen kann. Erst als ich fast neben ihm stehe, kann ich sehen, dass es tatsächlich mein Gastgeber ist. »Hi«, sage ich. »Oh, hi. Hab dich nicht kommen sehen. Ich bin Mo«, antwortet er freundlich und streckt mir seine Hand entgegen. Ich stelle mich ebenfalls vor. »Hier ist eine Flasche Wasser, falls du durstig bist«, sagt Mo lächelnd, während er mir eine Flasche hinhält. Dankbar für seine Umsicht nehme ich sie entgegen. Während ich trinke, spüre ich seinen Blick auf meinen nackten Füßen. Ich setze die Flasche ab und schaue ihn belustigt an. »Du bist wirklich barfuß«, meint er kopfschüttelnd. »Unglaublich. Ist dir das nicht zu gefährlich? Vor allem im Dunkeln? Du siehst doch manchmal kaum etwas und weißt daher nicht, wo du hintrittst.« Mit einem Lächeln antworte ich: »Tatsächlich passiert nur selten etwas. Vielleicht an drei Tagen im Jahr. Ich finde die Quote ziemlich gut.«

Er lacht laut auf. »Na, du hast Humor!«, ruft er. »Warum machst du das eigentlich?«

Ich beginne ihm die Geschichte von meiner Autoimmunerkrankung zu erzählen. Als ich fertig bin, sitzen wir bereits auf dem oberen Deck der Fähre. Der Lärm der Metropole wird langsam leiser, und bald ist nur noch das tiefe Brummen des Schiffsmotors zu hören. »Ich möchte morgen gerne noch mehr darüber erfahren. Vor allem die alternativen Heilmethoden interessieren mich«, erklärt Mo, was mich natürlich freut.

Am Boden von Lamma Island spüre ich eine andere Vibration als vorher in der Innenstadt. Die Zeit läuft hier langsamer und stressfreier ab. Ist es nur die späte Stunde? Wir gehen durch die menschenleeren Gassen zu seiner Wohnung. Seine Schritte hallen von den Mauern wider, meine Füße sind lautlos wie die Pfoten einer Katze.

Obwohl ich mich dagegen sträube, möchte Mo mir sein eigenes Zimmer zum Schlafen anbieten, während er auf der Couch schläft. Es ist für ihn eine Ehrensache, das kann ich sehen. Ich kann auch sehen, dass er es gerne tut und es ihm so wie Guille Freude bereitet, auch wenn er sehr müde ist. Also stimme ich zu und lege mich in seinem Zimmer in das große, bequeme Bett. Schlafen kann ich aber noch lange nicht, weil ich versuche zu verstehen, warum Menschen anderen gerne eine Freude bereiten. Es ist nicht so, dass ich nicht versucht habe, anderen so viel wie ich kann zu helfen. Aber es hat mich müde gemacht. Trotzdem habe ich oft meine Hilfe angeboten oder Ja gesagt, weil ich einen gesellschaftlichen und vor allem religiösen Druck empfunden habe, das zu tun. Das macht man eben, um ein guter Mensch zu sein. Aber je mehr ich gegeben habe, desto leerer habe ich mich gefühlt, weil es unter Zwang geschah und nicht von Herzen kam. Die letzten Wochen und Monate habe ich versucht, anderen nur noch da zu helfen, wo es wirklich nötig war, um meine Kraft zu erhalten. Die Reise war ein Fluchtversuch. Jetzt bin ich für meine viel zu vielen Kontakte in Deutschland kaum noch erreichbar. Persönlicher Kontakt ist etwas anderes, aber mit zu vielen Menschen über die sozialen Medien in Kontakt zu stehen, schlaucht mich.

Ich merke aber auch, dass es anders ist, wenn ich gern helfe. Dann macht es mich nicht müde, sondern ist eine Freude. Ist das bei Menschen wie Guille oder Mo auch so?

Am nächsten Morgen sehe ich Mo noch auf der Couch liegen, als ich aufstehe, doch als ich aus dem Badezimmer komme, ist er schon in der Küche, trinkt gerade seinen Kaffee aus und nickt mir zu. »Du kannst die Sachen benutzen, die ich hier habe. Toast, Cerealien und was du sonst noch im oberen Teil des Schrankes findest. Kaffee und Tee sind hier auf dieser Seite.« Ich bedanke mich und frage ihn, ob er gut geschlafen hat. »Halbwegs«, brummt er. »Du weißt, dass du jederzeit dein Bett zurückhaben kannst«, sage ich und lächle ihn an. Er grinst müde zurück und nickt. »Nein, das passt. Ich muss jetzt los. Bis später.«

Ich stehe am Fester und schaue hinaus, während Mos Schritte im Treppenhaus verhallen. Die Straßen der Insel sind belebt. Händler sind zu sehen, Menschen wuseln umher. Kein Smog ist in Sicht, und soweit ich erkennen kann, ist der Himmel klar und blau. Heute möchte ich mir die Insel ansehen und freue mich über den strahlenden Sonnenschein. Eigentlich wollten Mo und ich gemeinsam etwas unternehmen, aber er musste kurzfristig auf seiner Arbeitsstelle einspringen. Aus labbrigem Toast, Marmelade, Butter, Cerealien und Wasser bastele ich mir auf die Schnelle ein Frühstück und ziehe mir danach meinen Bikini an. Mo hat etwas von einem Strand erzählt, und den möchte ich finden. Shorts an und ein Tanktop darüber, schon fertig. Kleider und Röcke finde ich bei einem Tagesausflug unpraktisch, weil sie meistens keine Taschen haben. Und herumschlackernde Handtaschen gehen mir auf die Nerven. Bestenfalls passen meine Sachen in die Hosentasche oder in einen kleinen faltbaren Rucksack. Ich brauche nur mein Portmonee und den Haustürschlüssel, den Mo für mich bereitgelegt hat, dann kann's losgehen.

Beim Hinunterlaufen überspringe ich gut gelaunt jeweils eine Stufe. Keine Ahnung wieso, aber barfuß macht das noch mehr Spaß. Als ich die Vordertür hinter mir schließe, weiß ich nicht, in welche Richtung ich gehen soll. Ich könnte jemandem fragen, aber die Insel soll nicht besonders groß sein. »Ist der Strand links oder rechts?«, frage ich mich. Da mein rechter Fuß ein wenig kitzelt, gehe ich nach rechts. Unterwegs sehe ich ein veganes Café und nehme mir vor, dort nach dem Strandbesuch vorbeizuschauen.

Die schmale Gasse ist gefüllt, aber die Menschen wirken viel gelassener und entspannter als auf dem Festland. Die wenigsten Passanten beachten meine bloßen Füße. Nachdem ich mich einige Straßen weit durch Menschenmassen gedrängt habe, entdecke ich in der Ferne das Meer. Ich schlängele mich so gut es geht zwischen Marktkörben, Verkaufsständen und Menschen hindurch, bis ich Sand unter den Füßen spüre. Erleichtert schlüpfe ich aus meiner Kleidung und renne ins Wasser, das sich wie ein Seidenkleid um mich legt und mich sanft in seinen Wellenarmen wiegt. Obwohl es auf der Insel deutlich ruhiger zugeht, sehne ich mich nach Weite und Einsamkeit. Wenigstens gibt mir das Meer einen winzigen Vorgeschmack darauf.

Meine Gedanken schweifen zum letzten Abend zurück. Wie bin ich eigentlich darauf gekommen, verschiedene Religionen und ihre Beziehung zu den Füßen zu recherchieren? Ach ja, die sturen Polizisten haben mich an die Engherzigkeit meiner Kirchengemeinde erinnert. Ich glaube, wenn ich die beiden Beamten nach einer Erklärung gefragt hätte, dann hätte ich als Antwort entweder ein »so war das schon immer« oder »Regel 22 aus AXY besagt das« erhalten. Was mich keinen Schritt weiter bringen würde. Auch hier sehe ich Parallelen zu der Art, wie ich Religion kennengelernt habe. »Das war schon immer so, und deshalb muss es gut und richtig sein, sonst hätte es jemand schon vorher geändert.« Oder eben: »Das steht so in der Bibel.« Damit wurde praktisch alles erklärt. Aber die Bibelstellen wurden oft genug aus dem Zusammenhang gerissen und schon gar nicht im historischen Kontext gelesen. Und was sollte ich tun, wenn Gottes Stimme in mir etwas ganz anderes sagte als die Regeln und Gesetze, die man mir vor die Nase setzte? Widersprüche verwirrten mich und Zweifel begannen sich auszubreiten. Wo war meine Freiheit, nach Gott zu suchen und dorthin zu gehen, wo ich ihn höre? Warum waren die Fragen, die ich ihm stellte, nicht erlaubt? Warum durfte ich Gott nicht so erfahren, wie er sich mir zeigt? Warum gibt es Glauben nur in der Einheitsgröße?

Diese Fragen und viele weitere haben mich in meiner Vergangenheit beschäftigt. Der Zwiespalt zwischen den Regeln meiner Gemeinde und meinen eigenen Zweifeln hat mich immer mehr verunsichert, mir den Boden unter den Füßen weggezogen. Da ich nichts anderes kannte als diese Regeln, habe ich wiederholt versucht, in ihrem Rahmen Antworten zu finden, was nicht funktionierte. Es war wie ein Teufelskreis hoch oben im Nichts, eine endlose Achterbahn in den Wolken, ohne klare Sicht und feuchtkalt, fern von festem Grund, auf dem ich hätte stehen können. Die Stimme meines Herzens, die Stimme Gottes wurde immer leiser, weil ich sie ignorierte. Dafür wurde die Stimme meines Verstands umso lauter. Dieser hat mir jedoch dabei geholfen, wieder auf den Boden zurückzukehren, in die Wirklichkeit. Der Aufprall war hart und schmerzhaft, das Licht der Wahrheit blendend für meine an die Dunkelheit gewöhnten Augen. Aber lieber der harte Boden der Wahrheit als die angenehmen Lügen in den Wolken.

Ich habe gelernt, ehrlich zu mir selbst zu sein, meine Zweifel ernst zu nehmen. Keine Angst davor zu haben, das schwarze Schaf zu sein und eigene Wege zu gehen. Vielleicht hätte ich die Chance dafür nie wahrgenommen, wenn mein Leben nicht wie ein Kartenhaus in sich zusammengefallen wäre. Dadurch habe ich mich auf meine Wurzeln besonnen, statt ein Leben lang nach passenden Schuhen zu suchen.

Ich bin niemandem böse deswegen, weil ich glaube, dass mir alles auf die ein oder andere Weise zum Guten dient – es liegt an mir selbst, etwas Gutes daraus machen.

Gemütlich schwimme ich ans Ufer, lege mich in den warmen Sand und vergrabe meine Zehen darin. Mein Blick wandert durch die Wolken. Mit beiden Füßen fest auf dem Boden der Tatsachen, kann ich nicht nur die Wolken wieder genießen, sondern auch alle meine bisherigen Annahmen hinterfragen, ohne aus der Balance zu geraten. So ist es perfekt, denke ich. Glaube sollte verwurzelt und erfahrbar sein, damit er den Stürmen standhalten kann, die immer mal wieder an ihm rütteln, gleichzeitig aber auch Kraft und Flügel geben. Es gibt noch einige Fragen, auf die ich eine Antwort suche, aber auf der anderen Seite gibt es vieles, was mir jetzt klar ist. Die Suche außerhalb des Rahmens hat mir neue Perspektiven gezeigt, und ich weiß, dass auf meiner Reise noch mehr Fragen Antworten finden werden und dass durch neue Blickwinkel neue Erkenntnisse kommen werden.

Das Leben ist kein kurzer Sprung von hier nach dort, sondern eine lange Reise. Kein Stillstand, sondern Bewegung. Auf dieser Reise gibt es viele Stationen und viele Eindrücke, die jeden auf die eine oder andere Art und Weise prägen und die gestrige Wahrheit im heutigen Licht und mit dem heutigen Maßstab manchmal als vergangene Wahrheit erscheinen lassen. Swami Vivikananda, ein hinduistischer Mönch aus dem 19. Jahrhundert, sagte: »Der Mensch schreitet nicht von Irrtum zu Wahrheit, sondern von Wahrheit zu Wahrheit, von einer niedrigen zu einer höheren Wahrheit.« Wahrheit verändert sich, weil ich mich verändere, sie wächst mit mir. Wenn meine Lebensumstände, meine Umwelt oder meine innere Haltung sich verändern, dann verändert sich auch meine Wahrheit. Der Mönch hat auch gesagt: »Wahrheit kann auf tausend verschiedene Weisen dargelegt werden, dennoch kann jede einzelne wahr sein.« Das drückt ein komplexes Dilemma aus, in dem sich jeder Mensch früher oder später einmal befindet. Was ist wahr? Ich habe die Frage an mich gerichtet umformuliert: Was ist *für mich* wahr?

Das Einzige, was für mich zählt und für mich wichtig ist, ist das, was ich selbst für wahr halte und was mich auf meinem Weg näher zu Gott bringt. Für jemand anderen kann die Wahrheit völlig anders aussehen, und sie ist trotzdem nicht weniger und nicht mehr wahr als meine Wahrheit.

Das liegt daran, dass Menschen unterschiedliche Perspektiven haben. Wir stehen an verschiedenen Punkten in unserem Leben, wir sind an verschiedenen Orten, wir blicken aus verschiedenen Körpern mit verschiedenen Geisteshaltungen, Konditionierungen und Programmierungen und erwarten, dass es eine Wahrheit gibt? Das Barfußlaufen hat mich etwas anderes gelehrt. Wenn ich mit jemandem rede, der nie barfuß geht, empfindliche Füße hat und jetzt ohne Schuhe mit mir über einen Kiesweg läuft, dann wird diese Person den Kies ganz anders wahrnehmen als ich. Während ich die Reflexzonenmassage genieße, tut der Weg dem oder der anderen vielleicht weh, ist anstrengend oder ärgerlich. Obwohl wir den gleichen Untergrund betreten, können unsere Erfahrungen und Reaktionen verschieden sein. Und so nehmen wir beide auch das Leben, Gott, andere Menschen und uns selbst auf unsere je eigene Weise wahr. Es ist keine Lüge, das zu artikulieren, im Gegenteil, es ist die Wahrheit, eine von vielen. Wenn ich meine Perspektive äußere, ist das wahr, und zwar aus meiner Sicht.

Ich denke daran, wie ich als Kind versucht habe, meine Wahrheit anderen unterzujubeln und sie zu missionieren – immerhin wollte ich eine gute Christin sein. Um im Bild zu bleiben: Ich habe versucht, ihnen meine Schuhe anzuziehen, ohne mich darum zu kümmern, ob sie passten oder nicht. Wenn heute jemand meine Ansicht hören möchte, teile ich sie gern, aber ich werde sie niemandem mehr aufzwingen oder überstülpen. Das Barfußlaufen hat mir mehr Offenheit geschenkt, indem ich durch die verschiedenen Empfindungen und Impulse gelernt habe, dass sogar meine eigene Wahrheit in einer anderen Situation von meiner bisherigen Wahrheit abweichen kann. Denn Wahrheit ist relativ, subjektiv und bedingt.

Wenn jemand mir gegenüber vor einer 6 steht, sehe ich eine 9. Nur, weil ich glaube, richtig zu liegen, heißt das noch lange nicht, dass der andere falsch liegt. Wir beide haben recht. Ein linearer Denkprozess oder das »Schachbrett-Denken«, in dem ich alles entweder schwarz oder weiß sehe, wird unserer komplexen Welt nicht gerecht. Würde jede Religion das anerkennen und nicht auf ihre alleinige Wahrheit und Überlegenheit pochen, hätten wir bereits eine viel friedvollere Welt. Aus meiner Sicht hat jede Religion oder Weltanschauung einen guten Kern, der manchmal verdeckt, verzerrt oder missverstanden wurde. Ich glaube aber, dass nichts wirklich verloren geht, weil die Botschaft in jedem Herzen leise weiter pfeift. Wenn ich mich nach innen wende, werde ich meine Wahrheit und meinen Weg finden. Vieles kann mich der Wahrheit meines Herzens näher bringen. Und eine Möglichkeit – meine Möglichkeit – ist das Barfußlaufen. Wenn meine Füße ohne Abschirmung mit der Erde in Kontakt sind, bringt jeder Schritt mich näher zu mir und lässt mich mein inneres Selbst finden. Barfußlaufen bringt mich nach Hause.

Am nächsten Tag will ich herausfinden, ob ich auch in anderen Tempeln Hongkongs meine Schuhe anziehen muss. Die Fähre ist überfüllt, und so stehe ich wieder an der Reling und betrachte das aufgewühlte Wasser. Um mich herum drängen sich die Menschen. Die Gemüter sind aufgewühlt, jeder hängt seinen Gedanken nach, erstellt eine To-do-Liste im Kopf und denkt, dass die Zeit viel zu knapp ist. Bei der Landung fließe ich wie ein Tropfen Wasser im Strom einer Welle, die sich über den Steg auf das Festland ergießt. Aus irgendeinem Grund war ich noch nie besorgt darüber, dass mir in einer großen Menschenmenge jemand auf die Pfoten tritt. Vielleicht, weil das noch nie passiert ist? Faszinierend, dass es auch bei so vielen Menschen kein Problem ist und dass meine Füße jedes Mal heil bleiben.

Auf den Straßen ist ebenfalls viel los, und ich merke, dass mir die vielen Menschen langsam auf die Nerven gehen. Wieder habe ich keine Ahnung, wohin ich treibe, aber das finde ich nicht schlimm. Tempel soll es hier in Hülle und Fülle geben, gerade sehe ich allerdings keinen. Vielleicht gibt es in diesem Teil der Stadt doch keine? Soll ich umkehren? Nein, meine Füße gehen stur weiter und steuern schnurstracks auf einen Tempel zu, den ich beinahe übersehen hätte. Er ist in die Blocklandschaft integriert, statt als alleinstehendes Gebäude mit einer prächtigen Bauweise zu protzen. Das blaugraue Dach sieht ein wenig mitgenommen aus, und die Steinfiguren und Verzierungen am Ende der Schräge lassen ebenfalls darauf schließen, dass sie bereits einiges gesehen haben. Durch eine Gittertür trete ich in den Innenhof, der nicht nur voller Menschen ist, sondern auch voller Behälter mit allerlei Räucherstäbchen, Räucherkerzen und anderen Dingen, die mit ihren grellen Farben meine Augen blenden. Habe ich einen Feiertag erwischt? Stand nicht irgendetwas auf großen, mit Blumen geschmückten Schildern am Flughafen? Ich nehme mir vor, Mo heute Abend danach zu fragen.

Menschen tragen Gaben aus Blumen, Früchten, Gemüse und verschiedenen Leckereien mit sich. Niemand hält mich auf oder schenkt mit Beachtung, als ich durch die schmale Tür hineinschlüpfe und in einen Vorraum trete, der von dem Rauch vieler Räucherstäbchen in einen nebligen Dunst gehüllt ist. Noch mehr Räucherstäbchen und Kerzen füllen die Wände. Düfte vermischen sich und entwickeln sich zu interessanten neuen Kreationen. Etwas Licht dringt durch hohe umlaufende Fenster, und Kerzenflammen und Laternen verteilen ihr sanftes, warmes Licht im Raum. Von außen sah der Tempel viel kleiner aus;

jetzt, wo ich drinnen stehe, scheint es mir, als wäre ich in einen magischen Raum geschlüpft, der sich nicht an die Gesetze der Physik über Dimensionen halten möchte. Ich spüre, wie auch meine Füße allerhand Eindrücke verarbeiten. Da sind die vielen Emotionen der Anwesenden um mich herum: Hoffnung, Flehen, Furcht, Freude, Glück und Friede, ihr Danken und Bitten. Die Atmosphäre hat etwas Geheimnisvolles, etwas Dunkles und gleichzeitig Lichtvolles. Auf der einen Seite fühle ich mich aufgehoben, hochgewirbelt und beflügelt, gleichzeitig aber auch erschöpft, befremdet und verloren. Ich schüttele mich und fühle mich besser. Es ist ein Segen und ein Fluch zur gleichen Zeit, feinfühlig zu sein. Und das Barfußlaufen verstärkt meine Empfindungen.

Einen Moment lang beobachte ich die schemenhaften Gestalten der anderen. Sie nehmen sich eines oder mehrere Stäbchen und Kerzen und zünden sie an anderen Kerzen an. »Will auch«, sagt mein inneres Kind, das Feuer mag. Meine Füße setzen sich in Bewegung, ohne eine Antwort meines Verstandes abzuwarten, und meine Hand greift nach einem Räucherstäbchen. Mit kindlicher Begeisterung zünde ich es an und gehe damit auf zwei kunstvoll verzierte große Behälter mit Sand zu, in die ich mein Stäbchen zu den anderen hineindrücke. Laternen mit roten Bommeln hängen überall, an ihnen rote Zettel mit chinesischen Schriftzeichen. Rauch kringelt sich in der Luft, nimmt die Formen von Gesichtern und Gestalten an und verblasst wieder. Einige Treppenstufen hinauf befinden sich Tische voller Lebensmittel. In welcher Religion bin ich gelandet? Kurzerhand wende ich mich an die nächststehende Person und erfahre, dass auch dies ein buddhistischer Tempel ist. Mönche sehe ich hier allerdings keine.

Als ich wieder draußen stehe, stelle ich fest, dass mich niemand aufgehalten oder auf meine bloßen Füße angesprochen hat. Also lag es entweder daran, dass die religiöse Einstellung sich, vielleicht aufgrund einer anderen Strömung, unterscheidet, oder aber, was ich für wahrscheinlicher halte, dass die Ordnungshüter einfach kein Anderssein dulden. Wenigstens lerne ich langsam, dass Kritik nicht immer persönlich gemeint ist. Und selbst wenn – dann nehme ich sie mit Humor. Wie viel Angst ich früher doch vor Kritik hatte und wie ich versucht habe, sie um jeden Preis zu vermeiden! Mein größter unbewusster Wert muss Harmonie gewesen sein. Jedes Mal, wenn mich jemand kritisierte, wäre ich am liebsten im Boden versunken. Es lebt sich viel leichter mit einer Prise Humor an der richtigen Stelle. Ich atme die schmutzige Luft ein und sehne mich immer mehr nach Natur. Als mich jemand von hinten grob zur Seite stößt, seufze ich. Die Enge und das Gedränge werden mir zu viel. In ein paar Tagen geht es zum Glück nach Neuseeland. Dort werde ich nicht nur Weite und Einsamkeit, sondern auch Natur zu Genüge finden. Die Frage ist allerdings, ob ich bereit für die Wildnis mit ihren Herausforderungen bin oder ob meine Füße noch mehr Training gebraucht hätten. Das macht mich ein wenig nervös, aber was kann ich jetzt noch tun? Es wird schon werden.

Kapitel 6

Neuseeland: Hobbitfüße

Nach dem pulsierenden Asphalt Hongkongs sehne ich mich nach langen Wanderungen in der Natur. Meine nächste Station, Neuseeland, verspricht genau das in rauen Mengen. Nur, werden meine Füße die Wildnis gut meistern? Sind meine Sohlen bereit für die Herausforderungen, die mit Sicherheit kommen werden? Können sie mich durch alles hindurch und über alles hinweg sicher tragen? Jetzt, wo das Abenteuer zum Greifen nah ist und der Flieger schon seine Landeschleife dreht, platze ich fast vor Aufregung. Alles in mir sehnt sich danach, und gleichzeitig habe ich Angst davor zu scheitern. Gut, dass ich erst einmal langsam anfangen werde. Aus der riesigen Metropole Hongkong geht es in die Großstadt Christchurch – ein weicher Übergang. Erst nach einigen Tagen zum Eingewöhnen werde ich mich in meinen Mietwagen setzen und in die Wildnis fahren. Außerdem habe ich einen Local, bei dem ich couchsurfe und den ich über das, was mich erwartet, ausfragen kann. Hoffentlich ist er ein netter Kerl. Der Name »Cam« klingt jedenfalls sympathisch, denke ich und hüpfe von der letzten Stufe auf den angenehm kühlen Boden des Flughafengebäudes. Wie viel Sorge ich in England vor dem ersten Couchsurfing hatte! Damals habe ich meine Schuhe im Flieger ausgezogen, und sofort ging es mir besser. Auch jetzt scheinen die großen Fliesen die glühenden Kohlen der Aufregung und Anspannung zu kühlen.

Beschwingt steuere ich durch den Flughafen zum Ausgang, wo Cam auf mich wartet. Ich erkenne ihn sofort, weil ich sein Couchsurfing-Profil sorgfältig studiert habe. Nach der Begrüßung wandert sein Blick gleich zu meinen nackten Füßen. »Ist das denn nicht gefährlich?«, fragt er mit großen Augen. »Und kriegst du keine Probleme?«

»Gefahr ist relativ«, antworte ich unbekümmert. »Und Probleme ... meinst du Schwierigkeiten mit anderen Menschen?« Er nickt, und ich erzähle ihm von meiner Begegnung mit Hongkongs Polizei.

»Barfuß erlebst du sicher mehr«, grinst Cam. Er ist definitiv ein netter Kerl, das spüre ich, und ich freue mich darauf, seine Welt kennenzulernen. Auf der Fahrt höre ich, dass er sportbegeistert ist und dass sein Job mit den Dächern großer Gebäude zu tun hat. Der Name des Berufs sagt mir nichts, aber die Vorstellung von großer Höhe reicht mir bereits, denn ich habe Höhenangst.

Cam erklärt mir, dass ich sein erster Gast auf Couchsurfing bin. Er ist sehr gespannt auf das, was wir gemeinsam erleben werden. »Dann hoffe ich, dass ich ein angenehmer Gast bin und du Couchsurfing so lieben lernst, wie ich es tue«, sage ich mit einem Zwinkern.

Er lacht und meint: »Da mache ich mir keine Sorgen.«

Nach einer kleinen Rundfahrt erreichen wir die Wohnung. »Leider habe kaum etwas zu essen da«, gesteht Cam, als ich meinen Rucksack abstelle. »Willst du mich begleiten, wenn ich das Wichtigste besorge?«

Im Geschäft stellt sich heraus, dass das Wichtigste für ihn Schokolade ist. Ich finde durchaus, dass ein Leben ohne Schokolade einfach nicht dasselbe wäre, aber ich esse auch sehr gerne Obst und Gemüse. Deshalb frage ich, ob ich das Abendessen zubereiten soll und ob es etwas gesünder sein darf. Cam scheint der Gedanke gut zu gefallen, und ich freue mich bereits aufs Kochen. Seit England habe ich nicht mehr gekocht – das scheint eine Ewigkeit zurückzuliegen. »Du gehst also wirklich überall barfuß«, stellt Cam fest, als wir losziehen. »Überall dort, wo ich darf und kann«, entgegne ich. »Denkst du, ich werde in Neuseeland barfuß auf viele Schwierigkeiten stoßen?« Ich drehe mich um. »Nun, du wirst auf eine vielfältige Vegetation stoßen. Aber ich kann die Frage nur schwer beantworten, weil ich mit Schuhen nie darauf geachtet habe, ob der Untergrund angenehm oder gefährlich ist«, meint mein Gastgeber mit einem entschuldigenden Schulterzucken. Na gut, dann werde ich es eben selbst herausfinden.

Während ich Lebensmittel in den Einkaufskorb lege, denke ich an die Urlaube mit meiner Familie und mit Freunden. Die ein oder zwei Wochen vergingen jedes Mal viel zu schnell; damals habe ich mir nichts sehnlicher gewünscht als einen endlosen Urlaub. Die Ferne – oder besser gesagt, die Weite – hat mich angezogen wie ein Gummiband, das sich am Punkt seiner maximalen Ausdehnung befindet, und nun seinem ursprünglichen Zustand zustrebt. Die Weltreise ist mein ursprünglicher Zustand, zu dem ich durch die schmerzvolle Überdehnung und zum Zerreißen drohende Spannung inmitten von falscher Ehe, falschem Job und falschem Leben zurückgefunden habe. Dankbarkeit für diesen »endlosen Urlaub« begleitet mich. Werden noch weitere Träume und Wünsche im Verlauf meiner Reise in Erfüllung gehen?

An der Kasse zücke ich mein Portmonee, aber das kommt für Cam nicht in Frage. Er wirkt fast erzürnt und schüttelt entschieden den Kopf. Mit einem Seufzen stecke ich es wieder ein und bedanke mich herzlich. »Meine Güte, du brauchst dich nicht zu bedanken«, sagt er. »Ich bin dein Gastgeber!« Nach dem Einkauf fahren wir auf einen der Berge hinter der Stadt. Nicht nur die Aussicht haut mich fast um; der Wind in einer Stärke, die mir selbst von der norddeutschen Küste nicht vertraut ist, tut das seine dazu. Ich kann mich in den Wind lehnen und die Arme ausbreiten, er trägt mich mit Leichtigkeit. Cam probiert es ebenfalls, die kindliche Unbeschwertheit tut uns beiden gut.

Am Abend übernehme ich die Küche. Cam staunt, wie viel Gemüse man in einem einzigen Gericht verarbeiten kann und dass es letztlich sogar gut schmeckt. »Aber du hast viel zu viel gekocht!«, meint er lachend. »Fütterst du in Deutschland eine Großfamilie?«

»Nein«, entgegne ich belustigt. »Menschen, die mich besser kennen, sagen mir allerdings nach, dass ich ... für mehr als eine Person essen kann.«

»Verstehe«, grinst Cam. »Na, du sollst hier nicht verhungern. Mit Sicherheit kannst du noch die Hälfte von meiner Portion haben.«

Wir nehmen unser Essen mit auf die Couch und schauen eine Doku an. Mitten in der Episode von *Unsere wunderbare Erde* reicht mir Cam seinen Teller, der noch zur Hälfte gefüllt ist. »Das war richtig lecker, aber ich bin pappsatt«, meint er und reibt sich demonstrativ über seinen absolut nicht vorhandenen Bauch.

»Wirklich?«, frage ich mit vollem Mund.

»Ja!«, versichert er mir. »Sonst werde ich noch dick und fett.« Ich muss lachen. Cam ist schlank. Sehr schlank sogar. Nach einem weiteren Teller und den Minions bin auch ich satt, und es ist Zeit zum Schlafen. In dem großen Zimmer, das Cam mir zur

Verfügung stellt, schlafe ich tief und fest. Am nächsten Morgen mache ich Porridge und ein Omelett nach deutscher Art. Anschließend gehen wir wieder einkaufen, denn die Schokolade ist – auch dank meiner Mithilfe – schon weg. Cam ist begeistert, dass noch jemand Schokolade fast so sehr mag wie er. »Aber eine Ernährungsberaterin, die so viel Schokolade isst«, feixt er. »Wie passt das zusammen?«

Mein Gesicht erhellt sich. »Auf diese Frage habe ich immer schon gewartet«, antworte ich und erkläre ihm, wie ich mir ein Leben in gesundem Maß vorstelle. »Ernährung ist eben nicht alles«, sage ich abschließend. »Was nimmst du außerdem physisch und geistig zu dir? Saubere Luft? Sonnenschein? Gute Gedanken? Glückliche und liebevolle Menschen? Nützliche Informationen?« Cam nickt. »Das ist anschaulich und gefällt mir.« Ich lächle. »Danke, und das Wichtigste: Schokolade ist Seelenfutter.«

Wir gönnen uns den Luxus eines entspannten Tages in der Wohnung. Dabei erfahre ich viel über die Eigenheiten des neuseeländischen Englisch. Am frühen Abend setze ich mich an meinen Laptop, um einen Mietwagen zu buchen. Ich will von Christchurch aus in Richtung Süden fahren, um Queenstown, Wanaka und Te Anau zu erkunden. Anschließend plane ich, meinen Weg nach Norden zum Abel-Tasman-Nationalpark fortzusetzen und über Wellington auf der Nordinsel bis nach Auckland zu fahren. Allerdings wird mir kurz vor Abschluss der Buchung mitgeteilt, dass ich eine offiziell anerkannte Übersetzung meines Führerscheins vorlegen muss. Cam sieht meinen verwirrten Gesichtsausdruck und setzt sich zu mir auf die Couch. »Was ist los?«, fragt er. Ich zeige auf die entsprechende Stelle der Website. »Sieht so aus, als bräuchte ich eine Übersetzung, bevor ich einen Mietwagen bekomme«, entgegne ich langsam. »Weißt du zufällig, wie lange so etwas dauert?«

Er liest und zuckt dann mit den Schultern. »Keine Ahnung. Aber mach dir keine Sorgen, du kannst solange bei mir bleiben. Schreib doch einfach ein paar Übersetzern und schau, wer am schnellsten fertig sein kann«, schlägt er vor. »Danke. Das ist eine gute Idee«, sage ich erleichtert und mache mich gleich an die Arbeit.

Als wir später über meine geplante Reise sprechen, erfährt er, dass ich die Hobbit-Filme und die *Herr der Ringe*-Trilogien nie gesehen habe. »Das ist sozusagen Pflicht, wenn du nach Neuseeland kommst«, erklärt er mit einem Zwinkern. »Sollen wir anfangen?« Wir schauen die ersten beiden Hobbit Filme und gehen spät schlafen. In einem Traum laufe ich barfuß mit den Hobbits und klettere steile Felswände entlang.

Am nächsten Morgen schaue ich nach, ob einer der Übersetzer geantwortet hat, aber ich sehe nichts. Da kommt mir eine Idee: Vielleicht könnte ich mit jemandem über Couchsurfing reisen. Es gibt dort nicht nur die Möglichkeit, bei Gastgebern zu übernachten oder Gäste zu beherbergen, sondern auch die Option, eine kleinere oder größere Reise zu posten und sich mit anderen Mitgliedern zusammenzutun. Bevor ich etwas schreibe, schaue ich, ob jemand anderes mir bereits mit meiner geplanten Route zuvorgekommen ist. Ich finde einen Post von einem Mitglied namens Clém, der die Ostküste hoch und anschließend wieder zurückfahren möchte. Das ist zwar nicht meine geplante Route, aber alles ist besser, als an einem Ort festzusitzen. Clém hat praktischerweise ein Auto. Ich werde ihm anbieten, die Spritkosten zu übernehmen. Bis dahin dürfte die Übersetzung fertig sein, und ich könnte mir im nördlichen Teil der Südinsel einen Wagen mieten und die Westküste entlangfahren. Nach einem kurzen Blick auf sein Profil schreibe ich ihm. Denn so sehr ich Cams Angebots schätze, so sehr will ich die Natur erkunden. Ich möchte die Landschaft fühlen, barfuß Berge erklimmen und sehen, wie weit ich komme. Außerdem scheint Clém nett zu sein, soweit ich das anhand seines Profils und meines Bauchgefühls beurteilen kann.

Nach dem dritten und letzten Film der Hobbit-Trilogie machen Cam und ich uns auf den Weg, damit ich an unserem letzten gemeinsamen Tag mehr von der näheren Umgebung sehen kann. Auf der Fahrt nach Little Akaloa lerne ich den Tui-Vogel kennen. Wie ein Papagei kann er gehörte Laute nachahmen und macht dadurch allerhand interessante Geräusche, die ich von einem Vogel nicht erwartet hätte. Wir verbringen den Tag an einer Bucht, werfen Muscheln wie Frisbees und besuchen einen Spielplatz. Vor allem die Schaukeln sind meine heimliche große Liebe.

Abends öffne ich den Laptop und sehe, dass eine Nachricht von Clém eingetroffen ist. Erleichtert atme ich auf. Wir verabreden uns für den nächsten Vormittag. Zwar hätte ich lieber den Trip die Westküste hinauf machen wollen und wäre dann die klassische Route weiter bis nach Auckland auf der Nordinsel gefahren, aber dann fahre ich eben die Westküste hinunter und fliege wieder hinauf. Alles ist besser, als an einem Ort festzusitzen. Endlich kann es losgehen!

Trotz meiner Aufregung habe ich gut geschlafen. Nach dem Frühstück packe ich meine Sachen und verabschiede mich von Cam. Ich danke ihm für seine Gastfreundschaft und die entspannte Zeit bei ihm. Jetzt fängt das Abenteuer an, ich fühle schon das Kribbeln in meinem ganzen Körper.

Draußen wartet ein grauer Holden Vectra auf mich. Clém steigt aus und begrüßt mich. Sein französischer Akzent ist unüberhörbar, und er macht einen sympathischen Eindruck auf mich. Nach einer kurzen Besprechung fahren wir los. Clém erzählt mir, dass er für einige Monate hier in Neuseeland bleiben möchte und sich daher einen Wagen gekauft hat. Bevor wir die Stadt verlassen, kaufen wir noch einige Lebensmittel in einem Supermarkt. Clém will zwar nicht, dass ich die Spritkosten übernehme, aber ich darf zumindest die Einkäufe bezahlen.

Die Landschaft fliegt an uns vorbei, während wir uns unterhalten. An einer Stelle fällt mir siedend heiß ein, dass ich meine Mails gar nicht mehr überprüft habe. Sicher hat mir einer der Übersetzer bereits geschrieben, und wer weiß, wann ich das nächste Mal WLAN haben werde. Wie konnte ich das nur vergessen? Bisher habe ich nie mobiles Internet gebraucht, aber ich sollte mich schnellstmöglich darum kümmern. Mir eine SIM besorgen? Das wäre wohl das Einfachste. Oder ich müsste mich um einen Vertrag kümmern, aber auch dafür brauche ich eine Internetverbindung. Jetzt kann ich nur abwarten und hoffen, dass wir bald entweder ein Mobilfunk-Geschäft oder freies WLAN finden.

Clém fährt sehr gemächlich. »So kann ich wenigstens die Landschaft genießen«, erklärt er mit einem Lächeln, als er meine Ungeduld spürt. Auf der einen Seite bin ich dankbar für die Erinnerung daran, das Hier und Jetzt in Ruhe zu genießen, anderseits will ich endlich meine Füße herausfordern und auf keinen Fall etwas verpassen. Aber ist es das Drama in mir wert, das mich außerdem davon abhält, das Jetzt zu genießen? Hier zu sein?

Wir halten an einem kilometerlangen weißen Sandstrand und rennen in das azurblau schimmernde Meer. Es ist kälter, als es aussieht, aber ich genieße die Erfrischung. Wenn man kalt duscht, ohne zu kneifen, dann ist das easy peasy, bemerke ich nicht ohne Stolz. Hinterher wälzen wir uns zum Trocknen im warmen Sand, so wie Hunde es tun.

Die Landschaft wird immer bergiger, und wir finden einen Trail, der auf eine Bergspitze zu führen scheint. Endlich beginnt das

Abenteuer, denke ich und wippe aufgeregt mit den Beinen. Ich werde barfuß einen Berg erklimmen! Die Unsicherheit meldet sich zaghaft und wirft ein, dass es auch schiefgehen könnte. Die Besorgnis tritt hinzu und nickt. Das Unbehagen verzieht zustimmend das Gesicht. Zuletzt spricht die Befürchtung und zählt alles auf, was passieren könnte. Aber ich versuche, die Bedenken zu überhören. Was soll schon schiefgehen? Noch bevor Clém den Wagen ganz zum Stehen gebracht hat, bin ich mit einem Satz herausgesprungen und eile zum Kofferraum. Wenn ich beschäftigt bin, werden die Gedanken leiser. Rasch packe ich Wasser in unsere Tagesrucksäcke.

Als ich meinen Rucksack schließen will, fällt mein Blick auf die Barfußsandalen im Reiserucksack. Zögernd nehme ich sie in die Hand. Soll ich sie dalassen? Oder sicherheitshalber mitnehmen? Vielleicht hätte ich lieber richtige Schuhe mitbringen sollen, nur um sicherzugehen. Ach, was für ein Quatsch! Ich bin doch bisher immer gut barfuß zurechtgekommen. Nur was, wenn es dieses Mal anders ist? Das ist immerhin eine Bergwanderung. »Nimm sie mit«, rät Clém mir, während er sich Sonnencreme aufs Gesicht schmiert. Vernunft und Vorsicht siegen, und ich stecke sie in meinen Rucksack.

Ab einer gewissen Höhe begegne ich auf Wiesen und Wegen immer mehr Disteln und Dornen. Nachdem ich die ersten Stacheln aus der weichen empfindlichen Haut zwischen meinen Zehen herausgeholt habe, liebäugele ich mit den Barfußschuhen in meinem Rucksack. Meine Fußsohlen sind auf jeden Fall noch nicht für Neuseelands Wildnis bereit. Die Dornen sind aber auch besonders fies; im Gegensatz zu Deutschland oder England begegne ich hier meterhohen und trockenen Exemplaren. Meine Knöchel sind bereits an vielen Stellen zerkratzt, und Blut läuft in dünnen Rinnsalen an ihnen hinunter. Erleichtert, dass ich sie eingepackt habe, hole ich meine Sandalen hervor.

Manchmal kann der Anblick von einem Paar Schuhe ein sehr willkommener Anblick sein.

Mit einem Ruck ziehe ich die Schnürung meiner Sandalen straff und denke: Wie wird der Rest meiner Neuseelandreise verlaufen, wenn ich schon hier scheitere? Vielleicht wachsen solche fiesen Dornen auch nur in dieser Region? Hoffentlich, denn sie können mir ganz schön den Spaß verderben. Aber auch wenn ich jetzt gerade Schuhe trage, ich bin nicht bereit, das Barfußlaufen sein zu lassen. So schnell bin ich nicht kleinzukriegen.

Wir erreichen den Gipfel und machen uns dann wieder auf den Weg zurück. Als das Auto in Sichtweite kommt, ist die Sonne bereits auf dem Sinkflug. Der Himmel kleidet sich in seine schönsten Gewänder, und wir sehen ihm bei der Anprobe zu. Bevor es dunkel wird, fahren wir weiter, um uns nach einem schönen Platz zum Zelten umzusehen, und finden ihn auf einer Farm. Ein mit Kies bestreuter Weg führt in weiten Kurven bis in das von Hügeln und steilen Hängen gesäumte Tal. Ein Bach schlängelt sich durch saftig grüne Wiesen und mündet im Meer. Die Hügel zu beiden Seiten schaffen eine geschützte Bucht, in der kleine Wellen träge an den Strand rollen. Hier muss das Wort »idyllisch« erfunden worden sein.

Clém beschließt, auf der Farm um Erlaubnis fürs Übernachten zu bitten, während ich mich mit meiner kleinen Tasche samt Pinzette, Nadeln, Desinfektionsmittel und anderen nützlichen Dingen bewaffnet ins Gras setze, um meine rechte Fußsohle zu untersuchen. Sie schmerzt bei jedem Schritt. Ein Dorn ist tief eingetreten worden, ich werde die Nadel brauchen. Allmählich bekomme ich Routine mit diesen »Operationen«. Vorsichtig reiße ich die Haut um den blutigen Punkt auf und sehe das Ende des Dorns bereits wenig später. Mit der Nadel versuche ich, ihn aufzugabeln und herauszuziehen. Nach weniger als zwei

Minuten ist der Dorn draußen, und ich packe meine Sachen wieder ein, nachdem ich die kleine Wunde erneut desinfiziert und etwas Heilsalbe aufgetragen habe.

Gerade als ich fertig bin, sehe ich Clém in Begleitung des Farmers zum Wagen kommen. Der Mann ist im mittleren Alter, lächelt mich an und nickt Clém und mir zu. »Unten könnt ihr überall auf der Wiese zelten, solange ihr keinen Müll hinterlasst, okay?«, sagt er freundlich. Wir bedanken uns herzlich, er öffnet ein Tor im Zaun, und wir fahren hindurch. Nach einem Gruß fährt er wieder zurück, während wir ins Tal hinuntergehen.

Unten angekommen, bauen wir Cléms Zelt auf, das ausreichend Platz für uns beide bietet, und bereiten die Schlafsäcke vor. Ich habe nur einen dünnen von einem Freund mitgenommen, weil mein dicker Schlafsack zu viel Platz eingenommen hätte. Er wird hoffentlich reichen. Als wir fertig sind, ist es bereits stockdunkel, und wir laufen über die Wiese zum Bach. Unterwegs trete ich auf einige Dornen, aber wegen des Bachs sind sie grün und frisch, sodass ich ihr Piksen zwar spüre, sie sich aber nicht in die Sohle bohren. Hier können meine Füße ein wenig Urlaub machen. Neben mir höre ich Clém, der es auch einmal barfuß probieren wollte, bei jedem zweiten Schritt »Aua« oder »Ahhh« rufen, und kann ich mir ein Lachen nicht verkneifen. Am Bach putzen wir uns die Zähne, anschließend sitzen wir noch eine Weile da. Ich lasse kaltes Wasser über meine Füße laufen und genieße die Erfrischung. Dann krabbeln wir ins Zelt und machen es uns in unseren Schlafsäcken bequem. Ich lege eine Jacke und eine lange Hose neben mich, damit ich sie überziehen kann, falls es kalt wird.

Nachts wache ich auf und merke, dass ich zittere. Durch mein Herumtasten nach meiner Kleidung wird Clém wach und fragt, ob alles in Ordnung ist. Ich bejahe, wobei meine Zähne allerdings verräterisch klappern. »Ich hab noch eine Decke«, erklärt er, während er sich aufrichtet und in seinem Rucksack kramt. Ohne eine Erwiderung abzuwarten, hält er sie mir hin. »Damit sollte es dir etwas wärmer sein.« Ich bedanke mich herzlich und wickele mich im Schlafsack in die kuschelige Decke ein. Trotzdem zittere ich immer noch. Zum Teil muss das von dem Traum sein, den ich hatte. Ich habe keine klare Erinnerung mehr daran, aber die Gefühle sind schlimmer als Erinnerungen. Mir ist innerlich kalt vor Angst, und es fühlt sich so an, als würde eine eiserne Faust meine Eingeweide zusammendrücken und festhalten. Das Zittern kommt nicht nur von der äußeren Kälte, sondern auch von innen.

Clém hat sich aufgesetzt und schaut zu mir herüber. Der Halbmond erhellt das Zelt mit seinem fahlen Licht. Doch selbst ohne das Licht könnte ich seinen besorgten Blick spüren. Er klettert halb aus seinem Schlafsack und rückt ihn und sich selbst näher. »Du kannst auch etwas von meiner Decke haben«, sagt er direkt neben mir und zieht seine Decke über mich. Sanft legt er mir eine Hand auf die Schulter. »Ist dir wärmer?«, fragt er leise. Ich nicke. »Ja, vielen Dank.« Aber ich habe Mühe, wieder einzuschlafen. Gedanken rasen durch meinen Kopf, schwer wie Geschosse. Die Erinnerungen sind wieder da, und ich merke, dass sie mich nicht weglaufen lassen wollen. Erinnerungen an die Zeit vor meiner Trennung. Der Druck, die Enge, die Angst.

Außerdem kann ich Clém neben mir fühlen, nur wenige Zentimeter von mir entfernt. Seine Hand auf meiner Schulter ist zu nah an meinem Hals. So viel Nähe ist mir unangenehm. Cléms Hand rutscht ein wenig weiter herunter zu meinem Hals, als er einnickt. Die Faust verstärkt ihren Griff auf meine Eingeweide. Ekel überrollt mich in heißen Wellen. Mit einem Ruck richte ich mich auf. Mein Herz rast. Etwas drückt auf meine Lungen, das Atmen fällt mir schwer. Mein Hals fühlt sich zugeschnürt an.

Clém setzt sich ebenfalls auf. »Was ist los?«, fragt er besorgt. Ich atme tief durch und versuche, mein Herz zu beruhigen. Zuerst zögere ich, erzähle ihm dann jedoch von meiner Ehe und wie ich mich damals gefühlt habe. Ich gehe nicht ins Detail, sondern vermittle ihm nur einen Eindruck von meiner Vergangenheit. Außerdem erkläre ich ihm, dass zu viel Nähe mich manchmal an alles erinnert und dass scheußliche Dinge hochkommen. Er hört zu und unterbricht mich kein einziges Mal. In der darauffolgenden Stille seufzt er. »Das tut mir leid«, flüstert er. Wir schweigen beide eine Weile. Er nimmt meine Hand und drückt sie fest. Mein Atem beruhigt sich ganz allmählich, und auch mein Herz findet zu seinem Ruhepuls zurück.

»Versuch wieder zu schlafen«, meint Clém. »Ich bin da.«

»Danke«, sage ich leise. »Danke für alles.«

Als das erste Licht um das Zelt streicht, wache ich auf. Clém schläft noch; ich krabbele so leise ich kann aus dem Zelt und suche nach meiner Zahnbürste. Damit gehe ich zum Bach und putze mir die Zähne. Mittendrin höre ich leise Schmerzensrufe und sehe Clém, der über die Wiese hüpft und versucht, den Dornen auszuweichen. Bei mir angekommen, lässt er sich auf einen Stein fallen. »Die Dornen sind gemein«, schnauft er. »Sie sind Pflanzen des Teufels.« Ich lache laut auf und verschlucke etwas von meiner Zahnpasta. Die Dunkelheit der Nacht ist vergessen.

Nach einem einfachen Frühstück aus Obst und etwas Toast springen wir ins Meer. Mit meinen Füßen ertaste ich mir vorsichtig den Weg hinein, denn heute ist das Wasser aufgewühlt und die Wellen wild, ich habe keine Lust, mich an den Steinbrocken zu verletzen. Anschließend frage ich Clém, ob er Lust auf einen gemeinsamen Spaziergang hat, aber er bleibt lieber beim Zelt, und so marschiere ich allein los. Gehen bringt mich in eine meditative Stimmung und entrümpelt meinen Kopf.

Immer weiter tragen meine Füße mich, ich verliere jedes Zeitgefühl. Nach einer Weile fällt mir allerdings auf, dass zwischen dem Meer und den hohen Klippen immer weniger Platz bleibt. Außerdem sind die Wellen heute deutlich höher als gestern. Die Flut kommt! Wie dumm von mir, das zu vergessen! Wenn ich in der Natur bin, muss ich mich als Teil von ihr verhalten und auf ihren Rhythmus achten.

An den steil aufragenden Klippen sehe ich, wie hoch das Meer steigen kann und eine leise Panik erfasst mich. Hier habe ich mein Abenteuer, aber es wächst mir über den Kopf. Tempo jetzt! Ich renne los, Kilometer um Kilometer. Wie weit bin ich gegangen? Nach jeder Biegung erwarte ich die kleine Bucht, werde aber immer wieder enttäuscht. Bin ich vorbeigelaufen? Nein, das ist unmöglich! Mein Tempo wird langsamer, und ich gehe wieder, heftig keuchend. Die Anstrengung nimmt mich ganz ein und lässt keine Gedanken zu – zum Glück. Das schmale Stück Strand auf dem ich hergekommen bin, existiert nicht mehr. Wasser begräbt es unter sich, und ich wate hindurch.

Die nächste Biegung kommt in Sicht, und in der Ferne sehe ich eine Gestalt: Clém! Als ich ihn erreiche, sieht er erleichtert aus. »Ich habe mir Sorgen um dich gemacht, weil du so lange nicht zurückkamst«, erklärt er. »Außerdem kommt die Flut. Deshalb bin ich dir entgegengegangen.« Ich nicke und lächle ihn dankbar an. Langsam beruhigt sich meine Atmung, und ich kann wieder sprechen. »Das ist lieb von dir, danke. Ich bin den größten Teil des Rückwegs gerannt.« Das war ein echtes Abenteuer! In England habe ich beschlossen, das Risiko zu suchen, weil ich dadurch das Gefühl habe, lebendig zu sein. Na, lebendig fühle ich mich jetzt allemal. Außerdem bin ich nach der extremen Anstrengung tiefenentspannt. Im Yoga und in der progressiven Muskelentspannung nach Edmund Jacobsen wird genau dieser Wechsel von Anspannung und Entspannung genutzt, um eine tiefere Entspannung zu erzeugen. Als ich mich auf den Beifahrersitz von Cléms Wagen fallen lasse, denke ich, dass Sitzen sich noch nie so gut angefühlt hat. Jeder Muskel meines Körpers genießt die Ruheposition. Der Farmer lässt uns noch unsere Wasserflaschen auffüllen, bevor wir weiterfahren.

Wir bedanken uns für die Gastfreundschaft. Auf dem Weg nach Norden hören wir französische Musik, die mir gut gefällt. Nur wenige Kilometer weiter hält Clém und meint: »Lass uns die Gegend hier erkunden.« Jetzt eine lange Wanderung? Ich bin noch müde von meinem Weg am Meer und habe eigentlich keine Lust, aber ich halte mich zurück und nicke. Wir packen ausreichend Wasser in unsere Rucksäcke und marschieren los. Ein markierter Wanderweg führt durch Wälder, Hügel und am Ende sogar an einen See. Viele der Pflanzen, die wir entdecken, habe ich nie zuvor gesehen. Sicher haben viele von ihnen ein großes Heilpotenzial. Seit ich mich als Teenager mit der Heilung meiner Autoimmunerkrankung beschäftigt habe, faszinieren mich Heilpflanzen und die Naturheilkunde im Allgemeinen. Wenn ich irgendwo neues Wissen finden kann, sauge ich es auf wie ein Schwamm. Ich beschließe, so bald wie möglich etwas Recherche zu betreiben. Obwohl es sicher noch dauern kann, bis ich länger als ein paar Minuten an einem Ort verweile und eine Internetverbindung habe.

Den Weg kann ich gut ohne Schuhe meistern, denn es gibt hier kaum trockene Dornen und Disteln. Dass ich die Schuhe trotzdem im Rucksack mit mir trage, gibt mir ein gutes Gefühl. Durch das Barfußlaufen habe ich gelernt, achtsamer zu sein. So kann ich den wenigen stacheligen Pflanzen gut ausweichen, indem ich den Weg jeweils acht bis zehn Meter vor mir mustere und dann sicher darauf gehen und sogar in den Himmel starren kann, weil ich mir jeden Schritt eingeprägt habe. Das ist mir zur Gewohnheit geworden. Wenn die Biester jedoch überall sind, wie auf der letzten Bergwanderung, dann wird es schwieriger, den Fuß überhaupt sicher zu setzen.

Wir machen eine Pause am See, weil Cléms Bein schmerzt. Auf meine Frage, warum es ihm wehtut, zuckt er nur mit den Schultern. Vielleicht sind es die Schuhe? Er schüttelt den Kopf und meint, sie haben ihm schon zuvor gute Dienste geleistet. Vielleicht ist er irgendwo falsch aufgekommen, hat das Bein falsch belastet oder die Muskeln zuvor nicht genug trainiert. Wie auch immer, er braucht Hilfe, und bestenfalls kann ich etwas für ihn tun. Ich massiere sein Bein mit Bewegungen, die mir intuitiv gerade richtig erscheinen. Am Ende meiner Bemühungen ist sein Bein so weit wiederhergestellt, dass er den Weg zum Auto ohne Schmerzen zurücklegen kann.

Dabei fällt mir auf, dass es doch eigentlich umgekehrt hätte sein sollen, denn immerhin habe ich meine Füße heute stark angestrengt, und mein Verletzungsrisiko müsste wegen des Barfußlaufens viel höher sein. Andererseits weiß ich, dass immer mehr wissenschaftliche Studien dazu raten, nicht nur mehr barfuß zu gehen, sondern auch barfuß zu laufen und zu joggen. Ich finde das zwar gut, weiß aber aus eigener Erfahrung und den Berichten, die ich gelesen habe, wie wichtig es ist, das Ganze langsam angehen zu lassen. Die Wenigsten wissen, wie viel mehr Muskeln beim Barfußlaufen benutzt werden. Schuhe nehmen uns viel Arbeit ab – zu viel, denke ich, und die neueren wissenschaftlichen Erkenntnisse bestätigen meine Haltung. Viele Muskeln, die für die Balance, die richtige Körperhaltung und die Bewegung beim Laufen zuständig sind, werden in Schuhen wenig bis gar nicht benutzt. Daher muss ganz langsam begonnen und trainiert werden.

Für mich sind die heutigen Schuhe Krücken. Sie haben ihre Berechtigung und ihren Zweck, wie Krücken auch, aber wenn alle Gesunden auf Krücken gehen würden, dann wären wir genau da, wo wir heute mit unseren modernen gepolsterten und bequemen Schuhen sind. Der ursprüngliche Schuh – bei den Naturvölkern ist es heute noch so – diente dem Schutz vor Kälte und Dornen, und unterschied sich deutlich von dem, was wir heute Schuhe nennen. Er wurde aus Naturmaterialien angefertigt, sodass der Kontakt zur Erde nicht oder nur minimal unterbrochen wurde. Seine Form passte sich dem Fuß an, statt ihn einzuengen und zusammenzuquetschen und so allerlei Fehlstellungen zu begünstigen. Er hatte auch keine Absätze oder unnötig dicke Sohlen. Es ist gut, dass der Trend wieder zurück zu unseren Wurzeln geht. Fortschritt kann gut sein, aber auch am *Fort-schreiten* hindern.

Am späten Nachmittag finden wir einen Nationalpark und klettern recht steile Hänge hinauf bis zu einem Plateau weit oben. Ich klettere gerne mit bloßen Füßen; dabei kann ich viel besser Halt suchen und umhertasten. Füße passen oft besser in schmale Felsspalten oder auf Wurzeln als klobige Schuhe. Außerdem bin ich flinker, weil ich kein zusätzliches Gewicht an meinen Pfoten herumtragen muss. Zwar tragen meine Füße mehr Verletzungen davon, aber es sind nur kleine Kratzer oder Abschürfungen, die schnell heilen. Und wenigstens gibt es hier keine Dornen. Sind es wirklich nur die Dornen, die mich hier in der Wildnis aufhalten können, oder werden noch weitere Hindernisse hinzukommen?

Oben warte ich auf Clém und versuche, im starken Wind das Gleichgewicht zu halten. »Wie geht es deinem Bein?«, rufe ich ihm zu. »Tut es noch weh?« Ich sehe, dass er einen Moment in sich hineinhorcht, bevor er verwundert den Kopf schüttelt. »Es tut überhaupt nicht mehr weh. Schon auf dem Weg vom See zurück zum Auto waren die Schmerzen nicht mehr da, und jetzt fühlt es sich wieder vollkommen einsatzbereit an. Was hast du damit gemacht?«, fragt er laut, um das Rauschen des Windes zu übertönen. »Das freut mich sehr«, strahle ich, während wir einen anderen Platz suchen, an dem der Wind weniger heftig ist. »Ich habe meine magischen Kräfte benutzt.« Ich kann seinen verwirrten Blick spüren und kichere. »Das war nur Spaß. Hab dich massiert, Mann«, sage ich. Clém verdreht die Augen und gibt mir grinsend einen freundschaftlichen Stoß.

Wir nehmen eine Abzweigung und finden einen Wasserfall, der uns ein wenig Kühlung verschafft. Auf dem Weg nach unten stellen wir fest, das Barfüße durchaus rutschfester sein können als spezielle Wanderschuhe. Nach einem Toastbrot und Möhren als Mittagessen geht es weiter. Unsere Vorräte sind fast aufgebraucht, und so freuen wir uns, als wir in einer größeren Ortschaft einen Supermarkt finden. Ich übernehme erneut den Einkauf und frage Clém anschließend, ob er weiß, wo ich entweder eine SIM kaufen oder freies WLAN finden könnte. Er nickt und wirft einen Blick auf Google Maps. Kurz darauf halten wir an einer Bibliothek, und er zeigt mir, dass in Neuseeland jede Bibliothek eine freie Internetverbindung hat. Erleichtert und glücklich überprüfe ich meine Mails und antworte einem Übersetzer, der die Übersetzung meines Führerscheins bis morgen Abend fertigstellen könnte. Ich bestätige den Auftrag und überweise ihm den Betrag über PayPal. Das lief schon mal gut. Jetzt brauche ich noch einen Mietwagen. Auf einer Website finde ich einen Ford Focus für einen fairen Preis und wende mich an Clém. »Weißt du, wann wir in Picton sein werden?« Von dort aus wird Clém wieder zurück nach Süden fahren, und ich möchte weiter an die Nordküste. Er überlegt. »In etwa vier Tagen«, antwortet er. »Ungefähr«, fügt er noch hinzu. Damit kann ich schwer planen. Aber mir bleibt keine andere Wahl. Wenn ich etwas später komme, dann kann ich anrufen und Bescheid geben. Daran, dass wir früher kommen könnten, glaube ich nicht. Also buche ich.

Bevor wir weiterfahren, gebe ich meinen Eltern noch ein kurzes Lebenszeichen. Mir scheint es fast so, als gewöhnten sie sich ganz langsam an den Gedanken, dass ich jetzt auf Weltreise bin. Mit einem Lächeln denke ich an sie. Die Zeit nach der Trennung von meinem Mann war auch für die beiden eine Tortur, aber sie haben mich fest unterstützt. Dafür bin ich ihnen unendlich dankbar. Trotzdem möchte ich meinen Weg gehen; sie können mich nicht vor allem bewahren. Die Entscheidung zu dieser Reise ist auch eine Entscheidung dafür, mich selbst zu suchen und meinen Sinn im Leben zu finden. Ich seufze, denn natürlich ist mir bewusst, wie tief sie von der Kirchengemeinde geprägt sind. Von Kindesbeinen an war das ihre Welt, und wenn plötzlich die eigene Tochter beginnt, alles in Frage zu stellen, kann das verstörend sein. Mein Leben ist ohnehin auf den Kopf gestellt, für mich macht es keinen Unterschied, aber die Kirche ist ihr ganzes Leben, ihr Fundament! Und daran rüttele ich mit jedem Gespräch, das wir führen, wenn sie wieder einmal auf das Thema Religion und Glaube kommen. Für die beiden sind meine Ansichten radikal, und sie machen sich Sorgen, dass ich das Heil – also die Vergebung meiner Sünden, die mir Jesus durch sein Sterben garantiert – verliere. Sie haben Angst, dass ich mich von dem Gott, den sie kennen, abwende und an etwas anderes glaube: an etwas, was ihnen fremd ist.

Doch wenn ich einfach zu allem Ja sage, dann weint mein Herz, und ich verliere die kleinen Teile, die ich von mir gefunden habe. Ich bin hin und her gerissen zwischen meiner Liebe und Dankbarkeit zu meinen Eltern, aus der heraus ich alles für sie tun möchte, und dem Ruf Gottes, den ich in meinem Herzen höre. Dem Ruf, meinen Weg zu gehen mit allem, was dazugehört. Ich weiß keine Lösung und schiebe das Thema beiseite. Aber lange kann ich so nicht weiterleben, weil es mich zerreißt.

Nach einer weiteren Nacht im Zelt finden wir auf der Weiterfahrt eine schöne Stelle in einem Waldstück an einem kleinen Fluss. Dort machen wir es uns gemütlich und verbringen den Tag. Hinter dem Waldstück befindet sich ein ausgetrocknetes Flussbett, durch das sich im Frühjahr sicher die Wassermassen der Schneeschmelze wälzen. Jetzt ist der Boden sandig und mit vielen großen und kleinen glatten Steinen übersät. Ein weiterer Flussarm, im Vergleich zur Breite des Flussbetts nur ein dünnes Rinnsal, fließt munter ein ganzes Stück weiter entlang. Wir verbringen viel Zeit in dem schattigen Wäldchen und springen von Baumstämmen in den kleinen Fluss, der an manchen Stellen recht tief ist.

Etwas später gehen wir über das Flussbett, um eine gute Aussicht zu haben, und setzen uns. Hier wollen wir unser Abendessen genießen. Es gibt Sandwiches mit Hummus, Käse und Möhren. Wie viele Möhren ich in den letzten Tagen gegessen habe, weiß ich nicht, aber unsere große Familienpackung ist beinahe leer. Plötzlich kommt ein Sandsturm auf und peitscht uns den Sand mit aller Wucht auf den Körper, dass es schmerzt. Als wir in unsere Sandwiches beißen, knirscht es. »Jetzt haben wir tatsächliche *Sand-wiches*«, sage ich, als meine Zähne mehr Sand als Brot erwischen. Clém muss lachen.

In der Nacht hält uns der Sturm wach. Ein Gewitter ist aufgezogen, und es regnet in Strömen bis zum frühen Morgen. Clém fällt in einen tiefen Schlaf, während ich kein Auge mehr zutun kann. Also stehe ich auf und nehme ein Tuch mit. Das wickele ich mir wie einen Turban um den Kopf und lasse nur einen Spalt für die Augen frei. Wenn ich liegen bleibe, obwohl ich nicht schlafen kann, kommen nur ungelöste Probleme und führen ihre grässlichen Tänze vor mir auf. Als ich aus dem Wäldchen trete, wirbelt der Sandsturm Tonnen von Sand um mich herum auf, die wie kleine Nadeln in meine nackten Arme und

Beine stechen. Die Augen schließe ich so weit, dass ich durch die Wimpern hindurch gerade noch erkennen kann, wohin ich gehe. Doch dann beschließt der Sturm, mir waagerecht entgegenzubrausen. Ich schließe sie ganz und vertraue auf die Augen an meinen Sohlen. Vorsichtig setze ich einen Fuß vor den anderen an einer geraden Linie entlang, die in meinem Geist von hier durch das Flussbett bis zu dem kleinen Tal reicht, das sich durch immer höher aufragende Hügel und kleine Berge zieht. Dornen habe ich hier keine gesehen, sonst könnte ich meinen blinden Barfußspaziergang vergessen.

Aber wenn es keine Probleme mit meinen Füßen gibt, kommen andere Probleme, stelle ich bitter fest. Irgendetwas gibt es immer noch zu lösen, eine nie enden wollende Kette von Problemen. Warum bin ich eigentlich so negativ? Vielleicht, weil ich kaum geschlafen habe, oder wegen der Fußreflexzonen-Massage, die diese verfluchten Emotionen freisetzt? Wütend kicke ich einen Stein und stechender Schmerz zuckt durch meinen großen Zeh. Ich werfe dem Sturm einige Schimpfwörter entgegen. Danach fühle ich mich besser.

Auf der heutigen Fahrt legen wir viel Strecke zurück und übernachten auf einem öffentlichen Campingplatz. Am nächsten Tag unternehmen wir eine weitere Wanderung, die uns entlang an schroffen Felsen und Klippen und vorbei an Kalkstein führt, der sich vor dem Meer auftürmt. Schilder verraten, dass es hier Seelöwen geben soll. Bisher habe ich sie nur im Zoo gesehen; ich würde sie gern in freier Wildbahn sehen und erleben. Wir klettern die Klippen hinunter und hüpfen von einem Felsen zum nächsten, um zum Meer zu gelangen, wo die Tiere sich aufhalten sollen. Ich achte noch stärker als sonst auf jeden meiner Schritte und Sprünge, weil die Felsen scharfkantig und von Spalten durchzogen sind. Ein unvorsichtiger Schritt könnte mir den Rest meiner Neuseeland-Reise verderben. Abgesehen von einigen Schnittwunden komme ich jedoch gut davon.

Direkt am Ufer sehen wir bereits einige Seelöwen, aber sie sind recht weit entfernt. Ich hoffe, dass wir näher herangehen können, ohne sie zu erschrecken. Da werden wir auf zwei Menschen aufmerksam, die Fotos von etwas machen, sich immer wieder begeistert anstoßen und sich vergewissern, dass keiner auf sie aufmerksam wird. Nachdem sie gegangen sind, nähern wir uns der Stelle und sehen einen kleinen Seelöwen, der in einer Felsspalte liegt. »Vielleicht ist er tot«, flüstere ich, als wir vorsichtig bis auf wenige Meter an das Tier herangehen und es sich nicht von der Stelle rührt. Wir setzen uns auf den Boden und beobachten es still. »Er ist tot«, sage ich traurig. Leise Geräusche erklingen, die wie ein tiefes Schnarchen klingen. Ich reiße die Augen auf. »Nein, er ist nicht tot, er schläft!«, flüstere ich und zappele begeistert mit meinen Füßen. Clém horcht einen Moment und grinst dann. »Stimmt. Er schläft tatsächlich«, stimmt er mir zu. »Und er schnarcht«, sage ich. »Voll süß!« Der Seelöwe schnarcht weiter. »Vielleicht sind sie hier an Menschen gewöhnt«, vermute ich, während ich meine Kamera zur Hand nehme und einige Fotos mache. Ohne es zu bemerken, gehe ich dabei immer näher an das schnarchende Wesen heran. Als ich die Kamera wieder in die Tasche stecke, bemerke ich, dass ich nur meinen Fuß ausstrecken müsste, um das Tier zu berühren. Aber ich will es nicht stören oder erschrecken, deshalb lasse ich es sein.

Am nächsten Morgen fahren wir die gesamte restliche Strecke bis nach Picton. In einem Supermarkt will ich einige Sachen für den Rest unserer gemeinsamen Zeit und auch für meine Fahrt zur Westküste kaufen, aber an der Kasse funktioniert plötzlich meine Kreditkarte nicht. Wir versuchen alles, aber das dumme Ding verweigert schlicht jede Funktion. Verzweiflung überkommt mich. Warum habe ich nicht daran gedacht, eine zweite Kreditkarte mitzunehmen? Dann fällt mir ein, dass ich doch auch noch meine Girokarte habe. Damit müsste die Zahlung funktionieren, wenn sich hier in Neuseeland das Maestro- oder Vpay-Logo auf dem Lesegerät befindet. Und natürlich auf meiner Debitkarte. Ich überprüfe beide und stelle fest, dass das neuseeländische Lesegerät das Maestro-Logo trägt, meine neue Girokarte allerdings nur das Vpay-Logo. Ich stöhne innerlich, probiere es aber trotzdem mit der Bankkarte. Sie funktioniert nicht. Clém hat mich die ganze Zeit geduldig beobachtet und fragt jetzt: »Soll ich das übernehmen?« Alles in mir wehrt sich. Es war so ausgemacht, dass er die Fahrtkosten übernimmt und ich für die Einkäufe aufkomme. Wenn er jetzt für die Einkäufe aufkommt, wäre das nicht fair. Außerdem fällt es mir so schwer, Hilfe anzunehmen! Wenn ich weiß, dass ich etwas zurückgeben kann, dann habe ich kein Problem damit, etwas zu nehmen, wie zum Beispiel während der Reise auf Couchsurfing. Gastgeber freuen sich immer darüber, dass ich etwas für sie koche, Informationen über Gesundheit oder Ernährung weitergebe, ihnen einen Eindruck von meinem Heimatland vermittle oder ihnen eine Massage gebe. Wenn ich aber nicht weiß, ob oder wie ich etwas zurückgeben kann, dann fällt mir das Annehmen sehr schwer. Was, wenn später mein Helfer sagt: Ich habe dir damals geholfen, jetzt will ich, dass du dieses und jenes für mich tust? Damit stehe ich in der Schuld eines anderen.

Da kommt mir ein Einfall. »Ich hab doch noch Bargeld!«, rufe ich und halte triumphierend einige Scheine hoch. Clém schüttelt den Kopf. »Wenn deine Karte kaputt ist, wirst du das später noch brauchen. Lass mich das übernehmen.« Und schon hat er der Kassiererin die Summe gereicht. Dann schiebt er mich sanft beiseite, hält mir eine Tüte mit den gekauften Sachen hin und nimmt die andere. Anschließend geht er an mir vorbei aus dem Laden.

Ich folge ihm und will protestieren, aber als er mich fast ärgerlich ansieht, schlucke ich die Worte hinunter und bedanke mich überschwänglich. »Ist ja gut«, sagt er und winkt ab. »Das habe ich gerne gemacht. Du darfst es ruhig annehmen, wenn dir jemand helfen will.« Mein Schultern sacken nach vorne. »Ich weiß«, sage ich. »Meine Eltern haben mich so erzogen, dass ich möglichst keine Hilfe annehmen soll.« Wieder sieht er mich an, mit diesem Blick, eine Mischung aus leisem Ärger und Verständnis. »Ja, das sehe ich. Aber lass deine Vergangenheit hinter dir. Schließ damit ab, statt sie ständig mit dir herumzutragen. Dein Misstrauen gegenüber Menschen, die dir helfen möchten, bringt dich nicht weiter.« Ich schlucke. Das sind harte Worte, aber sie sind wahr. Tatsächlich trage ich meine Vergangenheit noch mit mir herum. Nur, wie werde ich etwas los, das wie Sekundenkleber an mir klebt? Wie kann ich mich von meiner Vergangenheit lösen und sie zurücklassen? Auf dieser Reise erfahre ich, wie viele Ängste ich noch in mir trage.

Der Abschied von Clém fällt mir schwer. Wir hatten eine gute Zeit zusammen, und ich habe viele Erfahrungen und einen wichtigen Ratschlag mitnehmen dürfen. Clém wartet, bis ich meinen Wagen habe, und fährt dann los in Richtung Ashburton. Mir fällt jetzt erst auf, dass ich beim Fahren rechts sitzen muss. Das fühlt sich zu Beginn ungewohnt an, aber ich komme erstaunlich gut damit zurecht, als ich mich in Richtung Marlborough Sounds aufmache. Außerdem habe ich meine vertrauten Nüsse und Trockenfrüchte dabei. Gedankenversunken kaue ich darauf herum. Eine leise Schwere überfällt mich, wenn ich an Clém denke. Verrückt, wie sehr ich mich an ihn gewöhnt habe und wie einsam ich mich jetzt fühle. Ich habe bereits England und Hongkong allein bereist, Menschen getroffen und sie wieder verlassen. Das wird ständig passieren, daran muss ich mich gewöhnen: Kommen und Gehen, Begrüßen und Verabschieden.

Eine stetige Bewegung von einem Punkt zum nächsten. Aber bisher hatte ich nie dieses Gefühl einer Leere in mir, nachdem ich mich von jemandem verabschiedet habe. Vielleicht liegt es daran, dass ich mit Clém deutlich länger zusammen war. Ich vermisse es, meine Gedanken und Erlebnisse mit jemandem teilen zu können. Am Straßenrand sehe ich eine Backpackerin und will bremsen, um sie mitzunehmen, aber mein Fuß klebt am Gaspedal. Wovor habe ich Angst, und warum hindert diese Angst mich daran, anderen zu helfen? Ich stöhne. So viele Gedanken und Emotionen schwelen in mir und verwirren mich.

Dazu kommt meine nicht funktionierende Kreditkarte. Immerhin habe ich vorerst ausreichend Bargeld, und wenn ich sparsam damit umgehe, könnte es die nächsten zwei Wochen reichen, solange ich hier in Neuseeland bin. Einen Mietwagen kann ich online buchen, und auch sonst gibt es vieles, was ich online erledigen kann. Und für Lebensmittel sollte das Bargeld vorerst ausreichen.

Auf meiner Fahrt mache ich einen Abstecher tief in die Marlborough Sounds hinein. Dort gibt eine Neuseeländerin namens Lucia mir einige Tipps für Nelson, mein nächstes Ziel. Immer wieder bin ich von der Freundlichkeit der Kiwis beeindruckt. Ich nehme zwei französische Backpacker mit und freue mich, meine innere Abwehr gegen das Helfen in diesem Moment überwunden zu haben. In der kleinen Stadt besuche ich lediglich den Supermarkt und den Hafen, denn der Verkehr ist zu viel für mich, und deshalb fahre ich gleich weiter. Vielleicht ist der chaotische Verkehr auch ein Bild meines inneren Durcheinanders und er stört mich deshalb so sehr. Äcker, Obstgärten, Weinberge und Küstenlinien fliegen an mir vorbei, und ich halte ständig an, um Zeit an schönen Orten zu verbringen. Oft bin ich ganz allein am Strand.

Als es dunkel wird, finde ich eine Haltebucht, die tief ist und weit bis zum Waldrand reicht. »Camping verboten«, sagt ein großes Schild gleich am Anfang. Aber ich will ja nicht campen, sondern einfach nur schlafen. Ich finde, das ist eine bessere Lösung, als wenn ich unterwegs einen Unfall baue, weil ich zu müde zum Fahren bin. Trotzdem parke ich meinen Wagen möglichst unauffällig ganz weit hinten, sodass er von der Einfahrt her nicht zu sehen ist. Danach hole ich mein Tablet hervor und schreibe einige Gedanken auf. Ich mag es, meine Erfahrungen und Gedanken später noch einmal lesen zu können. In meinem Auto mache ich es mir auf der umgeklappten Rückbank in meinem Schlafsack bequem.

Gegen Morgen fahre ich weiter zum Abel Tasman Park. Hier will ich eine lange Wanderung durch die tropisch heiße Landschaft machen. Dafür packe ich ausreichend Wasser in meinen kleinen Rucksack und ziehe Shorts und ein Top an. Dann marschiere ich los, doch der Kies auf dem Trail schmerzt heute an bestimmten Stellen meiner Sohlen. In einer Fußreflexzonen-Massage würde das bedeuten, dass ich Probleme an den entsprechenden Organen habe – entweder physisch oder mental, in Form von unverdauten und unbearbeiteten Emotionen. Ich habe verflixt noch mal keine Lust, dass sich zu meinen bisherigen Problemen noch weitere hinzugesellen. Deshalb gehe ich zurück zum Auto und ziehe meine Barfußsandalen an. Die dünne Sohle lässt immer noch Druck auf die Fußsohle zu, aber immerhin ist er nicht mehr so stark. Kann ich auch mal irgendwo sein, ohne dass mich irgendein Problem begleitet, die Vergangenheit mich verfolgt, Emotionen hochkommen oder sonst irgendetwas in der Richtung passiert? Ohne die schöne Landschaft groß zu beachten, fege ich wie ein wütender Wirbelwind über den Trail. Ich würde nie meine schlechte Laune oder negative Emotionen an Mitmenschen oder anderen Lebewesen auslassen, weil ich oft genug die andere Seite erlebt habe. Aber der Boden bekommt sie mit. Warum um alles in der Welt habe ich Angst vor dem Geben?

Die Frage kann ich wahrscheinlich bereits beantworten: Weil ich das Gefühl habe, leer auszugehen, nachdem ich genau das in meiner Vergangenheit erfahren habe. Ich habe mich ausnutzen lassen, und jetzt habe ich Angst, dass es wieder passiert. Wie kann ich diese Angst loswerden oder eine Lösung finden, die mir nicht das Gefühl gibt, leer auszugehen? Und warum fällt es mir manchmal leicht zu geben und ein anderes Mal nicht? Darauf und auf die Frage nach der Lösung habe ich gerade keine Antwort. Ebenso wenig weiß ich, wie ich meinen Weg gehen kann, ohne meine Eltern zu verletzen und undankbar zu erscheinen.

Ein kleines Mädchen geht mit ihren Eltern an mir vorbei, barfuß, die Schuhe trägt sie in der Hand. Erst jetzt fällt mir auf, dass ich schon eine ganze Weile auf sandigem Boden laufe. Sofort bleibe ich stehen und ziehe meine Schuhe aus. Ein Pfad biegt nach rechts ab und scheint zum Meer zu führen. Kurz entschlossen schlage ich ihn ein und stehe bald darauf mit beiden Füßen im klaren türkisfarbenen Wasser. Erst jetzt achte ich auf meine Umgebung und stelle fest, wie atemberaubend das tropische Paradies um mich herum ist. Meine Sorgen versinken vorerst im Wasser, und ich gehe den Rest des Weges mit offenen Augen, nehme die Natur, die Farbenpracht und die Hitze des Tages wahr. Wieder begegne ich vielen unbekannten und neuen Pflanzen und betrachte sie eingehend. Außerdem halte ich sie mit meiner Kamera fest. Wenn ich mir irgendwann einmal die Zeit nehme, sie zu recherchieren, kann ich sie so leichter wiedererkennen.

Zurück beim Auto genieße ich die kühlende Klimaanlage. Es ist ein wirklich heißer Tag. Weil ich unbedingt noch einen Wasserfall sehen möchte, fahre ich ein Stück hinauf in die Berge.

Anschließend fällt mir auf, dass ich einen großen Umweg gemacht habe. Ich muss den ganzen Weg zurückfahren, um zur Westküste zu kommen. Deshalb ändere ich meinen Plan und mache mich gleich auf den Weg nach Charleston. Dort soll es Pinguine geben, und ich würde nur zu gern welche sehen.

Auf dem Weg nach Südwesten verdecken immer mehr Wolken den Himmel, und bald fallen die ersten Tropfen. Es dauert nicht lange, dann wird ein ausgewachsener Sturm daraus. Wind peitscht dicke Regentropfen so heftig auf die Windschutzscheibe, dass die Scheibenwischer keine Chance haben. Dunkelheit umgibt mich, Donner grollt, grelle Blitze blenden mich. Die nächsten 150 Kilometer begleitet mich der Sturm, bevor er sich endlich beruhigt. Es dämmert bereits, und ich halte nach einem guten Platz für die Nacht Ausschau. An den Flanken der Berge haben sich viele Wasserfälle und Sturzbäche gebildet, und ich muss darauf achten, wo sie über die Straße strömen. Der Ärger über den Sturm, der meine Fahrt so stark behindert hat, verfliegt und macht dem Staunen über die Schönheit der Natur Platz. Mir fällt auf, dass ich auf der ganzen Strecke nicht einem einzigen Auto begegnet bin. Vielleicht haben andere Fahrer den Sturm abgewartet, und nur ich war stur genug, bei diesem apokalyptischen Wetter weiterzufahren. Erst jetzt kommen mir die ersten Autos entgegen.

Ich danke dafür, dass ich ein gutes Nachtlager finden werde, und parke wenige Minuten später in einer Haltebucht mit Fluss- und Bergblick. Kein anderes Auto ist hier, ich habe den perfekten Platz für mich allein. Müde von der anstrengenden Fahrt schlafe ich ein, noch bevor die Dunkelheit sich über das Tal ausgebreitet hat. Mitten in der Nacht wache ich auf, weil ein grelles Licht mir ins Gesicht leuchtet. Etwas verwirrt reibe ich mir die Augen und denke, dass es vielleicht ein Ranger ist. Wahrscheinlich werde ich jetzt weggeschickt. Aber die vermeintliche Taschenlampe bewegt sich nicht! Erst als ich mich aufsetze, finde ich heraus, dass es der Vollmond ist. Erleichtert und belustigt betrachte ich eine Weile lang den Himmelskörper, bis ich wieder einschlafe.

Am Morgen fahre ich weiter nach Charleston und halte gleich an der ersten Stelle, wo ich das Meer sehe. Ein Schild zeigt mir, dass es hier Pinguine geben soll, aber ich sehe keine, so angestrengt ich mich auch umsehe. Vielleicht sind sie nur zu bestimmten Jahreszeiten hier, darüber habe ich mich nicht informiert. Schade. Trotzdem gefällt mir der Platz gut.

Mich fasziniert, wie unterschiedlich die Ost- und die Westküste sind. Hier im Westen ist der Ozean wilder, und die Wellen rollen in langen Bahnen an den Strand. Das Wasser schäumt und bildet weiße, brodelnde Gischt. Es regnet und stürmt häufig. Es gibt viel weniger Häuser oder Siedlungen, und die Straße führt über lange Strecken am Meer entlang. Ständig halte ich an Buchten, die mir gefallen.

Mein nächstes Ziel sind die Pancake Rocks in Punakaiki, die ich besuche, weil jeder sie mir empfohlen hat, ob Freunde zu Hause, die bereits hier waren, oder meine neuen Bekannten hier auf der Insel. In ihnen hat die Wildheit der Küste beeindruckende Formen angenommen. Die Kraft der Wellen ist unberechenbar; leidenschaftlich stürmen sie wieder und wieder heran. Meine Füße gehen über ungezähmtes Land, ungestüm wie ein wilder Stier. Die Natur erscheint in ihren unbändigsten und barbarischsten Formen. Alles schreit Wildheit und Freiheit. Das gibt mir das Gefühl, fessellos zu sein, enthemmt und grenzenlos, näher und tiefer in der Natur und der Wildnis als je zuvor. Die ungezügelte Urkraft und die sprunghafte Essenz dieser Küste spiegelt eine tiefe Sehnsucht in mir. Sie erinnert mich an das, was meine Vorfahren erlebt haben müssen, und lässt mich hineinsinken in eine Zeit, in der es viele Probleme von heute nicht gab, sondern in der es um nacktes Überleben ging. Meine Augen leuchten und mein Herz schlägt schneller, wenn ich daran denke. Rohes Sein.

Viele Schichten Kalkstein sind wie Pfannkuchen durch enormen Druck aufeinander gestapelt. Durch einige Blowholes, Hohlräume im Gestein, braust das Wasser wie durch das Atemloch eines Blauwals in einer Wolke aus Gischt und Wassertropfen nach oben und wird gleich darauf wieder eingesogen, bevor das Spiel mit der nächsten Welle von vorne beginnt. Wassermassen preschen durch unterirdische Gänge, ausgehöhlt durch die Gezeiten, heran und fallen zurück. Auf dem kleinen Rundweg höre ich das Wasser brausen, schäumen, pfeifen, fauchen und schnauben. Es ist wie ein fuchsteufelswilder Gott der Unterwelt, der aus dem Wasser kommen will, aber keinen Weg hinaus findet. Diese Küste weckt mein Feuer, lässt alle meine Lebensgeister aufglühen.

Einige Felsen werden mit etwas Fantasie und offenen Augen zu Figuren, Gesichtern, Augen und Tieren. Bei Wolken sehe ich ohne meine Brille oder Kontaktlinsen mehr Dinge als mit meinen Sehhilfen. Es ist, als würden meine inneren Augen dann klarer sehen. Ich probiere es bei den Felsen, aber sie sind zu weit weg. Trotzdem sehe ich recht viel und staune darüber, wie anders das kleine Schaubild die Linien zusammenfügt. Jeder hat eben seine Perspektive auf die Welt. Eine ganze Weile bin ich allein, dann kommen zwei Reisebusse voller Menschen, und ich fliehe. Eine Horde von Touristen raubt der Küste ihr Wesen; ihre Ursprünglichkeit wird von einer schwatzenden Meute verschluckt. Zum Glück habe ich bereits gesehen und gefühlt, was ich sehen und fühlen wollte.

Nach einem Tag in Hokitika das mir von einem Bekannten empfohlen wurde, probiere ich im Supermarkt erneut erfolglos meine Kreditkarte aus. Mein Nachtlager finde ich an einem Fluss etwas außerhalb. Lange vor dem Morgengrauen bin ich bereits wach und überlege, welche Route ich nehmen soll. Von Hokitika aus könnte ich entweder weiter hinunter zum Franz-Josef- und zum Fox Glacier und von dort aus weiter nach Wanaka: alles wilde, aber touristisch überlaufene Orte. Oder ich könnte mich über den Arthurs Pass schon mal auf den Rückweg nach Christchurch machen. Mir bleiben nur noch vier weitere Tage, bevor mein Flug nach Auckland geht und ich zehn Tage zum Erkunden der Nordinsel habe. Deshalb entscheide ich mich für die zweite Option. Den Stress, meine geplante Route beizubehalten und die Strecke in weniger als vier Tagen zu meistern, möchte ich mir nicht antun. Von Clém habe ich die Kunst der Langsamkeit gelernt. Zwar ist mein Reisetempo immer noch deutlich schneller als seins, aber doch deutlich langsamer als bisher. Außerdem hat Cam mir gesagt, dass ich herzlich eingeladen bin, sollte ich wieder in Christchurch sein. Und ich möchte ihn gerne wiedersehen. Also mache ich mich auf zum Arthur's Pass. Einen Berg hochzuklettern klingt verlockend; ich möchte sehen, wie meine Füße kühlere Temperaturen vertragen. Ganz oben soll noch Schnee liegen, und wenn das Wetter der Westküste ähnlich ist, darf ich ziemliche Kälte erwarten.

Die Jäger der Maori nutzten den Übergang von Ost nach West bereits lange, bevor der Landvermesser Arthur Dudley Dobson im Jahr 1864 den Weg über den Pass kartografierte. Ich habe gehört, dass man auf der Route eine atemberaubende Aussicht auf schneebedeckte Gipfel, schroffe Felsen und die vielen Täler, Wiesen und Wälder haben soll. Nach zwei Trails, die mich nur an der Bergflanke entlangführen, finde ich endlich einen, der mich hoch hinaufbringt. Der Weg zum Gipfel ist allerdings steinig. Zu Beginn hängt dichter Nebel über dem Gebiet, der noch zunimmt, je höher ich steige. Am Tag zuvor hat es einen heftigen Regenschauer gegeben, und die Feuchtigkeit hängt noch in der schweren Luft. Einige kleinere und größere Bäche kreuzen meinen Pfad. Als ich hindurchwate, umspült das eisige Wasser belebend meine Füße. In den Boden gerammte Holzstücke sollen den Weg sichern, aber Sturm und Regen haben sie weggeschwemmt und den Weg aufgeweicht. Überall liegt loses Geröll, sodass ich aufpassen muss, wohin ich meine bloßen Füße setze. Einmal rutsche ich auf den glatten Steinen beinahe ab und werde danach noch vorsichtiger. Trotzdem bin ich froh, ohne schwere Bergstiefel unterwegs zu sein. So ertaste ich mir den Weg, und merke schnell, welcher Stein trittsicher ist.

Der Nebel wird immer dichter, bald sehe ich nur noch wenige Meter weit. Mühsam krieche ich auf allen vieren weiter, da mir einige Abschnitte sehr steil vorkommen. Bin ich überhaupt noch auf dem richtigen Pfad? Doch plötzlich reißt der Nebel auf, und ich kann die endlose Weite der Landschaft unter mir bestaunen. Der Blick wird frei auf die Berggipfel mit ihren Schneefeldern, die in der Sonne glitzern. Wenige Meter über mir sehe ich den befestigten Weg. Offenbar habe ich irgendwann eine deutlich steilere und gefährlichere Abkürzung genommen. Während der Nebel sich langsam verzieht, erkenne ich, wie steil die Abgründe unter mir sind, an denen ich entlanggekrochen bin. Schweißperlen stehen mir auf der Stirn, als mir dämmert, in welche Gefahr ich mich begeben habe.

Auf den letzten Metern bis zum Gipfel macht der Weg eine Biegung. Plötzlich kullern einige Brocken auf mich zu. Gequetschte Zehen hätten mir jetzt gerade noch gefehlt. Flink weiche ich aus. Da höre ich eine Stimme leise fluchen. Ich erreiche die Kurve und treffe auf einen Mann, der wohl gerade ausgerutscht ist. Er rappelt sich auf und schaut auf meine bloßen Füße. »Du verrückter Hobbit!«, ruft er kehlig. »Bist du etwa ohne Schuhe hier heraufgeklettert?« Mir fällt ein, dass diese unwirklich schöne Landschaft tatsächlich den Schauplatz für *Herr der Ringe* und *Der Hobbit* bot. »Ja, Hobbitfüße brauchen keine Schuhe«, erwidere ich stolz. Er nickt und betrachtet dann aufmerksam meine Füße. »Das Fell an deinen kleinen Füßen hast du aber wohl für einen frierenden Menschen geopfert? Außerdem, tut das nicht weh, über all diese Steine zu gehen?« Schmunzelnd schüttle ich den Kopf. »Meine Füße sind mittlerweile daran gewöhnt. Oder vielleicht habe ich einfach den Schmerz lieben gelernt.« Er lacht laut und schaut auf seine schweren Bergstiefel hinunter. »Vielleicht werde ich das auch mal probieren, aber nicht heute.«

Über Barfüße kommt man schnell in Kontakt mit anderen Menschen, denke ich, als ich wieder im Auto unterwegs bin. Nach einer weiteren Wanderung und einem Tag, der wie im Zeitraffer vergangen ist, finde ich einen schönen Schlafplatz in den Hügeln hinter den Bergen. Ich bin bereits recht nahe an Christchurch und kann gleich morgen zu Cam fahren.

Als ich Cam am nächsten Tag schreibe, freut er sich riesig und sagt, ich soll gleich herkommen. In der Wohnung angekommen, begrüßt er mich herzlich und möchte alles über meine Reise wissen. Während der Zubereitung des Mittagessens erzähle ich von meiner Route und meinen Erfahrungen. »Weißt du, was mir gerade auffällt?«, fragt er mich plötzlich nachdenklich. »Ich lebe schon eine ganze Weile hier auf der Südinsel, aber viele Orte, an denen du warst, habe ich noch nie gesehen. Es wird Zeit, dass ich auf Reisen gehe. Vielleicht kommst du irgendwann mal zurück und wir reisen zusammen durch Neuseeland.«

Ich nicke begeistert. »Das wäre großartig. Wenn ich wiederkomme, melde ich mich sofort bei dir.« In einer Gesprächspause schreibe ich Clém, nur für den Fall, dass er in der Nähe sein sollte, und bin überrascht, als er gleich antwortet. Er möchte morgen nach Akaroa fahren und den Tag dort verbringen, und jetzt fragt er, ob ich mitmöchte. Erfreut sage ich nach einer kurzen Besprechung mit Cam zu. Er arbeitet ohnehin den ganzen Tag, daher passt es gut. So habe ich die Möglichkeit, Clém noch einmal zu sehen, bevor ich übermorgen weiterfliege.

Als ich am folgenden Morgen in seinen Holden steige, erfasst mich eine Welle von Vertrautheit. Wir hören die Musik, die wir auf unserem Roadtrip gehört haben, und genießen die gemeinsame Zeit in der kleinen Hafenstadt. Er schenkt mir eine Kette mit einer schimmernden Regenbogen-Abalone als Andenken, über die ich mich sehr freue. Sie wird mich immer an seine Worte erinnern: »Lass deine Vergangenheit hinter dir.« Ich beschließe, das nach besten Kräften zu versuchen. Diese Reise ist sicher schon ein guter Schritt in die richtige Richtung.

Am Abend machen Cam und ich einen *Herr der Ringe*-Marathon und schauen uns zwei der drei Filme an. Erst um halb fünf Uhr morgens sind wir so müde, dass wir beschließen, den dritten Film morgen anzuschauen. Allerdings hat mich die Geschichte so stark mitgenommen, dass ich nicht mehr alleine sein, geschweige denn alleine schlafen kann. Das ist mir schon häufiger passiert, weshalb ich mir genau überlege, was ich mir ansehe und was nicht. Seit ich herausgefunden habe, dass ich mit größter Wahrscheinlichkeit hochsensibel bin, kann ich diese Symptome einordnen und damit besser umgehen. Cam bietet mir an, mit ihm gemeinsam in seinem Bett zu schlafen. Dankbar nehme ich sein Angebot an.

Am nächsten Morgen schauen wir uns den dritten Teil an. Es ist hell, und daher ist es nicht ganz so schlimm. Trotzdem weiß ich, dass mich die Bilder der Trilogie noch begleiten werden. Diese Filme haben einen großen Eindruck auf mich gemacht. Sie bringen mich zum Nachdenken über unsere Welt. Fragen, die mich seit meiner Zeit in der Kirchengemeinde beschäftigt haben, steigen jetzt wieder auf und verstören mich. Ist die Welt wirklich nur ein Spielfeld höherer Mächte, eines nie enden wollenden Kampfes zwischen Gut und Böse? Haben wir Menschen überhaupt eine Bedeutung, oder sind wir nur Spielfiguren auf dem großen Schachbrett der Geschichte? Kann ich persönlich etwas ausrichten?

Diese Gedanken begleiten mich auf dem Flug nach Auckland und beim Abholen meines Mietwagens, bis ich endlich meinen Freund Totko anrufe. Wenn jemand mein Inneres kennt, dann er. Bei ihm brauche ich nichts zu erklären, denn er weiß Bescheid, ohne dass ich etwas sagen muss. Wieder einmal geht er nicht direkt auf meine Fragen ein und gibt mir keine Antworten, aber als ich auflege, scheint es mir, als hätte er eine Tür zu den Antworten in der Tiefe meines Herzens geöffnet. Sie sind noch ein wenig verschwommen, aber das Gefühl, das mich beim Betreten des bisher unbeachteten Raums erfüllt, braucht keine Worte. Es sickert in jede Zelle, jedes Atom und macht sich dort breit. »Alles hat seine Bedeutung, seine Zeit und seine Richtigkeit«, flüstert es. In Gedanken schicke ich Totko ein Dankeschön und atme mit einem befreiten Lächeln tief ein. Er ist für mich, seit ich ihn vor einem Jahr kennengelernt habe, ein Engel in menschlicher Gestalt, aber das war in gewisser Weise jeder Mensch, der mir begegnet ist, seit ich beschlossen habe, meinem Herzen zu folgen. Seither habe ich viele Engel getroffen und viele Wunder erlebt. Mein Leben hat überraschende Wendungen genommen, und aus dem Druck, dem Gewicht, den Schwierigkeiten ist ein Diamant hervorgekommen. Jetzt steht das Polieren an, damit er das Licht millionenfach reflektiert, vervielfacht und die Welt zu einem leuchtenderen Ort macht.

Das Polieren ist, wie ich feststelle, nicht immer angenehm. Dazu sind da noch die praktischen Fragen, die mich von der Südinsel begleiten und auf die ich noch keine Antwort gefunden habe. Meine Kreditkarte funktioniert ebenfalls immer noch nicht, egal, wie oft ich es an den verschiedensten ATMs und

Läden versucht habe. Ich frage mich auch, ob mein Bargeld mir wirklich bis zum Ende des Neuseeland-Teils reicht, denn nicht nur ich brauche Nahrung, auch mein fahrbarer Untersatz muss ja zwischendurch eine Kraftstoff-Fütterung erhalten. Und danach? Muss ich einen Flug zurück buchen und die Reise abbrechen? So etwas kann ich zumindest noch online machen. Wenn ich mich dazu entscheide, weiterzureisen, wie soll ich finanziell klarkommen? Es ist eine ausgefuchste Situation, Geld zu haben, aber nicht dranzukommen. Leider kann ich nicht alles online zahlen. Mir bleibt daher nichts anderes übrig, als einfach weiterzumachen und zu hoffen, dass sich eine Lösung ergibt.

Zuerst bin ich bereits einige Kilometer zur Bay of Islands hinaufgefahren, eine Route, die ich zuvor geplant habe, entscheide mich dann aber für eine andere Strecke durch Coromandel. Dabei folge ich einem inneren Impuls, für den ich keine Erklärung habe. Auf der Halbinsel unternehme ich eine Menge Wanderungen, finde versteckte Buchten und mache an vielen Halt. Obwohl hier mehr Menschen leben, finde ich Natur pur. Ich versuche, meine Reise vollends zu genießen und mein Bestes dabei zu geben, denn im schlimmsten Fall wird sie vielleicht bald enden. Aber daran darf ich nicht denken, denn das macht mich tieftraurig. In Coville stöbere ich in einem buddhistischen Zentrum herum. Ein tiefer Friede herrscht hier; ich halte mich bis zum Abend im Garten auf, wo ich mich mit einem Pärchen und einer jungen Frau unterhalte, die hier einige Tage verbringen. Zwischendurch sitzen wir einfach da und genießen die Stille. Trotzdem zieht es mich am frühen Abend weiter. Hinter dem Steuer atme ich tief ein und spüre, dass ich gelassener und zentrierter bin. Es wird schon einen Weg geben. Ich möchte einfach darauf vertrauen. In der Nacht schlafe ich ruhig und fest.

Am Morgen fahre ich weiter und sehe ein Paar mit einem Welpen die Straße entlanggehen. Sie wirken mitgenommen und traurig. Aus einem Impuls heraus trete in die Bremse und frage, ob ich sie mitnehmen kann. Dankbar nicken sie und erklären mir, dass sie in die nächste Stadt wollen. Auf der Fahrt erzählt die Frau, dass ihr Haus abgebrannt ist und sie nichts außer dem Welpen retten konnten. Alles andere, Tiere und Besitz, sei den Flammen zum Opfer gefallen. Betroffen drücke ich meine Anteilnahme aus und frage, ob ich noch etwas für sie tun kann, ob sie vielleicht etwas zu essen oder Geld brauchen. Dabei vergesse ich bewusst, dass meine Karte nicht funktioniert und das Bargeld im besten Fall gerade noch für die nächste Woche ausreicht. Hier sind drei Lebewesen, die Hilfe brauchen – ich werde schon zurechtkommen. Die Angst vor dem Geben hat sich vor lauter Mitgefühl verkrochen und schaut beschämt drein. Aber die Frau verneint. Sie will zu ihrer Tante in der nächsten Stadt, diese wird vorerst für die drei sorgen.

Als ich einen Blick in den Rückspiegel werfe, sehe ich Tränen in ihren Augen. Sie bedankt sich überschwänglich dafür, dass ich sie mitgenommen habe, und meint, das wäre bereits eine große Hilfe. Dann zeigt sie auf eine kleine Bushaltestelle und bedeutet mir, dort zu halten. Ich springe aus dem Van und öffne den dreien die Tür. Als sie aus dem Wagen klettern, wünsche ich ihnen alles Gute und viel Kraft beim Wiederaufbau. Der Welpe schaut mich aus dunklen Augen an, die schon viel zu viel gesehen haben. Mit der Hand fahre ich durch das weiche flauschige Fell. Die Frau reicht mir den kleinen Kerl mit einem Lächeln. Es lehnt das Köpfchen an mich und seufzt leise. Vorsichtig gebe ich den kleinen Hund nach einer Weile zurück und sehe mit Freude, dass er wie ein kostbarer Schatz entgegengenommen wird. »Der Kleine ist alles, was uns geblieben ist«, sagt die Frau. Sie sieht jung aus, vielleicht Ende zwanzig, und jetzt müssen sie und ihr Mann mit ihrem Leben wieder von vorne beginnen. So ging es mir auch nach der Trennung und Kündigung, wenn auch eher in Bezug auf mein Innenleben. Die beiden lächeln mich dankbar an und drehen sich um. Aus einigem Abstand winken sie noch einmal, bevor sie auf einen kleinen Bauernhof zusteuern. Zurück im Auto, wische ich mir eine Träne von der Wange. Das Schicksal der drei geht mir für eine ganze Weile nicht aus dem Kopf; ich bin dankbar dafür, dass ich wenigstens etwas für sie tun konnte. Das gibt mir ein warmes Gefühl. Auf jeden Fall hat meine Intuition mich genau zur richtigen Zeit an den richtigen Ort geführt.

Warum fiel mir das Geben hier so leicht? Hängt es davon ab, wie gefüllt mein Vorrat an Glück und Energie ist? Oder spüre ich, ob Menschen tatsächlich Hilfe brauchen, und beginne auf dieses Gefühl zu hören? Versuche ich, ein Gleichgewicht zwischen Geben und Nehmen zu finden? Vielleicht ist es ein bisschen von allem. Wenn ich erschöpft, traurig oder wütend wäre, dann hätte ich die drei sicher nicht einmal bemerkt. Es hängt also auf jeden Fall von meiner Stimmung und von meinem Energiehaushalt ab, ob ich gerne und bereitwillig geben kann oder nicht. Wie kann ich ohne Angst vor innerer Leere geben? Indem ich nur gebe, wenn ich nicht gerade im Nullpunkt bin? Oder ist es besser, sich zu opfern, um Gutes zu tun? Sicher ist das von der jeweiligen Situation abhängig. Ich spüre, dass dieses Thema mir noch Schwierigkeiten bereitet. Ich will teilen und andere bereichern, aber ich will auch, dass es mir dabei gut geht. Ist die gesunde Mitte eine Lösung? Eines weiß ich: Wenn ich das Gefühl habe und den Impuls erhalte, zu helfen und zu geben, dann ist es das Richtige. Außerdem fühle ich mich gerade kein bisschen leerer, sondern im Gegenteil erfüllter.

Interessant! Das habe ich bereits in Hongkong festgestellt; die innere Haltung beim Geben ist wichtig. Wenn ich Angst davor habe, leer auszugehen, dann gebe ich nicht von Herzen, sondern weil ich das Gefühl habe, geben zu *müssen*. Wenn ich von Herzen gebe, dann vermittelt mir das Geben Glück und Zufriedenheit, die mein Energiekonto auffüllen. Damit erhalte ich sogar mehr zurück, als ich gegeben habe. Was mache ich aber, wenn ich gerade nicht von Herzen geben *kann,* weil ich mich nicht gut fühle? Darauf weiß ich noch keine Antwort, aber ich habe trotzdem das Gefühl, der Lösung gerade einen großen Schritt näher gekommen zu sein.

Ich achte kaum auf meine Route, fahre einfach drauflos, gedanklich in sonnigen Gefilden versunken. Am New Chums Beach halte ich und stelle fest, dass ich ohnehin hierher fahren wollte. Mein inneres Navigationssystem hat wohl die Führung übernommen. Am späten Nachmittag treffe ich auf dem Weg zur schwerer erreichbaren privaten New Chums Beach einen jungen Mann, der sich mir als Jaz vorstellt. Ein großes Tattoo zieht sich über seine beiden Schultern. Das Muster ist ganz klar ein Maori-Tattoo. »Bist du ein Maori?«, frage ich mit großen Augen.

»Ich bin halb Maori und halb Niederländer«, erklärt er mir. »Aber ich spreche Maori und fühle mich als Maori.« Er will kurz zu seinem Van und mich später in der weiter abgelegenen Bucht treffen. »Alles klar, ich freue mich«, lächle ich und gehe los. Die andere Bucht ist wilder, einsamer, und ich gelange über einen schmalen Pfad hierhin, der sich teils im Gebüsch verliert. Die Reise zu genießen, ist ein schönes Ziel. Das hätte ich mir ruhig schon früher setzen können, denn bei allen Abenteuern und Herausforderungen ist es wichtig, dass ich Spaß habe und jeden Tag begrüße. Werde ich das weiterhin schaffen, oder wird meine Kreditkarte es doch noch fertigbringen, mir die Laune zu verderben? Warum denke ich schon wieder daran? Ich will damit aufhören und die Zeit nutzen, um im Heute zu leben und so viele Erinnerungen zu erschaffen, wie ich kann. Denn Erinnerungen können kaum verloren gehen, oder zerstört werden.

Entschieden laufe am Strand entlang durch die hohen Wellen, bis ich Jaz zwischen den Bäumen sehe. Weg mit den trüben Gedanken!

»Hey, Jaz!«, rufe ich und eile aus dem Wasser. Er hat eine Gitarre mitgebracht, aber die lässt er auf einem Baumstamm liegen und läuft mir entgegen. Ohne Weiteres hebt er mich hoch und rennt mit mir in die Wellen. Ich quieke und strample, während er mich hoch über seinen Kopf hebt und mich in eine heranrollende Welle wirft. Nachdem ich prustend und lachend wieder hochkomme, wiederholt er das Spiel, bis wir beide außer Atem am Strand liegen.

Dort starre ich gebannt auf sein Tattoo. Jaz sieht meinen Blick und erklärt mir, dass die Tattoos bei den Maori eine besondere Stellung haben. »Je nachdem, wo das Tattoo sich befindet, hat es eine andere Bedeutung. Dazu kommen die verschiedenen Elemente, die eine sehr persönliche Aussage über das Leben des Trägers treffen, von Errungenschaften der Vergangenheit bis zu Plänen für die Zukunft.« Erneut mustere ich seine Tattoos. »Darfst du mir sagen, was dein Tattoo hier bedeutet?«, frage ich und deute auf seine Schultern. Er lacht. »Ich werde dir ein paar Details erklären«, meint er und zeigt auf eine Stelle, die eine Spirale andeutet. »Das ist *koru,* die Spirale, die wie ein noch unaufgerolltes Farnblatt aussieht. Sie steht für Harmonie, Neubeginn und Wachstum.« Er zeigt auf eine andere Stelle. »Das hier ist *unaunahi*, die Fischschuppen. Wir haben eine starke Verbindung zum Meer, und Fisch bedeutet Reichtum, Überfluss und Gesundheit. Auch die Wellenmuster hier zeigen die Verbindung zum Meer.« Begeistert starre ich auf die Muster, die sich ineinander winden und schlingen und nicht nur ein Muster dort erscheinen lassen, wo sich schwarze Tinte in der Haut befindet, sondern auch dort, wo hautfarbene Stellen ein negatives Raummuster ergeben

»Danke. Das ist faszinierend«, sage ich nach einer Weile. Jaz grinst breit. »Willst du auch eins? Ich kann dich zu der Freundin bringen, die mir meines gestochen hat. Sie kann dir ein passendes Tattoo erstellen.« Ich schüttele den Kopf. »Nein, ich danke dir. Es ist nicht der richtige Zeitpunkt.« Er schaut mir in die Augen und nickt einfach, bevor er aufspringt und seine Gitarre holt. Er spielt eine Weile und singt dann einige Lieder in der Maori-Sprache. Der Klang ist schön und gefällt mir, die vielen Vokale lassen die Sprache volltönender klingen als Deutsch oder Englisch, die beide reich an Konsonanten sind. Ich lege mich in den Sand, schließe die Augen und lausche der Musik. Sie erklingt nicht nur im Herzen, sondern überall in meinem Körper und bringt eine angenehme Entspannung über mich.

Nach einer Weile legt Jaz das Instrument weg. »Danke«, sage ich, während ich mich langsam wieder aufrichte. »Du spielst sehr schön.« Er grinst breit. *Und ich begegne tatsächlich jemandem mit einer ethnischen Religion. Das habe ich mir sehnlichst gewünscht.*

Irgendwann landet unser Gespräch bei mir. Dabei erwähne ich auch, dass ich gerne mehr über die hiesigen Pflanzen und ihre Heilwirkungen erfahren würde. Sofort springt Jaz hoch und zieht mich ebenfalls hoch. »Komm mit«, sagt er einfach. Ich zögere einen Moment. »Was ist mit deiner Gitarre und unseren Sachen?«, frage ich. Er zuckt mit den Schultern. »Die holen wir danach«, entgegnet er einfach. »Ja, aber nimmt die keiner mit?«, frage ich, immer noch nicht überzeugt. Er zieht die Brauen hoch und lacht. »Nein«, meint er. »Und selbst wenn, mach dir keine Sorgen.« Also folge ich ihm.

Auf dem Weg durch den Wald zeigt er immer wieder auf bestimmte Pflanzen. »Das ist *Kawakawa*, der Pfefferbaum. Wir benutzen ihn traditionell bei Vergiftungen, um die Schadstoffe aus dem Körper und vor allem aus dem Verdauungstrakt zu schwemmen, bei Wunden, Infektionen und Hautallergien. Die Beeren sind essbar. Bei der Anwendung kann ein Bad mit dem Blättern genommen werden, man kann Tee daraus kochen oder Wickel machen. Die Blätter, an denen bereits Raupen genagt haben, sind am besten. Zur Verstärkung kann man die Kawakawa-Blätter zusammen mit *Manuka* verwenden«, erklärt er. Ich hebe ein heruntergefallenes Blatt vom Boden auf und betrachte es. Dann stecke ich es ein, um es später in mein Notizbuch zu zeichnen. So gehen wir immer weiter durch die Wildnis, und der Maori erklärt mir viele Pflanzen mit ihren Wirkungen und Anwendungen. Ich versuche, alles zu behalten und heruntergefallene Blätter oder Teile der Pflanze mitzunehmen, um sie später in meinem Notizbuch festzuhalten.

Später klettern wir eine teils senkrechte Felswand hinauf, an der stellenweise nur Wurzeln Halt auf der glatten Wand bieten. Jaz bewundert meine robusten Füße und meine Behändigkeit. Oben angekommen, bietet sich uns eine Aussicht über beide Buchten, New Chums Beach auf der einen und die private Bucht auf der anderen Seite. Wie zwei Halbmonde ziehen sich die weißen Strände an der blauen Grenze entlang. Ich habe meine Kamera dabei und mache einige Fotos. Dann setzen wir uns auf einen großen Stein und genießen die Aussicht.

Als wir zurück zum Strand kommen, bemerke ich, dass Jaz sein Handy ganz offen auf einem Stein hat liegen lassen. Und es ist noch da! Der Strand ist einsam, aber gerade deswegen ist es doch noch einfacher, etwas mitzunehmen! Auch sein Autoschlüssel steckt in seinem unverschlossenen Van. Was für ein Vertrauen der Kerl in die Menschheit hat! Für mich ist das unfassbar. Da stehe ich mit meinem Misstrauen und meiner Erfahrung, dass niemand bedingungslos gibt und überall nur Eigeninteresse herrscht.

Am nächsten Morgen mache ich einen Spaziergang am Strand und denke darüber nach. Warum habe ich so eine Angst davor, dass jemand meine Sachen mitnehmen könnte, und denke, dass bedingungsloses Geben unmöglich ist? Woher kommt dieses Urmisstrauen in mir? Erfahrungen oder Prägung? Mir scheint, es ist eine Mischung aus beidem. Dabei erfahre ich so viel Gutes von anderen Menschen! Ich beschließe, dass etwas mehr Vertrauen und Gelassenheit nicht schaden. Von Jaz habe ich noch eine Menge zu lernen.

Später zeigt er mir den *Hongi,* einen besonderen Gruß, vergleichbar mit dem Kuss als Begrüßung in der westlichen Tradition, aber weitaus bedeutsamer. Der Hongi könnte grob als »Austausch von Atem« übersetzt werden. Die Begegnenden haben gemeinsam teil an der Essenz des Lebens, der Luft. Anschließend demonstriert er mir eine Heilmassage aus der traditionellen Heilkunde. Ich möchte die ganze Zeit mit dem Kopf lernen und verstehen, aber er sagt, ich soll nur achtsam sein, welche Punkte er wie drückt und welche Muskeln er wie berührt. Dann verstehe ich, was er meint. Es ist eine intuitive Massage. Der Kopf wird außen vor gelassen, man arbeitet vom Herzen aus. So wird erfühlt, was der zu Behandelnde braucht. Und mir wird klar: Genau so habe ich Cléms Bein behandelt.

Am nächsten Tag machen Jaz und ich uns auf nach Whitianga. Unterwegs haben wir geangelt, und er hat ein paar Fische gefangen. Außerdem hat er Paua-Meeresschnecken gefunden, die er mit den Fischen einpackt. Einige Seeigel und andere Muscheln essen wir roh. Er zeigt mir, wie ich sie öffne. Ich schließe die Augen, während ich das Zeug schlürfe, aber es schmeckt überraschend gut. In Whitianga lässt Jaz die Fische von einer Frau in einer Marktbude zu Fish und Chips verarbeiten und die Paua-Schnecken kochen. Gemeinsam genießen wir die Mahlzeit, und ich bemerke, wie gut fangfrischer Fisch und Meeresfrüchte schmecken. Die Muscheln brauchen lediglich etwas Zitrone und Pfeffer, dann schmeckt ihr zähes Fleisch ausgezeichnet. Plötzlich ruft jemand Jaz, und er verschwindet. Ich bleibe noch sitzen, um das leckere Mittagessen zu beenden. Einige Möwen begeistern sich für ein paar Pommes, die ich ihnen zuwerfe, als ich satt bin. Ich genieße mein Leben in vollen Zügen, stelle ich zufrieden fest.

Dann frage ich mich, wo Jaz hin ist. Ich kann ihn nicht mehr sehen. Wie kann ich ihn wiederfinden? Nach kurzem Überlegen setze ich mich in Bewegung. Wenn ich fest an ihn denke, dann scheinen meine Füße eine ganz bestimmte Richtung einschlagen zu wollen. Da ich weder Zeitdruck noch etwas zu verlieren habe, folge ich dem Gefühl. Ich schlendere einige Straßen entlang, bis ich in ein Wohnviertel gelange. Mein Gehirn schimpft wie ein Rohrspatz und meint, das ich Jaz so nie finden werde. Aber ich schenke ihm keine Beachtung, bis es irgendwann beleidigt verstummt.

Als ich ein Haus passiere, erklingt eine vertraute Stimme: »Judith! Hier bin ich!«, ruft Jaz am Ende eines langen Gartens und winkt. Er sitzt mit einem Mann und einer Frau dort. »Das sind meine neuen Freunde«, erklärt er. Die Frau, ebenfalls eine Maori, stellt sich mir als Helena vor, den Namen des Mannes vergesse ich gleich wieder, weil ich mit meinen Gedanken ganz woanders bin. Faszinierend, dass ich Jaz gefunden habe, ohne zu wissen, wo er sich befand. »Wie hast du mich eigentlich gefunden?«, fragt er mich gerade. Jetzt grinse ich breit. »Intuition. Ich habe fest an dich gedacht und dich neben mir gefühlt, und dann bin ich dahin gegangen, wohin mein Gefühl mich geschickt hat.«

Er nickt anerkennend. »Siehst du. Du bist eine weise alte Seele. Gut gemacht.« Meine Augen leuchten bei dem Kompliment.

Wir bleiben eine ganze Weile bei den anderen Maori. Ich helfe Helena, das Abendessen zuzubereiten. Nach dem Essen holen Jaz und ich unsere Vans, um hier schlafen zu können. Wir bleiben bis zum frühen Morgen auf, reden über Gott und die Welt, und ich schlafe in einer Hängematte ein. Am Morgen fährt Jaz schon mal in Richtung Hot Water Beach, während ich mich noch ein wenig mit Helena unterhalte. Sie bietet *Rongoa*-Kurse an, in denen man die traditionelle Heilkunde der Maori lernen kann. Wenn ich wieder einmal hier sein sollte, dann wäre das eine gute Möglichkeit, denke ich und schreibe mir ihre Nummer auf.

Danach fahre ich zum Hot Water Beach, finde Jaz aber nirgends. Mein Gefühl sagt mir, dass er hier tatsächlich nicht ist. Sicher ist etwas dazwischengekommen und er ist bereits hoch nach Whaitangi zum Maori-Festival gefahren, zu dem er mich eingeladen hat. Also beschließe ich, mir einen schönen Tag allein am Strand zu machen. Später könnte ich noch weiter zur Cathedral Cove fahren. Ich gehe barfuß über den Strand und merke nach wenigen Schritten, wie heiß der Sand ist. Der Hot Water Beach scheint seinem Namen alle Ehre zu machen, auch wenn damit eher die heißen Quellen gleich unter dem Sand gemeint sind. Wenn man ein Loch buddelt, füllt es sich mit heißem oder warmem Wasser. Vielleicht erhitzt das den Sand noch zusätzlich zur Sonne und macht ihn so extrem heiß? Auf jeden Fall brennen meine Sohlen wie Feuer, dabei habe ich erst weniger als ein Viertel des Wegs bis zum Wasser zurückgelegt. Wenn der Sand bisher heiß war, hat das ruhige Atmen immer gereicht. Aber das hier ist wohl das nächste Level.

Eine Erinnerung klopft an. Meine Freundin Franzi aus Hamburg hat auf einem Seminar am Feuerlauf teilgenommen. Dabei laufen die Teilnehmer einige Meter barfuß über glühende Kohlen. Wenn das möglich ist, warum soll ich nicht auch barfuß den Sand überqueren können, ohne mich zu verletzen? Aus Erfahrung weiß ich, dass eine leichte Verbrennung der Sohlen zwar zu einer dickeren Haut führt, aber auch zu Schmerzen beim Gehen für die nächsten Tage. Das kann ich nicht gebrauchen. Eine andere Lösung muss her.

Wie kann ich meine Wahrnehmung von der Hitze verändern? Vielleicht, indem ich an etwas Kühles denke? Nein, ich muss es mir lebhaft vorstellen. Vor mir geht auf dem direkten Weg zum Meer keiner, deshalb schließe ich meine Augen. Das erleichtert mir die inneren Bilder. In meinem Geist laufe ich über blaues gefrorenes Wasser. Es ist eiskalt, und eine dicke Schicht Schnee liegt darüber. Die Flocken knirschen unter meinen Füßen und sind groß wie Sandkörner. Ich inhaliere die kühle Luft, und sie breitet sich in meinem Körper aus, fließt bis hinunter zu meinen Fußsohlen. Meine Füße brennen immer noch, aber es könnte auch Kälte sein, denn Kälte beißt und brennt ebenfalls. Zumindest schmerzen sie nicht, sondern prickeln nur.

Verrückt, dass es funktioniert. Immerhin laufe ich auf brennend heißem Sand. Autsch! Jetzt habe ich meinen Fokus verloren. Also noch einmal von vorne. Ich hüpfe einige Male, bevor ich Kopf und Körper wieder davon überzeugen kann, dass ich auf Eis und Schnee laufe. Sie scheinen eine Art Anpassung vorzunehmen, und dann kann ich wieder normal laufen, ohne zu hüpfen. Sobald mein Kopf zurück zur ursprünglichen Wahrnehmung gehen und schreien möchte, halte ich meinen Fokus noch stärker auf die Kälte gerichtet. Und dann bin ich überrascht, als ich nassen Sand und gleich darauf das Wasser erreiche. Ich öffne meine Augen. Es hat tatsächlich geklappt! Ohne ein großes Tamtam. Nur mit Hilfe meines Fokus und meiner Atmung. Ich wollte meine Grenzen erweitern, und ich bin sehr zufrieden mit dem Ergebnis. Das bestärkt meinen Glauben, dass nichts unmöglich ist.

Schließlich wandere ich bis ans Ende der Bucht, wo sich keine Menschenseele aufhält und ich ganz allein bin. Dort finde ich einen verborgenen Pfad, der mich durch einen kleinen Wald nach oben auf die Klippen bringt. Im Wald finde ich viele Kawakawa-Blätter, von denen ich ein paar für meine zerkratzten Beine mitnehme. Ich danke dem Baum für die Blätter und zerreibe sie dann zwischen meinen Fingern, bis grüner Saft austritt, den ich mit den Blättern auf meine Wunden auftrage.

Erst am frühen Nachmittag fahre ich weiter nach Hahei, wo ich meinen Van parke. Von dort mache ich die halbstündige Wanderung zur Cathedral Cove. Die Sonne brennt heiß vom wolkenlosen Himmel, aber die Ausblicke auf kleine Buchten mit türkisfarbenem Wasser und weißen Stränden lassen mich die Hitze vergessen. Auf den Bildern, die ich gesehen habe, ließ sich die Größe nicht erahnen; umso mehr beeindruckt mich die Höhe der Höhle. Faszinierend, was das scheinbar formlose Wasser erschaffen kann.

Später genieße ich am Strand von Hahei die Abendsonne und tobe in den Wellen. Dabei fällt mir auf, dass meine Wunden durch das Salzwasser und die Kawakawa-Blätter fast völlig verheilt sind. Eine erstaunliche Pflanze!

Am Strand in Tairua esse ich zu Abend und fahre im Anschluss Richtung Auckland. Auf einem Rastplatz mit einer schönen Aussicht mache ich eine Pause und treffe einen Mann namens Tyrone mit seinem Abschleppwagen. Wir unterhalten uns kurz über meine bisherige Reise und meine weiteren Pläne. Am Ende gibt er mir seine Karte und meint mit einem Grinsen, dass ich ihn jederzeit anrufen kann, falls ich einmal stecken bleibe. Ich bedanke mich herzlich und fahre dann weiter. Es erstaunt mich, wie vielen unterschiedlichen Menschen ich bisher auf meiner Reise bereits begegnet bin. Viele davon haben mich bereichert, inspiriert oder mir geholfen. Manchmal alles gleichzeitig. Und einigen durfte ich weiterhelfen oder sie bereichern.

Sechzig Kilometer vor der Stadt bin ich so müde, dass ich auf einem Rastplatz einschlafe. Am nächsten Morgen um sechs Uhr früh stelle ich wehmütig fest, dass dies bereits mein vorletzter Tag ist – morgen Abend geht mein Flug weiter nach Rarotonga, einer kleinen Insel im Pazifik. Gleichzeitig mit der Wehmut kommt Vorfreude auf. Es wird zweifellos ein traumhafter Ort sein. Und meine Kreditkarte? Ich habe es tatsächlich geschafft, sie erfolgreich zu verdrängen. Es bringt nichts, wenn ich mir die letzten beiden Tage mit Sorgen versaue. Deshalb verdränge ich die ganze Thematik erneut in den hintersten Teil meines Kopfes. Es zieht mich immer weiter in den Norden zum Waipoua Forest. Dort gibt es die Kauri-Bäume, von denen manche einige Tausend Jahre alt sind.

Aufgeregt parke ich den Van, nachdem ich das Schild »Waipoua Forest« erreicht habe. Dann laufe ich zu einem kleinen Waldweg. Wie sich die Bäume wohl anfühlen? Erst als ich auf dem Waldboden stehe, werde ich langsamer und sehe mich gespannt um. Vögel zwitschern in den Bäumen, und Blätter rascheln, wenn eine Brise durch die Kronen streicht. Ich gehe immer weiter den Waldpfad entlang, bis ich die ersten Kauri-Bäume entdecke. Obwohl ich sie vorher nie gesehen habe, weiß ich gleich, dass es Kauris sind. Sie sind besonders in ihrem Aussehen, und obwohl nicht alle so groß sind, wie erwartet, haben sie dickere Stämme als viele andere Bäume und reichen bis hoch in den Himmel. Außerdem umgibt sie eine Aura der Weisheit und Reife. Etwas Mystisches. Einem streiche ich vorsichtig über die Rinde. Sie legt sich in Schuppen über den Stamm wie an einem Fischleib. Meine Finger kitzeln bei der Berührung, und das Gefühl breitet sich wie eine Welle in meinem ganzem Leib aus. Es ist angenehm warm und erfüllt mich nicht nur körperlich, sondern auch geistig mit Ruhe und Zufriedenheit. Als ich mich von dem Baum löse und weitergehe, berühren meine Sohlen manchmal Wurzeln, die aus der weichen Erde nach oben drängen. Dort habe ich das gleiche Gefühl wie bei der Berührung der Rinde, wenn auch intensiver. Und ich spüre es vermehrt vom Bauchnabel abwärts, sozusagen in meinen Wurzeln, den Füßen.

Nach einer Weile bemerke ich, dass ich den größten Baum, Tane Mahuta und die Four Sisters, bisher nicht gefunden habe. Außerdem bin ich hier bisher nur einem weiteren Menschen begegnet. Also fahre ich weiter und finde einen Eingang, der etwas mehr nach Park aussieht und vor dem auch mehr Autos stehen. Ein Schild sagt mir, dass hier die Four Sisters leben, eine Gruppe aus vier großen und hohen Kauris, die bereits einige Hundert Jahre gemeinsam existieren. Direkt am Eingang muss ich mit meinen bloßen Füße durch eine Art Autowaschanlage für die Schuhe gehen. Zumindest erinnert mich die runde blaue Bürste mit Seifenwasser im Boden daran.

Erwartungsvoll betrete ich den Bohlenweg und erspähe die massigen Kauris. Lange stehe ich, so nah ich kann, vor den besonderen Bäumen. Leider sind sie eingezäunt, und man darf nur auf den festgelegten hölzernen Wegen gehen. Hoffentlich hat das einen guten Grund. Innerlich strecke ich die Hand aus und berühre einen der Kauris. Begeistert spüre ich, dass ich die besondere warme Energie auch ohne physische Berührung fühlen kann, wenn ich mich völlig in das Bild hineinsinken lasse. Ich trete gedanklich auf eine der vielen hervorstehenden Wurzeln und stelle ich mir eine Verbindung über meine Fußwurzeln zu der Kreatur vor. Mit einem Lächeln bemerke ich, dass sich ebenfalls das gleiche Gefühl einstellt wie vorhin, als ich tatsächlich den Baum und seine Wurzeln berührt habe. Etwas klopft ganz leise und fast unhörbar an eine Tür tief in mir. Vorsichtig öffne ich sie, und wie dicke dunkle Schlangen kriechen Wurzeln an mir vorbei ins Innere. Sie dringen sanft, aber bestimmt tiefer, bis sie gefunden haben, was sie suchen. Erstaunt sehe ich, dass sie die Wurzeln tief unten im Dunkel meines Selbst finden und etwas Magisches passiert. Die Wurzeln in mir und die Wurzeln des Baums schlingen sich umeinander; kleine Triebe stellen eine Verbindung her. Ich fühle mich so geerdet, verwurzelt und verbunden wie nie zuvor. Es ist, als hätte ich das gefunden, wonach ich mich schon immer gesehnt habe.

Gedanken steigen auf wie das Wasser in den Zellen des Baums. Manche scheinen von mir, andere vom Baum, ja von der ganzen Umgebung auszugehen. Mir kommt es so vor, als wäre eine neue Welt erwacht. Oder vielleicht bin auch nur ich erwacht und nehme andere Teile der Welt erst wirklich wahr. Der Baum scheint zu sprechen, es klingt wie das Flüstern von vielen Blätterstimmen, wenn der Wind hindurchstreicht. »Wenn es dir selbst nicht gut geht, kannst du nicht mit Leichtigkeit Gutes tun, oder wie du es nennst: nicht von Herzen geben?« Der Baum greift meine Gedanken auf.

Ich nicke. »So ist es. Aber ist radikale Selbstliebe die Antwort?«

»Was fühlst du?«, höre ich das Flüstern in den Blättern fragen.

Nachdenklich halte ich einen Moment inne. »Heißt es nicht: Du sollst deinen Nächsten lieben wie dich selbst? Aber bei mir hat es nur dazu geführt, dass ich mich selbst immer leerer gefühlt habe«, erwidere ich.

Es klingt wie ein leises Lachen, als der Baum knarrt.

»Und was fühlst du?«, fragt das Flüstern.

Ich runzle verwirrt die Stirn und sage zögernd: »Liebe deinen Nächsten wie dich selbst, das ist etwas anderes als das, was in der Kirchengemeinde daraus gemacht wurde. Dort hieß es: Liebe deinen Nächsten *mehr* als dich selbst. Ich sollte mich selbst weniger lieben als die anderen. Aber was ist das überhaupt für eine Frage: Was fühlst du? Ich möchte wissen, ob ich geben muss, wenn ich nicht in der Lage, der Stimmung oder dem Zustand dafür bin.«

Wieder ein Knarren, das klingt wie ein in Ton gefasstes Nicken. Und dann: »Die Kirche ist deine Vergangenheit. Was fühlst du jetzt?«

Mein Gehirn gibt auf und schaltet ab. Jetzt sehe ich die Frage vor meinem Geist erscheinen, so klar und farbenfroh wie ein rotes Blatt im herbstlichen Grau. »Wenn es nicht geht, dann geht es nicht«, sage ich langsam. »Damals habe ich gegeben, bis ich leer war und nur noch Teile von mir selbst geben konnte. So habe ich mich Stück für Stück aufgegeben. Als mir das bewusst geworden ist, habe ich mich mit dem Geben mehr und mehr zurückgehalten und nur noch gegeben, wenn ich wusste, dass ich auch etwas zurückerhalte. Der kritische Punkt war erreicht, als ich feststellen musste, dass ich Angst vor dem Geben hatte. Aber nicht nur das, ich habe auch Angst vor dem Nehmen, aus Angst davor, dass ich später geben muss, weil ich jemandem etwas schuldig bin. Das ist ein Teufelskreis. Dabei gibt es immer wieder Momente, in denen ich gerne gebe, von Herzen, ohne Angst vor Verlust. Und dann kommen wieder Momente, in denen die Angst erneut hochkriecht. Warum, weiß ich jetzt, aber wie gehe ich damit um? Was mache ich, wenn ich nicht von Herzen geben kann? Bin ich dann ein schlechter Mensch?«

Der Wind wiegt mich sanft in seinen Armen, bevor ich das Flüstern wieder höre. »Bist du das?«

Meine Verwirrung nimmt zu. »Ein schlechter Mensch? Ich weiß es nicht. Bin ich ein schlechter Mensch, wenn ich auf die anderen, aber auch auf mich schaue? Wenn ich mich selbst wie meinen Nächsten liebe, um das Gebot einmal umzukehren? Nein, ich denke nicht. Die Lösung könnte also sein, dass ich nur dann gebe, wenn es von Herzen kommt, zum Beispiel, weil ich den Impuls dazu erhalte. Geben sollte kein Zwang sein, egal, ob aus gesellschaftlichen oder religiösen Gründen.«

Ein breites Lächeln zieht über mein Gesicht. Das ist die Antwort! Ich fühle mich befreit, so als wäre mir eine Last von den Schultern genommen worden, die ich seit langer Zeit mit mir trage. Geben ist keine Pflicht, sondern eine freiwillige Entscheidung!

Stimmen nähern sich, aber es sind nicht die Stimmen der Blätter und des Baums, sondern Menschenstimmen. Lautes Kreischen und Gekicher reißt mich aus der Magie des Augenblicks. Der dünne Vorhang zwischen den Welten fällt zu, die Wurzeln des Baums in meinem Inneren ziehen sich zurück. Ich versuche, den Augenblick und die andere Welt hinter dem tiefen Loch des Kaninchenbaus festzuhalten, aber kurz bevor die Tür sich schließt, höre ich noch folgende Worte: »Das Gleichgewicht zwischen Geben und Nehmen ist wichtig.« Mit einem Ruck öffne ich die Augen und blinzle einige Male. Habe ich mir die Begegnung eingebildet? Habe ich geträumt? Aber welchen Unterschied macht es, ob diese Erfahrung Traum, Einbildung, Vision oder Wirklichkeit gewesen ist? Was zählt, ist die Botschaft, die ich erhalten habe.

Beim Weitergehen treffe ich auf ein Schild, auf dem steht, dass die Wurzeln beschädigt werden können, wenn zu viele Menschen darauf herumtrampeln. Sehr einleuchtend, diese besonderen Bäume sollen ja auch für weitere Generationen erfahrbar bleiben. Aber ist nicht jeder Baum besonders? Die wenigsten Menschen wissen, dass auch heimische Bäume wie zum Beispiel die Linde bis zu eintausendfünfhundert Jahre alt werden können. In Schweden gibt es eine Fichte, die über neuntausend Jahre alt sein soll. Trotzdem haben die Kauris etwas fühlbar Unvergleichliches. Es lässt sich nicht in Worte fassen, weil es eine Ebene weit über den Worten betrifft. Diese Besonderheit kann der Verstand nicht begreifen. Kein Wunder, dass diese Bäume in den Mythen und Legenden der Maori vorkommen.

Ich verbringe viel Zeit bei den beeindruckenden Four Sisters, dann fahre ich noch tiefer in den Waipoua Forest hinein, um Tane Mahuta zu begegnen. Und tatsächlich finde ich den Waldriesen. Er ist eingezäunt, aber auch aus der Entfernung wirkt er massig und riesig. Jedes dieser Worte scheint bei der Betrachtung des Kauris immer noch zu wenig zu sein. Ein Schild sagt mir, dass sein Stamm einen Umfang von 13,8 Metern und eine Höhe von 51,5 Metern hat und, dass er ungefähr zweitausend Jahre alt ist. Lange sitze ich auf der Bank und schaue den mächtigen Baum an. Die Maori nennen ihn »Lord of the forest«, habe ich gehört. Gerne möchte ich noch länger bleiben, aber zum einen ruft das Maori-Festival, und zum anderen wird es langsam Abend.

Vor dem Festivalgelände finde ich einen Parkplatz ganz nah am Eingang. Jetzt muss ich nur noch Jaz finden. Das stellt sich als schwierig heraus bei den Tausenden von Menschen. Dafür lerne ich Richard und einige weitere Maori kennen, die sich für den Schutz der Insel einsetzen. Sie sammeln Unterschriften für ein aktuelles Projekt, und ich gebe ihnen meine. Von Jaz gibt es immer noch keine Spur. Also schicke ich einen inneren Suchtrupp los und frage meine Helfer auf der anderen Seite des Schleiers in der magischen Welt, ob sie ihn nicht einfach zu mir schicken können. Nur wenige Minuten später umarmt mich jemand von hinten und hebt mich hoch. Ich falle Jaz um den Hals, weil ich mich freue, endlich wieder ein vertrautes Gesicht vor mir zu sehen. Große Menschenmengen ermüden mich schnell, und jemanden dabei zu haben, den ich kenne, gibt mir Kraft. Er erklärt mir, dass er einen Anruf erhalten hat und daher bereits früher hierher kommen musste. »Außerdem habe ich dir auf Facebook Bescheid gesagt.«

Ich lache. »Da schaue ich selten rein, besonders wenn ich reise. Außerdem habe ich nur dann eine Verbindung, wenn ich öffentliches WLAN finde. Und das möchte ich auch nicht ändern, weil es schön ist, nicht ständig erreichbar zu sein.«

Er nickt. »Auch wahr. Aber komm jetzt mit«, sagt er und zieht mich mit sich. Ich lerne weitere Menschen kennen, deren Namen ich wenig später wieder vergesse, und sehe einer *Haka*-Darstellung zu. *Haka* bedeutet »Tanz« oder »Tanz mit Gesang«, und es gibt viele verschiedene Arten von Tänzen. Im Anschluss essen wir etwas und verbringen die Nacht im Versammlungshaus, dem *Wharenui*. Es ist ein spezielles Zelt der Maori, das mit Schnitzereien und Fotos der Vorfahren geschmückt ist. Genutzt wird es vor allem für kulturelle, geschäftliche oder andere bedeutende Angelegenheiten. Jaz flüstert mir zu, dass dies ein Raum des Friedens ist, eine Art Heiligtum. Der Boden ist mit Matratzen in langen Reihen bedeckt, auf denen Decken liegen. Wir machen es uns nebeneinander bequem, und Jaz schläft fast sofort ein. Ich liege noch eine Weile da. *Es ist etwas Besonderes, im Heiligtum der Maori schlafen zu dürfen, vor allem, wenn man kein Maori ist.*

Am nächsten Morgen werden wir alle um halb fünf geweckt, und ich springe gleich auf. Ich fühle mich erstaunlich erfrischt und munter. Liegt es an dem Raum des Friedens? Schnell dusche ich und putze mir die Zähne. Nach dem Frühstück sehen Jaz und ich uns eine traditionelle *Waka*-Zeremonie an. Die Maori kamen in Auslegerkanus, den sogenannten *Waka hourua* in mehreren Wellen aus dem sagenhaften Hawaiki nach Aotearoa, Neuseeland. Hawaiki – nicht zu verwechseln mit Hawaii – liegt wahrscheinlich im Südpazifik und ist eine Insel oder eine Gruppe von Inseln, von wo aus die Maori aufbrachen. Sie können ihre Blutlinien bis zu dem Kanu zurückverfolgen, mit dem ihre Vorfahren zwischen 800 und 1300 n.Chr. in Neuseeland anlegten. Traditionelle Zeremonien involvieren daher oft Waka hourua. Nach der Zeremonie gibt es ein kleines Konzert mit den traditionellen Instrumenten, und danach muss ich schweren Herzens los, damit ich meinen Flug nicht verpasse. Gerne hätte ich mehr von der schönen Insel gesehen, mehr von den Traditionen der Maori erfahren und mehr Zeit mit Cam, Clém und Jaz verbracht, aber die Reise geht weiter; neue Erfahrungen, Kulturen und Menschen warten.

Die Fahrt zurück nach Auckland zum Flughafen kommt mir unendlich lang vor. Kurz nach dem Verlassen des Festivals stelle ich fest, dass der Wagen Benzin braucht. Also fülle ich den Tank auf und will an der Kasse bezahlen, als mir einfällt, dass ich bei der Kalkulation des Bargelds die letzte Tankfüllung vergessen habe. Jetzt habe ich nicht mehr genug, um zu bezahlen. Müde von der langen Fahrt, fühle ich, wie Mutlosigkeit mich überrollt. Wider besseres Wissen versuche ich es mit der Kreditkarte und auch mit der Debitkarte. Der Tankwart wird langsam unruhig und droht mir, dass er die Polizei rufen müsse, wenn ich nicht zahlen könnte. Ich werfe ihm einen müden Blick zu und frage, wo der nächste ATM ist. Er kommt mit mir, um mich ja keinen Moment allein zu lassen. Der Automat ist nur wenige Schritte von der Tankstelle entfernt. Zuerst probiere ich es mit der Kreditkarte, aber es ist hoffnungslos. Auch die Debitkarte mit dem Vpay-Logo funktioniert nicht. Verzweifelt schaue ich auf die Uhr. Wenn ich mich nicht beeile, verpasse ich auch noch meinen Flug. Ich hätte früher losfahren sollen, verflixt!

Es bringt nichts, ich muss einen kühlen Kopf bewahren. Also ignoriere ich den Tankwart, atme tief durch und gehe im Kopf alle Möglichkeiten durch. Dann habe ich den rettenden Einfall: Vielleicht funktioniert meine alte Bankkarte! Soweit ich weiß, war darauf das Maestro-Logo abgebildet. Ich erkläre das dem Mann, und er folgt mir mit finsterer Miene, während ich zurück zum Auto gehe. Dort wühle ich in meinem Gepäck. Das Bankkonto habe ich zwar gekündigt, aber erst kürzlich, und vielleicht ist es noch aktiv. Tatsächlich finde ich die Karte und fliege förmlich zum Automaten zurück. Der Tankwart kann mir nicht folgen und kommt keuchend bei mir an.

Ich schiebe die Karte in den Schlitz und warte nervös. Es klappt! Die Girokarte scheint zu funktionieren. Eine halbe Minute später halte ich das Bargeld in der Hand, genug, um in Auckland noch einmal volltanken zu können, und schicke ein kurzes Dankgebet los. Der Tankwart macht eine gemeine Bemerkung, die ich überhöre. Ich drücke ihm das Geld in die Hand, sprinte zum Auto zurück und brause los.

Beim Auftanken in Auckland probiere ich die Karte noch einmal aus, aber sie funktioniert nicht mehr. Jetzt muss ich sehen, wie ich auf Rarotonga klarkomme.

Den Autoschlüssel werfe ich bei der Mietwagenfirma in den Briefkasten, dann flitze ich ins Flughafengebäude und durch die Security. Am Gate sind fast keine Menschen. Ist der Flieger schon weg? Eine andere Flugnummer steht auf der kleinen Anzeigetafel. Nein, auf der großen Anzeigetafel steht mein Flug noch, er hat Verspätung. Erleichtert lasse ich mich auf den nächstbesten Platz fallen.

Kapitel 7

Rarotonga: Geh eine Meile in meinen Schuhen

Nach den anstrengenden Wanderungen in Neuseeland, die auch für meine Füße nicht immer einfach waren, suche ich Entspannung im Südseeparadies Rarotonga. Ich darf ohne Schuhe fliegen, keiner macht einen Aufstand deswegen. Auf Rarotonga möchte ich nur unter einer Palme am Sandstrand liegen und erfrischendes Kokoswasser trinken. So wie ich mir die Südsee eben vorstelle. Wenn ich als Kind durch Reisemagazine blätterte, wünschte ich mir immer, in den klaren türkisblauen Ozean der Südsee zu springen. Jetzt ist es soweit.

Wenig später liege ich tatsächlich im Paradies am Strand, im Schatten unter einer Palme. Der Sand unter mir ist warm und weich. Er ist so fein, dass es schwer auszumachen ist, welchen Ursprungs er ist. Sind es zerkleinerte Muschelscherben, zu winzigen Teilen gemahlene Korallen oder feiner Quarz? Der Farbe nach zu urteilen ein bisschen von allem, aber insbesondere Korallen. Wenn Korallen absterben, werden sie weiß. Ihre bunten

Farben verlöschen, und zurück bleiben ihre Knochen, weiße Kalkskelette, auf denen ich jetzt ruhe. Alles um mich herum strahlt Ruhe aus. Über mir strahlt ein blauer Himmel im ewigen Sommer der Südsee, und am Rand meines Blickfelds schieben sich einige Palmwedel in das perfekte Urlaubsfoto, das gerade in meinem Kopf entsteht. Müde bin ich nach dem langen Flug nicht, da ich im Flieger überraschend gut geschlafen habe. Vielleicht gewöhnt mein Körper sich allmählich daran, in denkbar unbequemen Haltungen zu entspannen.

Die Südsee erfüllt und übertrifft alle meine Vorstellungen. Trotzdem bin ich nicht gut drauf. Meine Kreditkarte funktioniert immer noch nicht, und ich habe weder Bargeld noch Internet. Die Ironie an der Sache ist, dass ich sehr wohl noch Geld habe, aber nicht drankomme. Für meine Reise hatte ich etwas mehr als zehntausend Euro gespart, zweitausendfünfhundert Euro habe ich außerdem beiseitegelegt, damit ich nach meiner Rückkehr Zeit habe, um erst einmal anzukommen und mich wieder einzuleben. Von den zehntausend Euro habe ich die Auslandskrankenversicherung, die Ausrüstung, den internationalen Führerschein, einen neuen Reisepass und so weiter bezahlt.

Ich habe mich nicht auf günstige Backpacker-Länder konzentriert, sondern mir die Reiseziele ausgesucht, die ich gerne bereisen möchte. In Reiseführern stand, dass man dabei mit einem Tagessatz ab fünfzig Euro rechnen kann, was in etwa stimmt, wenn ich Transport, Mietwagen, Verpflegung, Unterkunft und sonstige Kosten einrechne. Je nachdem, wohin, wie lange und wie komfortabel ich weiterreise, kann der Rest von knapp siebentausend Euro mir entweder reichen, oder ich muss mir zwischendurch eine Arbeit suchen. Ein Monat in einem Land wie Neuseeland oder den USA kostet genauso viel wie mehrere Monate in einem günstigeren Land, zum Beispiel Mexiko oder

Costa Rica. Die Südsee ist natürlich auch nicht der günstigste Ort zum Urlaubmachen, aber trotzdem ist sie jeden Dollar wert.

Doch allmählich frage ich mich, wie es weitergehen soll. Ohne finanzielle Mittel, die mir auch tatsächlich zur Verfügung stehen, kann ich mir nicht einmal etwas zu Essen kaufen. Eigentlich sollte ich einen Flug buchen und zurück nach Deutschland fliegen, aber ich will um keinen Preis nach Hause. Dort wartet meine Vergangenheit auf mich, alles weist auf sie hin. Nein, zurück ist keine Option.

Aber hier stecke ich in Schwierigkeiten und weiß keine Lösung. Die neue Kreditkarte liegt zwar in meinem Elternhaus; da ich häufig den Ort gewechselt habe und keine Adresse hatte, konnten sie mir die Karte nicht nachschicken. Das Strandhaus auf Rarotonga habe ich spontan gebucht. Es wäre eine gute Möglichkeit gewesen, sie rechtzeitig hierher zu schicken, aber ich habe nicht daran gedacht. Jetzt ist es dafür zu spät. Auch eine Geldsendung über Western Union, die ich aus Deutschland von einem Freund hätte erhalten sollen, ist nie angekommen. Das ärgert mich noch mehr, denn jetzt hat er sich die Mühe gemacht und auch noch Geld verloren. Meine letzte Hoffnung ist wie ein Tropfen Wasser im Sand versickert.

Von der Woche, die ich gebucht habe, sind bereits einige Tage vergangen, und so sehr ich gebetet und es mir sehnlichst gewünscht habe, es passiert einfach kein Wunder. Es ist ermüdend, keinen Weg zu sehen. Außerdem habe ich mich die letzten Tage nur von ein paar Nüssen und Trockenfrüchten ernährt, die mir noch übrig geblieben waren. Diese sind jetzt aufgebraucht, trotz eiserner Rationierung. Auch die von meinem Gastgeber zur Verfügung gestellten Früchte in einem Obstkorb haben nicht lange überlebt. Mit fünfzehn Jahren habe ich gemeinsam mit meiner Mutter eine Fastenkur gemacht, bei der ich eine Woche lang zuerst nur Kräutertee mit etwas Honig und Zitrone getrunken habe und mich anschließend einige weitere Wochen nur von etwas Saft ernährt habe. Dabei habe ich gelernt, dass ich nicht so schnell sterbe, wenn ich nichts esse – auch wenn es sich anfangs manchmal so angefühlt hat. Einerseits ist das tröstlich, aber ich möchte meine Reise auch genießen, und ohne Nahrung fehlt mir ein großer Teil des Genusses.

Je mehr ich darüber nachdenke, desto wütender werde ich. Wütend auf mich, weil ich nicht daran gedacht habe, eine zweite Kreditkarte mitzunehmen, und weil ich bereits eine Gelegenheit versäumt habe, mir die Karte nachschicken zu lassen. Wütend auf das Schicksal, das mir gerade meine Reise versaut, und auf die Sonne, die einfach viel zu heiß vom Himmel herunterscheint. Auf alles, was sich nicht bewegt, wenn sich doch endlich mal etwas tun soll. Und wütend darüber, dass ich wütend bin. Mit einem Seufzen wende ich mich von dem perfekten Bild des klaren türkisfarbenen Ozeans vor einem strahlend blauen Himmel ab. Stattdessen steuere ich den heißen schwarzen Asphalt der kleinen Straße an, die einmal um die ganze Insel herumführen soll. Dabei treffe ich Moana, meinen Vermieter, der mich fragt, ob mir der Asphalt barfuß nicht zu heiß ist. Ich verneine und frage ihn, wie lange es dauert, die Insel zu umrunden. Denn genau das habe ich vor. Zu Fuß.

Als ich mich von ihm verabschiede und losstapfe, rechne ich die Wegstrecke durch. Mit dem Auto würde es ungefähr eine Dreiviertelstunde dauern. Ich beschließe, zu Fuß mit zweieinhalb bis drei Stunden zu rechnen. Der Asphalt ist wirklich heiß, und ich sehe keinen anderen Menschen, der barfuß läuft. Alle haben zumindest Flip-Flops an. Manchmal unterhalte ich mich ein wenig mit den Insulanern, und meistens geht es dabei um meine bloßen Füße. Ich ernte viele überraschte Blicke, dabei hätte ich gedacht, auf einer tropischen Insel läuft doch sicher jemand barfuß! Vorbei an Hibiskusbäumen, Feldern und kleinen

Gärten vor einfachen oder ausgefallenen Hütten führt mich mein Weg um die Insel. Der Himmel ist wolkenlos, die Luft flimmert in der Hitze. Der Spaziergang ist abwechslungsreich, aber ich mache viele Umwege, probiere immer wieder kleine Seitenpfade aus und brauche so deutlich länger. Als ich ungefähr die Hälfte geschafft habe – was ich anhand des Sonnenstandes festzustellen versuche –, sind bereits mehr als drei Stunden vergangen.

Obwohl ich von Neuseeland bereits heiße Untergründe kenne und überwunden habe, spüre ich, wie mir die Hitze allmählich zusetzt. Die Luft ist tropisch feucht, und ich fühle mich wie in einem Dampfbad. Meine Lungen finden das großartig, aber meine Haut ächzt. Die Kleidung klebt mir bereits an der Haut. Auf dem Asphalt wird die Feuchtigkeit von der Sonne regelrecht zum Kochen gebracht und steigt in heißen dunstigen Wolken wieder auf. Ich versuche, schneller zu gehen, um meinen Sohlen eine kürzere Kontaktzeit zu geben, aber die drückende träge Luft und die Hitze der Sonne erschweren mir dieses Vorhaben. Durst quält mich, trotz der Feuchtigkeit um mich her, und mein Magen seufzt unglücklich. Mir fehlt die Energie, die mein Körper sonst aus der Nahrung zieht. Je weiter ich komme, desto schmerzhafter wird jeder Schritt. Meine Fußsohlen haben auf jeden Fall bereits leichte Verbrennungen erlitten.

Was mache ich eigentlich hier? Warum habe ich mir in den Kopf gesetzt, die Insel zu Fuß zu umrunden und den Weg barfuß auf heißem Asphalt zu meistern? Suche ich den Schmerz? Ich lausche in mich hinein und höre ein zerknirschtes Ja. Aber warum suche ich ihn? Wer fügt sich denn bewusst selbst Leid zu? Das macht doch keinen Sinn! Oder etwa doch? *Ablenkung!* Der leise brennende Schmerz in meinen Sohlen lenkt mich von meinen sinnlos kreisenden Gedanken ab. Ich füge mir selbst Schmerzen zu, um mein Problem mit der Kreditkarte abzublocken. Um darüber nicht nachdenken zu müssen, nehme ich Schmerzen in Kauf, die ich selbst kontrollieren kann. Aber das bringt doch nichts! Nur weil ich die Augen zumache, ist das Problem nicht verschwunden. Ich muss mein Leben in die Hand nehmen, sonst passiert nichts. Wenn ich nicht alles selbst erledige, werde ich kein Ergebnis sehen. Die Bank hat bereits geschlossen, das weiß ich, weil ich versucht habe, das Geld von der Western Union dort abzuholen. Aber gleich morgen muss ich dorthin, vielleicht haben sie eine Idee.

Mit plötzlicher Entschlossenheit straffe ich die Schultern und marschiere los. Da hält ein junger Mann auf einem Motorrad an und fragt, ob er mich irgendwohin mitnehmen kann. Er kommt wie gerufen. Erleichtert nicke ich und schwinge mich hinter ihm auf den Sitz. Auf halbem Weg dreht er sich um und meint, dass er kurz zu sich nach Hause fahren möchte und dort etwas Wasser trinken will. Kann er meine Gedanken lesen? Ich fühle mich wie eine nasse Wüste, scheinbar voller Wasser, das aber durch den Sand gleich im Boden versickert und würde meinen ganzen Rucksack samt Inhalt für ein Glas Wasser hergeben! Habe ich heute überhaupt schon Wasser getrunken? Nicht nur unerwünschte Probleme habe ich verdrängt, sondern ich habe auch mich selbst vernachlässigt. Die Gedanken an das Ärgernis habe ich genauso überhört wie die Signale meines Körpers. Dabei weiß ich, dass mich nicht nur physische Nahrung nährt, sondern auch Nahrung im Sinne von Klängen, die meine Seele streicheln, Farben, in die ich eintauchen kann, Spaziergänge, bei denen ich mit jedem Schritt ganz bewusst den Untergrund erfühle, lange Telefonate mit meinen Lieben, die mein Herz weiten, Momente, in denen ich alle Sorgen beiseitelege, meinen Kopf von der nächsten Brise leeren lasse und mit dem Wind tanze. Wenn es mir besser geht, dann entwaffne ich damit auch meine Probleme.

Aber ist das nicht ein Widerspruch zu meiner Feststellung eben – die Sorgen beiseitezulegen? Nein, meine Herausforderungen zurückzustellen ist etwas anderes, als wenn ich so tue, als könnte ich sie vergessen. Denn je mehr ich versuche, sie zu vergessen, desto klebriger werden sie und desto tiefer graben sie sich in meinen Kopf. Je schneller ich laufe, um sie loszuwerden, desto schneller lernen sie zu fliegen. Sie bewusst für einen Moment beiseitelegen, um wieder klar denken und fühlen zu können – das ist etwas ganz anderes.

Ich glaube, dass ich bis eben neben mir stand. Egal, wie sehr ich versucht hätte, mich zu nähren, nichts davon konnte ankommen, so wie das Wasser in der Wüste nicht ankommt, sondern versickert, ohne zu nähren und zu erfrischen. Alles ist nur neben mir im Boden verronnen und hat mich noch durstiger und hungriger zurückgelassen. Solange ich nicht in mir ruhe, kann ich auch nicht klar denken oder fühlen. Erst die Erkenntnis, warum ich auf dem heißen Asphalt spazieren gegangen und mir Schmerzen zugefügt habe, hat mich wieder gerade gerückt, mich zurück zu meinem Selbst gebracht. Ich ruhe wieder in mir und kann geradeaus denken, statt in Kreisen oder im Zickzack einen Umweg zu machen und Kraft und Energie zu verschwenden.

Über einige Pfade gelangen wir tiefer ins Innere der Insel. Auf beiden Seiten wird die Gegend ärmlicher. Menschen sehen uns nach und lächeln freundlich. An einer in die Jahre gekommenen Hütte halten wir. Der kleine Garten enthält etwas Gemüse, Obst und andere Pflanzen. Einige Kokospalmen säumen einen kleinen Schuppen. »Pass auf deine Füße auf. Auf dem Boden könnten Nägel sein«, warnt mein Helfer mich. »Danke«, entgegne ich und folge ihm vorsichtig in die kleine Hütte. Nur wenige Einrichtungsgegenstände sind vorhanden. Eine alte Couch und ein Tisch mit einem Stuhl bilden ein Wohnzimmer, das allerdings eine Fülle an Holz und Dingen beherbergt, die wie Teile von verschiedenen Instrumenten aussehen. Hinter einer Tür befindet sich eine kleine Küche. Dort füllt der junge Mann zwei Gläser aus einer Plastikflasche. Ich lächle dankbar und leere das ganze Glas in einem Zug. Das tut gut, und ich fühle mich gleich viel besser.

Zurück im Wohnzimmer zeige ich auf das Holz und die angefangenen Instrumente. »Ist das deine Arbeit?«, frage ich.

Er nickt. »Ja, ich baue Musikinstrumente«, sagt er stolz, während er nach einer fast vollständigen Gitarre greift und liebevoll einige Saiten zupft. Töne erfüllen den Raum. Ich bin beeindruckt.

»Oh, das ist schön. Gute Arbeit«, sage ich und streiche mit den Fingern sanft über eine kleine Ukulele. Wir lassen uns auf den Boden fallen, und ich schaue zu den Kokospalmen hinauf. »Willst du eine?«, fragt mein Gegenüber gleich. »Ja, warum nicht«, sage ich erfreut. Ich habe gehört, dass Kokoswasser der Elektrolyt-Drink aus Mutter Naturs Küche ist. Er holt eine Machete aus dem Schuppen und nimmt sie in eine Hand. Dann klettert er geschickt und schnell die Palme hinauf. Mit offenem Mund schaue ich zu. Mühelos hackt er mit der Machete einige junge Kokosnüsse ab. »Reicht das?«, ruft er nach unten, die Hand mit der Machete erhoben. »Ja auf jeden Fall«, rufe ich zurück. Mit einem Blick zähle ich sieben Kokosnüsse. »Und ob das reicht«, sage ich kichernd zu mir selbst. Mit einer geschmeidigen Bewegung gleitet er von der Palme und nimmt eine Kokosnuss hoch. Drei Hiebe mit dem Buschmesser genügen, um die Kokosnuss an der Oberseite in Form eines Kreises zu öffnen. Er bietet sie mir an. »Wow«, sage ich fasziniert. »Das sah gekonnt aus.« Er lächelt und widmet sich einer anderen Kokosnuss.

Wie viel Zeit vergangen ist, weiß ich nicht, aber es wird langsam dunkel. »Kannst du mich zurück zu meiner Hütte bringen?«, wende ich mich an ihn.

Er verzieht das Gesicht und wirkt ein wenig erschrocken. »Oh, das habe ich ganz vergessen!«, ruft er. »Natürlich!« Er hilft mir auf, und wir gehen durch den Garten zu seinem Motorrad. Die Kokosnuss habe ich mitgenommen. Vorsichtig und langsam fährt er mich über die vielen kleinen Pfade, bis wir wieder auf der »Hauptstraße« ankommen. Von dort aus fahren wir vorbei an Avarua, der größten Ortschaft Rarotongas mit dem winzigen Flughafen, einigen Geschäften und einem Supermarkt, bis ich das Haus meines Gastgebers an der zum Meer gewandten Seite erkenne. »Hier ist es«, sage ich und zeige auf Moanas Haus. Er hält an und hilft mir vom Motorrad hinunter. »Danke für alles«, sage ich und strahle »Das war sehr lieb von dir, für mich zu sorgen und mich hierherzubringen.«

Trotz der Dunkelheit sehe ich, dass er sich strafft und ein Lächeln über seine Lippen gleitet. »Das freut mich«, entgegnet er. »Hab einen schönen Abend. Es war nett, dich kennengelernt zu haben.« Dann winkt er zum Abschied und braust davon. Einen Moment stehe ich noch da und kann kaum glauben, was gerade passiert ist. Sobald ich nicht mehr versucht habe, mich abzulenken und das Problem mit der Kreditkarte zu ignorieren, hat sich meine Situation zum Besseren gewandelt. Jetzt bin ich gespannt, was ich noch tun kann.

Der nächste Morgen bringt ein schmerzerfülltes Aufstehen mit sich. Die Haut an meinen Sohlen ist verbrannt, das sagt mir jeder Schritt. Bis zur Bank schaffe ich es nicht. Entmutigt gehe ich mühevoll bis zum Wasser und setze mich hinein. Das Wasser ist heute kühler, weil der Himmel bewölkt ist, und zieht die Hitze aus meinen Füßen. Wie viele Wellen wollen mich noch überrollen? Bin ich verantwortlich dafür, weil ich zu tief im Meer des Selbstmitleids sitze? Vorsichtig rücke ich näher ans Ufer, sodass mein Oberkörper auf dem Sand und mein Unterkörper im Wasser liegt. Dabei starre ich durch das Gefälle halb in den graublauen Himmel und halb in die Ferne, wo sich ausgewachsene Wellen an einem weiter entfernten Riff brechen. Dadurch sind sie hier gezähmt und sanftmütig. Ich brauche auch ein Riff in mir, damit die Stürme des Lebens mich nicht jedes Mal so hart treffen. Muss es sich selbst entwickeln, oder kann ich es anpflanzen und kultivieren? Und wenn ja, womit?

In Neuseeland habe ich Hilfe erhalten, aber jetzt bin ich auf mich gestellt, menschenseelenallein tief drinnen im Schlamassel. Ohne Verbindung zu Freunden und Familie fühle ich mich einsam und abgeschnitten. Vielleicht sind sie eine Art Riff in meinem Leben gewesen. Erinnerungen an meine unglückliche Beziehung drängen sich in meine Gedanken, an das gleiche Gefühl von Einsamkeit. Ich habe mit niemandem über meine Probleme gesprochen, behielt alles für mich. Letztlich brachte mich das an den Rand des Zusammenbruchs. Ist das Teilen meiner Probleme der nächste Schritt? Aber wen kann ich hier um Hilfe bitten? Warum fällt es mir so schwer, überhaupt zuzugeben, dass ich gerade Hilfe brauche? Es ist mein Glaubenssatz, dass ich alles allein schaffen muss und nur im schlimmsten Fall Hilfe annehmen darf, wenn sie mir angeboten wird und ich allein wirklich nicht mehr weiterkomme. Um Hilfe zu bitten, ist mir peinlich, macht mir Angst und gibt mir das Gefühl, versagt zu haben. Aber wo setze ich da an? Ich beschließe, ein wenig spazieren zu gehen. Vielleicht kommt mir dann die zündende Idee.

Also hinke ich vorsichtig den schneeweißen Strand entlang und tauche meine Füße immer wieder in das kühle Wasser. Es lindert die Schmerzen und macht das Gehen erträglich. Ich muss nicht weit gehen, sondern einfach nur etwas Monotones tun, das mein Inneres klärt; selbst ein kleiner Spaziergang von einigen Metern tut das Erwünschte. Der feuchte Sand unter meinen Sohlen knirscht leise, und ich beuge mich hinunter, um ihn mit den Händen zu fühlen. Langsam lasse ich ihn auf meine Füße rieseln. Das bringt mich vom Denken weg und hin zum Fühlen und Wahrnehmen. Ich beginne den Moment zu genießen, grabe meine Zehen tiefer in den kühlen nassen Sand, schließe meine Augen und lächle. Etwas krabbelt über meinen rechten Fuß. Als ich die Augen öffne, sehe ich eine kleine Krabbe, die innehält. Während ich sie weiter beobachte, beuge ich mich ganz langsam hinunter. Aber das Tier erschrickt, düst zurück in den sicheren Sand und gräbt sich dort ein. Das sieht lustig aus. Ich muss lachen und sehe die Krabbe, die sich gerade wieder hinausgetraut hat, zurückzucken. »Keine Angst, ich tue dir nichts«, sage ich leise. Sie hält inne. »Du kannst dich einfach in den Sand einbuddeln, wenn du Angst hast. Ich bin dafür ein bisschen zu groß. Das würde lange dauern.« Ich muss über mich selbst schmunzeln. »Manchmal musst du dich den Problemen aber auch stellen«, ermahne ich sie. »Du kannst nicht immer davonlaufen und dich einbuddeln.« Sage ich das zu ihr oder zu mir? Wenn ich das Meine tue, dann wird sich mein Problem schon lösen. Ich muss nur alles tun, was ich tun kann, und dazu gehört auch, um Hilfe zu bitten, und sie anzunehmen, wenn sie mir angeboten wird. Meine Gedanken wandern zurück zu meiner nicht funktionierenden Kreditkarte, ich seufze. »Also gut, packen wir das Problem an. Mal sehen, was sich tun lässt.«

Langsam schlendere ich zurück. Das letzte Stück schwimme ich durch die seichten Wellen, um meine Fußsohlen zu schonen. Die Fluten scheinen mir jetzt deutlich klarer und blauer zu sein. Ein Blick nach oben zeigt mir, dass auch der Himmel aufklart. Als eine Welle mir Wasser ins Gesicht spritzt, fühle ich, wie meine schlechte Laune mit jedem Tropfen abgewaschen wird. Irgendwie wird alles gut werden. Auch wenn ich noch nicht weiß, wie.

Auf der Türschwelle zu meinem Strandhaus begegne ich meinem Airbnb-Vermieter Moana. Er fragt, ob ich zufrieden bin und ob alles so weit in Ordnung ist. Ich antworte, dass ich das Haus liebe und ehrlich begeistert bin über den gigantischen Früchtekorb, der mich zur Begrüßung erwartet hat. Das scheint ihn zu freuen, und er fragt, ob ich noch mehr Mangos will – er habe noch einige da. Bevor ich etwas erwidern kann, bedeutet er mir mit einer Handbewegung mitzukommen. Also trabe ich hinter ihm her. Wieder fragt er, ob sonst alles in Ordnung sei. Dieser Frage bin ich vorher ausgewichen. Mir ist es unangenehm, fremde Menschen mit meinen Sorgen zu belasten.

Aber entgegen meiner sonstigen Gewohnheit, einfach »Ja, alles gut« zu sagen, erzähle ich ihm von meinem Problem mit der Kreditkarte. Er nickt verständnisvoll und hört geduldig zu. Dann bietet er an, mich morgen in die Stadt zur Bank zu bringen, um zu sehen, ob sie etwas für mich tun können. Etwas später bringen Moana und seine Frau Annie mir Essen für die nächsten Tage. Wiederholt sagen sie, es soll mir hier gut gehen und ich darf auf keinen Fall hungern. Und wenn ich noch etwas brauche, soll ich mich melden. Ich stehe mit Tränen in den Augen da, als sie wieder gehen. Vielleicht habe ich mit meinen Schuhen auch die äußeren Hüllen abgestreift und den Mut gefunden, mich so verletzlich zu zeigen, wie ich bin. Auf jeden Fall gibt mir das neue Stärke und hilft mir, Freunde in der Not zu finden.

Wenig später klopft es wieder an der Tür. Ich merke, dass ich immer noch davor stehe, also zähle ich bis fünf und öffne dann erst, damit es nicht so aussieht, als hätte ich immer noch an der Tür gestanden. Ich grinse, weil mir bewusst wird, wie dumm der Gedanke ist. Vor der Tür steht auch nicht etwa mein Gastgeber, sondern die Mieter des Strandbungalows neben mir, Andreas und Diana aus Süddeutschland. Vorgestern nach meiner Ankunft habe ich sie am Strand getroffen und mich eine Weile mit ihnen unterhalten. Gestern früh waren wir gemeinsam schnorcheln und hatten eine Menge Spaß. Sie erklären mir, dass sie sich zur Abfahrt fertig machen und sich von mir abschieden wollen.

Außerdem bringen sie mir nicht nur ihren Code fürs Internet, der noch ein paar Tage gültig ist, sondern auch ihre nicht aufgebrauchten Lebensmittel. Schweren Herzens verabschiede ich mich von ihnen und nehme die Geschenke entgegen.

Ich weiß gar nicht recht, was ich sagen soll. Alle sind so lieb zu mir! Dabei habe ich ihnen doch nichts getan. Gerührt bedanke mich und sage ihnen, dass mir ihre Geschenke mehr bedeuten, als ich mit Worten ausdrücken kann. Nach einer herzlichen Umarmung verabschieden sie sich, und Diana gibt mir ihre Nummer. Einen langen Moment stehe ich im Türrahmen und sehe ihnen nach. »Es ist unglaublich«, murmele ich. Dann gehe ich hinein, räume alles ein und staune über den jetzt so vollen Kühlschrank. Diese Freigebigkeit erstaunt mich. Sie kennen mich doch kaum! Außerdem, woher wussten sie, dass ich gerade nicht einmal einkaufen kann? Hat Moana es ihnen erzählt oder haben sie es einfach aus einem Impuls heraus getan?

Wie auch immer, zwei Erkenntnisse werde ich aus dieser Begebenheit mitnehmen. Zum einen können mir Menschen nur helfen, wenn sie wissen, dass es mir nicht gut geht oder dass ich Hilfe brauche. Zum anderen muss ich tun, was ich selbst tun kann, und jeden noch so kleinen Stein umdrehen, unter dem sich die Lösung verbergen könnte. Wenn ich nicht alle Schritte gehe, die ich gehen kann, gleiche ich der Figur in einem Witz. Ein armer gläubiger Mann betet: »Lieber Gott, bitte lass mich im Lotto gewinnen.« Nach einem Jahr betet der Mann immer noch jeden Tag die gleiche Bitte. Nichts passiert, aber er betet tapfer weiter. Plötzlich erhellt sich der Raum, und eine laute Stimme spricht: »Lieber Mann, gib mir eine Chance und kauf dir endlich einen Lottoschein.«

Mein Magen knurrt mit einem Blick auf all die guten Dinge vor mir im Kühlschrank und unterbricht meine Gedanken. Ich lächle. Jetzt kann ich mir sogar ein richtiges Festessen zubereiten.

Als wir am nächsten Tag bei der Bank sind, können wir zwar das Problem mit der Karte noch nicht lösen, aber ich kann zumindest die Euroscheine meiner Notfallreserve in Neuseeland-Dollar wechseln. Ich denke, das müsste vorerst reichen. Mein Vermieter schüttelt den Kopf und steckt mir einen Schein zu. »Hier, bitte nimm das. Du sollst deinen Aufenthalt genießen. Außerdem reist du noch weiter und kannst es sicher gut gebrauchen.«

Auch wenn ich seine Hilfe eigentlich gar nicht annehmen möchte, umarme ich ihn erleichtert und bin dankbar, einen Menschen getroffen zu haben, der das Herz am rechten Fleck hat. Doch so lieb seine Geste auch ist, lange wird das Geld nicht reichen. Welche Schritte kann ich noch gehen, um alles versucht zu haben, was in meiner Macht steht? In zwei Tagen geht mein Flug nach Hawaii. Ein Hotel oder ein Airbnb kann ich online buchen, aber ich muss wieder ohne Nahrung auskommen, wenn das Geld aufgebraucht ist. Hilfe von außen kann und will ich nicht ständig erwarten. Habe ich nicht schon alles versucht und jeden Stein umgedreht? Ich weiß nicht, was ich noch tun könnte. Das Einzige, was mir jetzt noch helfen kann, ist ein Wunder. Darum bitte ich.

Jetzt sollte ich meinen Eltern schreiben, damit sie wissen, wie gut die Menschen, denen ich begegne, zu mir sind. Sie sollen wissen, dass sie sich keine Sorgen machen müssen. Ein Schatten legt sich über mein Gesicht, als ich an meine Eltern denke. Wie kann ich mein Leben leben und meinem Herzen folgen, ohne sie zu verletzen? Es tut mir weh, sie leiden zu sehen. Ich reibe meine Schläfen. Mein Kopf pocht. Vielleicht geht das überhaupt nicht? Es bringt nichts, sich den Kopf zu zerbrechen. Am besten rufe ich sie gleich an.

Das Telefonat dauert fast eine ganze Stunde. Wir sprechen uns aus, und ich erkläre ihnen, dass ich mich hin- und hergerissen fühle. Ich will sie weder verletzen, noch mein Leben erneut nach anderer Menschen Maßstäbe ausrichten. Mein Vorschlag: Sie sollen mich Gott anvertrauen, statt sich Sorgen um meinen Seelenzustand zu machen. Vor allem aber möchte ich, dass sie aufhören, sich schuldig zu fühlen. Wenn ich damals zu Besuch kam, wurden sie das Gefühl nicht los, dass ich unglücklich in der Ehe war. Aber sie wussten mir nicht zu helfen und hatten keine Ahnung, warum ich unglücklich war. Ich spüre, dass sie immer noch damit zu kämpfen haben, nicht früher eingegriffen oder zumindest weiter nachgehakt zu haben. Jetzt haben sie Angst, dass mich jemand erneut verletzen könnte. Ich erzähle ihnen von meiner Reise, meinen Erlebnissen und den lieben Menschen, denen ich begegne. Das scheint sie zu freuen und zu ermutigen. Schließlich sagen sie, dass sie mich verstehen und unterstützen wollen. Sie versprechen, mich Gott anzuvertrauen und loszulassen. Erleichtert lege ich auf und lasse mich zurück in den Liegestuhl sinken. Der Erfolg beschwingt mich und macht mir Mut, dass sich auch alles Weitere klären und lösen wird.

Zwei weitere Tage vergehen, mein Abflug steht bevor. Eine Lösung, welche die Wurzel meines Problems, nämlich die Unmöglichkeit, an mein Konto zu gelangen, beseitigt, habe ich noch nicht gefunden. Ein Wunder ist auch noch nicht passiert, obwohl ich die Hilfsbereitschaft meiner Mitmenschen durchaus als Wunder zählen kann.

Ich verabschiede mich von meiner Gastgeberin Annie, die mir ein Bündel in die Hand drückt. Überrascht nehme ich es entgegen und entfalte einen Pareo. »Den habe ich für dich genäht«, sagt sie mit einem breiten Lächeln. Dunkelgrüne Palmblätter zieren grünen Stoff. Die Farben sind typisch für die polynesischen Inseln, und das Material ist weich und angenehm. Ich probiere ihn sofort an. Annie lächelt glücklich. »Der Pareo steht dir sehr gut«, meint sie.

Was soll ich sagen, wenn sich Dankbarkeit, Freude und Rührung in mir überschlagen? In manchen Momenten reichen Worte nicht aus, um zu beschreiben, was in mir vorgeht, aber ich versuche es. Immerhin möchte ich daran arbeiten und besser darin werden, das scheinbar Unaussprechliche zu beschreiben. »Liebe Annie, ich weiß nicht, wie ich euch für alles danken soll«, sage ich. »Ihr wart so gut zu mir, habt mir in meiner Notlage geholfen, mir Essen gebracht und mir so viel Nächstenliebe erwiesen. Dieser Pareo ist wunderschön und wird mir gute Dienste auf meiner Reise tun. Es ist mir eine Ehre, ihn zu tragen. Vielen Dank für dieses Geschenk.« Dann umarme ich sie ein letztes Mal. Meine Augen sind feucht.

»Ich weiß, wie du uns danken kannst«, meint der hinter mir stehende Moana fröhlich, während er mich zum Auto begleitet. Er hat es sich nicht nehmen lassen, mich zum Flughafen zu bringen. »Komm wieder. Deine Familie hier wartet auf dich. Du bist Teil dieser Familie und hast nicht nur Eltern in Deutschland, sondern auch in Polynesien. Deine Geschwister wohnen in Neuseeland, wo du ebenfalls jederzeit herzlich willkommen bist.«

»Genau, Liebes!«, höre ich Annie rufen, die uns nachschaut.

»Und bring deine Eltern und Freunde mit. Darüber würden wir uns freuen«, fügt Moana hinzu, als der Wagen auf die schmerzhaft vertraute Straße rollt. Die beiden sind mir sehr ans Herz gewachsen, mir fällt es schwer, sie zu verlassen. Sie sind zur Heimat in der Fremde geworden. Von einer fremden Reisenden haben sie mich zum Mitglied ihrer Familie befördert.

Ich muss lächeln, als ich an meinen Aufenthalt in Neuseeland denke. Die Maori haben mich ebenfalls wie ein Familienmitglied behandelt. Vielleicht ist das Teil der polynesischen Kultur? Auf jeden Fall berührt es mich tief und gibt mir ein warmes Gefühl im Bauch.

Vor dem endgültigen Abschied im Flughafen fahren wir noch in die kleine Innenstadt, in der Moana eine Besorgung machen möchte. Während ich die Straße entlangschlendere, um mich vor dem langen Flug noch so viel wie möglich zu bewegen, erhalte ich den deutlichen Impuls, meine Kreditkarte noch einmal zu testen. Da ich nichts zu verlieren habe, betrete ich die Bank. Am Geldautomaten schiebe ich sie in den Schlitz und halte den Atem an. Von diesem Moment hängt der Rest meiner Reise ab; die Sekunden scheinen sich zu Stunden zu dehnen. Es klackert, und andere mechanische Geräusche ertönen, bevor der Bildschirm mich nach der PIN fragt. Heißt das, die Karte funktioniert? Ich will mich nicht zu früh freuen und tippe sie vorsichtig ein. Anschließend wähle ich die Transaktion »Cash withdrawal«, um Bargeld abzuheben, und tippe die Summe ein, die ich ausgezahlt bekommen möchte. So viel wie möglich, sicher ist sicher. Das vertraute mechanische Zählgeräusch erfolgt, und aus einem Fach entnehme ich einen Haufen Bargeld. Aufgeregt ziehe ich die Karte aus dem Schlitz und sortiere die Scheine, bevor ich sie sorgfältig in mein Portmonee stecke und die Treppen hinunter zur Straße springe.

Zurück beim Auto erzähle ich Moana von den guten Neuigkeiten, und mein Gastgeber freut sich mit mir. Ich möchte ihm den Schein, den er mir zugesteckt hat, zurückgeben, aber er schüttelt entschieden, fast entrüstet den Kopf. Gern würde ich jetzt für ihn und seine Frau noch ein Geschenk als Dankeschön kaufen, aber wir müssen los, damit ich meinen Flug nicht verpasse. Schade – andererseits, was hätte ich ihnen geben können, um ihnen meine Dankbarkeit zu zeigen? Dafür müsste ich die ganze Inselgruppe kaufen und ihnen zum Geschenk machen. Ich beschließe, stattdessen wiederzukommen und vielleicht meine Eltern oder Freunde mitzubringen. Damit würde ich ihnen sicher eine Freude machen. Ob ich meinen Vater wohl zu einem derart langen Flug überreden kann? Das Wahrscheinlichkeitsbarometer in meinem Kopf versucht, sich unter die Null zu quetschen. Als ich Moana davon erzähle, meint er mit einem schelmischen Grinsen, dass ich meinem Vater doch sicher etwas geben kann, womit er den mehr als vierundzwanzig Stunden dauernden Flug durchschläft. Bei der Vorstellung muss ich noch kichern, als wir das Flughafengebäude betreten.

Der bevorstehende Abschied lässt mich jedoch schlagartig ernst werden. Ich umarme Moana und logge mich anschließend in das WLAN ein. »Deine E-Mail ist gerade angekommen«, verkünde ich. Mein Gastgeber nickt erfreut. »Melde dich jederzeit, Liebes. Hab keine Angst vor Männern, und sei stark und stolz, dann wird dich niemand verletzen. Trag deinen Kopf hoch, pass auf dich auf in der weiten Welt. Wir freuen uns auf den Tag, an dem du wiederkommst«, sagt er und schaut mich direkt an. »Kopf hoch, Mädchen. Bis bald.«

Als ich im Flugzeug sitze und auf die immer kleiner werdende Insel unter mir blicke, über der sich ein paar Wolkenfetzen zusammendrängen, kann ich noch nicht recht fassen, was gerade passiert ist. Hat die Karte gerade tatsächlich funktioniert, oder habe ich mir alles nur eingebildet? Ich krame in meiner Hosentasche und fördere neben Muscheln, einigen Krümeln Sand, einer vertrockneten Blüte, die ich auf der Straße gefunden habe, und einem Stück Kokosnussschale mein Portmonee zutage. Es ist das Weihnachtsgeschenk meines Bruders, und so wie alle Geschenke von ihm, halte ich es in Ehren, denn es erinnert mich an die schönen Momente und die gemeinsame Zeit. Mein Bruder und ich haben zwar nur selten Kontakt, aber ein inneres Band verbindet uns zu jeder Zeit.

Behutsam öffne ich das Portmonee und nehme die Scheine in die Hand. Sie sind real, ich kann sie fühlen, anfassen und bestaunen. Meine Karte hat also wirklich funktioniert. Das Wunder ist passiert, nachdem ich sprichwörtlich den Lottoschein abgegeben habe, nachdem ich dem Impuls gefolgt bin und meiner Karte wider besseres Wissen noch eine Chance gegeben habe. Wer weiß, ob sie nicht nur dieses eine Mal funktioniert hat und demnächst wieder Probleme verursachen wird? Was wollen denn die Sorgen hier? Wenn das passieren sollte, werde ich eben wieder tun, was ich tun kann, und um ein weiteres Wunder bitten.

»Danke«, flüstere ich in die Wolken neben mir.

Während ich mich zurücklehne, frage ich mich, wie Hawaii, mein nächstes Reiseziel wohl sein wird. Immerhin sind die Insulaner dort aus der gleichen Heimat aufgebrochen wie die Maori, die Bewohner Rarotongas und überhaupt alle Polynesier. Sicher werde ich Ähnlichkeiten entdecken. Die größte Insel Hawaiis. zu der ich als Erstes reisen werde, ist riesig im Vergleich zu Rarotonga – einhundertvierundfünfzig Mal größer, um genau zu sein. Ich erinnere mich daran, das in Deutschland recherchiert zu haben. Werde ich dort barfuß gehen können? Kann erstarrte Lava immer noch heiß sein? Wie werden die Bewohner der Insel mein Barfuß-Dasein sehen? Werde ich vielleicht auf Menschen treffen, die ebenfalls viel barfuß laufen? Ich kann es kaum abwarten, auf all diese Fragen eine Antwort zu bekommen.

Sicher sind die Menschen dort ebenfalls freundlich, wie auf Rarotonga. Ich lächle, als meine Adoptivfamilie vor meinem inneren Auge erscheint, und seufze. Hoffentlich sehe ich sie bald wieder.

Kapitel 8

Hawaii: Mir brennt der Boden unter den Füßen

Nachdem ich auf Rarotonga zwar Wunder erlebt, aber nicht die erhoffte Entspannung gefunden habe, nehme ich mir jetzt Hawaii vor. Hier suche ich Ruhe und Erholung in einer tieferen Verbindung zur Natur. Vielleicht kann ich sie im Wandern finden, wenn ich mit bloßen Füßen über die erstarrte Lava laufe. Vielleicht aber auch in den perfekten Wellen, für die einige der Inseln bekannt sind. Werde ich mir endlich meinen Traum vom Surfen erfüllen können? Und werde ich die Wellen bezwingen können?

Aufgeregt wippe ich mit meinen nackten Zehen, als die Umrisse Hawaiis durch das Flugzeugfenster sichtbar werden. Bis eben war ich noch hundemüde von dem langen Flug, der durch die beiden Zwischenstopps in Sydney und Honolulu ewig zu dauern schien. Doch als in der Durchsage der Name »Hawaii« fällt, bin ich hellwach. Alle Müdigkeit ist verflogen.

Auf diesen Teil meiner Reise freue ich mich besonders. Nicht nur der klangvolle Name zieht mich an, auch die Kultur und die Vulkane faszinieren mich, und gerne möchte ich tiefer eintauchen. Nach allem, was ich gehört und gelesen habe, besitzen die Ureinwohner genau das, was ich suche: eine starke Verbindung zur Natur und bewundernswerte Gelassenheit. Vielleicht haben sie beides gerade durch die Unerbittlichkeit und Unberechenbarkeit der Naturgewalten ausgeprägt. Anstatt sich dagegen aufzulehnen und zu versuchen, die Natur zu bezwingen, passen sie sich an. Sie leben im Fluss, und das spiegelt sich in ihrer Lebensweise und Philosophie wider. Ich freue mich darauf, dem »Aloha Spirit« zu begegnen. Die Insel, *The island of Hawaii,* ist die Größte und Jüngste in der Inselkette. Von hier oben kann ich sie durch die klare Morgenluft gut erkennen. Nur einige dünne Nebelschwaden steigen an den Flanken der Berge hoch.

Der Ozean umschließt die Insel von allen Seiten, die mal mit schwarzen Klippen, mal mit sandigen Stränden und mal mit Buschwerk gesäumt ist. Durch das Eiland ziehen sich schwarze Lavafelder auf der einen Seite, die andere Seite ist von dichtem grünem Dschungel überzogen. Bis vor ungefähr einem Jahr war der Vulkan Kilauea aktiv und spuckte regelmäßig feuerrote Lava die Berghänge hinunter in den Ozean. Wie gerne hätte ich das noch miterlebt, aber jetzt darf ich zumindest die Ergebnisse davon sehen.

Meine Gedanken werden unterbrochen, als der Flieger sanft die Landebahn berührt und das Ruckeln der Bremsen den winzigen Rest von Müdigkeit vorerst aus meinem Körper schüttelt. Ich will gerade aufstehen, da meldet sich eine der Stewardessen über den Lautsprecher. Sie begrüßt uns herzlich mit »Aloha« und ich lächle. Es fühlt sich gut an, in der heimischen Sprache begrüßt zu werden. Es wird noch ein wenig dauern, bis wir das Flugzeug verlassen dürfen, höre ich weiter. »Wir sind hier auf Hawaii, da gibt es keine Eile«, beendet die Stewardess ihre Durchsage. Die Passagiere lachen, und in mir breitet sich ein warmes Gefühl aus. Das erste Mal in meinem Leben macht es mir nichts aus, etwas länger im Flugzeug zu warten – die Aussicht vom Flugzeugfenster lässt mich jedes Zeitgefühl verlieren. Hinter dem Flughafengebäude, das aus kleinen offenen Hütten besteht, erheben sich im leichten Dunst die Berge. Die Sonne scheint wie durch einen halbtransparenten Vorhang und streichelt mit ihren Strahlen die Berge. Kurz darauf dürfen wir aussteigen. Ein Mann neben mir sagt erfreut zu seiner Partnerin: »Ach, das hat ja nur zwanzig Minuten gedauert, Liebling!« Ist das erfrischend. Überall sonst, wo ich Verspätungen hatte, konnte keiner schnell genug aus dem Flieger kommen, und viele taten ihren Unmut lauthals kund.

Nach einigen Schritten die Treppe hinunter stehe ich auf dem warmen Asphalt. Die Vibration ist frisch, lebendig und klar. So klar, dass sie fast schneidend wirkt. Dieser Unterton sagt mir, dass dieses Kapitel ziemlich tief gehen könnte. Tief in mein Inneres, in die Wunden, in die Schatten. Trotzdem wirkt alles so sanft, dass ich diesen feinen Unterton kaum bewusst wahrnehme. Der stürmische Herzschlag reißt mich mit wie ein kleiner Wildfang, der mich an seiner Hand hinter sich her zerrt.

Konas Flughafen sieht einladend aus und begrüßt mich mit Kokospalmen und Südseeblumen. Menschen lächeln mich an; nur ein Haufen lärmender Touristen findet es sichtlich komisch, dass ich barfuß mit meinem Rucksack auf dem Rücken durch das kleine Flughafengebäude marschiere. Sie erhalten von mir nur ein gut gelauntes Grinsen zur Antwort.

Auf der anderen Seite finde ich den Shuttlebus, der mich zum Hotel bringt. Die Fahrt führt durch von Palmen gesäumte Straßen am Meer entlang, und bald erreichen wir die Einfahrt des Hotels. Den Mietwagen werde ich morgen in aller Ruhe mieten, so kann ich heute erst mal genau das tun, wofür ich hier bin: entspannen. Ich bringe mein Gepäck auf das Zimmer und erkunde anschließend das Hotelgelände.

Schwarze Klippen aus erstarrter Lava trennen das Blau des Meeres vom satten Grün des Landes. Schaum spritzt hoch, wenn eine Welle gegen die Klippen schlägt. Der Gesang des Ozeans ist die schönste Musik in meinen Ohren; meine Vorfreude auf das Surfen steigt immer mehr. Ich setze mich auf eine Klippe, lasse die Beine baumeln und meine Fußsohlen von der Gischt kühlen. Es fühlt sich an, als würde das Meer mich begrüßen. Nach einigen Minuten stehe ich auf und gehe über die Wiese zu den Lavafeldern. An einem überhängenden Lavabrocken ziehe ich mich hoch und klettere immer höher und weiter über das sonnenheiße Gestein, das vor gar nicht allzu langer Zeit noch flüssig war. Wenn ich die Augen schließe, kann ich die geballte Energie fühlen, mit der die Lava aus dem Inneren der Erde geschleudert wurde. Aber je länger ich auf den Gesteinsbrocken herumklettere, desto unerträglicher wird die Hitze. Auf einmal denke ich mehr an flüssige Lava, als mir lieb ist. Es ist nicht das erste Mal, dass sich der Boden unter meinen Füßen wie Feuer anfühlt. In Neuseeland hatte ich mehrfach heißen Sand unter mir, ohne Ausweichmöglichkeit. Damals sind mir Berichte von normalen Menschen eingefallen, die in leichter Trance ohne Verletzungen über glühende Kohlen laufen konnten. Also habe ich begonnen, es selbst zu üben. Es funktioniert bei mir zwar noch nicht perfekt, aber zumindest kann ich seither eine Zeitlang ohne Verletzungen über heißen Boden gehen. In Rarotonga habe ich andererseits Schmerzen gesucht, um mich von meinen Sorgen abzulenken.

Ich atme tief und langsam, während ich mir vorstelle, dass ich meine Füße in kühles Wasser tauche. Die Hitze spüre ich genauso wie zuvor, aber sie wird erträglicher. An einer Stelle sehe ich plötzlich, dass ich blutige Spuren auf der glänzenden Lava hinterlasse. Sicher habe ich mich unbemerkt irgendwo an den teils scharfkantigen Brocken geschnitten. Darüber mache ich mir allerdings kaum Gedanken, da meine Sohlen stark sind, und Wunden schnell verheilen. Als ich mich von den Lavabrocken ins kühlende Gras gleiten lasse, vergesse ich meine Verletzung ganz. Ich beschließe, mich kurz im Hotelpool abzukühlen und dann zu schauen, wie weit Kona entfernt ist.

Die Sonne ist hinter einigen Wolken verschwunden, als ich mich in Richtung Stadt aufmache. Laut Google Maps brauche ich fünfundzwanzig Minuten bis zu dem Restaurant, das ich mir ausgesucht habe. Mit meinem Hunger als Antrieb erreiche ich es allerdings schon nach zehn Minuten. Seit den Mahlzeiten im Flugzeug hatte ich nur einen kleinen Snack.

Die bunten kleinen Läden und Restaurants sprechen vom entspannten Lebensstil des Ortes. Nur eine Straße trennt sie von dem Meer. Im Restaurant setze ich mich an einen Tisch mit Meerblick. Nachdem ich die große Tafel mit den heutigen Gerichten studiert habe, bestelle ich Kokoswasser und ein Gericht mit Mahi Mahi-Fisch. Die gemeine Goldmakrele wird hier auf Hawaii mit der Schleppangel gefangen, eine der nachhaltigsten Methoden des Fischfangs. Als ein Kellner mir das Gericht bringt, bin ich beruhigt. Die Portion ist großzügig bemessen und dürfte das Loch in meinem Bauch mit Leichtigkeit füllen. Der Fisch ist zart, aber fest und saftig mit mildem, angenehm süßlichem Geschmack, herrlich frisch und leicht.

Als ich fertig bin, gebe ich dem Kellner, ohne darüber nachzudenken, meine Kreditkarte. Erst als er mit dem Beleg zurückkommt, auf den ich das Trinkgeld schreibe, bemerke ich, dass die Karte offenbar wieder einwandfrei funktioniert. Eine Karte mit Charakter, die ihre guten und schlechten Tage hat, sehr menschlich ...

Im Anschluss spaziere noch etwas durch die Straßen. Bald bin ich beinahe am anderen Ende Konas und finde ich eine Kava-Bar in einer Seitengasse. Kava-Tee ist auf Hawaii und in Teilen Ozeaniens beliebt und bekannt für seine beruhigende Wirkung. Ich bestelle eine Tasse. »Möchtest du Saft in deinem Kava-Tee?«, fragt die Dame an der kleinen Bar. Mit einem Kopfschütteln verneine ich. Beim ersten Schluck finde ich heraus, warum sie mir den Saft angeboten hat: Der Tee schmeckt äußerst bitter. Ich nippe noch etwas an dem Drink, aber wirklich genießen kann ich ihn nicht. Mit einem verlegenen Lächeln gehe ich wieder zur Theke und bekomme etwas Saft. Damit wird es erträglicher. Aber nach einer Tasse habe ich genug.

Der Himmel verfärbt sich durch den Sonnenuntergang, als ich über die Straße zum Meer gehe. Während die Farben langsam verblassen und Dunkelheit sich ausbreitet, mache ich mich auf den Rückweg. Ich bin erst wenige Blocks weit gegangen, da fühle ich einen Stich an der Stelle, wo ich mich verletzt habe. Auf meinen mittlerweile schwarzen Fußsohlen kann ich bei dem wenigen Licht kaum etwas erkennen. Wahrscheinlich war es nur ein spitzer Stein, denke ich mir. Doch bei jeder weiteren Belastung spüre ich den stechenden Schmerz. Deshalb humpele ich vorsichtig weiter und versuche, die Stelle nicht zu belasten. Der Weg scheint ewig zu sein, bis ich endlich die Lichter des Ortes hinter mir lasse. Mit der Zeit wird der Schmerz weniger, und ich kann besser laufen. Mit einem Seufzer gehe ich die letzten Meter durch den Hoteleingang und winke dem Personal. Die Treppe spare ich mir und nehme stattdessen den Aufzug. Im Zimmer angekommen, wasche ich mir die Füße und inspiziere meine linke Sohle vorsichtig. Ich sehe nur die tiefe Schnittwunde von heute Nachmittag. Wahrscheinlich habe ich sie ungünstig mit der Kante eines Steins getroffen. Ich desinfiziere die Wunde und gehe anschließend beruhigt

Türkises Wasser an hellen Stränden:
eine erlesene Komposition

Die Pancake Rocks in Punakaiki: Schichten von Kalkstein entstanden durch zusammengepresste Meerestierskelette und Sand, Wasser, Wind und Zeit

Im Schatten von Tāne Mahuta. Ich muss sagen:
Das Bild wird seiner Größe nicht annähernd gerecht

Ein kleiner Zipfel des New Chums Beach.
Der Aufstieg hat sich gelohnt

Waka-Zeremonie auf dem Maori-Festival.
Vergangenheit trifft auf Moderne

In der paradiesischen Südsee.
Eine Plumeria-Blume hinter dem rechten Ohr heißt: Single

Ein Lagerfeuer am Strand mit einigen Nachbarn
auf Rarotonga

Sand an den Füßen – Sand im Herzen:
ein einsamer Strand auf Hawaii

Lavafelsen und klares Wasser im schönsten Blau:
die Ursprünge des Aloha States

Ein Blick über den Norden der Garteninsel Kaua'i
bis hin zur Hanalei Bay

Houdini genießt die Streicheleinheit; ich das unbeschwerte Sein
des Hundes und das Rauschen der Wellen

Ein ganz besonderer Redwood-Baum:
meine Verbindung zur Weisheit der uralten Giganten

Tesla – das Versprechen sauberer Zukunft
und eine Miss mit ihrer Vergangenheit

Ich genieße die innere Ruhe nach dem Segelausflug.
Der Wind hat meinen sonst so lauten Kopf leer gefegt

Big Sur. Meine große Liebe auf dem Roadtrip
von SF nach LA

Ein barfüßiges Abenteuer auf windgeformtem und sonnengebackenen
Wüstensand im Death Valley, dem Tal des Todes

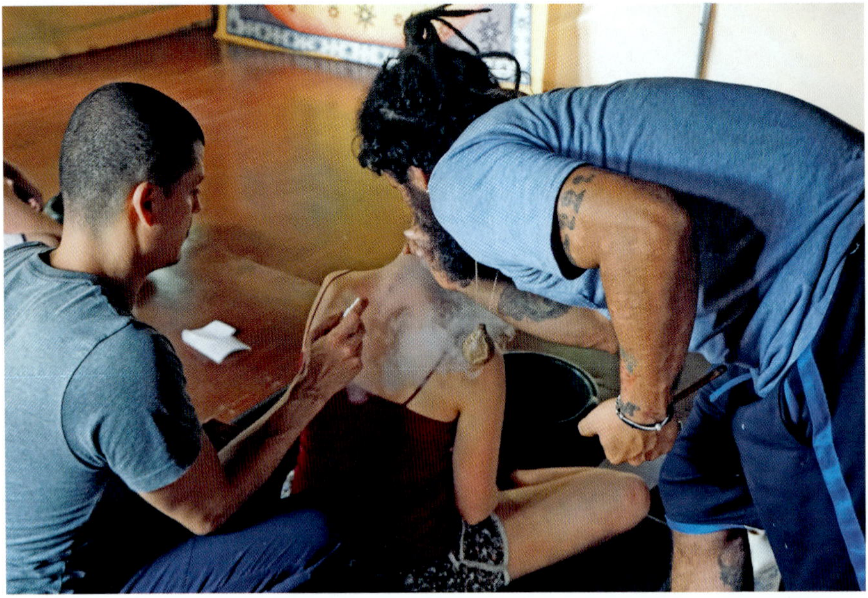

Kambo. Carlos sprüht eine heilende Tinktur auf die Brandwunden und Harold bläst Rauch darüber.

Barfuß im Sattel.
Mein Kindheitstraum

Solange die Füße eine gesunde Farbe haben,
ist eine Wanderung durch den Schnee eine hervorragende Kneippkur

Die Aussicht auf den Lake Tahoe unten im Tal.
Der Winter hat etwas Magisches: die Stille

Lissabon, du Stadt der entsetzten Blicke.
Nur weil ich nackte Füße zur Schau stelle?

schlafen. Als ich am nächsten Morgen aufwache, ist sie jedoch leicht entzündet und schmerzt stärker. Wenn ich drücke, fühlt es sich an, als würde sich etwas in die Wunde bohren. Etwas, was ich jedenfalls nicht wegdenken kann. Bevor ich ein neues Pflaster auf die Wunde klebe, trage ich etwas Aloe-Vera-Gel auf. Es wirkt entzündungshemmend und unterstützt die Wundheilung.

Den Morgen beginne ich mit Yoga und einem anschließenden Workout auf dem weichen Gras vor den Klippen. Ich wähle Positionen aus, bei denen meine Fußsohlen nicht stark beansprucht werden. Mit jeder Dehnung und Bewegung fühle ich mich wacher und besser, während ich dem Rascheln der Palmblätter und dem Rauschen des Meeres lausche. Vogelgezwitscher erfüllt die Luft, ich atme tief ein. Nach dem Workout sitze ich eine Weile auf den Klippen und lasse meine Beine wieder in der Meeresbrise baumeln. Dann gehe ich zurück zu meinem Zimmer. Sogar auf der weichen Wiese und dem gefliesten Boden des Hotels schmerzt die Wunde immer noch. Ich beschließe, dass ich mich darum kümmern werde, sobald ich in meinem neuen Zuhause angekommen bin.

Nachdem ich meine Sachen gepackt habe, nehme ich den Hotelshuttle zurück zum Flughafen. Von dort aus bringt mich ein weiterer Shuttle zu der Mietwagenfirma.

Nach wenigen Minuten sitze ich schon in meinem gemieteten Jeep und bin auf dem Weg zum nächsten Entspannungslevel: einem Baumhaus aus Holz mitten im Dschungel. Das Auto hatte ich online gebucht hatte, die Mitarbeiter brauchten nur noch meine Unterschrift, daher ging alles schnell. Und keiner hat meine bloßen Füße beachtet. Das waren die einzigen Bedenken, die ich hatte, als ich in dem Büro stand. In Deutschland kann es definitiv Probleme geben, vor allem bei Unfällen. Dabei denke ich, dass Flipflops deutlich gefährlicher sind, und die sehe ich im Sommer häufig bei anderen Fahrer*innen. Mit den losen Schlappen bin ich bereits einige Male vom Pedal gerutscht oder sogar darin steckengeblieben, während mir das barfuß nicht ein einziges Mal passiert ist.

Die Adresse habe ich bereits in Google Maps eingegeben, wähle allerdings den langen Weg um die Insel herum. Die Landschaft ist abwechslungsreich, mir wird nicht langweilig. Als ich eine Straße entdecke, die durch schwarze Lavafelder bis ans Meer führt, biege ich ab und parke den Wagen an den dunklen Klippen. Dann schlüpfe ich in meinen Bikini und gehe auf den glatten Felsen bis zum Rand. Von ein paar niedrigen Klippen springe in das türkisfarbene Wasser. Es fühlt sich angenehm und erfrischend an. Mit einigen Zügen schwimme ich von den Klippen weg. Unter mir erkenne ich einige gelbe Fische, die sich treiben lassen. Alles ist gelassen, ich selbst eingeschlossen. Yoga am Morgen entspannt nicht nur meine Muskeln, sondern auch meinen Geist, der mich gerade ausnahmsweise nicht mit Gedanken und Ideen bombardiert.

Nach einer halben Stunde habe ich genug Zeit im Wasser verbracht und schwimme zurück zu den Klippen. Ein Seil hängt ins Wasser herunter und gibt Schwimmern die Möglichkeit, sich aus dem Wasser zu ziehen. Nur eine Schwierigkeit stellt sich mir: Die Wellen sind ziemlich hoch und schlagen mit Wucht gegen die Klippen. Wenn ich die falsche Welle erwische, werde ich gegen die Felsen geschleudert und könnte mich verletzen.

Deshalb warte ich ein paar Meter entfernt auf ein ruhigeres Wellentrio und lasse mich dann bis zu den Felsen tragen. Während die nächste Welle heranrollt, ziehe ich mich mit einem kräftigen Ruck aus dem Wasser, klettere hoch und greife nach dem Rand der Klippe. Die nächste Welle umspült meine Beine, aber ich habe einen stabilen, rutschfesten Stand. Ein letzter Zug, ein letzter Schritt, und ich habe es geschafft.

Die Sonne hat beinahe ihren Höchststand erreicht und brennt heiß auf mich herunter. Die schwarzen Lavafelsen unter mir schützen mich nicht, und meine Fußsohlen erinnern sich noch gut an die gestrige Hitze. An dieser Stelle ist ein Weg aus grobem Kies gestreut worden. Mit einem Mal trete ich auf einen spitzen Stein, und ein stechender Schmerz strahlt von der Wunde durch meinen linken Fuß. Einige Schritte weiter fühle ich den Schmerz erneut. Und erneut. Ich beiße die Zähne zusammen und humpele weiter in Richtung der glatten Felsen zu meinem Mietwagen. Da das Fahrzeug eine automatische Gangschaltung besitzt, kann mein linker Fuß sich beim Fahren etwas erholen. Ich werde mir später Zeit für eine genaue Untersuchung nehmen.

Unterwegs kaufe ich frische Früchte und andere Kleinigkeiten zum Essen. Eine Küche gibt es in meinem nächsten Airbnb nicht, daher besorge ich nur Dinge, die ich mir auch ohne Küche zubereiten kann.

Nach einer Weile des Umherfahrens und Suchens parke ich endlich vor dem von Bäumen umrahmten Eingang. Es ist tatsächlich ein Holzhaus auf Stelzen mitten im Farnwald. »Ein echtes Baumhaus«, rufe ich begeistert. Es ist viel größer, als ich erwartet hatte. Die Kulisse wirkt märchenhaft, es würde mich nicht überraschen, wenn im nächsten Augenblick einige Feen und Zwerge hinter den Zweigen hervorschauten. Der Waldboden ist weich, nur als ich auf einen spitzen Ast trete, strahlt der Schmerz erneut durch meinen Fuß. Vorsichtig klettere ich die Leiter hinauf und bringe mein Gepäck ins Haus. Dort schaue ich mich flüchtig um. Ein großes Bett befindet sich auf der linken Seite, während rechts eine Art Küche ohne Kochstelle ist. Weiter hinten finde ich das Badezimmer.

Ich kann mich später noch genauer umsehen, jetzt ist erst einmal meine Fußsohle an der Reihe. Mit einem dumpfen Geräusch lasse ich mich auf den Boden fallen und schaue mir die Wunde an. Der schmale, aber tiefe Schnitt ist an der Oberfläche bereits zugeheilt und ich muss ihn wieder öffnen, um zu sehen, ob etwas in die Wunde eingedrungen sein könnte. Ich atme tief ein und bereite mich auf den Schmerz vor. Anschließend nehme ich eine Nadel zur Hand und desinfiziere sie gründlich. Dann steche ich die Nadel durch die frische Haut und reiße sie mit einem kleinen Ruck etwas auf. *Autsch!* Aber ich habe es lieber kurz und schmerzhaft, als durch ein langes unangenehmes Prozedere zu gehen.

Als ich die Wunde mit Daumen und Zeigefinger auseinanderziehe, sehe ich etwas Dunkles ganz tief drinnen. Mit zusammengebissenen Zähnen wühle ich in der geöffneten Wunde herum, um den Störenfried zu entfernen. Er ist allerdings wirklich tief in die Haut eingedrungen, und die Nadel macht lediglich ein knirschendes Geräusch, wenn sie daran vorbeikratzt. Dieses Geräusch bereitet mir eine Gänsehaut. Ich atme kurz durch und probiere es weiter. Doch je tiefer ich bohre, desto mehr blutet es, und das versperrt mir nur die Sicht. Ich presse ein Taschentuch fest auf die Wunde, um die Blutung zu stillen, dann versuche ich es erneut. Nach zwanzig Minuten lege ich seufzend die Nadel beiseite. Das Etwas ist schwer herauszuholen, weil es bereits in die Haut eingewachsen ist. Außerdem tun nicht nur meine Rückenmuskeln, sondern auch der überdehnte Muskel meines linken Oberschenkels von der unbequemen Sitzhaltung weh. Ich stehe auf, um mich zu strecken.

Vielleicht kann YouTube hilfreiche Tipps bieten? Bei meiner Suche finde ich jedoch nur Videos, die voller blutiger Details und anderer Dinge sind, die ich nicht sehen will. Seufzend beschließe ich, dass ich es allein wohl besser schaffe. Das gute Stück muss ich mir allerdings wirklich tief in die Haut getreten haben. Vielleicht kann etwas Musik helfen. Ich finde Trommelmusik der Native Americans, die angemessen dramatisch klingt. Entschlossen mache ich mich wieder an die Arbeit und lege die Haut um den Störenfried mit kurzen schnellen Bewegungen frei. Tatsächlich dauert es nun nur wenige Sekunden, bis ich die Nervensäge gelöst und aus der Schnittwunde befördert habe. Triumphierend halte ich ein Stück Glas in meiner Hand und stoße einen Siegesschrei aus. Ein paar Vögel singen ihren Beifall.

Nach dem ganzen Drama klebe ich ein Pflaster auf die Wunde und erkunde erst einmal in aller Ruhe das Baumhaus. Dabei benutze ich meinen linken Fuß zuerst vorsichtig. Die Wände des Hauses sind fast vollständig aus Glas. Glas scheint mich gerade zu verfolgen. »Das ist ein Zeichen, Judith! Du solltest mehr Offenheit in dein Leben bringen«, sage ich mit einer tiefen beschwörenden Stimme zu mir selbst und lache. Irgendwie klingt diese Interpretation gar nicht so abwegig. Bevor ich weiter darüber nachdenken kann, fliegt ein Vogel mit lautem Kreischen an der Scheibe vorbei. Die abgelegene Lage am Ende eines langen Feldweges, von Bäumen umgeben, ermöglicht mir einen freien Blick nach allen Seiten in den Dschungel. Ich sehe noch viele weitere Vögel und einige bunte Schmetterlinge. Ein Balkon führt um das Haus herum, nur mit einem schwachen Seil an einigen Pfosten gesichert. »In Deutschland würde das Bauamt ein großes Problem damit haben«, denke ich grinsend.

Unterhalb des Baumhauses befindet sich eine runde Hängeschaukel, die sich nach näherer Untersuchung als ein altes Trampolin mit Schaumstoff Bekleidung und Stoffbezug herausstellt. Sie funktioniert sowohl als Hängeschaukel als auch als Trampolin wunderbar. Beim Springen schmerzt die Wunde leider noch, also begnüge ich mich mit der Schaukelfunktion.

Nachdem ich eine Weile in der Hängeschaukel gesessen habe, setzt die Dämmerung ein. Fröhlich pfeifend klettere ich die Leiter hinauf und mache mir ein einfaches Abendessen. Mit dem Teller setze ich mich auf dem Balkon und genieße die kühlere

Abendluft. Einige Vögel zwitschern laut ihr *Ko-Kie, Ko-Kie* und übertönen das Surren der Insekten und das Rascheln der Blätter im Wind. Viele Geräusche klingen fremd. Zu Hause ist es nachts im Wald nie so laut. Nach einer Weile setzt Regen ein, die Geräusche verstummen. Ich gehe hinein und lege mich auf das Bett. Das monotone Trommeln der Regentropfen singt mich in den Schlaf.

Als ich wach werde, ist es noch dunkel, nur die Solarlaternen schicken ihr schwaches Licht durch die Fenster. Ein Blick auf die Uhr sagt mir, dass es erst kurz vor fünf ist. Wahrscheinlich bin ich von den Geräuschen des Dschungels aufgewacht. Mit einem Gähnen lege ich mich wieder hin und wache mit dem ersten Licht des Tages erneut auf. Nach einer kurzen Dusche streife ich über das Gelände und stelle fest, dass Glas im Fuß auch seine guten Seiten hat: Dadurch lerne ich den Zustand ohne Glas zu schätzen. So haben auch Probleme ihr Gutes. Meistens kommen mir solche Weisheiten aber erst nach Blut, Schweiß und Tränen in den Sinn ...

Anschließend bereite ich mir eine große Frühstücksbowl aus einem Proteinshake, Chiasamen, Nüssen, Bananen, Papaya und Kokosmilch zu. Danach habe ich immer noch Hunger und esse zwei Avocados mit Crackern. Auf dem Nachttisch liegt ein Buch über die heimischen Tiere, das ich zuvor nicht beachtet habe. Ich blättere durch die Seiten und bleibe bei dem Coqui-Frosch hängen. »Die kleinen Frösche werden oft für Vögel gehalten aufgrund ihrer Geräusche. Wahrscheinlich wurden sie unabsichtlich mit Pflanzen aus Puerto Rico nach Big Island gebracht«, lese ich erstaunt. Niemals hätte ich gedacht, dass Frösche überhaupt singen können. Allerdings sind die Paarungsrufe der Männchen etwa 90 Dezibel laut. Das ist lauter, als wenn jemand in unmittelbarer Nähe auf einem Saxophon spielt!

Den Rest des Tages verbringe ich mit einem langen Spaziergang den Feldweg entlang, wo ich einen Pfad finde, der durch den Dschungel in einem weiten Bogen fast zurück bis zum Baumhaus führt. Aber eben nur fast. Den ganzen Weg zurückzugehen finde ich unsinnig, lieber kämpfe ich mich auf dem letzten Teil durch dichtes Buschwerk. Meine Füße sind glücklich und fühlen sich nach dem langen Aufenthalt auf feuchtem Boden viel enger mit der Natur verbunden. Auch die Schmerzen werden immer weniger. Meine Energiereserven sind nach dem Auftanken im Wald gefüllt, und so esse ich lediglich einen leichten Salat. Mit einem Gefühl der Leichtigkeit und Lebendigkeit entspanne ich an meinem Lieblingsplatz: in der Hängeschaukel. Anschließend arbeite ich an meinem Laptop auf dem Balkon. Ein Bekannter möchte Produkte von dem Network-Marketing-Unternehmen bestellen, für das ich noch am Rande tätig bin, eine Freundin fragt nach Hilfe für die Blasenentzündung ihrer Freundin. Nachdem ich den Laptop zugeklappt habe, strecke ich meine Beine aus und bewege die Zehen auf und ab. Danach stehe ich auf und bereite mir mein Abendessen zu. Als es dämmert, möchte ich mich eigentlich nach draußen setzen, aber nach dem Regen der letzten Nacht nerven mich heute die Moskitos. Also verziehe ich mich lieber nach drinnen und blättere noch ein wenig in dem Buch über die heimische Fauna. Dann nehme ich mein Handy und beantworte ein paar Nachrichten. Nachdem zwei Stunden vergangen sind und ich vier WhatsApps beantwortet habe, lege ich es seufzend beiseite. Achtundvierzig weitere Chats sind noch unbeantwortet, Facebook und Instagram nicht mitgerechnet. Ich nehme mir viel Zeit für das Beantworten von Nachrichten. Wenn ich wenig Zeit habe, versuche ich es erst gar nicht. Ich könnte es auch einfach bleiben lassen, genieße aber den Kontakt mit Familie, Freunden und Verwandten. Bisher habe ich noch keinen Mittelweg gefunden und fühle mich oft völlig überfordert, wenn ich eine der Plattformen nur öffne. Manchmal wünschte ich, mein Handy würde einfach eine Zeitlang den Geist aufgeben. Dann hätte ich zumindest eine Weile Ruhe. Wobei das keine Lösung ist.

Ich schiebe die Gedanken beiseite und konzentriere mich auf den Gesang der Frösche. Mit ihrem Singsang schlafe ich ein und wache erst auf, als die pralle Morgensonne mich aus dem Bett kitzelt. Es ist kurz nach acht Uhr, ich strecke mich mit einem Gähnen. Mein Körper fühlt sich schwer und müde an. Gestern Abend habe ich mir Druck wegen der unbeantworteten Nachrichten gemacht, jetzt spüre ich die Auswirkungen davon. Ich krabbele aus dem Bett, ziehe mir die nächstbesten Klamotten über und öffne die Schiebetür zum Balkon. Warme feuchte Tropenluft schlägt mir entgegen. Ich atme ihre Schwere tief ein. Wahrscheinlich hat es nachts oder heute früh erneut geregnet. Das noch leicht feuchte Holz des Balkons und in der Sonne glitzernde Tropfen an den Bäumen bestätigen meine Vermutung.

Zum Aufwachen und Lockern mache ich ein paar Dehnungen aus dem Yoga und lasse mich anschließend nach hinten auf den Rücken fallen. Die schmalen Bretter unter mir sind uneben, und eine Kante drückt mir unangenehm gegen die Wirbelsäule. Eine Weile halte ich aus, rücke dann zuerst einige Zentimeter nach rechts und danach nach links. Es wird kein Stück bequemer, also gebe ich auf und gehe hinein. Von der anfänglichen Müdigkeit und Schwere sind noch ein paar Prozent übrig, aber ich weiß, dass ich nach dem Frühstück wieder bei einem vollständig aufgeladenen Energielevel sein werde.

»So was wie gestern saugt meine Batterie ganz schön leer«, sage ich zu dem Messer, das ich in der Hand halte. Mein Gesicht spiegelt sich verzerrt auf der glatten Schneide; zwei große Augen sehen mich aufmerksam an. »Keiner meiner wirklichen Freunde macht mir Druck. Die wissen, dass ich eben antworte, wenn ich antworte. Ich mache mir also selbst Druck. Aber warum? Wo kann ich ansetzen? Habe nur ich dieses Problem?« Die Fragen hängen im Raum, während ich eine Mango aufschneide. Frühstücken möchte ich in aller Ruhe später, wenn ich meine Sachen gepackt habe. Für den kleinen Hunger gibt es vorher einen Snack. Beim Packen stehen die Fragen immer noch da. Irgendwann nerven sie mich, oder vielleicht nervt mich die Tatsache, dass ich keine Antworten habe. Wie auch immer, ich beginne, sie zu ignorieren.

Das fertige Frühstück nehme ich mit nach unten zur Hängeschaukel und höre dem leisen Quietschen der Halterung zu, während die Schaukel sich bewegt. *Vor, zurück. Vor, zurück. Vor, zurück.* »So fühlt sich das Leben manchmal an«, seufze ich. »Ein Stück vor, ein Stück zurück. Ein Problem gelöst, ein neues kommt. Ein Schritt vorwärts und ein Schritt zurück.«

Dann schweigt die Halterung. »Die hat sich wohl ausgequietscht«, denke ich. Auch der Dschungel ist still, fast unheimlich still, während meine Gedanken sehr laut sind. Sie schweifen außerdem zu weit ab, und die leise Vorahnung, die ich am Flughafen hatte, ist wieder da: Diese Etappe meiner Reise könnte mich ziemlich weit in die Tiefe führen. Ich versuche, die Stille mit einem Lachen zu übertönen, aber es bleibt mir im Hals stecken, gleich hinter der aufgestiegenen Vorahnung. Also schlucke ich beide hinunter und springe von der Hängeschaukel. Ein Blick auf die Uhr zeigt mir, dass ich mich schon auf den Weg zu meiner nächsten Behausung machen kann. Laufe ich eigentlich von meinen Gedanken und Problemen davon? Nein, ich mache mir einfach nur wieder zu viele Gedanken, das ist alles.

Das Vorhängeschloss an der Tür schließt sich mit einem leisen Klicken. Vorsichtig klettere ich mit meinem Gepäck die Treppen hinunter. Mit einem halbherzigen Lächeln winke ich dem Baumhaus zum Abschied. Im Navi wähle ich den Vulkan Mauna Loa aus, den ich heute besuchen möchte. Hoffentlich ist der Himmel dort nicht bedeckt, so wie meine Stimmung. Im Auto verbinde ich mein Handy über Bluetooth mit dem Autoradio und schalte meine gemischte Playlist an. Lambada von der Band Kaoma erklingt, und ich tanze mit meinem rechten Fuß auf dem Pedal und mit dem linken über die weiche Fußmatte. Dazu singe ich den Text mit oder eher das, was ich als Text verstehe. In weichen Schlangenlinien lenke ich den Jeep über den Feldweg und genieße, wie der Wagen den rauen Untergrund mit Leichtigkeit überfliegt. Von der Straße geht ein anderer Feldweg ab, der aus kleinen Hügeln besteht. Ich biege ab und gebe vorsichtig mehr Gas. Vor jeder der kleinen Sprungschanzen drückt mein rechter Fuß das Gaspedal runter. Kurz bevor der Wagen ein kleines bisschen abhebt, nehme ich den Fuß vom Gas. Die Dämpfer federn das Aufkommen sanft ab. Das Spiel wiederholt sich bei jedem einzelnen Hügel, und ich habe so viel Spaß, dass ich am Ende des Feldwegs zurückfahre und das Ganze noch einige Male wiederhole. Die kleinen Hubbel sind perfekt und bringen den Wagen in einem sicheren Winkel zum Fliegen.

Am Ende stehe ich in der Einfahrt und gehe einmal um den Mietwagen herum, nur um sicherzustellen, dass noch alles heil ist. Dann lege ich mich kurz neben der Fahrerseite hin und überprüfe den Unterboden. Der sieht sauber und vollständig aus. Erleichtert klemme ich mich hinter das Steuer und streichle das Gaspedal mit meinem Fuß. Die Gedankengänge über vorhandene und kommende Herausforderungen haben sich vorerst in die letzte Ecke meines Gehirns verkrochen. Das nehme ich kurz zur Kenntnis, bevor ich den nächsten Song mitpfeife.

Die folgende Unterbrechung schiebe ich neben riesigen schwarzen Lavafeldern ein. Ich bin quer über die Insel gefahren und dadurch nicht nur schneller, sondern ich sehe auch noch andere Landschaften. In der Halbentfernung mache ich einige in

Wolken gehüllte Vulkangipfel aus. Hoffentlich klart das Wetter auf, sonst kann ich die Besichtigung des Mauna Loa vergessen. Während ich vorsichtig barfuß über die Lava gehe, zieht der Himmel jedoch immer weiter zu, und bald bemerke ich eine Wand aus dunklen Wolken weiter hinten. Ich kehre lieber um, bevor sie mich einholt, denn der Wind bläst kräftig in meine Richtung. Durch ein kleines Loch in der Wolkendecke scheint noch die Sonne, und unterwegs sehe ich ein öliges Schimmern auf einigen Lavabrocken. Es sieht hübsch aus in der sonst so kargen schwarzen Landschaft, die von einem anderen Planeten zu sein scheint.

Mein linker Fuß fühlt sich gut an, und ich stelle fest, dass der Unterschied im Schmerzempfinden immens ist. Mit dem Glas in der Wunde hatte ich das Gefühl, etwas würde sich bei jedem falschen Schritt tiefer in meinen Fuß bohren. Die saubere Wunde dagegen hat höchstens einen oberflächlichen kurzen Schmerz bei punktuellem Druck. Glas. Im Baumhaus hatte ich den Gedanken, Glas könnte vielleicht ein Zeichen dafür sein, dass mehr Offenheit mir nicht schaden würde. Zum einen Offenheit auf physischer Ebene mir selbst gegenüber, denn wäre ich offen und ehrlich, »glasklar« zu mir gewesen, dann hätte ich schon früher zugegeben, dass eine einfache Wunde keine Schmerzen wie diese verursacht. Immerhin war das nicht das erste Mal, dass ich mir Glas eingetreten habe, und ich kenne den schneidenden Schmerz, den es in der Haut verursacht. Wollte ich es nicht wahrhaben?

»Falls das wieder passieren sollte, werde ich es unterscheiden können und kein Glas mehr als einfache Schnittwunde abtun«, sage ich. »Oder?«, zweifle ich gleich danach. »Das ist wirklich nicht das erste Mal, dass ich meinen Schmerz nicht wahrhaben will oder relativiere. Eigentlich mache ich das häufig.« Ich halte inne und überlege. *Lieber lachen als weinen!*

Dieser Satz begleitet mich, seit ich denken kann. Aber habe ich ihn nicht viel zu oft als Ausrede benutzt, um mich von meinen Schmerz abzulenken, ihn sogar vor mir selbst zu verschleiern?

Fragend schaue ich auf die Lavabrocken, die ich passiere. Und gehe ich nicht auch mit den Verletzungen aus meiner Kindheit und Ehe genauso um? Der Schmerz scheint mir so unerträglich, dass ich gar nicht erst hinsehen möchte. Offenheit auf psychischer Ebene würde heißen, mich dem Schmerz zu öffnen, den ich schon lange in mir fühle. Die Wunden meiner Vergangenheit heilen nicht, genauso wie die Wunde an meinem Fuß nicht verheilen wollte. Steckt noch Glas in meiner Seele? Muss ich die Wunden öffnen, um zu schauen, warum sie entzündet, erhitzt und angeschwollen sind? Verlangen sie meine Aufmerksamkeit?

Entschlossen schüttele ich den Kopf. »Was für ein Unsinn«, denke ich, und der Gedanke hallt schrill in meinem Kopf nach. *Was für ein Unsinn … Unsinn … Unsinn … Unsinn …*

Dann ist es still.

Auf halbem Weg nehme ich aus einem inneren Impuls heraus zwei kleinere Lavasteine mit. Jemand hatte mir mal gesagt, sie würden Unglück bringen, aber das kann ich mir nicht vorstellen. Ich empfinde sie eher als ein Symbol der Fruchtbarkeit: Lavaerde ist die fruchtbarste Erde überhaupt. Außerdem glaube ich, dass mir alles zum Besten dient und dass es so etwas wie Unglück nicht gibt. Zum Beispiel wäre ich ohne meine zerbrochene Ehe, meinen unpassenden Job und alles, was mir den Rest gegeben hat, nicht auf Reisen. Ohne die nicht funktionierende Kreditkarte würde mir die Erfahrung und die Erkenntnis fehlen, dass ich Freunde in der Not finde, indem ich mich gegenüber anderen Menschen offen und verletzlich zeige. Alles hat mindestens zwei Seiten, manchmal mehr. Meistens kommen Ereignisse im Paket, und das Erste was wir sehen, ist oft entweder die gute oder die schlechte Seite, je nach Präferenz, Geisteshaltung und Prägung. Ganz zu schweigen davon, dass Begriffe, wie »gut« und »schlecht«, subjektiv sind. Aus den Dingen, die mir passieren, kann ich mich immer dafür entscheiden, das Beste daraus zu machen. Ich bin nicht für alles verantwortlich, was mir geschieht, aber ich bin für meine Reaktion verantwortlich. Nicht immer kann ich ändern, was passiert ist, aber wie ich darauf reagiere, das habe ich immer in der Hand.

Auf der anderen Seite bin ich manchmal sehr wohl für das verantwortlich oder mit-verantwortlich, was in meinem Leben passiert. Wann immer ich fest genug mit dem Fuß gegen einen ledernen Fußball getreten habe, ist dieser fortgerollt. Das ist einfache Physik – das Gesetz von Ursache und Wirkung. Darüber hinaus habe ich die Erfahrung gemacht, dass mein Fokus meine Realität beeinflussen und verändern kann. Wann immer ich felsenfest von etwas überzeugt war, habe ich mich entsprechend gefühlt. Also habe ich, bewusst oder unbewusst, in diese Richtung gedacht, gesprochen und gehandelt. Fokussierte ich mich auf die Schmerzen, wenn ich auf erhitztem Sand lief, dann spürte ich sie stärker, als wenn ich mich auf die Empfindung von Eis konzentrierte. Der Fokus auf die Weltreise, selbst als diese noch nicht annähernd in erreichbarer Nähe schien, hat mir geholfen, entsprechend zu fühlen, zu denken und zu handeln. Ich habe alles in mir darauf ausgerichtet, und die Spiegel des Lebens haben mir mein Bild zurückgeworfen. Wo der Fokus ist, dahin fließt die Energie.

Es gibt also Ereignisse und Situationen, die einfach passieren und auf die ich keinen direkten Einfluss habe, auf die ich aber trotzdem verschieden reagieren kann. Und dann gibt es Ereignisse und Situationen, die ich selbst erschaffe oder anziehe mit dem, was ich bin: in diesem Fall eine Zusammenfassung aus Fokus, Emotionen, Gedanken, Worten und Handlungen.

Im jüdischen Talmud heißt es: »Achte auf deine Gedanken, denn sie werden Worte; achte auf deine Worte, denn sie werden Handlungen; achte auf deine Handlungen, denn sie werden Gewohnheiten; achte auf deine Gewohnheiten, denn sie werden dein Charakter; achte auf deinen Charakter, denn er wird dein Schicksal.«

Als ich weiterfahre, sehe ich den riesigen Körper des Mauna Loa neben mir. Er ist nicht nur der größte Vulkan der Insel, sondern sogar der größte weltweit. Leider ist er ebenfalls in Wolken gehüllt, sodass ich seine vollständige Ausdehnung nicht sehen kann. »Schade«, seufze ich. »Gerne hätte ich die Aussicht bewundert, aber dann eben das nächste Mal.« Das sage ich mir manchmal, wenn ich etwas gerne sehen wollte, es aber nicht geschafft habe. Es klingt tröstlich und schürt meine Vorfreude.

Am frühen Nachmittag komme ich in meinem neuen Hotel an. Es befindet sich wieder in Kona, weil ich morgen von hier zur nächsten Insel fliegen werde. Für den letzten Tag wollte ich mir den Luxus eines schicken Hotels gönnen.

Von der Lobby aus kann ich die ganze Bucht und den langen Strandabschnitt sehen. Ich nehme mir vor, gleich schwimmen zu gehen und die hartnäckigen Gedanken abzuwaschen. Mein Zimmer ist riesig, aber das kann ich auch später noch bewundern. Nach der Fahrt und dem vielen Nachdenken brauche ich Bewegung. Also ziehe ich meinen Bikini über und wickele mich in meinen neuen Pareo. Ein Lächeln gleitet über mein Gesicht, als er mich an meine Adoptivfamilie in Rarotonga erinnert.

Nach dem Aufenthalt im Wasser bleibe ich auf dem nassen Sand stehen und grabe meine Füße tiefer hinein, bis sie nicht mehr zu sehen sind. Das geht ganz einfach, weil er so fein und weich ist. Andächtig schließe ich die Augen und bleibe ganz ruhig stehen. Als ich mich auf meine Füße konzentriere, spüre ich zuerst kaum merklich und dann immer stärker, wie der angestaute Stress, der Unmut, jedes negative Gefühl durch meine Füße in den Sand abfließen. »Leider gehen nur die Gefühle in Bezug auf meine Probleme, aber nicht die Probleme selbst«, denke ich und lasse diesen Gedanken gleich mit dem anderen Ballast durch meine Füße verschwinden. Die positiv geladenen Ionen gehen in die Erdoberfläche, und meine Füße, besonders aber meine Fußsohlen, saugen die negativ geladenen Elektronen der Erdoberfläche in sich auf. Von dort wandern sie immer höher und breiten sich in meinem ganzen Körper aus. Ich fühle, wie sie den Stress neutralisieren und Entspannung möglich machen.

Früher habe ich mich jedes Mal gewundert, warum ich mich nach einem Strandurlaub so gut fühle. Meine Stimmung war ausgeglichen, alles schien leichter zu sein. Dem bin ich erst auf die Spur gekommen, als ich mich mit wissenschaftlichen Untersuchungen zum Barfußlaufen beschäftigt habe. Jetzt beobachte ich den Prozess bewusst und steuere ihn. Mit jedem Ausatmen lasse ich alles von mir abfallen, was mich belastet, und mit jedem Einatmen inhaliere ich alles, was mir guttut.

Nach einem reichhaltigen Mittagessen in einem Sushi-Restaurant fahre ich zurück ins Hotel. Jetzt weiß ich meine funktionierende Kreditkarte und die Leichtigkeit, die sie mit sich bringt, erst richtig zu schätzen. Die Zeit bis zum Abend verbringe ich wieder im Meer und merke auf meinem Zimmer, wie gut die Wunde bereits wieder zugeheilt ist. Salzwasser ist eines der ältesten Heilmittel der Welt, und wir haben es in den schönsten Formen auf unserem Planeten zur Verfügung. Dann setze ich mich auf den großen Balkon vor meinem Zimmer und betrachte die Berge. Sie sind jetzt frei von Wolken, und als sie sich in ein sanftes Orange hüllen, mache ich mich schick für das Hotelrestaurant. Es hat einen weiten Blick über das Meer, wo ich bei einem guten Abendessen den Sonnenuntergang betrachten möchte.

Die Dame im blumigen Outfit dreht sich von einem Gast, dem sie einen Tisch zugewiesen hat, zu mir um. Den Gesichtsausdruck kenne ich bereits, und mein Verdacht bestätigt sich, als sie bedauernd ihren Kopf schüttelt: »Sie müssen hier leider Schuhe tragen, Miss.« Ich versuche erst gar keine Gegenwehr, weil ich heute wenig Lust auf eine Diskussion verspüre, und trotte zurück zu meinem Zimmer. Dort ziehe ich meine Barfußsandalen an und gehe zurück zum Restaurant. Brav stehe ich erneut am Eingang, wo die gleiche Dame meine Füße mustert. Sie nickt und weist mir einen Tisch am Eingang zu. »Ist etwas auf der Terrasse frei?«, frage ich höflich. Erneut nickt sie und winkt mich zu einem Tisch auf der Terrasse. Hier habe ich einen guten Blick von den Klippen übers Meer.

Langsam verändern sich die Farben, während die Sonne immer weiter dem Meer entgegenrollt. »Sinket, sinket, ihr Probleme, wie die Sonne in das Meer«, sinniere ich. Aber warte mal, welche Probleme eigentlich? Dass ich mit den vielen Nachrichten subjektiv betrachtet nicht klarkomme und mich überfordert fühle, ist halt eine Macke von mir, aber nicht wirklich ein Problem. Meine Ehe ist Vergangenheit. »Daran will ich aber nicht denken, weil alles schon passiert und vorbei ist.« Ich nicke zustimmend und komme mir blöd vor. Führe ich schon Selbstgespräche? Oder wie nennt man das, wenn das Gespräch auf gedanklicher Ebene stattfindet? Egal.

Da kommt mein Hauptgericht. Ich bedanke mich bei dem Kellner und nehme einen Bissen von meinen Ravioli mit Pilzen. Wenn ich anfange zu essen, höre ich auf zu denken. Besonders dann, wenn es wirklich gut schmeckt. Und das tut es. Die würzigen Pilze harmonieren perfekt mit dem Parmesan, unterstützt von einer feinen Salbeinote. Als ich wieder auf das Meer hinausschaue, ist die Sonne untergegangen. Die Farben wollen trotzdem nicht verblassen, sondern sind sogar kräftiger geworden. In der Zwischenzeit bin ich, ohne es zu bemerken, mit der Ferse aus meinen Sandalen geschlüpft. Ich muss grinsen, als es mir auffällt. Dann ziehe ich die Sandalen ganz aus, stelle meine Füße aber darauf. Das fühlt sich gleich viel besser an. Ich genieße den Windstoß, der meine Füße streichelt. Vom Denken ins Fühlen, und alles, was es dafür braucht, sind bloße Füße. Schade nur, dass gerade auf einer pazifischen Insel das Tragen von Schuhen gefordert wird. Ob sie dafür wohl einen triftigen Grund haben? Oder ist es nur eine Frage der Etikette? In Hamburg war es kein Problem. Dabei hätte ich gedacht, es wäre genau umgekehrt. Verrückte Welt. Mit einem Schulterzucken lasse ich die Feststellung stehen und widme mich wieder meinem Essen. Der Sonnenuntergang ist gerade dabei, sich seiner vollen Pracht bewusst zu werden.

Zurück im Zimmer betrachte ich die Wunde oder das, was noch davon übrig ist. Sie ist tatsächlich nur noch ein kleiner dunkler Strich auf meiner linken Fußsohle. Mir kommt das Sprichwort »Die Zeit heilt alle Wunden« in den Sinn. Mein Fuß kann das bestätigen, allerdings erst, nachdem ich das Glas herausgeholt habe. Vielleicht sollte ich das auf der seelischen Ebene auch tun? Würden die Wunden dann besser heilen? Ach verflixt, jetzt bin ich schon wieder bei diesen Gedanken gelandet. Die Zeit werde ich mir auch noch nehmen können, das Ganze später, vielleicht nach Hawaii, zu bearbeiten. Morgen ist es zuerst einmal Zeit, eine neue Insel zu erkunden und zu entspannen. Danach geht's ans Eingemachte: Ich werde die Wellen reiten.

Von dem kleinen Inselflughafen Kona dauert der Flug nach Lihue nur vierzig Minuten. Unter mir sehen die grünen Berge Kauais wie schlafende Drachen aus. Sie wirken friedlich und sorglos in ihren sanften Träumen. Ich dagegen habe letzte Nacht nur schwer einschlafen können. Mir ist ein Bild nicht aus dem

Kopf gegangen: Vielleicht hat meine Seele sich, metaphorisch gesprochen, tatsächlich Glas eingetreten? Was, wenn etwas in ihr ist, was nicht hineingehört? Ein Störenfried? Es fühlt sich seit Langem so an als würde ich innerlich auf Füßen voller entzündeter Wunden laufen. Doch obwohl ich den Schmerz immer wieder fühle, schiebe ich ihn beiseite. So wie ich das Glas als bloße Schnittwunde abgetan habe, spiele ich die Belastungen, den Schmerz meiner verwundeten Seele, umherspukende Erinnerungen an meine Ehe auf ein Nichts herunter. All die lange überhörten Teile meines Selbst geistern wehklagend herum wie Gespenster auf einem Friedhof. Doch ich ignoriere jeden Gedanken, der mich darauf hinweisen will. So sind sie leise geworden, weil ich ihnen nicht mehr zugehört habe. Und weil ich alle ihre Hilferufe nicht beachtet habe, sendet meine Seele mir einen Hilferuf, den ich nicht lange überhören kann: das Glas in meinem Fuß.

Aber wie soll ich denn sicher wissen, ob ich tatsächlich richtig liege? Und wie kann ich mir Glassplitter aus der Seele ziehen?

Mittlerweile sitze ich in meinem Mietwagen und fühle mich angekettet, überrannt und niedergetrampelt von den klagenden Stimmen in meinem Innern. Ein Supermarkt taucht an der linken Straßenseite auf und bietet eine willkommene Abwechslung für meinen ratternden Kopf. Ich habe nämlich keinen blassen Schimmer, wie ich meiner Seele helfen kann. Mein Gehirn hat die Schlagworte »Seele«, »Wunden« und »Glas« für den Rest des Tages unter Androhung der Kündigung blockiert und seine Funktion auf die notwendigsten Überlebensmechanismen beschränkt. Gerade haut es mit voller Wucht auf die Alarmglocke für Hunger. Das Frühstück und dann die überzuckerten Chemiebomben im Flugzeug sind bereits eine Weile her. Ihre leeren Kalorien haben nur Ressourcen in meinem Körper verbraucht und mich hungriger zurückgelassen als zuvor. Auch etwas tief in mir hungert schon lange und versucht, sich Gehör zu verschaffen, aber dafür habe ich gerade keine Kapazitäten.

Kurz darauf verlasse ich den Supermarkt mit einem gefüllten Einkaufswagen und hieve die Stofftaschen auf den Vordersitz, damit ich während der Fahrt etwas zu knabbern habe. Wenig später habe ich mein Ziel erreicht und parke den Wagen. Eine bleierne Müdigkeit hat sich über mich gelegt. Ich ächze die wenigen Stufen zum Apartment hinauf und öffne mit dem Code die Tür. Praktisch! So kann ich gleich rein und muss keinen wegen einer Schlüsselübergabe treffen. Denn gerade möchte ich einfach allein sein und mich mit niemandem unterhalten müssen.

Die Wohnung hat einen frischen Look mit ausgewählten Details. Durch die Schiebetür zum Balkon erspähe ich Bäume und Blumen. Für Princeville habe ich ein wirkliches Schnäppchen gefunden und hätte gerne eine ganze Woche gebucht. Leider war das Apartment nur für vier Nächte verfügbar. Ich weiß noch nicht, was ich danach machen werde. Vielleicht campen? Der Couchtisch ist im Weg; ich schiebe ihn zur Seite. Dann lege ich mich auf den Boden neben der Couch und strecke mich ein wenig. Das tut gut. Ich liege gerne auf dem Boden und habe das bereits als Kind gemacht, wenn ich abends nicht einschlafen konnte oder nachts aufgewacht bin. Das lag meistens an meiner Schilddrüse, und näher zur Erde liegen half, selbst wenn ich im ersten Stock schlief.

Nachdem ich meine Sachen eingeräumt und etwas gegessen habe, finde ich eine Liste mit Vorschlägen zu Restaurants und Erlebnissen. Auf einer kleinen Karte sind alle Punkte markiert. Ganz in der Nähe befindet sich ein Aussichtspunkt auf den Klippen, von wo aus ich den Sonnenuntergang verfolge. Später sitze ich mit einer Tasse Tee noch eine Weile auf dem Balkon und schaue hinauf zum Himmel. Der Mond ist in der abnehmenden

Phase und wird in wenigen Tagen nur noch eine dünne Sichel sein. »Wenn der Mond das Meer bewegt und ich zu etwa siebzig Prozent aus Wasser bestehe, dann müsste er doch theoretisch auch etwas in mir bewegen«, sinniere ich. Aber ich spüre nichts, nur diese bleierne Müdigkeit.

Ein paar Sonnenstrahlen wecken mich am Morgen; ich hüpfe aus dem Bett. Hoffentlich sind die Wellen perfekt für ein paar Runden Bodyboarding. Einem YouTube-Video über das Surfen habe ich die Empfehlung entnommen, eine Nummer kleiner anzufangen und mit einem Bodyboard ein erstes Gefühl für die Wellen zu bekommen. Praktisch, dass meine Vermieter mir nicht nur ein Anfänger-Surfboard, sondern auch ein Bodyboard zur Verfügung stellen. Ich zögere einen Moment und überlege, ob ich gleich alle beide mitnehmen soll, lasse das Surfboard jedoch stehen. Das kann bis morgen warten. Nach dem Frühstück lasse mich von Google Maps zur Hanalei Bay navigieren. Rechts von mir sehe ich einen Pier am Ende der Bucht. Auf der linken Seite zieht sich die Linie zwischen Strand und Meer in einem weiten Bogen an den Bergen entlang bis in die Ferne. Das Wasser ist bereits gut gefüllt mit Surfern, Schwimmern und Menschen auf Bodyboards. Mit einiger Übung klappt das Gleiten auf den Wellen bald gut. Immer mehr freue ich mich aufs Surfen und hoffe, dass die Wellen morgen perfekt für meine erste Surfstunde sind.

Nach einem provisorischen Mittagessen spaziere ich den Strand entlang. Die Wellen sind mittlerweile zu flach zum Bodyboarden, aber dafür kann ich jetzt besser schwimmen. Ich genieße den Aufenthalt im Meer und vergesse ganz, dass ich keine Sonnencreme aufgetragen habe. Es dämmert bereits, als ich vor dem Apartment parke und hineingehe. Ich bin erschöpft, aber es fühlt sich gut an. Unter der Dusche wasche ich den Sand von meinem Körper, dann hänge ich meinen Bikini auf. Morgen möchte ich mich nach einem einteiligen Badeanzug umsehen. Ein Bikini in den Wellen ist unpraktisch; die Haut an meinem Bauch ist aufgescheuert von dem rauen Bodyboard, Salz und Sand. Als ich vor dem Spiegel stehe, zucke ich erschrocken zurück. Mein Gesicht, meine Schulter und mein Rücken sind ganz rot. Ich hätte besser aufpassen müssen. In Rarotonga war ich vorsichtiger und nicht so lange im Meer. Vorsichtig trockne ich mich ab und packe eine dicke Schicht Aloe-Vera-Gel auf die verbrannten Stellen. Auch wenn es bald besser sein wird – das Surfen kann ich für morgen vergessen. Zumindest, bis meine Gesichtshaut geheilt ist.

Nach einer Reis-Gemüse-Pfanne schaue ich mir eine Doku über Hawaii an. Obwohl ich bereits vorher gelesen habe, dass die Inselkette durch einen unterseeischen Vulkan entstanden ist, wird mir dieses Wunder erst jetzt wirklich bewusst. Ich komme aus dem Staunen nicht heraus. Aus Chaos ist Ordnung entstanden? Und aus Feuer ein wasserreiches Gebiet? Aus dem Wüten eines Vulkans dieses Paradies? Das bringt mich zum Nachdenken.

Ist das nicht ein Spiegel für das Leben? Oft muss zuerst das Alte niedergebrannt oder zur Seite gedrängt werden werden, damit Platz geschaffen werden kann für das Neue. Und dann kann aus den vermeintlichen Trümmern das schönste Paradies entstehen. So wurde auch in meinem Leben vieles erst ermöglicht, indem das Alte zerbrach. Meine bereits zerbrochene und nur noch mühsam zusammengehaltene Ehe und die Arbeitsstelle, zu der mein Herz nie Ja gesagt hat, haben mich unglücklich gemacht. Es war aber bequemer, das Unglück zu ertragen, als die Belastung der Ungewissheit und des Neuen zu spüren.

Dadurch, dass alles zerbrochen ist, bin ich aufgestanden und habe festgestellt, dass ich nichts mehr zu verlieren hatte. Dass mir jetzt die Welt offensteht. Dass ich mich endlich finden darf.

In jedem Land, an jedem Ort, mit jedem Problem höre ich in mich hinein und frage mich: »Wer bin ich jetzt durch dieses Land, diesen Ort, dieses Problem? Was macht es mit mir?«

Mein Leben war vorher zu laut, um meine innere Stimme zu hören. Hier auf Kauai bin ich mehr bei mir selbst als irgendwo bisher. Ich nehme mir vor, einige Lavafelder anzuschauen. Dabei werde ich allerdings vorsichtiger sein, damit ich mich nicht erneut verletze.

Als ich auf den Balkon gehe, sehe ich, dass einige Wolkenfetzen über den Nachthimmel ziehen. Immer dichter werden sie, bis sie bald die Sterne überdecken. Mit einem Gähnen stelle ich fest, dass es Zeit für etwas Schlaf ist.

Ohne Sonnenstrahlen schlafe ich länger, und als ich aufstehe, sehe ich, dass es draußen wie aus Kübeln regnet. Begeistert ziehe ich mir etwas über und laufe nach draußen. Auf der kleinen Wiese vor der Haustür haben sich riesige Pfützen gebildet und laden das kleine Kind in mir zum Pfützenspringen ein. Die Erde saugt die willkommene Feuchtigkeit auf, und es fühlt sich so an, als würden meine Füße auf ihre Art und Weise das Gleiche tun. Das kühle Nass bringt das Gras zum Prickeln und meine Fußsohlen kitzeln. Bald bin ich von oben bis unten durchnässt, der Regen hat nachgelassen. Zeit für eine Dusche und ein Frühstück.

Nachdem ich alles aufgeräumt habe, setze ich mich an meinen Laptop und überprüfe mein E-Mail-Postfach. Eine Rechnung nach der anderen, alle noch aus der Zeit, als ich versucht habe, mir meine Heilung zu kaufen. Einem Gesundheitsversprechen nach dem anderen habe ich Glauben geschenkt. Meine Reisekasse hat bereits mehr gelitten als geplant, und das Wenige, was ab und zu noch hereinkommt, reicht für meinen bisherigen Reisestil nicht aus. Zwischendurch bin ich immer wieder für eine Weile nicht erreichbar, und letztendlich wollte ich auch genau das beim Reisen erzielen. Aber dadurch bin ich auch nicht immer da, wenn mich jemand zu Ernährungsfragen oder in Sachen Network Marketing sprechen möchte. Meinen Kunden und Interessenten habe ich vor meiner Abreise gesagt, dass sie sich bei dringenden Fragen an jemand anderen wenden sollen. Das spüre ich jetzt finanziell. Bisher habe ich mich in kein Hostel getraut, weil meine Erinnerung an eine Klassenfahrt mit schnarchenden Kreissägen noch zu lebendig ist. Wenn ich mich also nicht in einem Achterzimmer beim möglichen Lärmlevel eines Presslufthammers in den Schlaf quälen möchte, dann sollte ich bald nach einer Arbeitsmöglichkeit schauen. Vielleicht werde ich das nach Hawaii machen. Dann kann ich weiterhin in Ruhe reisen, ohne ständig überprüfen zu müssen, ob meine Kasse noch ausreichend gefüllt ist.

Ich habe die wichtigsten Rechnungen bezahlt, als der Regen ganz aufhört und die Sonne zwischen den Wolken hervorkommt. Das überzeugt mich, ich klappe den Laptop zu. Dann ziehe ich meinen Bikini an, darüber Shorts und ein geschlossenes Shirt. Den Pareo lege ich um meinen Nacken. Meine Baseball-Cap kommt auf meinen Kopf, damit alle verbrannten Stellen bedeckt sind. Etwas Essen, ausreichend Wasser und mein Handtuch packe ich in meinen kleinen Rucksack und spaziere die Straße hinunter. Eine versteckte kleine Bucht liegt in der gleichen Richtung, wo ich vorgestern dem Sonnenuntergang zugeschaut habe. Ich erreiche den unscheinbaren Eingang von der Straße aus und gehe an tropischen Bäumen entlang auf einem schmalen Pfad. Mittlerweile kann ich schon hören, wie die Wellen brechen. Nach einigen Schritten stehe ich an einem steilen Abhang, der mit Seilen zwischen den Palmen und Bäumen gesichert ist. Bald darauf verstehe ich, warum dieser Strand weniger aufgesucht wird als andere: Der Weg hinunter ist kein Spaziergang. Einmal rutsche ich ein wenig auf dem noch nassen

Untergrund aus, aber das Seil hält mich. Durch die Blätter der Bäume kann ich bereits das Meer sehen und erreiche den Sandstrand wenig später. Außer mir ist niemand dort. Ich breite mein Handtuch aus; die oberste Schicht des Sandes ist bereits von der Wärme und Sonne getrocknet.

Die Wellen sind hoch, der Ozean ist wild. Ich setze mich also lieber etwas in den Sand neben meinem Handtuch und beobachte. Mir fällt ein, dass ich Berichte von Menschen gelesen habe, die hier auf Kauai vom Meer mitgenommen wurden und nie wieder auftauchten. Eine junge Frau hatte auf den Klippen des Queens Bath, einige Hundert Meter rechts von mir, gerade für ein Foto posiert. Dann beobachtete ihr Freund nur noch, wie eine Welle über die Felsen kam und das Mädchen mit ihr verschwand. Solche und ähnliche Fälle gibt es viele. Und so einige hätten durch Vorsicht verhindert werden können.

Deshalb bin ich dankbar dafür, sie zu kennen, denke ich, während ich mich rückwärts in den Sand fallen lasse. So habe ich keine Angst, aber doch Respekt vor der Kraft der Natur. Ich habe mir zu eigen gemacht, vor jedem Gang ins Meer die Wellen und Strömungen zu beobachten.

Nachdem ich eine ganze Weile dagesessen habe, rolle ich ein Stück von meinem Handtuch weg und mache mit Händen und Füßen einen Sandengel. Dann stehe ich auf, um ihn zu begutachten. Ich muss zwei Schutzengel haben, bemerke ich lachend: einen für mich und einen für meine Barfüße! Also male ich noch einen weiteren Engel daneben.

Zufrieden stehe ich auf, klopfe den Sand ab und packe meine Sachen zusammen. Dem Sonnenstand nach schätze ich, dass es kurz nach zwei Uhr nachmittags ist. Als ich im Apartment angekommen bin, zeigt die Uhr 14:22. Ich dusche, esse und mache mich fertig für den Wochenmarkt. Auf dem Rückweg will ich auch in den Supermarkt fahren, der liegt ohnehin auf der

Strecke. Um kurz nach vier fahre ich an einer großen Wiese mit allerlei Ständen vorbei. Das muss der kleine Markt sein. Ich wende also und parke neben den anderen Autos mitten auf der Wiese. Das feuchte Gras fühlt sich angenehm kühl an nach dem heißen Sand. Ein Teil der Wiese liegt im Schatten der Bäume und hat deshalb seine Kühle bewahrt. Bei den Ständen ist es deutlich wärmer und trockener. Ich finde alles, was ich brauche, und kaufe noch die eine oder andere mir unbekannte tropische Frucht dazu. Vollgepackt gehe ich an einigen Läden vorbei, als mir wieder einfällt, dass ich ja nach einem Badeanzug schauen wollte. Deshalb stöbere ich durch ein paar Läden und finde schließlich etwas Passendes. Danach fahre ich noch kurz in den Supermarkt.

Zu Hause angekommen, fehlt mir jedoch der Appetit, was an sich bereits verdächtig ist. Ich probiere lustlos ein paar von meinen Neuheiten, lasse mich dann aber erschöpft auf einen der Stühle des Balkons fallen. In mir wütet eine Unruhe, wie eine nebelige Vorahnung, die sich logisch nicht erklären lässt. Mein Bauch grummelt und wirkt unglücklich. So sehr ich mir den Kopf zerbreche, mir fällt kein Grund dafür ein. Müde ziehe ich mich am Balkongeländer hoch und blicke über die Landschaft. Dann gehe ich rastlos auf und ab. Alles um mich her ist friedlich und ruhig. In der Abendsonne leuchtende Baumwipfel wiegen sich rhythmisch im Wind und sehen aus wie ein schillernder grüner Ozean. Wenn ich durch Kauais Natur streife oder sie beobachte, habe ich das Gefühl, selbst beobachtet zu werden. Ich nehme nicht nur die Pflanzen als Persönlichkeit wahr, sondern die Insel selbst – so wie ihre Ureinwohner. Aber ich habe auch das Gefühl, dass Kauai mich fordert. Als würde mich diese Insel mit ihrem Licht kitzeln, sodass ich all die verkrampfte Verschlossenheit loslassen und mich öffnen kann. Als würde sie mich mit ihrer Schönheit blenden, sodass ich nichts mehr sehe und mich nach innen wende. In die Dunkelheit und den Schmerz. In all die verdrängten Wunden. Tough love, eben.

Allein der Gedanke daran tut so weh, dass ich all das ganz schnell beiseiteschiebe. Aber natürlich schlafe ich schlecht ein. Mein Bauch grummelt immer noch, und ich fühle mich insgesamt chaotisch. Als hätten alle meine inneren Organe ihre Plätze getauscht und rebellierten gegen etwas. Aber gegen was? Ich verstehe einfach nicht, was los ist. Meine Logik ist am Ende, und ich bin es auch. »Hey, Gott«, krächze ich. Bin ich jetzt auch noch heiser? Na super. »Kaputt, Hilfe«, bringe ich noch fertig. Dann atme ich tief durch und reibe meine Schläfen. Zu allem Übel beginnt nun auch noch mein Kopf zu schmerzen.

Ich muss wohl eingeschlafen sein, denn nachts wache ich einige Male schweißgebadet auf. Einmal mit Tränen, ein anderes Mal schreie ich leise und verhalten. Die Bilder sind vertraut. Sie rattern durch meinen Kopf, ergeben einen Film. Erinnerungen an *ihn.* Ein riesiger Kloß in meinem Hals erschwert das Atmen. Ich huste, bis weitere Tränen meine Wangen hinunterlaufen. Werfe zwei Kissen an die Wand. Atme stoßweise. Ich fühle mich wie ein Haufen Elend. Woher kommt die plötzliche Dunkelheit? Mein Körper zittert und bebt, während er die Situationen erneut durchlebt. Kontrolle. Angst. Alles in mir zieht sich zusammen, mir wird übel. Mein Herz rast wie wild, Adrenalin pumpt durch meinen Körper. Mir ist, als würde etwas das Leben aus mir saugen und mein Blut trinken. Ich fühle mich beschmutzt und dreckig.

Dann stoße ich ein tiefes Seufzen aus, das in jeder Zelle dumpf widerhallt. Ach, verdammt! Ich war so blind! Dabei hätte ich doch sehen müssen, dass es keine Liebe, sondern eine Abwärtsspirale war. Ein Geschäft mit zu viel Kleingedrucktem in den AGBs. Wie viele Tatsachen hast du verdreht, wie viele Verbote aufgestellt, mich eingeschüchtert, gedemütigt, beschimpft, mich isoliert, kontrolliert, kritisiert ... Und wie unschön bin ich ausgebrochen aus meinem Käfig! Er war unsichtbar, vielleicht mehr wie die Fäden einer Marionette. Deshalb haben mich so viele aus der Kirche verurteilt. Sie haben Steine nach mir geworfen und nach denen, die sich zu mir stellten. Den Splitter in meinem Auge verurteilt, ohne die Balken in ihren eigenen Augen zu sehen. Vier Finger zeigen auf mich zurück, wenn ich auf jemanden deute. Ich seufze und fühle mich ein bisschen besser. Sich den ganzen Dreck von der Seele zu sprechen, das tut gut. Einfach das sagen, was ich die ganze Zeit fühle. Unzensiert.

Ich will nicht mehr schlafen und versuche, vor Gedanken und Erinnerungen zu fliehen. So wie schon die ganze Zeit. Einfach weglaufen. Ich stehe auf und schwanke ein wenig. Der Himmel ist jetzt dunkel und von Wolken überzogen. Genauso, wie ich mich fühle.

Etwas zieht mich zu meinem Smartphone. Auf der Couch sitzend schalte ich das WLAN an. Einige Mails, darunter eine von meinem Vater, der sich netterweise um meine spärliche Post kümmert. Betreff: »Amtsgericht«. Einige eingescannte Dokumente sind enthalten. Ich schließe meine Augen und weiß, dass sie wenig Gutes enthalten können. Ein dumpfes Gefühl breitet sich in meinem Bauch aus, und die dunklen Wolken über mir werden noch dunkler.

Irgendwann werfe ich einen Blick darauf und atme tief ein. Dann sacke ich zusammen. »Shit!«, sage ich leise. Diesen Brief habe ich nicht erwartet. Deswegen die Nacht. Tief in mir drin habe ich wahrscheinlich schon gefühlt, dass ein »freundlicher« Scheidungsbrief mit den Gerichtskosten im Anmarsch ist. Oder ist es umgekehrt und die Rechnung kommt, weil ich die ganze Zeit vor meiner Vergangenheit weglaufe, wo ich sie doch in mein Bewusstsein lassen sollte? Oder beides? Ich schüttele den Kopf und schaue sicherheitshalber noch einmal auf den Betrag.

Dann merke ich, dass ich die Luft angehalten habe, und atme tief durch. Eins weiß ich: Wenn ich die übrigen Rechnungen und diese hier bezahlt habe, ist meine Reisekasse so leer, dass ich meine weiteren Reiseziele auf später verschieben muss. Leider habe ich kein Arbeitsvisum für die Staaten und kann dort kein Geld verdienen, um mir meine Weiterreise zu finanzieren.

Ich könnte noch eine gute Weile in den USA durchkommen. Eine Bedingung für die Einreise ist ein Rück- oder Weiterflugticket, und mein Weltreiseticket bringt mich von Los Angeles zurück nach Deutschland, auf einem Flug, den ich eigentlich verfallen lassen wollte. Ich könnte ihn nutzen und mit einem Roadtrip nach Los Angeles verbinden. Aber dann? Was dann? Alles in mir wehrt sich dagegen zurückzugehen. Ich wollte herausfinden, was ich wirklich will und wer ich sein möchte, und das habe ich bei Weitem noch nicht geschafft. Bisher bin ich nur weggelaufen, wollte Abstand zu allem haben. Alles ist mir zu viel geworden, hat sich angestaut, und ich bin noch nicht bereit zum Abschließen oder Verarbeiten. In der weiten Welt fühle ich mich frei, kann meine eigenen Gedanken denken, meine eigenen Erfahrungen machen, mein eigenes Leben leben. Endlich kann ich einmal ich selbst sein. Selbst in Deutschland bin ich bereits einige Male von Stadt zu Stadt gezogen, auf der Flucht vor Erinnerungen, Kontrolle, Fundamentalismus und verkopfter Starrsinnigkeit. Aber irgendwo haben sie mich immer eingeholt. Ich war immer noch zu nah dran.

Endlich bin ich weit genug weg, um mich zu finden und meinen Weg zu gehen, und wieder holt mich alles ein. Ich weiß noch nicht, wie ich mit diesem Berg an Problemen, Wunden, Narben und Emotionen umgehen soll.

Niedergeschlagen trete ich auf den Balkon hinaus und setze mich. »Warum so viel auf einmal?«, frage ich in die Nacht hinein. Die Insel schweigt. Gott schweigt. Die Nacht schweigt.

»Warum?«, versuche ich es erneut. Stille. Ich seufze und schweige ebenfalls. Die Stille ist unheimlich. Der Dschungel ist nachts normalerweise nie so leise. Aber ich höre nichts außer meinem steten Ein- und Ausatmen. Die Lautlosigkeit wird angenehmer, umarmt mich sanft und wiegt mich wie ein Kind in den Armen seiner Mutter. Mein Atem beruhigt sich, wird rhythmischer und langsamer. Ich lächle unbewusst und lehne mich zurück. Eine Erkenntnis hüllt mich in ihren Mantel, und ich beginne zu verstehen, dass diese Situation viel Gutes und ein großes Potenzial in sich tragen kann – es hängt von mir ab, davon, wie ich sie nutze und ob ich diesem inneren Versprechen Glauben schenken kann. Da ist keine Stimme in mir oder um mich herum, die mir das sagt. Keine Erscheinung, keine Worte am Nachthimmel, aus Sternen geschrieben. Nur dieses feste innere Wissen, diese Zuversicht: ein warmes Gefühl.

Ich habe erfahren, dass negative Gefühle und Worte nichts Positives bewirken können. Und das macht auch ganz logisch Sinn für mich.

Mit einem Ruck stehe ich auf. Es gibt viel zu tun, und ich werde alles in Angriff nehmen, was ich kann. Als das erste Morgenlicht durch das Fenster scheint, sitze ich immer noch an meinem Laptop. Mit einem Gähnen strecke ich mich und mache weiter. Es ist kurz nach sieben Uhr, als ich endlich fertig bin. Eine Mail ist eben in meinem Postfach gelandet. Ich lehne mich nach vorn und lese sie. Ein Freund aus meiner Heimat hat angeboten, den Brief von der Amtskasse anwaltlich überprüfen zu lassen. Er hat mir bereits einige Male weitergeholfen, und ich vertraue ihm. Also gebe ich ihm mein Okay und klappe den Laptop zu.

Eine bleierne Müdigkeit überfällt mich, als ich versuche aufzustehen. Ich falle wieder zurück. Mein Körper hat mit der Autoimmungeschichte ohnehin viel zu stemmen und mag weder Stress noch andere Belastungen wie Junkfood oder mit Chemikalien versetztes Essen. Außerdem reagiert er sensibel auf mentale und seelische Probleme. Manchmal genügen Kleinigkeiten, um ihn aus dem Gleichgewicht zu bringen. Meistens heißt das nur, dass mein Energielevel nicht 100 Prozent beträgt. Auf der anderen Seite gefällt mir die rasche Reaktion, weil ich schnell weiß, was mir guttut und was nicht. Aber es kann auch belastend sein.

Heute wollte ich mich unbedingt im Surfen probieren. Der Sonnenbrand ist weitestgehend zurückgegangen unter fleißiger Aloe-Vera-Behandlung. Verbissen setze meine ganze Kraft ein und stehe auf. Sobald ich stehe, geht es halbwegs. Mir ist nur kalt, während mein Körper heiß ist. Auf jeden Fall habe ich leichtes Fieber und bin schwach und wackelig auf den Beinen. Aber mein Wille ist stark. Und ich will heute unbedingt Surfen lernen, denn es ist mein letzter voller Tag hier in Princeville. Morgen geht es weiter. Wie es weitergeht, weiß ich aber noch nicht.

Mühsam ziehe ich mich um und packe ein Handtuch ein. Es ist immer noch bewölkt und ziemlich kalt. Vielleicht friere ich auch nur wegen des Fiebers, denn immerhin bin ich in den Tropen. Das ist schwer zu sagen. Das lange Surfboard ist zwar aus Schaumstoff, aber mir kommt es unglaublich schwer vor. Wasser und Essen mitzunehmen vergesse ich ganz, finde im Auto jedoch zumindest eine kleine halb leere Wasserflasche. Allein der Gedanke an Nahrung dreht mir bereits den Magen um, deshalb ist das vergessene Essen kein großer Verlust.

Der Wind peitscht die Wellen sechs Fuß hoch, und ich habe Schwierigkeiten, mein Board festzuhalten, ohne dass es mir aus der Hand gerissen wird. Etwas wackelig gehe ich ins Wasser. Trockenübungen habe ich bereits die letzten Tage gemacht und mir einige Videos mit Anleitungen und Regeln angeschaut. Dazu kommen ein paar Websites, die ich durchgelesen habe. Theoretisch weiß ich also, was zu tun ist. Aber mir scheint, als hätte der Wind die Hälfte davon aus meinem Gedächtnis geweht. Im

Wasser lege ich mich aufs Board und paddele ein wenig hinaus. Ich halte mich so weit wie möglich von anderen Surfern fern, um ihnen als Anfängerin nicht im Weg zu stehen. Die erste Welle will ich nur bodyboarden. Dafür muss ich nur vor die Welle kommen. Aber scheinbar liege ich zu weit vorne, denn die Welle wirft nur mein Heck hoch und überschlägt mich. Bei der nächsten klappt es besser. Nach einigen Wellen versuche ich das Aufstehen, Take-off genannt. Aber ich bin zu schwach und komme kaum hoch. Als ich es endlich schaffe, bin ich so erschöpft, dass ich das Gleichgewicht nicht halten kann und nach vorn falle. Die Welle nutzt diese Gelegenheit, zieht mir das Board unter den Füßen weg und haut es mir, als ich gerade auftauche, mit aller Wucht gegen den Kopf. Leider nicht mit dem Schaumstoff, sondern mit der harten Plastikunterseite. Alles geht so grundsätzlich schief, dass ich lachen muss. Dann schlucke ich Salzwasser, weil mich die nächste Welle überrollt, und ich huste und lache abwechselnd. Mittlerweile bin ich so fertig, dass ich nicht mehr auf das Board komme. Also lasse ich mich in seichteres Wasser treiben und werfe ich mich irgendwie drauf. Dann paddle ich wieder hinaus. Ich weiß zwar nicht wie, aber meine Arme bewegen sich. Unerbittlich versuche ich es immer wieder, aber am Ende liege ich nur atemlos von all den Versuchen mit dem Geschmack von Salzwasser in Mund, Nase und Magen auf dem Board und lasse mich von einer Welle ans Ufer bringen.

Den steilen Bereich bis zum Strand klettere ich mühevoll auf allen Vieren hoch, bevor ich mich auf mein Handtuch fallen lasse. Meine Versuche waren sehr enttäuschend. Ich hoffe, dass sich weitere Möglichkeiten ergeben, damit ich es erneut probieren darf. Das Fieber muss bereits gesunken sein, denn ich fühle mich zwar erschöpft, aber ansonsten besser. Sogar das Gefühl von Schwindel und Übelkeit ist weg. Ich setze mich auf und schaue den Surfern zu. Ihre flüssigen Bewegungen beeindrucken mich so sehr, dass ich versuche, mir jede einzelne einzuprägen. Das Salzwasser verstärkt meinen Durst. Also gehe ich zu meinem Auto, stolpere dabei mehrfach über meine Füße und bin erstaunt, dass meine Beine mich überhaupt noch tragen. Unterwegs zur Wohnung finde ich eine Saftbar und bestelle mir einen großen Saft aus Ananas, Kokoswasser und allerlei Grünzeug. Danach fahre ich zurück ins Apartment, dusche, trinke einen halben Liter Wasser und esse.

Ich fühle mich zwar bereits deutlich besser, bleibe aber den Rest des Tages lieber im Apartment. Zuerst stecke ich meine schmutzige Wäsche in die Waschmaschine. Mit meinem Laptop setze ich mich danach auf den Balkon und schaue nach guten Campspots. Als ich Fotos von der südlichen Küste und dem Nationalpark Polihali sehe, weiß ich, dass dies mein Campingplatz sein wird. Die Na Pali Coast möchte ich ein anderes Mal erkunden und mir dann auch gleich Zeit für die über mehrere Tage gehenden Wanderungen nehmen. Entschieden buche ich ein kleines Campingmobil, das aus einem umgebauten allradbetriebenen Van gebaut wurde. Ich werde mein Auto morgen zurück zum Mietwagenverleih in Lihue bringen und von dort ein Uber für die kurze Strecke bis zum gemieteten Camper nehmen.

Bis ich alles geplant und gebucht habe, ist es später Nachmittag. Die Wäsche, die seit einiger Zeit fertig ist, stecke ich in den Trockner. So habe ich frische Sachen nach dem Campen. Ich mache mir etwas Einfaches zu essen und öffne ein Kokoswasser. Im Zweiten Weltkrieg hat man bei Soldaten, wenn keine Blutkonserven verfügbar waren, Infusionen mit frischem Kokoswasser gegeben, habe ich gelesen. Ob die Story stimmt, habe ich nie nachgeschaut, aber der Geschmack hat mich schnell überzeugt. Außerdem fühle ich mich danach jedes Mal gut hydriert.

Ich werde heute früh müde und merke, dass mir der Schlaf aus der Nacht fehlt. Als die Erinnerungen an die Nacht wiederkommen, schiebe ich sie beiseite. Noch hat sich nichts Neues ergeben, und ich will keine Energie oder sogar eine weitere Nacht mit dem Grübeln darüber verschwenden. Ich glaube fest daran, dass sich eine Lösung dafür ergeben wird, und bin einfach offen für die Wege des Lebens.

Mit einem zuversichtlichen Lächeln gehe ich kurz nach draußen vors Haus und spaziere ein wenig durch das kühle Gras. Danach fühle ich mich noch gelassener und schlafe schnell ein. Mit Bildern vom Surfen wache ich auf. Für einen Moment werde ich traurig, weil ich mich so darauf gefreut habe, es hier zu lernen. Doch ich weiß, dass auch diese Wendung etwas Gutes für mich bereithält. Ich werde später eine bessere Möglichkeit dazu haben. Oder vielleicht komme ich nach dem Campen hierher zurück.

Außerdem stelle ich fest, dass es mir wieder blendend geht. Wie könnte ich da traurig sein? Und es geht weiter an einen beeindruckenden neuen Platz! Mit erwachter Begeisterung hole ich meine Wäsche aus dem Trockner und falte sie. Dann packe ich meine Sachen und mache mir anschließend ein Frühstück. Ich habe so viel eingekauft, dass ich eine ganze Kompanie mit Leichtigkeit versorgen könnte.

Als alles fertig ist, setze ich mich ins Auto und fahre die kurze Strecke zur südlichen Seite der Insel. Bei der Mietwagenfirma gebe ich den Wagen zurück und lasse mich und meine Sachen von einem Uber-Fahrer zu meinem gemieteten Camper bringen. Ein Mitarbeiter des Camperverleihs zeigt mir alle Funktionen in dem kleinen Mobil. Dann überprüft er meine Papiere, und ich darf losfahren. Er schaut nicht hin, als ich barfuß einsteige, und hat meine bloßen Füße wohl auch vorher nicht beachtet.

Die Landschaft verändert sich stark, sobald ich in Richtung Westen fahre. Statt grüner Berge sehe ich trockene wüstenähnliche Landschaften. Der Waimea Canyon hier, soll sogar denen in den Staaten ein wenig Konkurrenz machen. Aber gerade ist der Himmel bewölkt, und daher wäre die Aussicht nicht besonders attraktiv. Und ich möchte gerne früh genug auf dem Campingplatz ankommen, um einen guten Platz zu ergattern, falls es voll ist. Ich habe mir nämlich ein Wochenende ausgesucht.

Nach einer Weile biege ich auf einen breiten Weg ab, der aus plattgefahrener roter Erde besteht, und fahre eine gute halbe Stunde durch jede Menge Schlaglöcher. Ein paar Autos und kleine Camper kommen mir entgegen; die meisten winken fröhlich. Am Ende wird der Weg schmaler und sandiger. In einigen der Spots stehen bereits Jeeps und Toyota-Trucks mit Zelten daneben. Dazwischen trennen Bäume oder Büsche die meisten Parzellen voneinander und geben so Privatsphäre. Ich fahre bis ans Ende, wo ich die Toiletten und Duschen sehe, und dann wieder zurück. Schließlich stelle ich mich neben einen grauen Chevy Astro Van. Auf der linken Seite habe ich meine Privatsphäre, denn hier wachsen nach einigen Metern Büsche und Bäume. Weil es heiß ist, ziehe ich mich im Van um und schlüpfe in meinen Badeanzug. Die hohen Wellen sehen nämlich so aus als könnten sie Bikinis mit Leichtigkeit auseinandernehmen. Dann laufe ich durch den Sand hinunter zum Meer, bleibe davor allerdings stehen und beobachte es zuerst, die Füße im Sand vergraben. Ich beschließe, vorsichtig zu sein und nicht weit hineinzugehen. Die Wellen sind groß und wild.

Nachdem ich in den Wellen gespielt habe, gehe ich am Strand entlang. Die Landschaft ist beeindruckend und hat einen ganz besonderen Touch. Ich kann es schwer in Worte fassen, es fühlt sich so an, als hätten sich hier außergewöhnliche Dinge ereignet. Dinge und Ereignisse, die unsichtbare, aber fühlbare Spuren hinterlassen haben. Na ja, wahrscheinlich interpretiere ich nur wieder zu viel hinein. Die Berge schließen den Strand ein und enden im Meer. Die Sonne wird außerdem im Meer untergehen, was farbenfrohe Sonnenuntergänge bedeutet. Ich freue mich schon darauf.

Nach dem Spaziergang gehe ich zurück zu meinem Van und bereite die kleine Kochplatte vor. Ich finde es praktisch, dass alles mit dem Van zusammen bereitgestellt wird. Die Platte stelle ich draußen auf und verbinde sie mit dem Gasbehälter. Anschließend nehme ich einige Kartoffeln, die ich vor zwei Tagen gekocht habe, und brate sie zusammen mit Zucchinischeiben an. Dazu gibt es Kräuterjogurt und einen frischen Salat mit Ananas und Feta. Der schmeckt tropisch und kühlt meinen Körper angenehm.

Während die Kartoffeln braten, merke ich, dass die Sonne unbarmherzig vom Himmel brennt, und stelle einen Sonnenschirm auf. Darunter platziere ich einen Klappstuhl und mache es mir bequem, sobald alles fertig ist. Das Essen schmeckt immer besser an der frischen Luft. Ich weiß nicht, woher das kommt, vielleicht ist das auch nur mein Empfinden. Aber wenn ich mich mal irgendwo niederlasse, dann wäre das in einem Haus auf einem großen Grundstück mit einer Außenküche und weiteren Räumen, die ich mehr nach draußen orientiert bauen würde. Der Großteil meines Lebens würde dann draußen stattfinden. Das hätte auch den Vorteil einer stärkeren Verbindung zur Erde, weil ich natürlich wann immer möglich barfuß sein werde. Ich müsste dafür nur einen Platz ohne Moskitos finden. Das ist die Voraussetzung. Und für diese Art von offenem Bau müsste es warm genug sein. Ein Wintergarten ist auch etwas Schönes und hat mir schon immer gefallen. Auf jeden Fall möchte ich die Natur zu mir einladen und integrieren, statt sie auszugrenzen.

Als ich fertig bin, wasche ich mein Geschirr und stelle es zum Trocknen auf. Dann gehe ich wieder hinunter zum Strand. Der Typ aus dem Astro neben mir geht auch gerade zum Strand, und unsere Wege kreuzen sich. Er ist etwa eins achtzig, mit breiten

Schultern und kräftig gebaut. Alles an ihm, auch sein bärtiges Gesicht, erinnert mich an einen Bären. Ich sage freundlich »Hallo«, und wir kommen ins Gespräch. Er heißt Dan, ist heute etwa zwei Stunden vor mir angekommen und bleibt ebenfalls bis Montag. Außerdem lebt er in Kalifornien und besitzt Wohnungen in Princeville, die er vermietet. Er lädt mich auf ein Lagerfeuer bei Sonnenuntergang ein, und ich sage zu. Etwas Gesellschaft zu haben freut mich, zumal mein neuer Bekannter entspannt und nett zu sein scheint.

Bei Sonnenuntergang gehe ich zu seinem Van und sehe, dass er gerade dabei ist, das Lagerfeuer anzuzünden. Ich habe noch eine halbe Packung Nüsse und eine Tüte Chips, die ich mitbringe. Die biete ich ihm beide an und wir essen die Chips gemeinsam, während das Lagerfeuer knisternd vor sich hin brennt. Als die Sonne untergegangen ist, reden wir über uns, unsere Träume und die Vergangenheit. Es gibt Menschen, bei denen ich sofort das Gefühl habe, ich würde sie seit Ewigkeiten kennen und wir sähen uns einfach nur nach einer langen Zeit wieder. Dan hat eine andere, aber ähnlich verstörende Ehewahnsinns-Scheidungs-Geschichte erlebt. Ich freue mich riesig darüber, am anderen Ende der Welt jemanden zu treffen, der versteht, wovon ich rede. Aus Erfahrung und nicht aus Büchern oder Fernsehen.

»Möchtest du etwas trinken?«, unterbricht Dan meine Gedanken. Er ist aufgestanden und wartet auf meine Antwort. »Ich habe Wasser, Bier oder Kombucha«, ergänzt er und lächelt. »Was ist Kombucha? Das klingt interessant. Ich probiere das«, antworte ich. Er lacht und geht zu seinem Van. Kurz darauf kommt er mit zwei Glasflaschen von dem Getränk zurück und reicht mir eine davon. »Danke. Den Geschmack kenne ich«, stelle ich nach dem ersten Schluck fest. »Das ist doch dieser Teepilz, oder? Meine Mutter hatte den mal, allerdings hat sie ihn weggeworfen, weil mein Bruder und ich den nicht mochten.«

Dan zieht die Augenbrauen hoch: »Wirklich? Das ist ja schade.«

»Ja, wirklich«, lache ich. »Alles, was gesund war, schmeckte nicht.«

Er gluckst: »Das kenne ich. So sind wir auch aufgewachsen.«

Bis spät in die Nacht sitzen wir zusammen, unterhalten uns oder hören dem Knistern des Feuers zu und schweigen. Ich erfahre, dass Dan fast zwanzig Jahre älter ist als ich. Überrascht erkläre ich, dass ich ihn für Anfang dreißig gehalten hätte. Er muss lachen und meint, er höre das öfter. Irgendwann verabschieden wir uns, und er klettert in seinen Van, während ich mein Lager draußen auf dem weichen Sand näher zum Meer aufschlage. Es ist so warm, dass ich keine Decke brauche. Aber ich habe eine neben mir liegen, falls es nachts kalt wird. Ich hoffe, die Flut steigt nicht zu hoch. Mal sehen, ob ich überhaupt wach werde, wenn das Wasser meine Füße berührt. Nachdenklich starre ich in den weiten Kosmos über und in mir. Sterne funkeln in beiden Welten, die sich in gewisser Weise so ähnlich sind. Es gibt immer weniger Orte auf der Welt, wo die Sterne nicht durch Lichtverschmutzung verblassen. Wenn das im äußeren Kosmos der Fall ist, ist es dann auch im inneren Kosmos so? Kommt all das von innen? In beiden existiert Dunkelheit und Licht, Kälte und Wärme, das Nichts und das Alles. Und ich kann entscheiden, wohin ich sehe. Beide verändern sich ständig und scheinen endlos und ewig.

Irgendwann nicke ich ein, werde aber durch vorbeigehende Camper geweckt, die mir mit ihren Lampen ins Gesicht leuchten. Allerdings bin ich zu müde zum Reagieren und muss nur leise kichern, weil ich die Situation unerfindlicherweise komisch finde. Gleich darauf schlafe ich wieder ein. Nachts wache ich ein paar Mal auf, schaue, wie hoch die Flut ist und lege mich dann wieder hin. Einmal gehe ich eine kleine Runde schwimmen und spaziere am Strand entlang, um wieder zu trocknen.

Morgens fühle ich mich, als hätte ich Sternenlicht getankt. Ich bin fit wie ein Turnschuh – oder sollte ich besser sagen, wie ein Barfuß – und mache Yoga gleich nach dem Aufwachen. Danach jogge ich eine Runde am Meer entlang und bin immer noch voller Energie. Also hänge ich noch ein Workout dran und lasse mich danach in meinen Klappstuhl fallen. Dan ist bereits wach und winkt mir zu. Ich gehe hinüber zu ihm, und wir beschließen, gemeinsam zu frühstücken. Aus unseren zusammengeworfenen Sachen mache ich uns eine große Frühstücksbowl. Er ist begeistert und sagt, dass er so etwas noch nie gegessen hat. Ich glaube, dass ich auch morgen mit dem Frühstück dran sein werde – gut, dass ich so gerne koche. Während ich die Sachen wegräume, die ich nicht verbraucht habe, spült Dan das Geschirr.

Anschließend gehen wir beide gemeinsam ins Meer. Dan erklärt mir, dass die Berge Polihalis der Ort sind, von dem aus nach der Überlieferung die Seelen der Toten ins Jenseits reisen. Auf den Bergen wurden verschiedene Rituale durchgeführt, um die Seelen bei der Überfahrt zu unterstützen. Also ging mein Gefühl in die richtige Richtung. Dan fragt mich: »Wohin geht's bei dir nach Kauai?«

»San Francisco«, antworte ich.

Mit einem Ruck dreht er den Kopf » Ach, tatsächlich? Da lebe ich zur Zeit«, eröffnet er mir. »Hast du schon einen Flug gebucht?«

Ich schüttele den Kopf.

»Dann bleib doch einfach noch drei Tage länger hier und flieg dann mit mir nach San Francisco!«, schlägt er vor.

Ich nicke: »Ich würde gerne länger hier bleiben.«

Er lächelt: »Wenn du willst, kannst du auch bei mir in der Wohnung übernachten. Ich habe zwar kein Bett für dich, aber ich könnte dir die Couch anbieten. Natürlich nur, wenn du möchtest. Ich mache übrigens auch Couchsurfing, falls du das kennst, und habe vor allem in San Francisco schon einige Leute beherbergt und ihnen die Stadt gezeigt.«

Ich schmunzle. »Danke für das Angebot! Natürlich kenne ich Couchsurfing und habe es bereits einige Male genutzt.« Nach einem Moment des Zögerns frage ich vorsichtig: »Darf ich mir vielleicht dein Profil ansehen, falls du hier eine Internetverbindung hast?« Er nickt, und wir gehen zu seinem Van. Sein Couchsurfing-Profil sieht sauber aus, und ich habe ein gutes Bauchgefühl. Außerdem bleibe ich nur zu gerne länger hier. Vielleicht bietet sich mir doch noch eine Möglichkeit, das Surfen ausprobieren.

»Ich nehme deine Einladung an«, antworte ich mit einem breiten Grinsen.

Er grinst ebenfalls breit und freut sich ehrlich. »Lagerfeuer?«, fragt er dann.

»Klar«, nicke ich. »Sollen wir eine Runde schwimmen vorher? Und danach mache ich uns etwas zu essen?«, schlage ich vor.

»Klingt gut«, entgegnet Dan.

Nach dem Abendessen zünden wir das Lagerfeuer an und schauen der untergehenden Sonne zu. »Bist du eigentlich hier, um zu schauen, ob deine Wohnungen noch alle in Ordnung sind? Oder kommst du zum Urlaubmachen auf die Insel?«, frage ich mein Gegenüber.

»Etwas von beidem«, erwidert er. »Manchmal gibt es etwas zu tun, manchmal erhole ich mich einfach nur.«

»Hier zu arbeiten stelle ich mir deutlich angenehmer vor als manchen anderen Job.«

Anschließend schmieden wir Pläne für San Francisco und denken über einen Kurztrip zu den Redwoods nach. Danach gehen wir schlafen, weil uns fast die Augen zufallen. Ich schlage mein Lager diesmal draußen neben meinem Van auf, weil Dan mich vor der Flut gewarnt hat. Mitten in der Nacht setzt ein leichter Nieselregen ein, und ich krabble auf das große bequeme Bett in meinem Van. Dort schlafe ich gleich wieder ein und wache morgens mit der Sonne auf. Beim Aufstehen stoße ich mir den Kopf an der Decke und steige stöhnend aus. Da ich außerdem dringend zur Toilette muss, schnappe ich mir meine kleine Toilettenartikel-Tasche mit all meinen Dusch- und Körperpflegeprodukten.

Als ich zurückkomme, ist Dan ebenfalls wach und begrüßt mich. Ich laufe ein letztes Mal ins Meer und verabschiede mich von der Natur. Danach packen wir beide unsere Sachen und fahren zu dem kleinen Firmengelände des Camperverleihs, wo ich den Van abgebe, und machen uns anschließend gemeinsam auf den Weg in Richtung Princeville. »Du fährst ohne Schuhe?«, fragt Dan neugierig.

»Ja, ich bin, wann immer möglich, ohne Schuhe unterwegs«, entgegne ich.

»Okay, das wird interessant«, lacht er.

Ich erkenne die Straße wieder, an der seine Apartments stehen: Einige Meter weiter habe ich den Sonnenuntergang bewundert. Es fühlt sich gut an, wieder hier zu sein. Alles ist so vertraut und heimelig. Das Apartment sieht hell und freundlich aus. »Schöne Wohnung in einer perfekten Lage«, sage ich an Dan gewandt.

Er freut sich und antwortet: »Danke! Die Arbeit hat sich wirklich gelohnt, jetzt gefällt sie mir richtig gut. Morgen Nachmittag kann ich dir zwei weitere zeigen, nachdem die Gäste ausgecheckt haben.«

»O ja, sehr gerne«, stimme ich begeistert zu. Dann stehe ich vor einer weißen Wand neben dem Bett. »Die Wand ist etwas leer und könnte ein Bild oder andere Dekoration gut gebrauchen«, bemerke ich.

Mit einigen Schritten steht Dan neben mir und mustert die Wand. »Du hast recht. Bisher ist mir das nicht aufgefallen, aber jetzt, wo du es sagst, sehe ich es auch.« Er macht sich eine Notiz auf seinem iPhone. »Danke für deinen Hinweis. Fallen dir noch weitere Dinge auf, die ich verbessern könnte? Du scheinst ein Auge für Details zu haben.«

Ich lächele dankend und murmele: »Hm, mal sehen. Also, die Vase hier ist zu viel auf dem kleinen Beistelltisch mit all den anderen Sachen.« Ich schaue mich um. »Ah, hier macht sie sich viel besser. Das Pink der Blumen bringt einen kleinen Farbtupfer in das sonst so sterile Weiß dieser Ecke.« Ich stelle die Vase mit den künstlichen Orchideen auf den größeren Tisch mit den Barhockern. Anschließend finde ich noch ein paar weitere Kleinigkeiten. Dan ist begeistert und bedankt sich, während er sich eifrig alles aufschreibt.

Meine Gedanken sind allerdings schon abgeschweift. Jetzt könnte ich das Surfen tatsächlich noch einmal probieren. »Hast du zufällig ein Anfänger-Surfboard oder weißt du, wo ich eins ausleihen kann?«, wende ich mich an Dan.

»Ich hab eins. Willst du surfen lernen? Mein Freund Jake lebt hier und könnte es dir vielleicht beibringen«, entgegnet er. Ich nicke begeistert.

Dan schreibt Jake, und etwas später fährt dessen Auto vor. Jake ist etwa so groß wie Dan, aber deutlich hagerer. Sein schulterlanges Haar ist ausgeblichen von den vielen Stunden, die er auf dem Board in Sonne, Salzwasser und Wind verbracht hat. Er schüttelt mir freundlich die Hand zur Begrüßung. Dann beschließen wir einstimmig, zuerst gemeinsam essen zu fahren. Dan möchte Jake und mich dazu einladen. Dankend nehme ich das Angebot an.

»Jake hat mir geholfen, die Wohnungen zu renovieren«, informiert Dan mich. Jake nickt bestätigend. Die beiden erzählen mir abwechselnd, wie sie sich kennengelernt haben, und Dan zeigt mir einige Fotos von dem vorherigen Zustand der Wohnungen.

Als wir alle satt sind, fährt Dan uns in seinem Astro zur Hanalei Bay. Die Wellen sind heute höher, als ich sie je gesehen habe. Aber ich klemme mir das Board unter den Arm, und wir gehen zum Strand. Jake zeigt mir kurz den Take-Off und wie ich auf dem Board stehen und balancieren soll. Dann lasse ich ihn zuerst die Wellen reiten und beobachte ihn ganz genau.

Als er zurückkommt, reicht er mir das Surfbrett und nickt mir aufmunternd zu.

Ich befestige die Leash an meinem rechten Fuß und gehe ins Wasser, das große Board unter meinem rechten Arm. Der Wind und die Wellen sind heute besonders stark, aber ich beschließe, das Wasser nicht eher zu verlassen, bis ich wenigstens eine Welle barfuß auf dem Board geritten habe. Sobald das Wasser tief genug ist, lege ich mich mit dem Bauch auf das Brett und paddle los. Die Wellen wirken aus der Nähe noch höher und größer, aber ich spüre nichts als Vorfreude und Aufregung in meinem Bauch. Die erste hohe Welle rollt auf mich zu, und ich übe zuerst, wie ich unter Wellen hindurchrolle oder -tauche. Erst als ich den Dreh für beide raushabe, wage ich meinen ersten richtigen Surfversuch.

In meinem Eifer bin ich wohl zu weit raus gepaddelt und lande unbemerkt bei den ungebrochenen grünen Wellen. Weiße Wellen sind dagegen bereits gebrochene Wellen, die einfacher zu surfen sind. Als eine perfekte Welle naht, bringe ich mich in Position und warte darauf, dass sie bricht. Aber sie wird immer größer und baut sich hinter mir auf. Ich habe keine andere Option und paddele wild los. Vom Strand sehe ich, dass Jake das Gesicht verzogen hat. Im nächsten Moment weiß ich nicht mehr, wie mir geschieht. Die Welle erreicht mich, stellt das Heck meines Surfbretts wie in Zeitlupe senkrecht auf und wirft mich dann kopfüber ins Wasser. Das Board knallt gegen meinen Kopf, während ich möglichst bewegungslos verharre, bis die Welle vorbei ist. Sie rotiert und dreht mich mehrfach unter Wasser, während sie mich herunterdrückt. Erst nach einer Zeit, die mir wie eine Ewigkeit vorkommt, fühle ich, dass der Druck auf meinen Körper nachlässt, sodass ich zur Oberfläche schwimmen kann. Es tut gut, wieder Luft in meinen leeren Lungen zu haben.

Ich packe mein Board und flüchte schnellstmöglich in flacheres Wasser zu den weißen Wellen. Der Ozean hat mir klar meine Grenzen aufgezeigt.

Surfen ist nicht so leicht, wie es aussieht. Ich brauche fast eine dreiviertel Stunde, bis ich eine Welle von dort, wo sie zu brechen beginnt, bis zum Ufer surfen kann und nicht gleich von der Vorwärtskraft der Welle umgeworfen werde. Als ich endlich einige Male erfolgreich stehen bleibe und ein paar Wellen erwischt habe, merke ich, wie flach sie mittlerweile geworden sind. Der Wind hat nachgelassen, die Wellen sind sanft wie Füße, die ihr ganzes Leben in Schuhen verbracht haben. Sie tragen mich langsam und kraftlos in Richtung Strand. Trotzdem werde ich immer besser und schaffe es mit Leichtigkeit, oben zu bleiben, selbst wenn die Welle sich kaum bewegt.

Stolz wie Oskar recke ich meine Faust in die Luft und hüpfe vom Board ins Wasser. Erschöpft, aber glücklich und zufrieden lasse ich mich neben den Jungs in den warmen Sand fallen und grabe meine Zehen tief hinein. Das Gefühl, barfuß auf dem Board zu stehen und durch die Wellen zu jagen oder zu kriechen, ist noch schöner, als ich es mir ausgemalt habe. Ich liebe es, wenn mir die Gischt ins Gesicht spritzt, das Wasser meine bloßen Füße umspült und nasse Haarsträhnen in meinem Gesicht kleben. Ich liebe den salzigen Geschmack auf meiner Zunge und die feinen Salzkristalle auf meiner langsam trocknenden Haut. Ich liebe den Singsang des Meeres, die rauschenden Wellen und ihre Kraft.

Jake gratuliert mir und meint: »Das sah doch schon richtig gut aus. Leider sind die Wellen jetzt zu klein. Aber du kannst es sicher in den nächsten Tagen wieder versuchen. Hat es dir Spaß gemacht?«

Ich nicke kräftig. »Und wie! Ich bin auf den Geschmack gekommen.« Er grinst: »Das ging mir damals genauso, und jedes Mal, wenn ich auf dem Board stehe, fühlt es sich wieder an wie beim ersten Mal.«

Auf dem Rückweg dämmert es schon, sodass wir erst im Dunkeln heimkommen. Leider kann Jake nicht zum Abendessen bleiben, denn er möchte seine Freundin in Neuseeland anrufen. Deshalb laden wir ihn für den nächsten Abend ein. Bleiben wirklich nur noch zwei Tage, bevor wir nach San Francisco fliegen?

Während das Essen kocht, schaue ich, ob auf Dans Flug noch ein Platz frei ist. Ich finde ein Last-Minute-Angebot und buche es gleich. Das Surfen hat mich zu sehr erschöpft, um über irgendwelche Probleme nachzudenken.

Morgens nach dem Frühstück taucht Jake im Türrahmen auf. »Okay, Leute, lasst uns zu einer geilen Bucht gehen«, sagt er bestimmt. Wir finden, das ist eine gute Idee für unseren vorletzten Tag.

»Kann ich da surfen?«, frage ich und deute auf das Board an der Wand. Jake schüttelt bedauernd den Kopf. »Leider nicht, sorry. Aber dort ist alles voller Lava, und es gibt Becken, in denen wir schwimmen können.« Lava erinnert mich an mein Vorhaben, eins der Lavafelder zu besuchen. Schwimmen klingt ebenfalls gut. »Ich bin dabei«, bestätige ich. Auch Dan scheint begeistert.

Also packen wir unsere Handtücher ein und fahren im Van Richtung Sharks Cove. »Warum heißt die Bucht eigentlich so? Gibt es dort Haie?«, frage ich erwartungsvoll in die Stille hinein.

»Das weiß ich nicht«, erklärt Jake. »Der Name könnte tatsächlich davon stammen. Ich weiß allerdings mit Sicherheit, dass

Haie sich an vielen Teilen der Küste herumtreiben. Beim Surfen habe ich bereits einige gesehen.«

Haie faszinieren mich, aber sie gelten als gefährliche Killer der Ozeane. Filme haben ihrem Image nicht gerade geholfen, und viele Menschen haben Angst vor ihnen. Bei einigen Tauchgängen auf den Malediven und in Ägypten bin ich ihnen begegnet und war von ihrer majestätischen Erscheinung beeindruckt. Sie strahlen Würde und Präsenz aus, aber bedrohlich fand ich sie nicht. Trotzdem habe ich mich bereits dabei ertappt, Angst vor einem aus dem Meer schießenden Hai zu haben, von dem ich nur das weit aufgerissene Maul sehe, bevor ich auf der Reise zum Jenseits bin. Eine meiner größten Urängste ist, was sich wohl unter der Wasseroberfläche befindet, wenn ich im Wasser bin und nichts sehen kann.

Dabei sollten die Raubfische eher Angst vor Menschen haben, gemessen daran, wie viele von ihnen jährlich durch das sogenannte *Finning* als Flosse in Suppentöpfen landen, während sie selbst lebendig dem Meeresgrund entgegensinken und dort entweder elend verbluten oder ersticken. Ohne ihre Flosse können sie nicht schwimmen, und ohne zu schwimmen, können sie nicht atmen. Das wäre so, als würde mir jemand die Beine abschneiden, denke ich entsetzt. Immerhin sind Haiflossen gewissermaßen ihre Füße. Ich ziehe meine Füße sicherheitshalber näher zu mir heran und schlinge die Arme um meine Knie. Vor allem in Asien, aber auch in europäischen Ländern wie Spanien, Frankreich und Portugal sind die Tiere eine beliebte Delikatesse. Seit dem Beginn des industriellen Fischfangs in den Fünfzigerjahren sind 90 Prozent der großen Meeresfische, darunter auch Haie, verschwunden. Da sie nur langsam wachsen, spät geschlechtsreif werden und keine hohe Fortplanzungsrate aufweisen, sind diese Tiere akut bedroht. Haie spielen aber eine zentrale Rolle im Ökosystem der Meere, und wenn ihre Population sinkt, gefährdet das die Populationen anderer Fische, die sich zuerst zu stark vermehren und dann aufgrund fehlender Nahrung ebenfalls verschwinden. Die großen Knorpelfische sind die Gesundheitspolizei und die Regulatoren der Ozeane. Sie fressen kranke und alte Tiere und allerlei Unrat, darunter auch Teile von Schiffen, Gummireifen, Stiefel und anderen Müll. Dadurch reinigen sie die Meere.

Jedes Jahr töten wir über 100 Millionen Haie, während jährlich zwischen fünf und fünfzehn Menschen von Haien getötet werden. Es ist viel wahrscheinlicher, einen Sechser im Lotto zu haben, als einen Angriff dieser Meeresbewohner zu erleben. Angst vor ihnen zu haben ist absolut sinnlos, beschließe ich. *Wir Menschen sind die eigentlichen Killer der Ozeane.*

Die Fahrt dauert nur fünfzehn Minuten. Nachdem wir an der Straßenseite geparkt haben, kann ich die Beifahrertür nicht öffnen, weil der Wagen so schräg steht. Jake hilft mir aus dem Van. Dann gehen wir etwas weiter die Straße entlang, und Jake sucht nach dem Eingang. Zwischen Büschen und Bäumen findet er ihn schließlich. Ohne es zu wissen, hätte ich da niemals einen Eingang gefunden.

Es geht zuerst zwei Meter steil hinunter, und gleich danach ist der Weg von vielen umgefallenen Bambusstämmen versperrt. Schwärme von Mücken umkreisen mich; ich wickele mir meinen Pareo um die Beine, damit sie mich dort nicht stechen. Das große schwere Strandhandtuch lege ich mir über die Schultern und fühle mich gut gewappnet gegen einen möglichen Angriff der Blutsauger. Nach einer bereits anspruchsvollen Rutsch- und Kletterpartie geht es immer steiler den Berg hinunter, gesichert nur durch eine dünne Schnur, die zwischen den Bäumen gespannt ist. »Der Pfad ist zwar anstrengend, aber es ist nicht mehr weit«, hatte Jake zuvor gesagt. »Nicht weit ist wohl eine Sache der Perspektive«, meine ich lachend, als Dan sichtlich erschöpft eine kurze Pause macht.

Ich stolpere mehrfach fast oder rutsche beinahe aus, nicht zuletzt, weil der eng gebundene Pareo äußerst unpraktisch für größere Schritte ist. Aber das Seil hilft mir. Der Waldboden fühlt sich angenehm weich unter meinen Sohlen an, und ich bin dankbar, dass ich in auf Kauai bisher überall barfuß gehen konnte. Weiter unten wird der Weg steiniger. Piksende runde Dinger, die wie kleine Tannenzapfen aussehen, aber deutlich härter und spitzer sind, machen den Abstieg noch rutschiger.

Unten angekommen, schaue ich mich atemlos um. Zum einen hat der Abstieg mir den Atem genommen, aber es ist doch mehr die bizarre Landschaft. Kauai habe ich bisher nur entweder fruchtbar und grün oder trocken und heiß erlebt. Um mich herum ist schwarze starre Lava. Sie erstreckt sich in weiten Feldern und türmt sich zu meterhohen Klippen an beiden Seiten. Die Schwärze der Lava bildet einen scharfen Kontrast zu dem tiefen Blau des Ozeans. Ich erinnere mich an die Doku über Hawaii und staune über das Wunder, das sich hier abgespielt hat.

Auf dem Weg über die Lava habe ich alle Hände voll zu tun. Oft springe ich von Brocken zu Brocken und falle einige Male beinahe, weil meine Beine sich im Pareo verfangen. Ich überlege, ihn auszuziehen, lasse es jedoch; sicher ist sicher. Hier weht kein Wind, die Moskitos könnten mir folgen. Wenig stört mich so sehr wie das Jucken von Mückenstichen. Einige Lavasteine sind spitz oder wackeln, sodass ich mich beeile weiterzugehen. Meine Fußmuskulatur wird gefordert, denn während Schuhe fest genug sind, um den Fuß in ihnen gerade zu halten, werden meine Barfüße manchmal in extreme Positionen gebogen. Ich hatte noch nie einen guten Gleichgewichtssinn, barfuß fällt es mir allerdings leichter. Meine Füße beziehungsweise die Zehen kann ich spreizen und so mehr Standfestigkeit erlangen.

Nach einer fünfzehnminütigen Wanderung über die Lavafelder erreichen wir unser Ziel und stehen vor einem großen Becken, das der Ozean mit jeder Welle durch einen schmalen Kanal füllt. Meine Zehen biegen sich um die Kante, als ich hinunterschaue. Es geht sechs Meter hinunter ... Jake meint nur: »Oh, sorry Leute, Schwimmen wird heute schwierig.« Ich nicke langsam, als Welle um Welle den Wasserspiegel um mehr als einen Meter sinken und steigen lässt. Der Ozean ist wild, das Wasser schäumt und braust. Irgendwoher kommen merkwürdige Geräusche, die wie ein Schnauben klingen. Jake grinst über meinen verwirrten Blick und winkt uns weiter. Wir klettern über die Steine zu einem etwa einen Meter großen Loch im Boden. In unregelmäßigen Abständen kommt ein feuchter Luftstoß heraus. »Wir nennen es Dragons Breath«, informiert Jake uns. Der Name könnte angesichts der Geräusche nicht passender sein. Das Loch ist der Ausgang einer Höhle, und wenn eine Welle durch das Becken in die Höhle spült und den Eingang verschließt, steigt der Wasserpegel rapide an, und die Luft entweicht unter dem Druck. Eine Weile sitzen wir dort und genießen die natürliche Klimaanlage im Schatten. Durch das Klettern über die Lava haben wir die Hitze stärker wahrgenommen. Allerdings haben meine Füße bisher kein Problem damit gehabt. Das Tosen des Wassers ist hier deutlich lauter als in dem Becken. Ich halte meine Füße hinein, und nach kurzer Zeit setzen sich kleine Wassertropfen aus der feuchten Luft an ihnen ab. Dadurch kühlt die Haut noch besser ab, und meine Füße genießen die frische Brise. Jake erhebt sich und steuert auf das Becken zu. »Ich will einen Rückwärtssalto in das Becken machen. Kann einer von euch filmen?« Dan und ich stehen beide auf und schauen zu, während Dan filmt. So etwas wollen wir nicht verpassen. Ich mache mir Sorgen um Jake. Was, wenn das Becken nicht tief genug ist und er sich an dem Gestein verletzt? Oder, wenn er zu weit springt? Das Becken ist nicht allzu breit, er könnte sich an der anderen Seite verletzen. »Ist er schon mal von hier oben in das Becken gesprungen? Kennt er die

Tiefe?«, frage ich Dan. Er spürt mein Unbehagen und versucht mich zu beruhigen: »Ja, klar. Der macht doch von überall Rückwärtssalti! Um ihn musst du dir wirklich keine Sorgen machen.« Ich versuche ein Lächeln, aber es gelingt mir nur halbherzig.

Jake steht jetzt mit dem Rücken zum Rand. Kurz dreht er sich um und schätzt die Entfernung noch einmal ab. Dann nimmt er Schwung und setzt zum Salto an. Ich will ihm zurufen, dass er auf sich aufpassen soll, vorsichtig sein soll. Aber ich verkneife mir diese sicher unnötige Bemerkung. Der Junge ist erwachsen und kann gut auf sich selbst aufpassen. Wo habe ich nur plötzlich dieses Eltern-Syndrom her? Trotzdem bin ich sprungbereit wie eine Katze.

Dann hebt Jake ab, macht einen gekonnten Salto und landet mit einem sanften Platsch genau mittig im Becken. Erst als er wieder auftaucht, atme ich erleichtert meinen angehaltenen Atem aus. »Ich bin ja schon ziemlich verrückt, aber Jake ist wirklich ein verrücktes Huhn«, denke ich. »Da bin ich wirklich gespannt, was wir noch alles erleben werden.«.

Nach dem Rückwärtssalto verkündet Jake, dass er noch einen Seitwärtssalto ausprobieren möchte. »Ausprobieren?«, frage ich. »Das heißt, du hast den noch nie zuvor gemacht?«

»Nee«, grinst er. »Den habe ich schon mal gemacht, aber das ist lange her.« Ich bleibe weiterhin an der Kante des Beckens stehen. Diesmal mache ich mir schon weniger Sorgen, aber falls doch was schiefgehen sollte, bin ich da. Jake stellt sich seitlich hin und springt dann ab. Dadurch, dass er seinen Körper dieses Mal ausstreckt, streift er in einer rotierenden Seitwärtsbewegung beinahe die Felsen auf der anderen Seite. Ich atme wieder tief durch, als er auftaucht. Mit einigen geschickten Zügen klettert er von den glatten Felsen hoch. »Das sieht wirklich gekonnt aus«, sage ich bewundernd. Er grinst und stellt sich erneut mit dem Rücken zur Kante. Nach einigen weiteren Rückwärtssalti machen wir uns auf den Rückweg. Jake hat seine Schuhe am Ende des Waldwegs gelassen und läuft mit Leichtigkeit barfuß über die Lavabrocken. Ich finde das beeindruckend und sage es ihm, aber er tut es mit einem Schulterzucken ab.

Der Rückweg geht jetzt steil bergauf. Ich freue mich, wieder den kühlen weichen Waldboden zu spüren. Lange auf harten spitzen Lavasteinen zu gehen strengt mich noch an, weil sie rau und teils porig sind.

Als wir oben angekommen sind, fahren wir zum Strand, der gleich unten am Ende der Straße auf uns wartet. Dort toben wir in den Wellen, bis wir hungrig sind und zurück in Dans Apartment fahren, wo ich uns ein Curry koche. Danach schauen wir uns gemeinsam einige Surfvideos an. Jake und ich unterhalten uns begeistert über die Stunts und freuen uns wie kleine Kinder. Es ist schon spät, als er sich verabschiedet und wir uns zum Schlafen fertig machen. Das Apartment ist ein großer Raum, nur aufgeteilt durch die verschiedenen Elemente im Raum, mit Ausnahme des Badezimmers. Gestern bin ich in meinen Klamotten sitzend auf der Couch eingeschlafen, weil ich nach dem Surfen so müde war. Dabei schlafe ich am liebsten ohne Kleidung und besitze auch keine Schlafanzüge. Schlafe ich jedoch mit jemandem in einem Raum, dann habe ich zumindest Shorts und ein Shirt an. Denn so lebhaft, wie ich manchmal träume, verliere ich häufig meine Decke.

In dieser Nacht schlafe ich tief und fest. Der Tag hat mich angenehm müde gemacht, und die beiden Abenteurer lassen mir keine Sekunde Zeit zum Nachsinnen über meine Probleme. Ich kann nicht umhin festzustellen, wie angenehm das ist. Die beiden Tage habe ich in vollen Zügen genossen. Dabei habe ich gemerkt, dass allein zu reisen zwar schön ist, aber Gesellschaft zu haben doch unbezahlbar sein kann.

Am Morgen wache ich schon früh vor den ersten Sonnenstrahlen auf. Draußen ist es noch stockdunkel, und Dan schläft am anderen Ende des Raums tief und fest. Ich bin sehr dankbar dafür, dass er nicht schnarcht. So etwas würde mich in den Wahnsinn treiben. Leise gehe ich ins Bad und mache mich fertig. In der Küche versuche ich das Licht zu finden und taste nach dem Schalter. Die Wohnung ist mir noch etwas fremd. Neben der Spüle finde ich einen Schalter und drücke ihn. Bei dem ohrenbetäubenden Lärm, der daraufhin ertönt, mache ich erschrocken einen Satz nach hinten. Ich kann immer noch nichts sehen. Was zum Kuckuck ist das für ein Geräusch? Es klingt wie ein Laubbläser gepaart mit einem Staubsauger im Turbogang. Wieder taste ich nach dem Schalter und drücke ihn. Es wird still. Sicher habe ich Dan jetzt geweckt.

Ich höre ihn laut lachen. Puh, wenigstens ist er nicht sauer, dass ich ihn so unsanft geweckt habe. »Tut mir leid, dass ich dich geweckt habe«, entschuldige ich mich. »Das ist kein Problem«, meint er immer noch glucksend. Als er einige Minuten später in die Küche kommt, habe ich den Lichtschalter gefunden. »Was ist das denn für ein lärmendes Teil in deiner Küche?«, frage ich kopfschüttelnd und deute auf den Schalter.

»Du kennst das nicht?«, fragt er und kann sich ein breites Grinsen nicht verkneifen.

»Nee, so was Verrücktes ist mir noch nicht untergekommen«, entgegne ich und ziehe eine Augenbraue hoch.

Belustigt erklärt er: »Das ist ein Müllschlucker!«

»Es beseitigt Müll? Wo denn? Doch nicht etwa im Waschbecken? Kann ich jeden Müll darüber entsorgen?«, frage ich erstaunt. Er schaut mich ungläubig an. »Habt ihr so etwas in Deutschland wirklich nicht? Du darfst nur Biomüll hineintun, mit einigen Ausnahmen. Den kannst du einfach in den Abfluss schieben. Dann lässt du Wasser laufen und betätigst dabei den Schalter. Das wird mit dem Brauchwasser entsorgt und soll umweltfreundlicher sein, als den Müll in die Tonne zu werfen, die zweitbeste Methode nach dem Kompostieren, um genau zu sein – vorausgesetzt, es geht nicht in die Kanalisation. Aber hier haben sowieso die meisten eine Sickergrube.« Ich nicke und bedanke mich für seine Erklärung.

Umweltschutz auf Reisen und Ökotourismus rücken immer mehr in den Vordergrund. Das macht mich nachdenklich, und ich frage mich: Reise ich eigentlich umweltfreundlich?

Die langen Flüge sind jedenfalls nicht klimafreundlich. Aber wie komme ich sonst in entfernte Länder? Die modernen Schiffe sind nicht viel besser. Ein Segelboot wäre sicher eine Alternative, aber das ist eben eine völlig andere Art des Reisens. So sehr ich das Wasser auch mag, ich möchte das Land erkunden und mit meinen Füßen erfühlen. Ich will auf dem Boden stehen und mich mit der Erde und ihrer Kraft verbinden. Es scheint nicht leicht zu sein, Komfort und Umweltfreundlichkeit überall zu vereinen. Während ich in Hongkong vielfach die öffentlichen Verkehrsmittel benutzt habe, bin ich in Neuseeland mit dem Mietwagen unterwegs gewesen. Wie kann ich umweltfreundlich reisen, ohne alle Bequemlichkeit aufzugeben? Wäre es besser, das Reisen ganz zu lassen?

Nein, ich denke, das Reisen hat durchaus seine Berechtigung, in vielen Regionen der Welt ist Tourismus ein wichtiger Wirtschaftszweig und für manche Menschen sogar existenziell. Durch das Reisen lerne ich verschiedene Kulturen mit ihren Bräuchen und Sitten kennen und erweitere meinen Horizont. Dadurch sehe ich Dinge aus anderen Perspektiven, erhalte Anregungen und finde neue Wege, um alte Probleme zu lösen, ob persönlich oder im weiteren Sinne. Außerdem helfe ich dabei, das Einkommen der Menschen in dieser Region zu steigern und neue Arbeitsplätze zu schaffen.

Allerdings gibt es Möglichkeiten, wie ich »grüner« reisen kann. Je minimalistischer und leichter mein Koffer oder Rucksack ist, desto leichter ist im Endeffekt das Flugzeug und umso weniger Kerosin wird verbraucht. Direktflüge verbrauchen weniger Treibstoff als Flüge mit Zwischenlandungen. Wenn ich länger an einem Ort bleibe, statt alle paar Tage von einem Kontinent zum nächsten zu eilen, fliege ich automatisch weniger und nutze eher die örtlichen Fortbewegungsmittel. Dazu ist es von Vorteil, die heimische Wirtschaft zu unterstützen, indem ich lokale Märkte besuche und dort regional sowie saisonal einkaufe, statt in Supermärkten von Lebensmittelketten und Discountern. Beim Einkauf und beim Besuch eines Restaurants kann ich auf Nachhaltigkeit achten und zum Beispiel in Asien den Verzehr von Haiflossen nicht auch noch zusätzlich unterstützen. Familiengeführte kleine Hotels oder Airbnbs, die sich manchmal selbst mit Energie versorgen, oder Eco Lodges sind besser geeignet, die Wirtschaft und die Menschen vor Ort zu unterstützen, und achtsamer gegenüber Ressourcen als große Hotelketten.

Zudem helfe ich Mutter Natur, indem ich sparsam mit Wasser umgehe, meinen Müll vernünftig entsorge, keine Sonnencreme benutze, die den Riffen und ihren Bewohnern schadet, überhaupt umweltfreundliche und am besten Zero-Waste-Pflegeprodukte benutze, meine eigene Wasserflasche mitbringe und auffülle, statt Wasserflaschen aus Plastik zu kaufen, und Einkaufstaschen und Beutel aus Stoff nutze und wiederverwende. Dinge, die ich nicht mehr brauche, kann ich weitergeben, statt sie wegzuwerfen.

Das meiste davon tue ich bereits, anderes möchte ich mir noch aneignen. Eine Frage stellt sich mir gerade, während ich den kühlen Fliesenboden der Küche unter mir fühle und aus dem Fenster auf die erwachende Natur sehe, die sich in das

Morgengrauen hüllt. Ist das Barfußlaufen umweltfreundlicher, als beschuht die Welt zu bereisen?

Mit Sicherheit kommt es auf die Wahl der Schuhe und das Material an. Wenn ich die modernen Schuhe aus synthetischen Materialien als Vergleich wähle, dann ist das Barfußlaufen fraglos umweltfreundlicher. Nach dem Verschleiß integrieren diese sich nicht wieder zurück in die Erde wie Naturmaterialien, die biologisch abbaubar sind. Mit ihrer dicken Sohle, die nicht leitfähig ist, bin ich der Erde fern und entfremdet, kein Austausch findet statt, ich habe keinen Bezug zu ihr. Was kümmert sie mich also? Wenn ich andererseits durch meine bloßen Sohlen mit ihr verbunden bin, die Abhängigkeit von und den Bezug zu ihr spüre, dann sind ihre Schmerzen meine und ihr Leid ist mein Leid. Ich kann nicht achtlos mit ihr umgehen, ihr Schicksal nicht ignorieren, denn tief innen spüre ich: Das Schicksal der Erde ist auch mein Schicksal.

Wie steht es jedoch um Schuhe, die aus Naturmaterialien bestehen und leitfähig sind, so wie meine Barfußschuhe? Durch sie spüre ich den Herzschlag des Planeten und kann wahrnehmen, wie mein Herzschlag sich an seinen Rhythmus anpasst und wie ich dadurch immer mehr im Einklang mit allem bin und gesunde. Trotzdem sind es Schuhe, und auch wenn ich Schuhe wegen ihrer Funktion schätze und sie manchmal nicht missen möchte, so ist das Barfußlaufen ohne Barriere zwischen mir und der Natur das wahre Erlebnis. Umweltfreundlichkeit heißt auch, auf die Natur und ihre Lebewesen zu achten, sie wahrzunehmen und zu respektieren. Egal, wie dünn eine Sohle sein mag, sie nimmt mir etwas von der vollen Wahrnehmung. Schuhlos melden Tausende von Nervenenden und Sensoren bei jedem Schritt die kleinsten Impulse und Veränderungen. Barfuß ist die Erde näher, erfahrbarer und wirklicher. Wie kann ich etwas zerstören, das mir fühlbar Leben und Energie gibt? Wie kann ich unachtsam mit den Wundern umgehen, denen meine Füße bei jedem Kontakt begegnen? Für mich scheint das mit jedem Barfußschritt unmöglicher, und daher denke ich, dass Barfußlaufen umweltfreundlicher ist als Schuhe, vor allem als moderne synthetische Schuhe. Jeder Schritt in die Richtung des Barfußlaufens, und seien es Barfußschuhe, ist ein Schritt in Richtung Einheit, Achtsamkeit und Gesundheit.

Zum Frühstücken fahren wir in die Stadt und setzen uns in ein kleines Café. Dan bestellt sich Eggs Benedikt, ich habe mir etwas Fruchtiges ausgesucht. Die letzte Nacht hat mein Handy nicht mehr laden wollen, obwohl es mit der Steckdose verbunden war. Ich habe alles probiert, aber es war erfolglos. Als ich darauf schaue, sehe ich, dass es sehr bald seine letzten Atemzüge tun wird. Jetzt kann ich mich nicht einmal mehr um meine finanziellen und rechtlichen Angelegenheit kümmern, weil einige der notwendigen Dokumente nur auf meinem Handy, nicht aber auf meinem Laptop sind. Dan sieht mich an. Schnell setze ich ein Lächeln auf und verschiebe meine Probleme erneut auf später.

Heute, an unserem letzten Tag, fahren wir zu Jakes Wohngegend. Dort gibt es einsamere und wildere Strände. Jake kommt barfuß, gefolgt von seinem Hund, der aber nicht wirklicher seiner ist. Houdini ist sein Freund, und er arbeitet für den Besitzer, um bei seinem tierischen Freund leben zu können. Aufgewachsen ist er in Santa Cruz an der kalifornischen Küste, er hat das Surfen also im Blut. Irgendwann hat es ihn wegen der perfekten Wellen hierher verschlagen, und seitdem hält er sich mit Gelegenheitsjobs wie Renovieren, Putzen und so weiter buchstäblich über Wasser. Der Hund liebt ihn sichtlich. Jake bringt ihn, wann er nur kann, zum Meer, während sein Herrchen ihn nur angekettet auf dem groben Asphalt des Hofes liegen lässt. Der harte Untergrund hat Wunden und Narben auf den Beinen des Tieres hinterlassen. Während Jake surft, kraule ich den Hund und merke, wie er jede Zuneigung genießt. Er rückt näher und legt seine Pfoten über meine Füße. Dann schaut er zu mir auf, während er seine rosa Zunge hängen lässt.

Meine Gedanken kreisen jetzt wieder um die Mail und mein totes Handy. Ich mag keine neuen Handys, das Alte ist mir so vertraut. Ein Anflug von Wehmut überfällt mich. Houdini rückt noch ein Stück näher und leckt meine Hand. Er spürt meine Verstimmung und versucht mich aufzumuntern. Tiere haben ein großes Herz. Häufig denke ich, dass sie die besseren Menschen wären. Ich umarme den Hund fest. Er winselt leise, springt dann auf und schaut erwartungsvoll auf ein Stück Treibholz, das einige Meter entfernt liegt. Mit einem Lachen schlucke ich meine Tränen hinunter und hebe den Ast auf. Dann werfe ich ihn, so weit ich kann. Das ist nicht weit, aber einem Hund ist es egal, wie weit ich den Stock werfe. Ihm geht es darum, dass ich ihn überhaupt werfe. Er hält weder an der Verbitterung über seine Vergangenheit fest, noch lebt er in ständiger Sorge um die Zukunft, sondern fröhlich und zufrieden im Jetzt.

Gerne würde ich ebenfalls surfen, aber die Wellen sind ungünstig für Anfänger, und das Wasser ist von Riffen durchzogen, an denen Unwissende sich verletzen könnten. Als Jake zurückkommt, weiß ich Houdini in bester Obhut und gehe allein am Strand spazieren. Es ist so angenehm, den Sand zwischen meinen Zehen zu spüren. Als ich genauer hinschaue, sehe ich, dass der Sand aus kleinen Muschelscherben besteht. Faszinierend! Wie viele Muscheln man wohl für diese Menge an Sand braucht? Beim Gehen massiert der grobkörnige Sand meine Fußsohlen angenehm. Immer wieder sinniere ich, wie dankbar ich für die Möglichkeit bin, länger hier auf Kauai zu sein.

Die Wellen sind jedoch wild. Als ich versuche hineinzugehen, zieht die eine Welle mich hinaus, und die andere schwemmt mich mit aller Wucht wieder an das Ufer, mit meinen Füßen zuerst. Lachend stehe ich auf, wische den Sand aus meinem Gesicht und renne wieder hinein. Für mich ist das ein Spiel, aber will das Meer hier wirklich nehmen, was es kriegen kann? Dan meinte einmal, dass der Ozean um Kauai unberechenbar ist, und Menschen verschlingt. Etwas ist an der Aussage dran, das fühle ich. Deshalb bin ich bei aller Freude vorsichtig. Am Ende des Strandes kann ich die erstarrte schwarze Lava sehen, die sich zu hohen Klippen erhebt.

Auf dem Weg vom Strand zu einem Restaurant habe ich nur meinen nassen sandigen Bikini und meinen Pareo, den ich um mich wickele. Ich trage ihn gerne und habe meine Gastgeber auf Rarotonga dabei in liebevoller Erinnerung. Natürlich habe ich auch keine Schuhe an. Ein Mann, der aus dem Restaurant kommt und ein Shirt mit dem Namen des Lokals trägt, spricht mich auf den grünen Pareo an. Ihm gefällt es, dass ich mich im hawaiianischen Stil kleide. Der Pareo ist zwar von Rarotonga, aber das kann er nicht wissen, und im Endeffekt sind die Ähnlichkeiten zwischen den polynesischen Völkern groß. »Wenn die im Restaurant was sagen wegen deinen Füßen, dann sag, dass Gregg meint, das ist in Ordnung.« Ich bedanke mich herzlich, bekomme aber keine Probleme. Wir drei erhalten einen Tisch am Fenster und setzen uns. Ich bestelle einen veganen Portobello Burger. Als wir nach dem Essen aufstehen, liegt unter jedem unserer Plätze ein Häufchen Sand. Das sieht so fehl am Platz aus in diesem eher feinen Restaurant, dass es lustig ist. Kichernd gehen wir aus der Tür.

Anschließend fahren wir gemeinsam zu einem anderen Strand. Die Wellen sehen gefährlich aus, allerdings mündet ein Fluss in das Meer, in dem wir stattdessen schwimmen. Das Wasser ist angenehm kühl und erfrischend. Als wir auf dem warmen Sand am Flussufer sitzen, meint Jake: »Ich will einen Rückwartssalto von der Brücke machen.« Bevor jemand von uns etwas sagen kann, verschwindet er und klettert über die Böschung zur Brücke hinauf.

»Hey, Dan, ist das Wasser tief genug? Die Brücke ist hoch!«, sage ich in einem ängstlichen Ton.

Dan zuckt nur mit seinen Schultern und entgegnet: »Mach dir keine Sorgen um ihn. Er weiß schon, was er tut.« Ich gehe trotzdem lieber am Ufer entlang dorthin, wo Jake mittlerweile mit dem Rücken zu uns auf der Brüstung der Brücke steht. Dann macht er einen Rückwärtssalto und taucht elegant ins Wasser ein. Wer weiß, vielleicht sind an dieser Stelle Steine, und wenn es flach ist, schlägt er sich den Kopf an. Unruhig warte ich und atme erleichtert auf, als er auftaucht und uns ein Thumbs-Up zeigt.

Abends verbrauche ich die letzten Lebensmittel und mache daraus einfach eine gemischte Pfanne. Es schmeckt so überraschend gut, dass alle fleißig essen. Nach dem Abendessen verabschieden wir uns von Jake. Seine Spontaneität und die Ablenkung, die er brachte, ohne das selbst zu merken, werden mir fehlen. Damit hat er mich so in Beschlag genommen, dass zum Sorgenmachen ganz einfach keine Gelegenheit blieb. Jetzt bleibt mir von Tag zu Tag weniger Zeit, um einen Ausweg zu finden. Traurigkeit kriecht mir bereits den Rücken hoch, aber dann denke ich wieder an den fröhlichen Houdini. Er ist dankbar für das, was er hat. Das macht mir Mut, auch wenn der Kloß in meinem Hals nicht verschwindet. Ich werde das Leben von einem Moment zum nächsten leben und einen Schritt nach dem anderen machen. Alles andere wird mir nicht helfen. Jetzt ist es wichtig, zu vertrauen und mich auf die positiven Dinge zu fokussieren. »Danke, dass ich eine Lösung finden werde«, flüstere ich in die Nacht.

Dan kommt zu mir auf den Balkon und schaut mich von der Seite an. »Alles in Ordnung bei dir?«, fragt er vorsichtig. Er kann meine innere Anspannung und Unruhe fühlen, das weiß ich. Aber ich sehe keinen Grund, ihn jetzt mit meinen Problemen zu belasten. »Ja ja, alles wunderbar«, antworte ich und versuche, fröhlich zu klingen. »Danke, dass du mir dein Zuhause zur Verfügung gestellt hast, und für die schöne Zeit hier. Danke, dass du mir sogar meinen Traum vom Surfen erfüllt hast«, sage ich leise.

Er lächelt. »Von Herzen gerne. Ich danke dir, du bist eine angenehme Gesellschaft und hast mir einige gute Tipps für die Dekoration meiner Wohnungen gegeben.«

Ich grinse erfreut. »Bist du im Bereich Inneneinrichtung tätig?«, fragt er dann.

Jetzt muss ich lachen. »Nein. Ich bin Ernährungsberaterin. Meine Autoimmunerkrankung hat mich dahin gebracht.«

Interessiert schaut er mich an. »Das ist gerade ein stark gefragter Beruf. Ich habe Diabetes Typ zwei und war dafür einmal bei einer Ernährungsberaterin, zu der mein Arzt mich geschickt hat. Aber die hat mir nur Sachen empfohlen, die meine Erkrankung eher verschlechtert haben. Auch die Medikamente helfen nicht, das Ganze wird nur schlimmer. Mein Vater hat auch Typ zwei und muss sich jetzt Insulin spritzen. Das will ich auf keinen Fall.«

Verständnisvoll schaue ich ihn an. Genauso ging es mir auch. Ich hatte immer den Eindruck, alles, was ich probierte, hat meine Krankheit nur schlimmer gemacht. So einfach wie möglich erkläre ich ihm den Unterschied zwischen symptomspezifischer und ursachenspezifischer Behandlung. Anschließend frage ich ihn nach seiner Ernährung und gebe ihm einige Tipps.

Kapitel 9

Kalifornien: Auf weisen Sohlen

Der Abschied von Hawaii fällt mir nicht leicht. Ich werde die Hawaiianer mit ihrer bewundernswerten Gelassenheit vermissen, genauso wie die ruhige Insel Kauai mit ihren perfekten Wellen. Gerne hätte ich meine Surfkenntnisse vertieft, aber mittlerweile habe ich gelernt, dass Gelegenheiten oft gehen, nur um dann wiederzukommen. Außerdem habe ich viele Erinnerungen, die mich bereichern, und ich habe Daniel kennengelernt. Wer weiß, was uns beide in den kommenden Tagen erwartet? Dan, der neben mir am Check-In-Schalter steht, sieht das Lächeln auf meinem Gesicht und lächelt zurück.

Die Sicherheitskontrolle verläuft unkompliziert, ich darf erneut barfuß an Bord gehen. Mein Sitzplatz ist ganz hinten im Flieger, während sich Dan vorne in der Business Class befindet. Zu spät merke ich, dass dies verhängnisvoll für mich ist. Allein habe ich Gelegenheit zum Nachdenken und Grübeln, wodurch meine Probleme von einem Elefanten zu einem Wolkenkratzer werden. Zum Glück fällt mir ein, dass ich noch einige Hörbücher bei Audible habe. Zwischendurch erscheint Dan bei mir und bringt mir etwas von dem Essen, das ihm in der Business Class serviert wird. So vergehen die knapp fünf Stunden bis zur Landung in San Francisco dann doch noch auf angenehme Weise. Als wir aus dem Flughafengebäude treten, schlägt mir kühle Nachtluft entgegen. Ich trage nur ein dünnes Top und eine Shorts. Meine Sohlen begrüßen den drastischen Temperaturunterschied. Nach dem feuchtkalten deutschen Winter habe ich mich nach tropischer Wärme gesehnt, aber jetzt bin ich dankbar für die frische kalte Luft, die mich umgibt.

Während Daniel und ich auf unser Uber warten, spüre ich den Blick der Frau neben mir, die mich schon seit einer ganzen Weile mustert. Schließlich wendet sie sich an mich: »Jetzt muss ich aber doch einmal fragen: Ist dir nicht kalt? Du bist barfuß!« Ich muss schmunzeln. »Nein«, entgegne ich. »In den Tropen hatte ich genug Zeit, um mich aufzuwärmen. Jetzt tanke ich etwas Kälte über meine Fußsohlen.« Sie sieht mich verständnislos an und lächelt dünn.

Wie kann ich ihr erklären, was es heißt, die Kälte der Erde in sich aufzunehmen und die innere Hitze über die Füße in den Boden zu leiten? Was es bedeutet, mit nackten Sohlen jeden Schritt zu erfühlen, jeden Stein, jeden Grashalm wahrzunehmen? Und, welch ein Geschenk es ist, auf leichtem Fuß durch das Leben zu tanzen? Vielleicht ist das gar nicht nötig. Sie würde es nur dann wirklich verstehen, wenn sie es selbst erfährt.

Ich nehme San Francisco durch meine Fühler wahr. Statt des erwarteten Love & Peace erhalte ich Eindrücke von Stress, Hektik und Unruhe. Eigentlich hatte ich gehofft, hier Barfußläufer zu treffen, aber die Aussicht scheint enttäuschend. Der Verkehr ist trotz der späten Stunde noch stark, Fahrzeuge rasen vorbei, die Fahrer hupen und beschimpfen einander. Menschen hasten umher, das Smartphone ans Ohr geklemmt. Auf dem Highway schließe ich die Augen, denn die vorbeisausenden Lichter stören mich und erinnern mich schmerzlich an die Ruhe in Hawaii. In diesem Moment denke ich, dass es kaum einen größeren Unterschied zwischen zwei Orten geben kann.

Zwanzig Minuten später steigen wir aus dem Wagen. Als meine Füße den Asphalt berühren, merke ich, dass zwischen Stress, Hektik und Unruhe noch etwas anderes liegt. Ich bleibe kurz stehen und spüre nach, bis ich Gewissheit habe. Noch kann ich nicht benennen, was es ist, aber es fühlt sich so an, als hätte ich einen unterirdischen See gefunden, dessen Wasser in einer dürren, unerträglich heißen Wüste mit einem leisen Murmeln an die Oberfläche sprudelt.

»Möchtest du reinkommen?«, fragt Dan und holt mich aus meinem meditativen Zustand. Ich nicke, dann fällt mir auf, dass er das in dem schwachen Licht der Laternen wohl nicht sehen kann. »Ja, ich komme«, rufe ich und setze langsam einen Fuß vor den anderen. Durch die Zeitverschiebung ist es bereits spät am Abend, und der größte Teil von mir ist müde. Nur ein kleiner Teil ist verwirrt und meint, es sei noch viel zu früh, um schlafen zu gehen. Daniel geht es ebenso. Er bereitet die Couch für mich vor, während ich dusche und meine Füße wasche, dann verabschiedet er sich für die Nacht. Ich mache es mir auf der Couch bequem. Wenige Minuten später bin ich auch schon im Land der Träume, ohne dass mich meine aus Hawaii mitgebrachten Probleme quälen.

Ein Sonnenstrahl, der durch das Fenster fällt, weckt mich, indem er meine rechte Fußsohle kitzelt. Lächelnd öffne ich die Augen. »Ein sonniger neuer Tag hat begonnen«, denke ich, aber dann tritt mir die Sorge mit ihrem Stahlstiefel und ihrer Tonnenschwere auf den Fuß. Ich seufze. Was soll's? Jetzt werde ich ein paar Tage San Francisco erkunden und zwar mit meiner neuen Bekanntschaft. Was danach passiert, wird sich zeigen. Vielleicht ...

Nein, nein, nein! Es bringt daher nichts als weitere Probleme mit sich, wenn ich den Fokus nur auf meine Probleme lege. Und außerdem kann ich die vor mir liegende Zeit nicht genießen, wenn ich im Gestern und Morgen bin. Also stehe ich auf, greife in meine Reisetasche und gehe ins Bad. Anschließend beginne ich gerade in der Küche zu rumoren, als Dan hereinkommt. »Brauchst du Hilfe?«, bietet er an.

»Ja, gerne. Ich wollte uns gerade ein Frühstück machen.« Mit seiner Hilfe haben wir bald eine reichhaltige Frühstücksbowl vor uns, die wir genüsslich verzehren. Nach dem Aufräumen brechen wir auf und gehen die Hauptstraße hinunter bis zu einer Straßenbahnhaltestelle. Mein Blick fällt auf die andere Straßenseite, wo grüne Bäume in den Himmel wachsen, helle Wiesen sich mit Gänseblümchen schmücken und Vögel um das Lied des Jahres singen. Dan folgt meinem Blick. »Das ist der Golden Gate Park. Er zieht sich bis hin zum Ocean Beach«, erklärt er. Und mit einem Mal kann ich das Gefühl von gestern benennen. Da sind noch die Spuren des alten Love & Peace der Hippie-Ära, eine bunte Surfkultur und die Seele der Natur, die sich wie ein taubenetztes schillerndes Spinnennetz durch die Stadt ziehen. Die Ruhe der Bäume mündet in die Wildheit des Meeres, beide Aspekte sind wichtige Teile von San Francisco. Gerade möchte ich fragen, aber Dan spricht meine Gedanken bereits aus. »Wenn du möchtest, können wir die Tage einen ausgiebigen Spaziergang unternehmen, dann zeige ich dir den Park.« Begeistert stimme ich zu.

Eine Straßenbahn steht an der Haltestelle und öffnet ihre Türen. »Das ist unsere Bahn«, sagt Dan. Wir steigen ein. Ich ernte einige abschätzige und überraschte Blicke, muss kurz überlegen und weiß dann wieder, warum: meine bloßen Füße. Verrückt, dass ich so oft vergesse, was so viele Menschen an mir komisch, abstoßend oder interessant finden. Für mich ist es schon zur zweiten Natur geworden.

Einige Stationen weiter steigen wir aus und gehen zu Fuß weiter zum Pier 39 für die Kolonie von Seelöwen. Nachdem ich sie ausreichend fotografiert habe, gehen wir durch das Viertel, vorbei an Booten und durch die Gassen. Als wir an einigen Restaurants vorbeigehen, lädt Dan mich zu der hiesigen Spezialität »Clam Chowder« ein: eine Muschelsuppe in einem aushöhlten halben Brotlaib. Das schmeckt noch viel besser, als es klingt, und überzeugt mich von dem lokalen Sauerteigbrot. Als Deutsche bin ich mit Brot aufgewachsen und habe mich selber am Backen versucht, aber an einen Sauerteig habe ich mich noch nicht getraut. »Wenn ich irgendwann wieder zurück in Deutschland bin, kann ich es probieren«, denke ich. *Irgendwann. Was für ein dehnbares Wort.*

Wie haushohe Wellen brechen die Sorgen in die Lücke ein und schlagen über mir zusammen. Im schlimmsten Fall muss ich schon sehr bald zurück und ... Ich stoppe mich. Selbst die unschuldigsten Gedanken haben die Macht, mich wieder und wieder zurück zu meinem finanziellen Problem zu bringen. »Was ist los?«, fragt Dan. Ich fühle seinen forschenden Blick, will ihn jedoch auf keinen Fall mit meinen Sorgen und Problemen belasten. »Nichts«, sage ich und setze ein unechtes Lächeln auf. »Wenn du über etwas reden möchtest, dann höre ich gerne zu«, meint Dan in diesem verständnisvollen Tonfall, der mir mitteilt, dass er sehr wohl weiß, dass »nichts« in diesem Fall »darüber möchte ich nicht reden« bedeutet. »Danke«, entgegne ich. »Vielleicht später.« Im Anschluss an das Mittagessen schlendern wir durch ein altes Bahnhofsgebäude und essen Krabben-Sandwiches auf einem Turm, von dem aus wir den ganzen Stadtteil überblicken können. Der Tag vergeht so schnell wie alle Tage, die voller Erlebnisse stecken. Aber diesen möchte ich festhalten und die Sonne nicht mehr untergehen lassen, denn mit ihr geht die Zeit, so unaufhaltsam wie ein Ball, der über einen Abhang rollt. Ich will kein Morgen, weil daran wie ein Kettenglied das Übermorgen hängt, und viele weitere Übermorgen dazu. Mit jedem rückt das Ende meiner Reise näher, wenn ich nicht endlich einen Ausweg finde.

Trotzdem schaue ich in den Sonnenuntergang und sehe, wie die Sonne ihre Zehen ins eisblaue Meer taucht. In wenigen Minuten wird sie zum Gestern gehören und sich bereit für das Morgen machen. Ich höre jemanden seufzen und merke im nächsten Augenblick, dass ich es war. »Der Sonnenuntergang ist schön«, sage ich nachdenklich, bevor ich Daniels fragenden Blick fühle. Er nickt und lächelt. Jetzt sinkt die Sonne weit hinten in das Meer und verschmilzt mit ihm. Danach wird es mit jeder verstreichenden Minute dunkler.

Am nächsten Tag treffen wir uns mit Dans Freund Michael und seiner Freundin Samantha auf ein Frühstück. Anschließend wollen die drei mir die Stadt zeigen und beschließen, dass Motorroller sich dafür gut eignen. Dan und ich gehen zurück zu seiner Wohnung, um seinen Roller zu holen. In der Garage schaut er noch einmal kritisch auf meine Füße und fragt: »Kannst du dir vielleicht wenigstens während der Fahrt Schuhe anziehen? Ich meine, hast du überhaupt welche? Ich will nicht, dass du dich verletzt.«

»Ja, ich habe Schuhe mit«, antworte ich.

»Hier ist der Wohnungsschlüssel. Würdest du sie holen und anziehen? Dann würde ich mich sicherer fühlen.«

Ich nicke und stehe kurz darauf in meinem Barfußsandalen wieder in der Garage. Dan mustert sie kritisch. »Das sind Schuhe?«, vergewissert er sich.

»Ja«, bestätige ich grinsend.

Er grinst ebenfalls und winkt mich zu sich. »Okay, Miss Barefootaroundtheworld, hier ist dein Helm.« Ich steige auf, und wir fahren zum Treffpunkt. Die drei zeigen mir die Golden Gate Bridge und weitere Sehenswürdigkeiten und Aussichtspunkte. Mittags lädt Dan uns alle in ein burmesisches Restaurant ein, wo mich das Kokoswasser in einer jungen Kokosnuss wieder an meine bisherige Reise denken lässt. Interessant, dass immer dann Probleme aufkamen, wenn ich dachte: Jetzt ist es Zeit, mich etwas auszuruhen. Genauso wie Menschen, die nach einer Phase mit besonders Arbeit ohne Pause in den Urlaub fahren und dort krank werden. Wahrscheinlich nutzen sowohl Körper als auch Geist Momente der Ruhe, um Aufgeschobenes aufzuarbeiten, weil sie im Tohuwabohu der Geschäftigkeit keine Gelegenheit dazu finden.

»Ja, ich glaube, sie war zuvor in Rarotonga, oder, Judith?« Dans Frage holt mich ins Diesseits zurück.

»Genau«, bestätige ich. »Rarotonga.« Daraufhin werde ich in ein Gespräch verwickelt, das mich auf andere Gedanken bringt.

Nachdem Dan zu Bett gegangen ist, setze ich mich auf die Couch und nehme mein Smartphone aus dem Rucksack. »Man kann nie wissen«, denke ich. »Vielleicht hat es endlich die Entscheidung getroffen, wieder zu funktionieren.« Also schließe ich es an das Ladekabel an und warte darauf, dass das runde Symbol mit dem Blitz darin erscheint. Aber ich warte vergeblich. Seufzend ziehe das Ladekabel aus der Buchse, puste in den Schlitz und versuche es erneut. Wieder nichts. Entmutigt greife nach meinem Laptop und checke meine Mails. Peter, mein Freund aus Deutschland, der den Brief von der Amtskasse rechtlich überprüfen lassen wollte, hat mir geschrieben. Beim Lesen sacken meine Schultern immer weiter nach vorne. Nichts zu machen, lautet die Aussage.

Plötzlich merke ich, dass es mir egal ist. Das ist verstörender als meine Sorgen und das Gefühl der Ausweglosigkeit, denn es bedeutet, dass ich resignieren und aufgeben will. Und dass ich keine Energie mehr zum Kämpfen verwenden will. Mit versteinertem Gesicht klappe ich den Laptop zu, lege mich hin und starre ich an die Zimmerdecke. In mir herrscht kein Chaos mehr, die Gedanken haben aufgehört, durch meinen Kopf zu rasen. Doch diese Leere, dieses Nichts, das mir aus jeder Zelle entgegengähnt, ist noch beunruhigender. Es muss eine Lösung geben, einen Ausweg! Einen, den ich auch nehmen will, füge ich sofort hinzu. Denn natürlich gibt einen Ausweg, aber den will ich eben nicht nehmen: mir Geld von jemandem zu leihen. Niemals würde ich so etwas für private Belange tun. Wenn es um geschäftliche Zwecke geht, ist das etwas anderes. Aber für mich persönlich habe ich es entweder, oder ich habe es nicht. Punkt. Da gibt es für mich keine Diskussion. Was, wenn ich die Summe einfach überweise und dann sehe, wie es weitergeht? Immerhin habe ich noch einen finanziellen Puffer, mit dem ich in Deutschland durchkomme, bis ich wieder Geld verdienen kann.

Mit einem Ruck setze ich mich auf und nehme den Laptop wieder zu Hand. Doch bei genauerem Nachdenken erweist sich die Sache als schwierig. Die App auf dem Handy ermöglicht es mir, eine Überweisung via Push-TAN ohne ein zweites Gerät auszuführen; am Laptop geht das nicht. Da funktioniert nur das Verfahren mit der TAN per SMS. Und das fällt weg, weil mein Handy nicht funktioniert. Um die Handynummer zu ändern, damit ich die SMS anderweitig empfangen könnte, muss ich wiederum eine TAN eingeben. Tja, schwierig. Also muss ich die Bank benachrichtigen, was ohne Telefon ebenfalls schwierig ist. Ich könnte Dan fragen, ob ich von seinem Handy aus anrufen kann? Aber ich möchte ich ihm auf keinen Fall Umstände bereiten. Also gut, dann per Mail. Ich tippe sie schnell und sende sie an meine Bank in Deutschland. Mit etwas weniger Gewicht auf meinen Schultern schlafe ich ein.

Am nächsten Morgen bin ich alles andere als ausgeschlafen. Einige Fetzen der nächtlichen Träume kleben wie Sirup an mir. Nicht genug, um mir ein Bild aus ihnen zu machen, aber genug, um mir ein unangenehmes Gefühl von klammer Kälte zu vermitteln. Ich versuche vergeblich, sie abzuschütteln. Warum fühle ich mich, als hätte ich ohne Training an einem Marathon teilgenommen?

Leise tapse ich zur Dusche und lasse zuerst eiskaltes, dann brühend heißes und am Schluss wieder kaltes Wasser über meinen Körper laufen. Das tut gut. Ich spüre, wie nicht nur meine Muskeln sich entspannen, sondern auch meine Seele. Als ich aus der Dusche auf den flauschigen Badteppich trete, geht es mir bereits besser.

Als Dan in die Küche kommt, ertappt er mich dabei, wie ich eine Blaubeere nasche. Die haben wir gestern gekauft und uns einige fürs Frühstück übrig gelassen. Mit schief gelegtem Kopf gluckst er: »Du musst ein kleiner Bär sein, so wie du Beeren magst.«

Ich lache. »Jedes Mal, wenn ich dich anschaue, muss ich unwillkürlich an einen großen Bären denken. Deine Statur, dein bärtiges Gesicht und deine brummige Stimme lassen keinen Zweifel zu.«

Ein breites Grinsen zieht über Dans Gesicht, als er verkündet: »Okay, dann bist du lil' bear und ich bin big bear.«

»Klingt gut«, kommentiere ich, und wir klatschen ab.

Nach dem Frühstück helfe ich Dan dabei, die Küche aufzuräumen. Dabei entdecke ich, dass einige Stellen etwas Liebe und Aufmerksamkeit gebrauchen könnten, und bald ist die Küche so gut auf Hochglanz geputzt, wie es mir in der kurzen Zeit möglich war. »Das war wirklich nötig«, meine ich in einem spielerisch vorwurfsvollen Tonfall. »Sonst macht es keinen Spaß zu kochen.«

»Meine Küche war sicher noch nie so sauber«, entgegnet Dan anerkennend. Und mit einem frechen Grinsen schiebt er nach: »Bis auf deine Füße, mit denen du schon wer weiß wo warst.« Etwas in seinen Augen teilt mir mit, dass eine Portion Ernst in seinem Spaß steckt.

»Dir gefällt es nicht, dass ich draußen barfuß laufe und dann in deiner Wohnung, obwohl ich mir gleich die Füße wasche?«, hake ich nach.

Er schaut mich verschmitzt an. »Gleich sofort, nachdem du reinkommst?«, fragt er.

»Na ja«, sage ich etwas verlegen. »Fast immer. Ich kann mir das gerne zur Regel machen, dass ich sie immer gleich wasche. In der Garage hast du doch ein großes Waschbecken. Wie wäre es damit? Dann kann ich anschließend in meine Sandalen schlüpfen und komme mit sauberen Füßen rein. Und bitte sag mir so etwas gleich. Ich möchte nicht, dass es dir unangenehm ist.«

Er lächelt. »Danke, aber das macht mir nicht so viel aus. Ehrlich gesagt, bin ich eher um dich besorgt. Die Stadt ist dreckig. Was ist, wenn du dir eine Infektion holst?«

Ich schaue ihn überrascht an. »Wirklich?«, überlege ich, die Frage mehr an mich als an Daniel gerichtet. »Also ich fand San Francisco bisher durchschnittlich. Glas habe ich noch keines gesehen und Müll relativ wenig. Da gibt es deutlich schlimmere Städte.« In Gedanken gehe ich meine Wege durch die Stadt erneut. »Ich habe gelernt, dass ich bei einer Wunde an der Sohle nur noch in der Natur barfuß gehen sollte, nicht in Städten. In Hawaii habe ich mir Glas in eine Wunde eingetreten, als ich durch Kona ging. Da gab es aber wirklich viel Glas.«

Dan scheint nicht überzeugt zu sein. »Ja, aber es ist trotzdem nicht hygienisch und dadurch gefährlich für dich«, argumentiert er.

Diese Aussage habe ich schon häufig gehört. »Ich verstehe und schätze deine Beweggründe. Danke für deine Fürsorge. Meine Sicherheit darfst du mir überlassen. Weißt du, ich habe mich dazu entschieden, meinen Weg barfuß zu gehen. Bisher habe ich mich damit weitestgehend wohlgefühlt. Verletzungen an der Sohle haben mich bereits vorsichtiger gemacht, und vielleicht werden sich auf der Reise weiterhin Umstände ergeben, die mich anders denken lassen. Noch einmal: Danke für deinen Hinweis. Wenn du ein Problem damit hast, dass ich in deiner Wohnung barfuß gehe, nachdem ich draußen in der Stadt barfuß war, sag es mir, damit wir eine Lösung finden können.«

»Ach, lil' bear, du musst es selbst wissen«, stellt Dan fest. »Solange du dir die Füße wäscht, habe ich kein Problem damit, dass du in der Wohnung herumläufst. Vor allem nicht nachdem du in der Natur unterwegs warst. Mir ist nur nicht klar, warum du in der Stadt barfuß laufen musst. Ich meine, reicht es dir nicht, einfach nur im Grünen ohne Schuhe zu sein? Sei mir nicht böse. Ich verstehe das nur nicht.«

Ich lege ihm eine Hand auf die Schulter. »Nein, keine Sorge, ich nehme dir das nicht krumm. Außerdem verstehe ich deine Bedenken.« Und wieder einmal erkläre ich, warum ich auch in der Stadt unbeschuht bin und wie ich überhaupt zum Barfußlaufen gekommen bin. Daniel nickt, obwohl er seine Sorge nicht ganz ablegen kann. Er schlägt vor, heute einen Spaziergang im Golden Gate Park zu machen.

Sobald wir die Straße überquert haben, fühle ich mich wie an einem anderen Ort. Wir gehen über eine große Wiese mit weichem Gras und einigen Gänseblümchen. Meine Füße reagieren wie Lungen, die aus einem stickigen Raum nach draußen ins

Freie getragen werden. Sie atmen auf und füllen sich mit Sauerstoff und Klarheit.

Nach der weichen Wiese verändert sich der Untergrund kurz zu trockenem Gras, das ein wenig in meine Sohlen pikst. Dabei spüre ich, wie mein Gehirn wachsam wird. Das wird es immer, wenn es ein Piksen fühlt. Es könnte etwas sein, das sich in die Sohle bohren möchte. Einige Schritte weiter ist der Boden staubig, und wie ein dunstiger Schleier legt sich aufgewirbelter Staub über meine Füße und Knöchel. Wir gehen einige von Farnen und Bäumen gesäumte, mit Kies bestreute Stufen hinunter. Der Kies ist so fein, dass ich ihn als eine angenehme Massage empfinde. Auf den letzten Stufen höre ich bereits das Rauschen und sehe einen kleinen Wasserfall. Er plätschert einige Meter unterirdisch weiter, bevor er zu einem Bach wird, der durch ein Waldstück fließt. Vorsichtig wate ich durch das Wasser und achte darauf, auf den glatten Steinen nicht auszurutschen. Dan beobachtet mich und geht auf dem schmalen Pfad weiter, der sich am Wasserfall geteilt hat und nun zu beiden Seiten des Baches verläuft. Als das Waldstück beinahe zu Ende ist, springe ich aus dem Bach auf den höhergelegenen Pfad zu Dan und bleibe an einem Baum stehen, der mich anzieht. Gerne würde ich mich an seinen Stamm lehnen und die Arme fest um ihn schlingen. Aber ich sehe, dass einige Leute den Pfad hinaufkommen. Sicher würden sie lachen, eine dumme Bemerkung von sich geben oder einfach nur komisch dreinschauen. Das ist mir peinlich, und so strecke ich lediglich die Hand aus und berühre die Rinde. Sie fühlt sich weich an. Rotes Holz. Mein Blick wandert den Stamm hinauf bis zur Krone, die ich kaum noch sehen kann, weil sie hoch oben zu den Wolken strebt.

»Sollen wir weitergehen?«, fragt Dan neben mir. Mit einem Ruck löse ich mich von dem Waldriesen und gehe wortlos neben

Dan her, in meine Gedanken versunken. Wahrscheinlich hätte ich bis zum Abend bei dem Baum sein können, und mir wäre es wie ein Augenblick vorgekommen.

»Wie lange stand ich vor dem Baum?«, frage ich Dan.

Er überlegt einen Moment. »Ungefähr zwanzig Minuten«, sagt er dann.

»Oh«, entgegne ich erstaunt. »Mir kam es wie eine Minute vor.«

Dan lacht. »Das konnte ich sehen.«

Ein Baum kann je nach Art sehr alt werden, manche Tausende von Jahren. Wenn wir uns auf das Tempo der Bäume einlassen, dann nehmen wir die Zeit vielleicht so wahr wie sie. Und dann vergehen zwanzig Minuten auch wie eine Minute.

»Alles in Ordnung mit dir?«, fragt Dan.

Ich nicke. »Ja, ich denke nur gerade über Bäume nach und wie langsam die Zeit aus ihrer Perspektive vergehen muss.«

Daniel lächelt. »Interessant, little bear«, meint er nach einer kurzen Pause. »Manchmal ist auch das Schweigen ganz angenehm.«

»Ja, big bear«, sage ich und schenke ihm ein breites Lächeln. Dann schweigen wir wieder, während wir weiter durch den Park gehen. Ob das Barfußlaufen mich wohl der Natur nähergebracht hat? Auf jeden Fall: Allein die Begegnung mit dem Baum eben war besonders, und so etwas habe ich vorher nicht gekannt. Zwar bin ich schon immer gerne im Wald spazieren gegangen, aber viel zu selten barfuß. Außerdem waren Bäume viel zu lange lediglich große Pflanzen. Jetzt nehme ich sie als lebende Wesen wahr, die Gemeinschaften bilden, einander helfen und die Welt aus einer interessanten Super Slow Motion-Perspektive sehen. Vielleicht leben Steine noch langsamer und scheinen nur deshalb zu schlafen? Wie auch immer, jetzt bin ich umso mehr gespannt auf die legendären Redwood-Bäume. Inwiefern unterscheiden sich diese faszinierenden Baumriesen wohl von den Kauri-Bäumen aus Neuseeland?

Nach einigen Tagen in der Stadt wird es Zeit für mein persönliches Highlight: den Besuch im Butano State Park. Wir mieten uns dafür einen dunkelsilbernen Tesla Model S. Auf dem Weg in Richtung Pescadero genieße ich das Fahrgefühl zunächst als Beifahrerin, während der Wagen lautlos durch die malerische Landschaft gleitet. Der Butano State Park ist abgelegener und schwieriger zu erreichen als andere Redwood-Parks und deshalb deutlich weniger überlaufen. Als wir ankommen, ist weit und breit kein Auto zu sehen. Ich blicke auf die metallisch glänzende Silhouette des Tesla und dann hinauf zu den gigantischen Bäumen. Irgendwie passt der Tesla gut ins Bild, soll er doch den Fortschritt mit sauberer Energie weitertreiben.

Langsam gehe ich auf einen der Bäume zu. Er ist nicht nur so hoch, dass ich darüber kaum Himmel sehe, sondern er hat auch einen wirklich dicken Stamm. Ich winke Daniel herbei, und wir versuchen, den Baum gemeinsam mit unseren Armen zu umfassen. Einige Zentimeter fehlen noch, egal, wie sehr wir uns bemühen. Als ich so in der engen Umarmung mit dem Baum versunken bin, erfasst mich eine Welle der Ehrfurcht. Ich grabe meine Füße tiefer in den weichen Waldboden neben den Wurzeln, um die Kraft, Erhabenheit und den Stolz dieses mächtigen Wesens noch intensiver zu spüren. Diese Giganten trotzen Feuer ebenso wie Insekten durch ihre besondere Rinde. Sie überlebten als wenige Mammutbäume von der Zeit der Dinosaurier bis heute. Sie sind praktisch unsterblich, zumindest bis sie durch Menschenhand fallen.

Wir gehen den Waldweg ein Stück weiter und erreichen immer größere und höhere Bäume. Während der ganzen Wanderung sprechen wir kein Wort. Ich bin einfach da und lasse alles auf mich wirken. Mein Körper reagiert, wie ich es noch nie zuvor erlebt habe. Schon immer habe ich den Wald geliebt und war auch in meiner Heimat als Kind oft von früh bis spät dort. Aber diese Bäume sind besonders. Sie berühren mich auf eine Art, die ich schwer in Worte fassen kann. In der Stille melden sich alte Wunden in mir, denen ich bislang keine Beachtung schenken wollte. Langsam gehe ich auf einen Baum zu, der mich wie magisch anzieht. Mit meinen Fingerspitzen streiche ich sanft über seine weiche Rinde und schaue hinauf. Ich kann seine Krone nur mit Mühe erkennen, so groß ist er. Meine nackten Füße stehen auf einer seiner mächtigen Wurzeln, und ich habe das Gefühl, als würde sich mein Körper auf unerklärliche Weise mit der Weisheit des Baumes verbinden. Ich schließe die Augen und lehne mich an den Stamm.

Alles in mir möchte die quälenden Erinnerungen an die Verletzungen aus meiner Beziehung einfach erneut begraben und sich schöneren Gedanken zuwenden, aber mir ist, als würde mich etwas dort festhalten. Drängend, aber sanft steigt aus der Tiefe, aus dem Wurzelwerk meiner Seele, ein Impuls auf. »Alte Wunden heilen nicht, wenn du immer wieder wegschaust. Der Schmerz vergeht erst, wenn du ihn loslassen kannst. Dafür musst du ihn aber zunächst einmal zulassen. Deine Angst vor dem Schmerz ist größer als der Schmerz selbst.« Ich schüttele den Kopf. »Es ist unmöglich hinzusehen«, flüstere ich. »Zu viel Leid, Schmerz und Schuld. Zu viel ist geschehen. Es kann nicht wiedergutgemacht werden.«

»Es geht nicht um Schuld. Dieser Gedanke hält dich nur auf ewig am Tatort fest. Es geht um Vergebung, und Vergebung bedeutet loszulassen. Du vergibst für dich, nicht für ihn. Du vergibst, damit du frei wirst.«

Ich erkenne, dass ich mein Paket aus Leid, Wut und Angst bis hierher fest verschnürt mit mir getragen habe und dass es an der

Zeit ist, es auszupacken und diesen Emotionen die Freiheit zu schenken. Es gilt, meinem damaligen Mann und mir selbst zu vergeben, meine krampfhaft um das Paket der Vergangenheit geschlossenen Finger zu öffnen. In diesem Moment fühle ich meine Angst und den Schmerz. Ihretwegen bin ich auf diese Reise gegangen. Ich bin stark durch sie und kann sie jetzt zulassen.

Warme Tränen laufen mir über die Wangen. Wann habe ich mir das letzte Mal erlaubt zu weinen? Durch das Zulassen dieser Schwäche spüre ich eine innere Kraft. Die Minuten verstreichen, während ich mich mit dem Baum verbunden fühle. Es ist mir egal, ob Daniel mich gerade komisch findet, ich schaue mich nicht nach ihm um. Ich spüre Weisheit und Trost, die mit diesem Baum, ja dem ganzen Wald zusammenzuhängen scheinen. Es fühlt sich an, als würde jemand sanft über einige der Narben auf meiner Seele streichen. Forscher haben bereits herausgefunden, dass Waldbäume miteinander über ein Netz aus Pilzen kommunizieren. Sie nennen es das *Wood-Wide-Web.* Aber ich hätte nicht gedacht, dass ich als Mensch mit den Bäumen so eine Verbindung aufnehmen kann. Doch genau das scheine ich jetzt zu spüren: als würden meine Füße durch die Berührung mit dem Waldboden und den Wurzeln die heilsame Energie des Waldes aufnehmen und mich zum Teil dieses natürlichen Netzwerks machen. Wie in dem Film *Avatar* scheine ich mich gerade mit der Natur, die mich umgibt, austauschen zu können. Und zwar über die Berührung, besonders die meiner Füße. Ich fühle mich gelöst und frei.

Auf dem Weg zurück fahre ich den Tesla. Als mein rechter Fuß sanft das Gaspedal berührt, zieht der Wagen kräftig an. Auch Geschwindigkeit fühlt sich barfuß richtig gut an. Das draufgängerische Kind in mir übernimmt das Steuer. »Auf eine bessere und sauberere Welt«, sage ich mit einem Zwinkern zu meinem Beifahrer und trete das Gaspedal bis zum Boden durch. »Da hat aber jemand eine Menge Spaß an dem Tesla«, bemerkt Daniel mit einem breiten Grinsen.

Erst am späten Abend denke ich wieder an meine Herausforderung. Habe ich »Herausforderung« gesagt und nicht »Problem«? Das klingt gleich viel besser, außerdem drückt die Last auf meinen Schultern heute viel weniger. In mir ist eine neue Zuversicht gereift. Kommt sie vom Wald, von den hohen Bäumen, die viele Feuer überlebt haben und voller Zuversicht immer wieder sprießen?

Ich checke meine Mails. Von meiner Bank ist eine Antwort eingetroffen. Sie lautet: »Liebe Kundin, gern möchten wie Ihnen schnell weiterhelfen.« Darauf folgt eine Anleitung zum Wechsel der TAN-Verbindung. Diese kann ich allerdings nur durchführen, wenn ich mich in mein Bankkonto eingeloggt habe, was aber nach der neuen Sicherheitsregelung PSD2 nur mittels eines zweistufigen Identifizierungsverfahrens möglich ist. Das bedeutet, ich muss mich neben dem Passwort auch mit einer TAN-Abfrage identifizieren, und das wiederum bedeutet, ich kann mich nicht anmelden. Also schreibe ich meiner Bank eine weitere Mail und betone erneut, dass mein Handy kaputt ist, mir also sowohl die Anmeldung via Push-TAN als auch die Anmeldung via SMS-TAN verwehrt ist.

Die Schwierigkeiten sind kein bisschen weniger geworden, aber ich merke, dass sich etwas verändert hat – meine innere Haltung gegenüber den Schwierigkeiten. Jetzt sehe ich sie nicht mehr als unüberwindbare und unlösbare Probleme an, sondern als Hindernisse, die es zu bewältigen gilt. Und wenn ich es nicht schaffe? Nun, dann werde ich eben einen anderen Weg finden. Egal, was passiert, es wird immer Wege geben, die ich nehmen kann. Und wenn es eine Sackgasse ist, dann versuche ich mich eben im Klettern an der Felswand. Ich kann zumindest mein

Bestes geben, mein Glück nicht von äußeren Geschehnissen abhängig zu machen.

Erneut nehme ich mein Handy hervor und mache einen Ladeversuch – nichts passiert. Doch auch das macht mir jetzt kaum etwas aus. Ehrlich gesagt finde ich die Zeit ohne ständige Verbindung angenehm. Dann fällt mir Hawaii ein. Dort habe ich mir gewünscht, einmal für eine Weile nicht erreichbar zu sein. Und jetzt bin ich bereits eine ganze Weile nicht erreichbar. Auch wenn ich mir den Weg dahin anders vorgestellt habe und mir einen anderen Zeitpunkt ausgesucht hätte – mein Wunsch ist in Erfüllung gegangen. Bekomme ich vielleicht genau das, was ich mir wünsche, nur nicht unbedingt auf dem Weg, den ich mir wünsche? Und den ich mir vorgestellt habe? Aber auf dem Weg, der aus der Perspektive der Gesamtheit meines Lebens am besten ist? Die Lavasteine, die ich mitgenommen habe, sollen angeblich Unglück bringen. Es gibt Geschichten von Besuchern, die Steine wieder zurückgeschickt haben, weil sie seit der Mitnahme von Pech verfolgt wurden. Entweder hat Pele, die Feuergöttin Hawaiis gedacht: »Die hat schon genug Unglück in ihrem Leben gehabt«, oder der Fluch hat seine Arbeit bereits getan, Wunden aufgebrochen, den Glassplitter, der in meiner Seele steckte, entblößt und mein Leben ins Chaos gestürzt, nur damit daraus das paradiesische Hawaii wird. Mein Leben scheint sich nach dem Chaos zum Besseren zu wenden und aus dem Chaos etwas Neues zu schaffen.

An einem der vielen klaren sonnigen Tage fahren wir zu Dans Segelboot nach Sausalito. Wir haben ausreichend Proviant eingepackt, weil wir auch für die Nacht bleiben wollen. Ich erkunde voller Begeisterung das Boot. Es ist ein älteres Model und die Einrichtung erinnert mich ein wenig an das Wohnmobil meiner Großeltern. Das lässt es gleich behaglich und einladend auf mich wirken. Wir lösen die Leinen und tuckern mit Hilfe des Motors aus der Anlegebucht. Daniel ist in Kanada an einem See mit Booten im Blut aufgewachsen. Ruhig steuert er das Boot entlang der anderen Boote, Katamarane und Yachten, die hier vertäut sind, während ich das Wasser beobachte. Dann zeige ich aufgeregt auf einen Seelöwen, der einige Meter vor dem Boot zur Seite abgetaucht ist.

»Oh, ein Seelöwe!«, rufe ich und deute auf den kleinen Kopf, der neugierig neben uns wieder auftaucht.

Daniel nickt. »Du wirst gleich bestimmt noch mehr davon sehen.« Suchend blicke ich mich um und entdecke weiter vorne auf einem Wellenbrecher eine ganze Horde von Seelöwen. Ich winke den Tieren fröhlich zu. Wir passieren einen Kanal, in dem viele weitere Boote vertäut sind und erreichen die Bucht.

»Jetzt setzen wir die Segel«, erklärt Dan. »Lass mich dir zeigen, wie es gemacht wird. Ich übernehme das *Mainsail,* das Hauptsegel.« Interessiert beobachte ich jede seiner Bewegungen und bin bei dem zweiten Segel selbst dran. »Das zweite Segel weiter vorne zum Bug des Bootes nennen wir *Jib*. Der Bug heißt *Bow* und das Heck *Stern*«, erklärt er. Ich setze das Jib und stelle fest, dass es härtere Arbeit ist, als ich dachte. »Die Kurbel muss wahrscheinlich geölt werden«, meint Dan. »Soll ich dir helfen?« Ich schüttele den Kopf. »Nein, danke.« Mit aller Kraft stemme ich mich gegen die Kurbel, und mit jeder Drehung schiebt sich das Segel ein Stück weiter nach vorne. Mit einem Mal merke ich, dass sich das Boot zur Seite neigt und Fahrt aufnimmt. Das Segel hat sich vollständig aufgerollt, wir rasen mit hoher Geschwindigkeit durch das Wasser. »Das macht Spaß!«, rufe ich, um den starken Wind zu übertönen. Wo kam der Wind so plötzlich her? Gischt spritzt mir ins Gesicht, ich lasse mich auf den Sitz fallen.

»Willst du steuern?«, fragt Daniel. Ich nicke mit glänzenden Augen und klettere über das geneigte Deck vorsichtig zum Heck.

Dort stelle ich mich vor das Steuerrad und halte Ausschau nach anderen Booten oder Schiffen, die mit genügend Abstand umfahren werden sollen. Ein Boot verhält sich anders als ein Fahrzeug auf dem Land. Es reagiert etwas verzögert auf die Steuerung, deshalb fahre ich umso vorausschauender. Der Wind wird immer stärker, und ich spüre wie das Boot noch schneller wird. Es scheint das Wasser kaum berühren, sondern darüber hinwegzufliegen.

»Du machst das sehr gut!«, ruft Dan mir zu. »Der Wind wird allerdings immer stärker, deshalb hole ich die Segel ein wenig ein.« Ich strahle ich wie ein Leuchtturm und gebe ihm ein Thumbs up. Erst als dichter Nebel aufzieht, machen wir uns auf den Rückweg und tuckern erneut durch den Kanal, vorbei an einigen Seelöwen bis zu dem Ankerplatz. Geschickt manövriert Dan das Boot hinein, und wir vertäuen es gemeinsam. Als wir später auf dem Deck liegen, flüstere ich: »Am schönsten war die Stille. Beim Segeln habe ich nur den Wind, die Möwen und das Wasser gehört. Zwar mag ich auch das Geräusch von Motoren, aber die Stille ist auf ihre eigene Art angenehm. Sie ist ein schwarzes Loch, das alles verschluckt und einsaugt. Danke für dieses Erlebnis. Das ist einer der schönsten Tage meines Lebens.«

Nachts klettere ich aus meiner Koje hinauf auf das Deck und strecke mich dort aus. Nur wenige Lichter brennen noch in der Ferne, der Himmel ist klar wie ein Bergsee. Ein fast voller Mond wirft sein fahles Licht über die Landschaft, das sich im Prisma des kräuselnden Meeres millionenfach spiegelt und bricht. In seinem Schein verblassen die umliegenden Sterne wie eine Zimmerlampe im morgendlichen Sonnenschein. Winzige Wellen lassen das Boot sanft schaukeln und wiegen mich immer tiefer in den Schlummer. Etwas Salz hat sich von der Gischt in meinem Gesicht festgesetzt und prickelt ein wenig auf der Haut.

Eine kaum wahrnehmbare Brise, so sanft wie die Wellen, streicht mir durch das Haar.

Früh am Morgen öffne ich meine Augen. Es ist noch dunkel, aber winzige Strahlen des ersten Lichts erscheinen, das als Vorbote der Sonne die Füße der Erde küsst. Es kitzelt auch meine Füße, während ich still daliege und dem Aufbruch des neuen Tages lausche. Kleine Wellen tanzen etwas steif vor und zurück. Manchmal klatscht eine von ihnen mit der flachen Fußsohle gegen den Rumpf des Bootes und ein leises *Flatsch* ertönt. Vögel öffnen schläfrig die Schnäbel und krächzen heiser die ersten Töne ihrer Gesangsübung. Von den Tönen erwacht eine leichte Brise und gibt den Wellen eine Tanzstunde. Langsam setze ich mich auf und schaue über den Bootsrand hinunter ins dunkle Wasser.

Das Wasser vor mir verfärbt sich in ein blumiges Orange und Pink. Die Töne streicheln einander, versunken in inniger Umarmung. Mit einem Satz springe ich vom Boot auf den Steg und lasse meine Füße im kühlen Morgennass baumeln. Mir fällt auf, dass Dan sich nie danach erkundigt hat, wann ich weiterfliege. Bisher leben wir in den Tag hinein und genießen die Erfahrungen, die zu Erinnerungen werden. Wenn ich den Roadtrip nach Los Angeles machen möchte, dann sollte ich spätestens morgen Vormittag losfahren. Das heißt, heute werde ich die Zeit mit Dan noch genießen und anschließend nach einem Mietwagen schauen.

Dan, der gerade aufgewacht ist, beugt sich über die Reling. »Guten Morgen. Möchtest du spazieren gehen? Wir können anschließend frühstücken.« Ich nicke und wir schlendern schweigend durch den kleinen Hafen. In mir steigen meine Schwierigkeiten auf. Sie fühlen sich nicht direkt schwer an, aber sie sehen mich an wie ein Hund, der Gassi gehen möchte: Sie wollen raus. Etwas zögerlich beginne ich Dan davon zu erzählen. Auf mein

Bauchgefühl zu hören, hat mich bisher immer das Richtige machen lassen. Er hört geduldig zu, als ich von dem Brief berichte. Und davon, dass meine Reise vielleicht bald enden wird. Als ich fertig bin, entsteht eine lange Pause. Daniel nimmt meine Hand und drückt sie fest. Auf dem Rückweg nach San Francisco stellt er mir Fragen über meine Ehe und erzählt mir anschließend mehr über seine. Ich spüre, dass es ihm guttut, jemanden zu haben, der versteht, wovon er spricht. Mir geht es genauso.

Kurz bevor wir schlafen gehen, buche ich einen Mietwagen. Nach einem ausgiebigen Frühstück am nächsten Morgen schaue ich Dan an. Ich werde seine angenehme Gesellschaft sehr vermissen. In dieser kurzen Zeit habe ich mich fast daran gewöhnt, nicht mehr allein unterwegs zu sein. Trotzdem freue ich mich auf den bevorstehenden Roadtrip. Wer weiß, vielleicht sehe ich Dan ja eines Tages wieder?

Meine Sachen habe ich nie richtig ausgepackt, daher brauche ich nur wenige Minuten, um alles fein säuberlich in meinem Rucksack zu verstauen. Auf dem Weg zur Straßenbahn bemerkt Dan: »Übrigens wollte ich dir noch etwas anbieten. Ich habe gestern Abend lange darüber nachgedacht. Du hattest erwähnt, dass du wohl bald deine Reise beenden musst, und ich habe gesehen, wie es dich bedrückt hat. Wir haben sehr ähnliche Ziele und könnten zusammen reisen. Mit meinem Airbnb-Business habe ich ausreichend Einnahmen, um dich mit zu versorgen. Dann bräuchtest du dir keine Sorgen um die finanzielle Seite zu machen und kannst in Ruhe herausfinden, was dich glücklich macht und was du gerne tun möchtest. Das ist mein Angebot an dich.«

Ich bin so überrascht, dass ich keine Antwort herausbringe. Etwas beunruhigt durch mein langes Schweigen, fügt er hinzu: »Du kannst einfach darüber nachdenken. Ist nur eine Option, okay?«

»Wow ... ähm ... oh ... ich, also, ich bin nur baff. Darüber werde ich nachdenken. Eine Frage: Was, äh, ist die Bedingung für deine Unterstützung?«, stottere ich.

»Ich reise lieber mit jemandem zusammen als alleine, und ich denke, wir wären gute Reisepartner«, antwortet er fest. »Es gibt keine Bedingung. Das hier ist eine Einladung, kein Geschäftsdeal. Wir haben die gleichen Reiseziele und zum großen Teil die gleichen Wünsche und Träume. Warum sollen wir es nicht versuchen? Aber wie gesagt, denk darüber nach. Die nächsten Tage hast du ausreichend Zeit.«

Mein Kopf ist wie leergefegt. Nur ein Gedanke tanzt darin Samba: Das ist die Antwort vom Leben. Räder quietschen, als die Straßenbahn zum Stehen kommt. »Danke. Ich schätze dein Angebot sehr und werde darüber nachdenken«, sage ich hastig und umarme Daniel zum Abschied. Vom Fenster der Bahn aus sehe ich Dan winken und winke zurück. Ich bin total durch den Wind, reiße mich aber zusammen, um die Haltestelle der Autovermietung nicht zu übersehen.

Wenige Minuten später fädele ich mich bereits in den Verkehr der Stadt ein und bin bald darauf auf dem Highway 1, während meine Gedanken rasen. Nach einer Weile halte ich an einer menschenleeren Bucht an und setze mich in den warmen Sand. Jetzt muss ich erst mal meine Gedanken sortieren, bevor ich weiterfahren kann. Er hat mir angeboten, mit mir zu reisen und gesagt, dass ich mir keine Sorgen, um das Finanzielle zu machen brauche. Warum klingt das zu schön, um wahr zu sein? »Man kriegt nichts geschenkt«, tönt es in meinen Ohren. So bin ich aufgewachsen, und diese Erfahrung habe ich auch immer wieder gemacht. Warum sollte es jetzt plötzlich anders sein? Was hat sich verändert?

»Du hast dich verändert«, höre ich leise in mir. Tief atme ich die Seeluft ein und fühle den warmen Sand zwischen meinen

Zehen. Ja, das stimmt, ich habe mich verändert. Das habe nicht nur ich selbst wahrgenommen, sondern auch die Menschen in meinem Umfeld, die mich bereits seit einiger Zeit kennen. Früher wäre ich verzweifelt und aufgelöst gewesen, wenn sich ein scheinbar unlösbares Problem ergeben hätte.

Anfangs war ich auch hier verzweifelt, aber trotz allem gab es tief in mir immer einen See der Ruhe, den kein Wind der Außenwelt bewegen konnte. Und die Redwoods, diese besonderen Bäume, haben eine versteckte Zuversicht an die Oberfläche geholt und mich mit ihrer spürbaren Präsenz an den stillen See erinnert. Ganz sanft und leise. Wieder laufen Tränen meine Wangen hinunter, wenn ich nur an das Erlebnis denke.

Meine Entscheidung steht fest: Ich werde Daniels Angebot annehmen, aber ich möchte auch etwas für ihn tun. Und ich weiß auch schon, was ich für ihn tun könnte. Er wollte seine Häuser am Lake Tahoe renovieren. Dabei werde ich ihm helfen und ihm anbieten, die Einrichtung geschmackvoller zu gestalten. Außerdem werde ich ihm helfen, seine Ernährung diabetesfreundlicher zu gestalten. Dabei kann ich ihm den einen oder anderen Tipp geben, wobei es von ihm abhängt, ob er bereit ist, solche Tipps auch zu befolgen.

Die nächsten Tage verbringe ich viel im Auto, aber dadurch, dass ich ständig anhalte, aus dem Auto hüpfe und mit kindlicher Begeisterung zum nächsten Aussichtspunkt oder zur nächsten Bucht laufe, bewege ich mich auch häufig. Natürlich habe ich vergessen einzukaufen und habe nur meine geliebten Nüsse und Trockenfrüchte in ausreichenden Mengen dabei. Doch damit komme ich die paar Tage aus. An die Nächte habe ich ebenfalls nicht gedacht und schlafe daher einfach im Auto, sobald es dunkel geworden ist. Damit wäre ich glücklich, wenn die Temperaturen nicht nah am Gefrierpunkt wären. Obwohl ich im

Schlafsack liege und alle Kleidungsstücke trage, die mir nicht als Unterlage dienen, friere ich trotzdem noch. Wenn es so kalt ist, dass ich nicht schlafen kann, krabbele ich auf den Fahrersitz und schalte den Motor ein. Dann drehe ich die Heizung auf, genieße die Wärme für einige Minuten und schlafe anschließend im etwas wärmeren Auto, bis es erneut so kalt ist, dass ich aufwache.

Dafür ist jeder Morgen das nächtliche Spektakel wert. Die Sonnenaufgänge erlebe ich immer draußen, entweder in einer Bucht sitzend oder von einem hohen Aussichtspunkt aus, und jeder einzelne ist unbezahlbar. Wenn dann die Wärme der Sonne langsam in meine ausgekühlten klammen Glieder kriecht, weiß ich, warum bei den Naturvölkern die Sonne verehrt wird. Ihre lebensspendende Kraft war den Kelten und Germanen nach einem langen und kalten Winter so willkommen wie einem Verdurstenden in der Wüste das Wasser. Jetzt tue ich es meinen Vorfahren gleich, danke der Natur für ihre Zyklen und der Sonne für ihre Wärme und ihr Licht.

Nach drei sonnigen Tagen ist der Morgen des vierten bewölkt. Als ich in Los Angeles ankomme, regnet es, und der Himmel ist grau und verhängen. Damit stemple ich die Stadt gleich als »mag ich nicht« ab und fahre lieber früher zum Flughafen. Dort trenne ich mich von meinem Mietwagen und nehme den Shuttle zu den Terminals. Hier habe ich WLAN und setze mich mit meinem Laptop an einen der Plätze in der großen Halle. Um mich herum erklingen die mittlerweile so vertraut gewordenen Geräusche eines lebendigen Flughafens. Einige Male spüre ich Blicke auf mir ruhen, schaue auf und lächle. Meistens gelten die Blicke meinen bloßen Füßen.

Etwas später habe ich einen günstigen Flug zurück nach San Francisco gefunden und überlege, ob ich Dan Bescheid geben oder ihn lieber überraschen soll. Ich entscheide mich für Ersteres. Dann hat er etwas, worauf er sich freuen kann, denke ich mir. Hoffentlich sieht er die Nachricht in der Couchsurfing-App. Nachmittags kaufe ich mir etwas zu essen und spaziere durch das Gebäude. Danach schaue ich erneut nach einer E-Mail von meiner Bank und kann es kaum fassen, als ich die Antwort sehe: Sie haben mir die gleiche Pauschalnachricht geschickt wie beim letzten Mal! Eine Mischung aus Belustigung, Erstaunen und leiser Wut erfasst mich. Wer ist denn da zu blöde, meine Mail zu lesen? Jetzt reicht es mir aber.

Ich tippe eine weniger freundliche Antwort und hoffe, damit und mit einem frechen Betreff Aufmerksamkeit zu erregen, sodass sich endlich jemand richtig um mich kümmert. Das stimmt mich so fröhlich, dass ich mit einem Grinsen im Gesicht barfuß durch das Terminal zum Check-In tapse. Da ich kein Gepäck aufgeben muss, bin ich schnell durch und warte am Gate auf den Flieger. Dort öffne ich noch einmal den Laptop und sehe eine Antwort von Dan. Er wird mich am Flughafen abholen, falls ich Verspätung habe, soll ich Bescheid geben. Außerdem freut er sich sehr, mich wiederzusehen. Ich freue mich auch!

Der Flug selbst dauert nicht einmal anderthalb Stunden. Mir kommt es so vor, als würden wir bereits landen, gleich nachdem wir gestartet sind. Dann renne ich fast durch den Flughafen und kann es kaum abwarten, Daniel zu begrüßen. Er steht in der Wartehalle, mit seinem breiten Grinsen im Gesicht und einem Strauß bunter Blumen in der Hand. An ihnen hängt ein Luftballon, auf dem steht: »Welcome back«. Ich merke erst, dass ich stehen geblieben bin, als Dan auf mich zukommt. »Wow, das … das wäre doch nicht nötig gewesen!«, stottere ich überrascht. Sein Lächeln wird noch breiter als er sieht, dass ich mich freue. »Danke«, sage ich etwas verlegen.

»Sehr gerne. Willkommen zurück«, sagt er fröhlich und nimmt mich in den Arm. »Ich freue mich über deine Entscheidung«, fügt er mit einem Zwinkern hinzu. Dann schaut er auf meine Füße. »Und wie ich sehe, bist du immer noch barfuß unterwegs.« Höre ich in seiner Stimme etwa eine leise Anerkennung? Forschend sehe ich ihn von der Seite an, aber ich sehe nur sein breites offenes Lächeln, während wir in Richtung Highway fahren. Als wir die Treppen zu seiner Wohnung hochgehen, fühlt es sich fast so an, als würde ich nach Hause kommen. Nach Monaten des Reisens, komme ich zurück an einen Ort, den ich bereits kenne. Mit einem warmen Gefühl im Bauch betrete ich etwas Vertrautes. Zu Hause sein. Ein vergessenes Gefühl.

Nach dem Abendessen unterhalten wir uns über meinen Roadtrip. Anschließend erkläre ich, dass ich schlafen gehen möchte, und ziehe die Kissen vom Sofa, um es mir bequem zu machen. Auch Dan verabschiedet sich für die Nacht. Kurz bevor ich einschlafe, denke ich, dass ich ihn morgen vielleicht fragen kann, ob er eine Lösung für mein Handy weiß. Nein, nicht vielleicht – ganz bestimmt, korrigiere ich mich.

Gleich nachdem Dan am nächsten Morgen wach ist, bitte ich ihn um Hilfe wegen meines Smartphones. Das war schwerer über die Lippen zu bringen, als einen Achtzehntonner zu heben. Er versucht es zuerst mit einem Zahnstocher, aber es bringt nichts. Erst nachdem er mit einem Pressluftgerät Luft hineingepustet hat, beginnt mein Handy tatsächlich wieder zu laden. In mir fühle ich eine Mischung aus Erleichterung und Enttäuschung. Jetzt bin ich wieder erreichbar und werde mich dazu gezwungen fühlen, jedem zu antworten. Bei einigen Hundert Kontakten ist das eine Menge Arbeit, und Druck führt nur dazu, dass ich wieder hilflos die vielen Nachrichten ansehen werde und dann doch kaum jemandem antworten werde. Es überfordert mich, mir Zeit nehmen zu müssen, die ich lieber für meine Reise, meine neuen Freunde und mich selbst hätte. Es gibt nur wenige Menschen, mit denen ich mich so gut verstehe, dass dafür kaum ein

Kontakt nötig ist. Ohne Worte wissen wir, wie es dem anderen geht. Diese Handvoll Menschen lassen mir Zeit und machen mir keinen Druck damit, wann ich mich denn endlich wieder melde. Es fühlt sich gut an, gebraucht und gemocht zu werden, keine Frage. Aber Freunde, die unabhängig von mir glücklich sind, sind mir lieber. Einer meiner höchsten Werte ist immer noch Freiheit. Und ständig mit anderen in Kontakt sein zu müssen, ist keine Freiheit, sondern ein goldenes Gefängnis.

Vielleicht nehme ich mir noch einige weitere Tage eine Auszeit. Ich könnte WhatsApp und alle anderen Kanäle von meinem Smartphone deinstallieren und weiterhin meine Freiheit genießen. Aber wenn ich das Handy einschalte, kommen die Nachrichten auf WhatsApp gleich an, und dann zeigen sich zwei Haken bei den anderen, und dann fragen sie sich vielleicht, warum ich mich nicht melde. Ach, warum ist das so kompliziert? Wenigstens brauche ich mir gerade keine Sorgen ums Finanzielle zu machen. Ach, und ich werde mich gleich um die Überweisung kümmern! Denn jetzt kann ich mir die TAN wie gewohnt auf die App meines Handy schicken lassen. Als ich aufschaue, begegne ich Dans Blick. Er sitzt neben mir auf der Couch. »Äh, danke, dass du mein Handy repariert hast«, sage ich schnell. Ein Lächeln erscheint auf seinem Gesicht. »Gerne«, entgegnet er einfach. Ich erkläre ihm, dass ich das Geld gleich überweisen möchte, und er nickt. Gesagt, getan. Auf dem Handy trudeln immer mehr Nachrichten ein; ich stelle es auf »stumm«. Da sehe ich, dass ich eine Antwort von der Bank erhalten habe. Nach meiner frechen Mail ging das plötzlich sehr schnell. Sie haben mir ein Telefonat angeboten. Das brauche ich jetzt nicht mehr.

Nach einigen entspannten Tagen packen wir unsere Sachen für einen Roadtrip. Als Kind habe ich viele Karl-May-Bücher gelesen und wollte schon immer das Tal des Todes sehen. Außerdem interessiert mich die in der Wüste erbaute Stadt Las Vegas mit ihrem Spielpark für Erwachsene. Wie meine bloßen Füße da wohl hineinpassen werden? Und werden trockene Dornen meinen Weg durch die Wüste behindern?

Nach einem Aufenthalt in der Weingegend rund um Lodi fahren wir auf schmalen Landstraßen in Richtung Yosemite Nationalpark. Wir halten ständig, um die Aussicht zu genießen oder Bilder zu machen, so atemberaubend ist die Landschaft. An den Bridalveil Falls gehen wir hinauf zum Wasserfall. Der Pfad ist teilweise mit Schnee und Eis bedeckt, aber weil die Luft warm ist und meine Füße an Ferse und Vorderfuß von einer dickeren Haut geschützt sind, macht es mir wenig aus.

Der nächste Morgen führt uns ins Death Valley. Die Landschaft, zu Beginn noch satt grün, verblasst und wird karger. An einer Stelle parken wir mit Blick auf einen umzäunten See, der wahrscheinlich für kommerzielle Zwecke genutzt wird. Nach einem frischen Smoothie gehe ich durch den Sand und stelle fest, dass sich bei jedem Schritt etwas in meine Sohlen bohrt. Als ich mich auf den Boden fallen lasse, um zu sehen, was es ist, fühle ich das Piksen auch an meinem Allerwertesten und an meinen Händen. Nachdem ich pro Fuß mehr als dreißig trockene Dornen entfernt habe, sehe ich, dass sie an den Stellen, wo die Haut dünner ist, blutige Spuren auf meinem staubigen Sohlen hinterlassen haben. Dort, wo die Haut ledrig und fest ist, kann ich nichts erkennen. Ich schaue genau hin. Seit Neuseeland ist die Haut an meinen Sohlen deutlich dicker geworden. Dornen dringen nicht mehr so tief ein, und ich kann sie leicht entfernen. Der Fortschritt freut mich, aber ich frage mich erneut, ob ich eines Tages in der Lage sein werde, ohne Probleme über trockene Dornen zu spazieren.

Nachdenklich widme ich mich meinen Händen und meinem Hinterteil. Dan grinst, als er mir meine Minimalsandalen bringt und aufhilft. Ich boxe ihm freundschaftlich gegen die Brust. »Lass uns weiterfahren.«

Er nickt. »Du hast wohl genug von Dornen, was?«, neckt er mich.

Ich kichere und schüttele den Kopf. »Nein, Mann, ich will nur gerne wieder eine andere Landschaft sehen.«

Als wir im Death Valley eine Pause einlegen, laufe ich allein durch die Wüste. Ich möchte von der höchsten Düne über die Ebene schauen können. Trotz des Frühlings und des bedeckten Himmels liegen die Temperaturen bereits über 30 Grad. Immer, wenn ich auf einer Düne stehe, finde ich noch eine höhere. Ich vergesse die Zeit völlig, und als ich zurückschaue, kann ich den Parkplatz nicht mehr sehen. Zuerst will ich Google Maps aufrufen, aber dann sehe ich, dass ich keine Verbindung habe. Verflixt! Da funktioniert mein Handy wieder, und im entscheidenden Moment bringt es mir doch nichts. Im weichen Sand braucht es mehr Energie, um gehen zu können. Solange ich nur daran gedacht habe, die höchste Düne zu finden, war alles gut, aber jetzt, wo ich müde werde, spüre ich die Hitze und die Schmerzen.

Der Weg zurück scheint endlos zu sein, keine Menschenseele ist in Sicht. Heftiger Durst plagt mich, und ich verstehe langsam, warum das Death Valley »Tal des Todes« heißt. Stur setze ich einen Fuß vor den anderen, keuche eine Düne hinauf und schlittere sie wieder hinunter. Meine Füße wollen mich kaum noch tragen. Und die Hitze! Ich muss mich auf etwas anderes fokussieren, sonst wird das Tal noch zu meinem Tal des Todes. Gehe ich in die richtige Richtung? Im ewigen Sand sieht alles gleich aus. *Nicht nachdenken, nur gehen. Ewige Wüste. Ewiges Eis. Schön kühl und angenehm. Ich laufe über Eis.* Das sage ich mir wieder und wieder. Hitze fühlt sich im Extrem wie Kälte an und umgekehrt. Das Brennen der Hitze ist auch das Brennen der Kälte.

Brennende Kälte. »Alles Kopfsache«, murmele ich und fahre mir mit der Zunge über die trockenen Lippen.

Das Eis in meinem Kopf kühlt meinen Körper und meine Füße. Die Schmerzen werden weniger, wenn sie keine Beachtung erfahren. Als dann auch der Parkplatz von einer der nächsten Dünen wieder in Sicht gerät, atme ich erleichtert auf.

Dan erwartet mich und hat sich schon Sorgen gemacht. Aber das Einzige, woran ich gerade denken kann ist: Wasser. Wieder auf der Straße, denke ich, welch ein Luxus es doch ist, dass eine Straße hindurchführt und wir mit dem Auto unterwegs sind. So sehr ich manchmal die Technisierung, Industrialisierung und Globalisierung verfluche, so sehr schätze ich sie manchmal auch. Alles hat eben Vor- und Nachteile. Genau wie das Barfußlaufen.

Wir halten erst wieder am Harmony Borax Point, wo ich mich über den Schnee bei den hohen Temperaturen wundere. Als ich hineinhüpfen will, um meine Füße feststellen zu lassen, was für ein interessanter Schnee das ist, fällt mir auf: Es ist Salz! Eine Marslandschaft aus Salz, die wenig irdisch wirkt. Ein Mann fragt mich, ob meine Füße nicht wehtun. Ich lächle und meine, die seien das gewöhnt. Er schüttelt bewundernd den Kopf und behauptet, dass er bei jedem Schritt schreien würde, vor allem bei dem Kies auf den Wegen und dem Parkplatz. Wie gut ich dieses Gefühl kenne! Zuerst tat jeder einzelne Schritt weh, ich konnte keinen Meter auf einem kiesbedeckten Feldweg gehen, ohne vor Schmerzen zusammenzuzucken. Trotzdem bin ich drangeblieben, habe einen Fuß vor den anderen gesetzt und jeden Tag mehr Strecke zurückgelegt. Wenn ich nach vorn blicke, dann sehe ich nur alles, was ich noch nicht kann und was für mich noch unmöglich scheint, aber rückblickend erkenne ich, wie weit ich bereits gekommen bin. Was früher schwer war, ist heute leicht. Was heute schwer ist, kann ebenfalls leicht werden, es hängt davon ab, wie viel ich dafür tue.

Unser nächster Stop ist der Zabriskie Point, wo uns eine herrliche Aussicht erwartet. Wir kraxeln einen steilen Trail hoch und bewundern die bunten Felsen. Das Death Valley ist einzigartig und vielfältig. Mir fällt eine junge Frau auf, die versucht, Selfies zu machen. Ich biete ihr an, einige Fotos für sie zu machen, was sie dankbar annimmt. Geben bereitet mir inzwischen große Freude. Ich habe viel empfangen und empfange es täglich wieder. So kann ich auch viel weitergeben. Beim Abstieg gebe ich darauf acht, dass die junge Frau sicher hinuntergelangt, da sie augenscheinlich Mühe damit hat.

Wenig später fahren wir über den kiesbedeckten Parkplatz in Richtung Ausgang, als uns plötzlich eine ältere Dame wild zu sich winkt. Wir fahren rückwärts, während sie auf uns zugelaufen kommt. Daniel lässt die Fensterscheibe herunter. Was sie wohl von uns will? Die Frau lächelt freundlich und bedankt sich überschwänglich dafür, dass ich auf ihre Tochter achtgegeben habe. Sie hatte das vom Parkplatz aus verfolgt und möchte mir sagen, dass sie das sehr zu schätzen weiß. Was für ein großartiger Mensch, der einem Auto hinterherläuft, nur um sich zu bedanken, denke ich und meine lächelnd, dass ich das nur zu gerne gemacht habe und mich freue, wenn ich behilflich sein konnte.

In mir breitet sich ein warmes Gefühl aus. Für mich ist es nur eine Kleinigkeit gewesen, aber einer Mutter bedeutet es viel, wenn ihr Kind in Sicherheit ist. Wie einfach kann ich die Welt zu einem besseren Ort machen, indem ich die Augen offen halte, lächle und helfe, wo Bedarf ist. Ein anderes Mal brauche ich Hilfe, und dann wird jemand da sein und mir helfen. So wie es bereits jetzt der Fall ist. Nachdenklich schaue ich Daniel von der Seite an. »Danke für deine Unterstützung«, sage ich leise.

Er lächelt. »Keine Ursache. Du gibst mir mehr zurück, als du denkst. Mein Blutzucker hat sich bereits deutlich verbessert und ist nach dem Essen mittlerweile um die 160, Tendenz sinkend. Davor war 250 oder mehr ganz normal für mich. Danke dafür.«

Ich strahle über das ganze Gesicht. »Das freut mich riesig«, entgegne ich ehrlich.

Am späten Nachmittag erreichen wir Las Vegas. Alles wirkt wie ein Spielzeugland für Erwachsene. Unser Hotel ist direkt am Strip, und wir haben von unserer Suite ganz oben einen guten Ausblick. Wir wollen allerdings die Stadt erkunden, also gehen wir hinunter und marschieren los. Manchmal liegt Glas auf dem Gehweg, aber ich mache mir keine Sorgen und bin bis in meine innersten Tiefen in einer guten Stimmung – daher passiert mir auch nichts. Vegas ist bunt, laut, schrill und wunderbar. Ich habe mich schon beim Hineinfahren in die Stadt verliebt, aber sie packt mich immer mehr. Leben wollen würde ich hier nie, aber es ist ein ganz besonderes Erlebnis, durch die Straßen zu schlendern. Ich mag Dinge, die anders sind. Und eine Stadt mitten in der Wüste ist außergewöhnlich. Wir erleben die Fontänen am Bellagio und laufen über weiche Casino-Teppiche. Der Puls der Stadt ist schnell und hat keinen festen Rhythmus. Das ist aufregend, macht aber auch müde. Daher gehen wir in ein Restaurant mit Blick auf die Fontänen und genießen unser Abendessen inmitten der an uns vorbeiströmenden Menschen.

Nach einem solchen Tag ist mein Körper hibbelig und verlangt schwere, erdende Nahrung. Während ich mir die Speisekarte durchlese, fällt mein Blick immer wieder auf das Steak. »Igitt, das ist ein totes, unglückliches, in Massenhaltung aufgezogenes Tier. Das kannst du nicht haben«, sage ich. Mein Körper überlegt einen Moment. »Außerdem hatten wir seit Monaten kein Fleisch mehr«, füge ich hinzu. »Und ich will, dass es so bleibt.« Trotzdem läuft mir das Wasser im Mund zusammen, und mein

Magen knurrt laut. Mein Körper verschränkt die Arme und meint, er braucht jetzt was Deftiges. Immerhin würde er tagaus, tagein reibungslos funktionieren, und ich bräuchte ihm nur das zu geben, was er von mir verlangt. Wieder knurrt der Magen, diesmal deutlich lauter.

Dan sieht von seiner Karte auf und fragt: »Was hast du gesagt?« *O nein! Ich muss wohl laut gedacht haben.*

»Äh ... ich ..., also ... mein Körper, er will Fleisch, und ich wollte ihm klarmachen, dass es nicht in Ordnung ist, so etwas zu verlangen. Das Tier hatte sicher kein glückliches Leben«, sage ich unsicher.

Dan dreht die Karte um und zeigt mir die Rückseite. Während ich lese, dass das Restaurant sehr ethisch geprägt ist und die Tiere das absolut beste Leben auf dem Planeten hatten, bevor sie geschlachtet wurden, kommt der Kellner und fragt nach unserer Bestellung. Nachdem Dan seine genannt hat, druckse ich eine Weile herum. Dan versucht zu helfen. »Sie will das Steak«, sagt er zu dem Kellner.

»Ich ... äh ... ja ... äh ... nein, eigentlich, also ich weiß nicht, war noch nicht ganz ...«, beginne ich, aber wir sind bereits wieder allein.

»Wenn dein Körper das will, dann hat das einen Grund«, versichert mir Dan, der meinen Gesichtsausdruck liest. »Mach dir keine Sorgen. Die Tiere hatten ein gutes Leben, das hast du doch gelesen, oder?«

»Ja«, sage ich kläglich. »Aber sie wurden trotzdem getötet, nur damit ich sie jetzt essen kann. Das ist doch nicht fair.«

Dan überlegt einen Moment. »So ist das eben«, sagt er dann einfach, und damit hat es sich für ihn.

Etwas später sitze ich immer noch zweifelnd da und kaue auf dem Steak herum, während mein Körper glücklich brummt. Ist es so einfach? Muss es sein, dass etwas getötet wird, damit ich leben kann? Vegan oder vegetarisch kann man doch auch gut leben! Ganz selten esse ich allerdings Fisch. Ich achte aber immer auf die Herkunft und die Fangmethoden. Aber ich bin verunsichert. Warum hat man Körper das Fleisch gewollt? Da stimmt doch irgendetwas nicht? Vielleicht stimmt mit mir etwas nicht? Ich muss Antworten darauf finden, nehme ich mir vor.

Am nächsten Morgen stehe ich im Bad und putze mir die Zähne. Daniel schläft noch, als ich an ihm vorbei zu der winzigen Küche in dem riesigen Wohnzimmer gehe. Dort koche ich Wasser auf und brühe mir einen Pfefferminztee. Damit setze ich mich an die großen Fenster und schaue auf die erwachende Stadt. Die Sonne steigt gerade erst über die Dächer, aber ich kann die Hitze bereits fühlen, die sie mit sich bringen wird, obwohl auch einige Wolken aufziehen. Ich nippe an meinem Tee und verbrenne mir die Zunge, fluche leise, suche nach kaltem Wasser und halte es eine Weile im Mund. Dann muss ich über mich selbst lachen, verschlucke mich und hüpfe lachend und hustend auf und ab.

»Du bist echt lustig.« Dan steht im Türrahmen und lacht ebenfalls.

Mit Tränen, die mir die Wangen hinunterlaufen, frage ich zwischen zwei Hustern: »Habe ich dich geweckt?«

Er nickt. »Aber so geweckt zu werden, ist ein guter Start in den Tag«, grinst er.

Nach einem Frühstück im Hotel geht es weiter nach Mammoth Lakes, einem Skiort. Dort haben wir ein Zimmer in einem schnuckeligen Resort. Auf dem Weg wechseln wir uns mit dem Fahren ab. Gerade sitze ich hinter dem Steuer, Dan nimmt sich Zeit für ein kleines Nickerchen. Die Landschaft fliegt an mir vorbei. Dürre Sträucher haben ihre Wurzeln in den sandigen Untergrund gegraben. Manchmal liegen grelle weiße Sandwüsten zu beiden Seiten, die neben sandigen Dünen, Kakteen und steinigen Untergründen ihr Dasein fristen.

Kilometer um Kilometer zieht vorbei. Oder sollte ich lieber Meile um Meile sagen, wir sind ja in Amerika ... Wie dem auch sei, mit jedem Kilometer oder jeder Meile bringt mich die Monotonie der Landschaft und des Fahrens tiefer in eine meditative Stimmung. Das Steuern des Autos hat mein Unterbewusstsein übernommen, und ich hänge meinen Gedanken nach. Wie viel doch in den letzten Tagen und Wochen passiert ist! Meine aussichtslose Lage hat sich durch etwas Mut und Offenheit und einige wenige Worte von Daniel in einen neuen Lebensabschnitt verwandelt: Jetzt reise ich nicht mehr alleine, sondern mit jemandem zusammen. Ich drehe den Kopf und schaue Dan von der Seite an. Er hat die Augen geschlossen, seine Lippen deuten ein leises Lächeln an. Wie dankbar bin ich ihm für seine unerwartete Hilfe! Es ist ein anderes Erlebnis, gemeinsam zu reisen. Zum Beispiel bedeutet es, nicht mehr auf sich allein gestellt zu sein und alle Erlebnisse mit jemandem teilen zu können. Jemand, der nicht dabei war, kann Dinge, die ich erzähle, später nicht so wahrnehmen wie ich. Daniel schon. Wir können uns auch, so wie jetzt, mit dem Fahren abwechseln und uns zwischendurch ausruhen.

Es gibt viele Vorteile, aber werde ich auch Nachteile finden? Meistens ist es schön, jemanden in der Nähe zu haben, aber werde ich die Zeit für mich vermissen? Kann man auch zu zweit allein sein? Werden wir uns immer gut verstehen, oder werden auch Missverständnisse, Meinungsverschiedenheiten und Probleme zwischen uns aufkommen? Wie lange werden wir gemeinsam reisen? Wird es eines Tages vorbei sein?

Nebel kommt auf, stellenweise regnet es. Ich versuche, durch die dicken Schwaden etwas zu erkennen. Der Nebel wabert über die Landschaft und verleiht ihr ein gespenstisches Aussehen.

Kakteen und Sträucher, die spitz in den Himmel ragen, werden zu geisterhaften Händen und geben der Landschaft etwas Makabres. Einige Raben stieben davon, sodass sich ihre dunklen Konturen vor dem weißen Sand der Wüste abzeichnen. Weißer Sand? Das muss wahrscheinlich wieder Salz sein, denke ich. Vor mir bricht der Nebel plötzlich auf, und ich kann die hügelige Straße erkennen. In der Ferne erheben sich die Berge wie felsige Giganten schemenhaft im Dunst. Weiter vorne ist der Weg mit etwas Weißem, Schimmerndem bedeckt. Sicher hat der Wind das Salz über die Straße geweht. Ich bin in meine Gedanken vertieft und registriere alles nur beiläufig. Die Straße, die vorhin ein ganzes Stück anstieg, geht nun leicht bergab. Außerdem wird sie kurvig, also nehme ich den Tempomaten heraus und betätige das Gaspedal nur leicht. Der Wagen rollt mit 105 km/h auf das vermeintliche Salz zu, als plötzlich das Heck ausbricht. Für mich läuft alles wie in Zeitlupe ab. Ich nehme den Fuß vom Gaspedal und betätige mehrfach mit viel Gefühl die Bremse. Das Lenkrad bewege ich sanft, um gegenzusteuern. Mein rechter Fuß betätigt die Bremse, mein Linker stützt sich im Fußraum ab und hält meinen Körper in einer stabilen Position, um die Kontrolle über die Situation zurückzuerobern.

Neben mir höre ich, wie Dan »Was zum Henker??« und »Halte durch!« ruft. Er will nach dem Lenkrad greifen, seine Hand fasst jedoch ins Leere, da das Heck nun zur anderen Seite ausbricht und er zur Seite gerissen wird. Das ist auch gut so, finde ich. Zu viele Köche verderben den Brei. Durch sanftes Betätigen der Bremse und das stetige Gegensteuern schaffe ich es nach einigen quälenden Sekunden, den Wagen wieder ruhig in die Spur zu bringen. Vor meinem inneren Auge hatte sich kurz das Bild eines sich überschlagenden Wagens gezeigt, aber ich habe es verscheucht. Dan atmet schwer, und als er seine Sprache wiedergefunden hat, stellt er anerkennend fest, dass deutsche Frauen wirklich gute Autofahrerinnen sind. Ich muss lachen und erwidere, dass alles wie in Zeitlupe passiert sei und ich dadurch die volle Ruhe und ausreichend Zeit zum Reagieren hatte. Dann danke ich meinen Schutzengeln und setze die Fahrt vorsichtig fort. Ein entgegenkommendes Auto hat ebenfalls sichtlich Mühe, in der Spur zu bleiben. Das Eis auf der Straße kam zu überraschend. Ein Blick auf die Temperaturanzeige bestätigt mir die Minustemperaturen. Wenige Hundert Meter weiter hat der Asphalt wieder seine vertraute grauschwarze Färbung. Statt panisch zu reagieren, war ich ruhig und gefasst. Liegt es daran, dass ich mehr Bodenhaftung habe und geerdeter bin?

Wir sind wieder in San Francisco. Als ich im Golden Gate Park das erste Mal wieder den Waldpfad am Bach entlangspaziere, ziehen mich die Bäume an der Seite erneut wie magisch an. Wiederholt streiche ich einem von ihnen über die weiche und doch so starke Rinde. Auch der Drang, ihn zu umarmen, ist wieder da. Zuerst will ich mich umsehen, ob Leute kommen, aber dann schüttele ich diese Gedanken ab. Es ist mein Leben, und was soll es mich kümmern, was andere von mir denken? Solange ich niemandem Schaden zufüge, kann es den anderen doch egal sein, was ich tue oder lasse. Ich trete einen Schritt nach vorne und lege die Arme um den Baum. Er ist viel dünner als die riesigen Redwoods aber … Ich mache eine gedankliche Pause und halte den Atem an, als mich ein Geistesblitz durchfährt. »DAS IST EIN REDWOOD-BAUM«, schreit es in mir.

Ich muss laut lachen. Mein Körper, der es schon längst erkannt hat, klatscht Beifall. Aber natürlich! Die rote Farbe, die weiche und doch feste Rinde, die Höhe und dann diese magische Anziehungskraft. Deshalb ist das hier mein Lieblingsplatz im ganzen Park!

Ich muss wieder viel Zeit mit dem Baum verbracht haben, denn als ich zurückgehe, hat bereits die Dämmerung eingesetzt. Aber es fühlt sich jedes Mal so an, als würde ich weitere Wunden heilen und freier und glücklicher von einem dieser magischen Bäume fortgehen, als ich kam. Die wenigsten Botschaften sind so deutlich wie die der weisen Ratgeber des Waldes, der Redwoods in Kalifornien.

Ich drehe den Kopf, um einen letzten Blick auf diese mystischen Bäume zu werfen, bevor ich um eine Wegbiegung verschwinde.

In einem Telefonat mit einem Freund in Deutschland erzählt dieser mir von seiner Erfahrung in einem Retreat. Er meint, dass es ihm für vieles die Augen geöffnet habe. Tatsächlich kann ich Robins Veränderung fühlen und merke, wie Faszination mich erfasst. Er erscheint mir geklärter und aufgeräumter. In England war ich fest davon überzeugt, dass ich so etwas niemals freiwillig über mich ergehen lassen würde. *Kambo. Die Froschgift Therapie.* Ein Schauer läuft von meinen Füßen hoch durch meinen ganzen Körper. Ist es der richtige nächste Schritt? Mein Bauchgefühl gibt mir ein klares Ja. Aber warum? Habe ich tatsächlich noch etwas aufzuräumen? Stöhnend schiebe ich diese Gedanken beiseite. Reicht es nicht irgendwann?

Gleich nach dem Telefonat suche ich im Internet nach einem Retreat. Es soll zwar die Kraft der Pflanzen Nordamerikas zur Reinigung von Körper und Geist nutzen, aber auch Entspannung durch eine angenehme Lage und Yoga bieten. Ich lande auf einer Website, die mir ein gutes Gefühl gibt und ein Retreat in Costa Rica anbietet. Als ich mir die Fotos ansehe, erkenne ich Guille auf einem davon. Mein erster Couchsurfing-Gastgeber muss in genau diesem Retreat gewesen sein. Sofort schreibe ich ihn an – so ist das zum Leben erweckte Mobiltelefon nun doch zu etwas gut. Und zum Glück habe ich WhatsApp vorerst nicht gelöscht. Am Ende glaube ich, dass es nichts bringt, WhatsApp zu löschen, wenn ich nicht in mir selbst frei bin. Freiheit erlange ich dadurch, dass ich wähle, mit wem ich wie viel Kontakt habe. Und das, ohne darüber besorgt zu sein, ob diese Person mich anschließend noch gut leiden kann oder nicht. Denn Menschen, die mich wirklich gern haben, können auch ohne mich sein. Sie wissen, dass Freiheit mein höchster Wert ist.

Wenige Stunden später bestätigt Guille, dass er tatsächlich im gleichen Retreat war. Er kann es nur empfehlen und nimmt mir das Versprechen ab, ihm anschließend von meinen Erfahrungen zu berichten. Im Anschluss rede ich mit Daniel darüber – auch er ist interessiert. Gemeinsam beschließen wir, das Retreat in Costa Rica zu buchen. Viele unserer Freunde und Bekannten haben immer wieder von diesem Land geschwärmt. Die nächsten Tage planen und packen wir. Und dann geht es wieder los. Unser Ziel: die Wildnis und die Zivilisation Costa Ricas.

Kapitel 10

Costa Rica: Auf Umwegen ankommen

Dan und ich sind auf dem Weg zu unserem siebentägigen Retreat. Die letzten Wochen waren wir alle paar Tage an einem neuen Ort und mussten beide feststellen, dass uns diese Art des Reisens stresst und müde macht. Auch die Zeit an der Ostküste Costa Ricas habe ich fast ausschließlich mit einer Lebensmittelvergiftung verbracht. Sicher lag es am ersten Abendessen, das aus Meeresfrüchten bestand. Ich habe einige Tage gebraucht, bevor es mir wieder besser ging. Vielleicht hat mein Körper mit der Vergiftung eine letzte Warnung in Hinblick auf unseren Reisestil ausgesprochen. Naja, wenigstens ist es mir dadurch leichtgefallen, die spezielle Diät vor dem Retreat ohne Mühe durchzuhalten, denke ich mit leisem Sarkasmus. Wir sollten möglichst auf industriell verarbeiteten Zucker, Salz, Fett, Fleisch und Alkohol verzichten, aber ich habe ohnehin kaum etwas hinunterbringen können. Jedenfalls freuen wir uns auf eine entspannte Woche mit viel Zeit zum Nichtstun.

Am Flughafen in San José werden wir von einem Fahrer abgeholt und erreichen nach vielen kurvigen Bergstraßen und Serpentinen das Retreat. Es ruht eingebettet im tropischen Dschungel auf einer Bergkuppe und lädt dazu ein, den Blick über abschüssige Bergrücken und sanft wallende Hügel bis hin zum Ozean schweifen zu lassen. Die Farben leuchten im warmen Licht des Nachmittags. Grüne Töne verschwimmen mit den verschiedenen Schattierungen der blauen Ferne wie in einem lebendigen Aquarellgemälde. Zufrieden nicke ich, während ich zurück zu den anderen gehe. Das Gelände ist der Inbegriff von Entspannung.

Nachdem Dan und ich unsere Zimmer bezogen haben, setzen wir uns auf eine der weiten Terrassen und nutzen die Zeit, um die anderen Besucher kennenzulernen. Außer uns beiden gibt es vier weitere Teilnehmer. Die Gastgeber Carlos und Jessica nehmen sich Zeit für ein Gespräch mit jedem und erklären uns, was morgen auf dem Plan steht. Das ausgiebige Yoga gleich am Morgen vor dem Frühstück klingt gut. Auf das Frühstück werden wir vorerst verzichten, weil im Anschluss Kambo auf dem Plan steht. Ich denke an Guille, meinen Gastgeber in London zu Beginn meiner Weltreise, der die Anwendung über sich ergehen ließ. Stolz präsentierte er mir seine Narben und meinte: »Das war nicht so schlimm wie es sich anhört.«

Vor dem Retreat habe ich viele Webseiten durchforstet und eine Menge Erfahrungsberichte über diese alternative Heilmethode gelesen. Dabei soll Froschsekret den Körper entgiften und das Immunsystem stärken. Das Gift wird von dem rund zehn Zentimeter großen Riesenmakifrosch gewonnen. Er ist so toxisch, dass selbst Schlangen es sofort bereuen, sollten sie versuchen, ihn zu fressen. Vor Menschen hat der Hüpfer keine Angst, er lässt sich bereitwillig auf die Hand nehmen. Die erste Schicht des giftigen Sekrets wird vorsichtig von der Haut des Tieres geschabt und getrocknet – die anderen Schichten bleiben ihm erhalten, damit es gegen potenzielle Angriffe geschützt ist. Danach wird der Frosch unverletzt wieder in den Dschungel entlassen, während das Sekret getrocknet wird. Es soll das Immunsystem stärken, die Produktion von Thrombozyten und Erythrozyten steigern und Körper, Geist und Seele reinigen. Außerdem wurde es als ein natürliches Antibiotikum mit antiviralen Eigenschaften identifiziert. In Brasilien nennt man es »Vacina de floresta«, was »Impfung des Urwalds« bedeutet. Vittorio Erspamer, zweifacher Nobelpreisträger, bezeichnete Kambo nach einer Untersuchung im Labor als »fantastischen chemischen Cocktail mit potenziellen medizinischen Anwendungen, die von keiner anderen Amphibie übertroffen werden«. Es enthält sogar natürliche schmerzstillende Wirkstoffe wie Demorphin und Deltorphin.

Mit einem schwelenden Stäbchen werden kleine Punkte in die obere Hautschicht gebrannt. Die Brandblasen werden entfernt, und das zu Kugeln gerollte Sekret auf die Punkte aufgetragen. Nach einer kurzen Weile wird es von den Wunden entfernt, und eine heilende Tinktur wird aufgetragen. Während das Gift im Körper zirkuliert, sollen Schadstoffe ausgeschieden werden – nicht nur physisch, sondern auch psychisch. Das kann durch Erbrechen, Husten, Schwitzen, Weinen oder Ähnliches geschehen.

Die Yogastunde am nächsten Morgen findet in einem großen Zelt statt, dessen Fenster mit Tüchern in bunten Mustern verziert sind. Sie lassen die Atmosphäre dämmrig und gemütlich erscheinen. Eigentlich sollte ich völlig entspannt sein, stattdessen zittere ich innen und außen. Zum einen ist es die Aufregung vor dem bevorstehenden Kambo, am meisten jedoch körperliche Schwäche und Müdigkeit. Ich schwitze trotz der einfachen Übungen und habe das Gefühl, auf wackligen Füßen zu stehen. Wahrscheinlich bin ich nach meiner Lebensmittelvergiftung noch nicht vollständig wiederhergestellt und spüre es, wenn ich mich zu sehr anstrenge. Marcellas ruhige Stimme dringt an mir Ohr. »Sei vorsichtig«, sagt sie warnend, und ich stelle fest, dass ich gerade das Gleichgewicht verliere. Wo bleibt denn nur mein Vorsatz von Entspannung, wenn ich sie einmal brauche? Ständig verliere ich das Gleichgewicht und kippe von einer Seite zur anderen. Dabei ist die Entspannung gerade wichtig, und ich brauche sie dringend.

Im Anschluss an das Yoga erhalten wir den Auftrag, viel zu trinken, mindestens einen Liter Wasser pro Person, bevor wir uns wieder im Zelt versammeln. Wir machen es uns auf den ausgelegten dicken Matten bequem, und die Retreatleiter sowie Marcella und ein weiterer Mitarbeiter namens Harold setzen sich zu uns. Carlos erklärt zuerst den Ablauf und beginnt gemeinsam mit Harold bei Dan, der links neben mir sitzt. Angespannt starre ich auf die bunten Tücher und versuche, meine Atmung zu beruhigen. Kambo ist nicht ungefährlich, es könnte zu Komplikationen kommen: Mein Herz, das durch die Autoimmunerkrankung ohnehin schneller schlägt, könnte zusammen mit dem Gift, das ebenfalls eine Tachykardie, also ein Herzrasen, auslöst, extrem belastet werden. Schlimmstenfalls könnte es zu einem plötzlichen Herztod kommen. Mit Brandwunden riskiert man Infektionen. Krämpfe können auftreten. Eine weitere Gefahr liegt in dem mit dieser Anwendung verbundenen Flüssigkeitsverlust. In der Vergangenheit gab es bereits mehrere Todesfälle, die wahrscheinlich auf Kambo zurückgeführt werden können – gleichzeitig jedoch auch auf falsche Handhabung oder nicht ausgebildete Anwender. Ist es das Risiko wert? Ich folge meinem Bauchgefühl, und das gibt mir ein Ja. Der leise Hauch einer Ahnung steigt erneut auf. Bereits in San Francisco habe ich gefühlt, dass es noch mehr zu heilen gibt. Die Ahnung verdichtet sich zu einem formlosen Gefühl. Mir scheint, dass etwas tief in mir meine Schilddrüse blockiert, sie krank macht. Etwas, das es zu beseitigen gilt. Ob Kambo ein wenig dazu beitragen kann?

Ich werfe einen Blick zur Seite. Carlos und Harold scheinen bei Dan fertig zu sein und kommen zu mir herüber. Noch einmal atme ich tief durch und zeige Carlos, welche Stelle ich mir für Kambo ausgesucht habe. Auf der Höhe meiner Schilddrüse deute ich eine imaginäre Linie entlang meiner Wirbelsäule an. Vielleicht tut es meiner Schilddrüse – oder besser gesagt, den darin gespeicherten Emotionen – auf die ein oder andere Weise gut.

Ein kurzes Brennen erscheint sechs Mal entlang der Wirbelkörper. Es tut zu meiner Überraschung kaum weh. Harold bläst Rauch darüber, und Carlos gibt winzige Kugeln Froschgift hinein. Nur Bruchteile von Sekunden später überrollt Hitze meinen Körper in flammenden Wellen. Sie scheint von der Brust aus in jede Zelle meines Wesens zu gleißen. Vor meinen Augen beginnt die Welt zu flimmern. Mein Herzschlag beschleunigt sich. Schweiß bricht mir aus, mein Körper krampft sich zusammen. Am Rande nehme ich wahr, wie Carlos die kleinen Kugeln Froschgift wieder herausnimmt, die er in die Brandwunden gelegt hat.

Es fühlt sich so an, als würden Substanzen, die meinem Körper schaden, an die Oberfläche kommen und mit den Wellen der Hitze weggeschwemmt werden. Die gleiche Aufräumaktion geht auf der emotionalen Ebene los. Zuerst muss ich lachen, dann weinen. Mein Kopf beginnt zu drücken, als würde er in einem Schraubstock stecken, und Dunkelheit umgibt mich. Warmer Schmerz hüllt mich ein. Leise wimmernd sacke ich zusammen. Neben mir kniet sich jemand auf den Boden, Hände legen sich sanft auf meinen Kopf. Die Schmerzen lassen nach. Ich höre Carlos einige Worte flüstern, die ich nicht verstehe, aber sie tun mir gut.

Den restlichen Tag über bin ich müde und spüre, dass Körper und Geist erschöpft von der schweren Arbeit sind. Das passt gut zu meinem Plan von Entspannung, nur verläuft diese anders, als ich es mir vorgestellt habe.

Mein Kopf lässt mir keine Ruhe, und eine innere Dunkelheit streckt ihre langen knöchernen Finger nach mir aus. Sie drückt von innen heraus, wird größer und gibt mir das Gefühl, in meiner eigenen Haut keinen Platz mehr zu finden. Ich hatte gehofft, dass sich alles mit dem Erlebnis bei den Redwood-Bäumen in mir aufgeklärt hätte und dass mit dem Zulassen der Emotionen aus meiner Ehe die Schleier der Vergangenheit ein für alle Mal gelüftet wären, aber jetzt spüre ich deutlich, dass das eine Illusion gewesen ist. Doch wenn die äußere Heilung schon eine Art Reise mit Fortschritten und Rückschritten ist, warum sollte nicht auch die innere Gesundung ähnlich verlaufen? Es geht weiter, immer weiter. In einer Landkarte voller Möglichkeiten suche ich meinen ganz eigenen Weg. Manchmal laufe ich im Kreis, manchmal kehre ich zum Ausgangspunkt zurück.

Mir scheint, diese Station wird ein gewaltiger Rückschritt, durch den ich Anlauf nehme, um mit ausreichend Schwung weitere dunkle Bereiche meiner Vergangenheit und meiner Erinnerungen zu durchschreiten. Aber woher nehme ich die Kraft dafür? Ich fühle mich unendlich erschöpft.

Am Abend erhalten wir ein Gebräu zur Entgiftung, das ich mit Mühe hinunterwürge. Es schmeckt bitter und schnürt mir die Kehle zu – ein Vorgeschmack auf das, was mir noch bevorsteht? Mein Magen schüttelt sich, ich huste und spucke alles kurzerhand wieder aus.

Nachts träume ich wirres grellbuntes Schwarzweiß. Erst gegen Morgen sinke ich in einen tiefen Schlaf, und als ich wieder aufwache, ist es bereits helllichter Tag. Ich schlafe weiter, verschlafe fast den ganzen Tag, denn ich habe das Gefühl, in meinem ganzen Leben noch nie so müde gewesen zu sein. Die Nacht und der gestrige Tag haben mich stark gefordert.

Auf die Wanderung tags darauf zu einem Wasserfall mitten im Dschungel will ich allerdings trotz der immer noch greifbaren Müdigkeit nicht verzichten. Die Luftfeuchtigkeit ist hoch in Costa Rica, die Wärme drückend. Nach dem Frühstück greife ich zum Mückenschutz. Leider lieben die Biester mein Blut, während sie alle anderen verschonen. Damit nicht das ganze Zimmer streng nach ätherischen Ölen riecht, trage ich das Spray draußen vor dem Haus auf. Tan, ein braungebrannter Amerikaner mit asiatischen Wurzeln, schaut mir kopfschüttelnd dabei zu: »Mensch, Judith, du badest ja förmlich in dem Zeug!«

»Viel hilft viel«, antworte ich grinsend und zeige ihm dann meine mit Stichen übersäten Beine. Die Füße haben die meisten Stiche abbekommen. Laut Wissenschaftlern sind die Bestien intelligent genug, um den Oberkörper zu meiden, weil sie dort von den Händen erschlagen werden könnten. Er nickt anerkennend. »Okay, die haben dich echt gefressen.«

Wir marschieren los, eine grüne saftige Wiese hinunter. Irgendwann fällt einigen in der Gruppe auf, dass ich keine Schuhe trage, obwohl festes Schuhwerk von den Veranstaltern angeraten wurde. Costa Rica beheimatet Giftpflanzen ebenso wie giftige Schlangen, Spinnen und eben Frösche, aber die Wahrscheinlichkeit einer Begegnung ist gering. Als wir den dichten Dschungel am Fuß des Hügels betreten, wachsen tropische Pflanzen zu beiden Seiten des Pfades, Lianen hängen von den Bäumen. Es ist hier niemals still. Selbst in der Nacht brummt, summt, pfeift, kreischt und heult es von allen Seiten. Besonders die Brüllaffen machen einen unglaublichen Lärm: Als ich sie das erste Mal hörte, dachte ich, King Kong wäre im Anmarsch. Jetzt ist die Atmosphäre friedlich, nur einige Vögel zwitschern, Insekten summen.

Plötzlich spüre ich einen starken Schmerz in meiner rechten Fußsohle. Ich gehe einfach weiter, weil ich nicht auffallen will, aber durch meinen Kopf schießen tausend Gedanken. *Es fühlte sich wie ein Biss an. War das eine Spinne? Ist sie giftig? Tödlich? Werde ich sterben?*

Der brennende Schmerz bleibt, deshalb atme ich tief ein und aus, während ich einen Fuß vor den anderen setze. Um mich herum höre ich das Lachen und die Wortfetzen der anderen, das Brummen der Insekten und das Rauschen des Windes in den Wipfeln. Eine Brise streicht mir durch das Haar. Meine Haut kribbelt, wenn ich ein Blatt streife, die Nerven in meinen Füßen vibrieren bei jeder Berührung des weichen und feuchten Waldbodens. Mein Tod kommt, wenn meine Frist abgelaufen ist, und nicht früher oder später, dessen bin ich mir gewiss. Wie viel Sand wohl noch in meiner Lebensuhr ist? Die Zeit scheint sich aufzulösen, ihre Linearität zu einem Hauch in der raumlosen Ewigkeit meines Geistes zu zerfallen. Tiefer sinke ich in die Ruhe meines dimensionslosen Selbst. Ich habe so viel erlebt, habe geheiratet und mich geschieden. Ich habe verschiedene Berufe und Richtungen ausprobiert und die Welt mit meinen bloßen Sohlen erkundet. Wenn der Tod vor meiner Tür steht, dann bin ich bereit zu gehen.

Ich warte. Ehrlich gesagt, weiß ich nicht einmal, worauf. Vielleicht auf nichts, vielleicht auf ein Gefühl von Schwindel oder dass mir schwarz vor Augen wird. Aber ich gehe weiter, spüre den Waldboden unter meinen Sohlen, sehe das intensive Grün und atme.

An manchen Stellen ist der Pfad jetzt steil und der Boden schlammig vom Regen in der Nacht zuvor. Hier brauche ich meine ganze Konzentration, um nicht zu fallen. Nach einem steilen Abstieg erreichen wir einen Bach. Die anderen klettern entlang des Baches über Stock und Stein, ich wate ins Wasser. Als meine Füße das kühle Nass berühren, stelle ich überrascht fest, dass ich immer noch lebe. Vielleicht sogar mehr als zuvor?

Meine Wahrnehmung scheint sich intensiviert zu haben, während mein Kopf gleichzeitig eine ungekannte Klarheit besitzt. Neben meinen Barfüßen, die als Sinnesorgan bisher den Großteil der Feinwahrnehmung übernommen haben, verhalten sich jetzt auch andere Sinne so, als hätten sie sich auf ihr größeres Potenzial besonnen.

Bilde ich es mir nur ein, oder nehmen die Zellen meiner Haut tatsächlich einzelne Atome der Umgebung wahr? Mit jedem Atemzug strömen Moleküle in meine Lungen und wieder hinaus. Aufgenommenes Wasser evaporiert aus meiner Haut, und die Strahlen der Sonne passieren die scheinbare Barriere zwischen mir und allem, was außer und neben mir existiert. Gedanken steigen aus mir heraus, Gedanken fließen mir zu.

Wer oder was bin ich am Ende? Wo fange ich an, wo höre ich auf? Kann ich eine klare Trennlinie ziehen, oder ist am Ende alles miteinander verbunden, verwoben, eins?

Mit einem dumpfen Gefühl kommt die Zeit zurück in meine Realität. Der Sekundenzeiger in meinem Kopf tickt wieder vor sich hin, und ich spüre meinen Herzschlag, der ein wenig versetzt von den Sekunden klopft. Wie auf einer Bongo-Trommel. *Bumm.* Pause. *Bumm.* Dazwischen der Sekundenzeiger. *Tick. Bumm. Tick. Bumm.*

Am Wasserfall klettere ich mit einigen der anderen Teilnehmer die Felsen hinauf und stelle mich in den dichten schillernden Vorhang aus Wasser. Die Wassermassen prasseln mit ihrer rohen Gewalt auf mich ein und spülen mich beinahe hinunter. Der kleine See ist zwar nur ein paar Meter unter mir, doch wenn ich hier abstürzte, würde ich mich beim Fallen an einigen hervorstehenden Felsbrocken verletzen.

Kann der Tod schlimmer sein als das Leid und die Schmerzen, denen viele Menschen im Leben begegnen? Kann er schlimmer sein als die Realität?

Erneut überkommt mich ein dunkles Gefühl, eine Art Vorwarnung. Die Sonne steht zwar noch hoch am Himmel, dennoch legt sich ein finsterer Schatten auf den Wald.

Zum Abend hin fröstele ich, trotz der heißen tropischen Luft. Zitternd kauere ich mich auf mein Schlaflager und ziehe mir die Decke über den Kopf. Normalerweise fühle ich mich damit besser, aber jetzt fehlt mir Luft zum Atmen. Ich lasse einen Spalt für die Sauerstoffzufuhr offen und schließe die Augen. Meine Beine ziehe ich bis zur Brust.

Ich schrecke auf, als ich von meinem Bett falle. Aber statt auf dem Boden aufzuprallen, stürze ich mit dem Kopf voran in eiskaltes Wasser. Panisch mache ich wilde Schwimmbewegungen, aber ich sinke immer tiefer in die kalte Dunkelheit. Ein schweres Gewicht an meinem Hals scheint mich hinunterzuziehen. Verzweifelt paddle ich, nur um festzustellen, dass mir die Luft ausgeht. Der Sauerstoff in meinem Körper geht zur Neige, meine Lungen schreien nach einem befreienden Atemzug. Wo bin ich überhaupt? Auf dem Gelände des Retreats war doch kein Gewässer, schon gar nicht gleich neben meinem Schlaflager! Bin ich gefangen in meiner eigenen Traumwelt, in dem verschachtelten Labyrinth meines Geistes?

Alle Kontrollmechanismen außer Kraft setzend, holen meine Lungen tief Luft, doch stattdessen dringt ein Schwall Wasser ein. Ich muss husten, wobei nur noch mehr Wasser in meine Atemwege gelangt. Meine Muskeln erschlaffen, bewegungslos gleite ich tiefer in die Nacht, gezogen von dem Gewicht um meinen Hals. Erst jetzt nehme ich die Stille um mich herum wahr. Es ist eine lauernde Stille, das schweigende Geräusch vieler Augenpaare, die mich beobachten. Das tiefe Schwarz um mich herum dringt in mich ein und breitet sich in mir aus. Mein Herzschlag verlangsamt immer mehr und setzt dann aus. Stille. Eine lange Stille.

Ohne die Augen zu öffnen, taste ich um mich. Kalter harter Untergrund. Kein Wasser. Ich atme stoßweise und heftig, so als hätte ich Angst, dass mir gleich wieder die Luft ausgeht. Das Haar klebt mir in nassen Strähnen im Gesicht, meine Haut ist feucht. Das Herz schlägt mir bis zum Hals, als wollte es jeden verlorenen Schlag nachholen. Ein plötzliches Geräusch lässt mich aufblicken.

Ich liege auf steinernem Boden inmitten eines riesigen Friedhofs. In den zu großen Erdhügeln aufgetürmten Gräbern kann ich trotz der fast greifbaren Dunkelheit Bewegung erkennen. Dann sehe ich sie: hässliche Köpfe, die aus der Erde kommen und denen riesige verunstaltete Leiber folgen. Ich habe sie begraben und verscharrt, unter Bergen von Erde, über die ich Gras wachsen lassen wollte. Jetzt haben sie mich gefunden und eingeholt. Die Totengeister der Emotionen, die ich von mir abgespalten habe, weil sie zu schrecklich waren und ich sie nicht fühlen, nicht wahrnehmen wollte. Jede einzelne Gestalt ist mir vertraut. Sie geistern durch mein Leben, jagen mir mit ihren Schatten Angst ein und winken mit einem grässlichen Grinsen aus jeder dunklen Ecke. Dabei dachte ich, dass ich meine Vergangenheit bearbeitet und losgelassen hätte.

Vieles ist in der letzten Zeit hochgekommen, aus dem Wurzelwerk meiner Seele in mein Bewusstsein gestiegen. Aber diese Gestalten waren zu groß, zu überwältigend, zu erschreckend, um sie im Licht zu sehen. Stattdessen musste ich selbst zu ihnen hinuntertauchen, tief in den Abgrund und in die Dunkelheit.

Langsam und unbeirrt kommen sie auf mich zu. Voller Schrecken gehe ich rückwärts, aber sie sind überall. Sie umkreisen mich und kriechen näher. Was soll ich tun? Ich habe sie ignoriert, aber sie sind mit mir gewachsen, und aus kleinen Monstern sind gigantische Bestien geworden. Meine Ignoranz hat sie nur genährt, hat die Schatten dichter und gefährlicher gemacht.

Entsetzen klebt meine Lungen zusammen, ich kann kaum noch atmen. Es lähmt mich, macht mich bewegungsunfähig. Ich will von dem kalten Boden aufstehen und weglaufen, doch nicht ein Muskel gehorcht mir. Meine Schilddrüse zittert wie ein Schmetterling im Sturm. Mein Herz scheint im Hals zu stecken und dort wie ein gefangenes Tier auf und ab zu hüpfen. Ich will um Hilfe rufen und schreien, aber wenn ich den Mund öffne, versagen meine Stimmbänder. Es ist ein vertrautes Gefühl.

Die ersten Gestalten sind bereits so nah, dass ich die ganze Last der Dunkelheit und des Entsetzens spüren kann, die sie mit sich tragen und die sie verkörpern. Ich erlebe die Situationen, in denen ich sie gefühlt und erschaffen habe, erneut.

Erinnerungen und Emotionen umspülen mich wie ein Schwall sumpfiges Wasser. Szenen strömen durch mich hindurch: Ich spiele Klavier. Jemand kommt zu mir und tritt mir auf den Fuß. »Hör bitte auf, das tut weh«, sage ich, aber er grinst nur und tritt noch fester drauf.

Er presst die Hände um meinen Hals und drückt zu, während er mich wütend schüttelt. Wütend darüber, dass ich mir die Nägel lackiert habe. Wer ist dieser Mann wirklich, frage ich mich entsetzt, während ich versuche, ihn wegzudrücken, um wieder Luft zu bekommen. Seine Hände liegen immer noch um meinen Hals, während er auf mich einredet. Ich brauche Luft. Mein Lunge schmerzt, und die Enge um meinen Hals nimmt zu.

Eine weitere Szene überrollt mich; ist sie Traum oder Erinnerung? Müde von der Arbeit komme ich nach Hause und lasse ich mich bäuchlings auf das Bett fallen. Er kommt ins Schlafzimmer, eine Tüte raschelt. »Ich habe etwas gekauft«, lächelt er.

»Gib mir deine Hände. Das wird Spaß machen.« Kaltes Metall legt sich um meine Handgelenke, ich höre ein Klicken. Eine Fessel! Erschrocken öffne ich die Augen und versuche mich aufzurichten. »Hey, warum ...«, beginne ich. Eine Hand legt sich auf meinen Kopf. »Entspann dich«, sagt er. Ich öffne den Mund, um etwas zu sagen, als mir etwas Großes und Hartes in den Mund geschoben wird. Das Klicken eines Schließmechanismus hinter meinem Kopf erklingt. »Mh. Mh«, protestiere ich. Meine Fußknöchel werden ebenfalls mit dem kalten Metall aneinandergefesselt.

Er kniet sich hinter mich. Scharfer Schmerz zuckt in grellen Blitzen durch meinen Körper. Ich versuche zu schreien, bringe aber nur ein Krächzen heraus. Verzweifelt kämpfe ich darum, meine Hände zu befreien. Angst kriecht meine Kehle hinauf. Nach einigem Bemühen schaffe ich es, das kugelförmige Ding in meinem Mund mit der Zunge herauszudrücken. Dabei pressen die Riemen schmerzhaft gegen meinen Hinterkopf. »Bitte, hör auf! Das tut weh!«, bringe ich hervor, aber er drückt mir den Knebel wieder in den Mund, noch während ich rede. Ein leiser Brechreiz macht sich in meinem auf das Bett gepressten Magen breit. Ich fühle mich schmutzig, benutzt. Gefühle schwappen in mir hin und her, während ich mich zu entwinden versuche. Ekel, Angst, Verzweiflung, Scham und Hass. Ein Schrei formt sich in meiner Lunge, wirft tausend Echos, schafft es aber nicht nach draußen. Noch einmal versuche ich mich aufzubäumen, sinke jedoch nur hilflos auf das Laken. Ich fühle mich ausgeraubt, als wäre mit der Invasion meines Körpers die psychische und physische Kraft abgeflossen wie Blut, das aus einem geschlachteten und aufgehängten Tier rinnt.

Mein Herz fängt die umherschwirrenden Emotionen ein, verstaut sie in einer Kiste und sichert sie. Anschließend zieht es die Tür hinter sich zu, schließt die dreizehn Schlösser ab und schiebt alle auffindbaren Möbelstücke davor. Ich sehe noch, wie es die Mauer dicker macht und dahinter eine zweite baut, bevor es sich im Bunker verschanzt. Der Verstand schaltet ab, regungslos lasse ich alles über mich ergehen. Die Tränen blinzle ich fort. Er soll sie nicht sehen, die Genugtuung will ich ihm nicht lassen. Nachdem er fertig mit mir ist, befreit er mich und geht wortlos zur Dusche, während ich erstarrt liegen bleibe. Ich spüre nichts mehr; innerlich bin ich gestorben. Mechanisch erhebe ich mich und schmecke Blut.

Ein Schrei hallt über den Friedhof. *Mein Schrei*. Der Schrei, der mir in der Lunge stecken geblieben ist. Die Gestalten halten inne. Warum habe ich mich damals niemandem mitgeteilt? Zum einen hatte ich Angst davor, dass er sich rächen könnte, wenn ich es jemandem erzähle. Und tatsächlich dachte ich, so etwas wäre normal. Wie konnte ich so etwas überhaupt glauben?

Mit einem dumpfen Geräusch lasse ich meine Stirn auf die kühlen Steinplatten sinken. Eine Träne, die von meiner Wange tropft, gefriert. Warum habe ich mich nicht viel früher getrennt? Der wohl mächtigste Grund waren die Zweifel an mir selbst. Ich fühlte mich elend und schlecht. Als hätte ich diese Strafe verdient.

Weitere Erinnerungen steigen auf und platzen mit einem *Plopp* an der Wasseroberfläche meines Bewusstseins. Ich bin bemüht, ein braves Mädchen zu sein – trotzdem sündige ich täglich. Vor Gott bin ich ein armseliger Wurm. Ein Lied mit diesen Worten singen wir in der Kirche. Wenn Jesus nicht für mich gestorben wäre, dann wäre ich reif für die Hölle. Ohne ihn kann ich nichts tun, denn ich bin ein Nichts. Es tut mir so weh, ihn ständig zu enttäuschen. In einer Predigt habe ich gehört, dass ich ihm mit jeder Sünde die Nägel am Kreuz noch tiefer in das Fleisch treibe. Ich habe die Verdammnis verdient, das Leid verdient. Ich muss mein Kreuz auf mich nehmen und es tragen. Alles Leid ist Gottes Strafe für meine vielen Sünden.

»... denn ich, der Herr, dein Gott, bin ein eifersüchtiger Gott, der die Missetat der Väter heimsucht bis ins dritte und vierte Geschlecht.« Die Stimme des Predigers hallt durch die Kirche. Ich habe Angst vor dem Gott, den er da beschreibt. Unberechenbar ist dieser Gott. Manchmal gütig und gnädig, dann wieder zornig und eifersüchtig. Wie kann er befehlen, ganze Völker auszurotten? Er erschreckt mich bis in den tiefsten Winkel meines Herzens. Das Leben ist ein ständiger Kampf gegen die Sünde. Jederzeit könnte ich etwas Sündiges denken, und wenn Jesus in diesem Moment wiederkommen würde und entscheiden würde, wen er in den Himmel mitnimmt – in der Gemeinde sprechen sie von »Entrückung« –, dann würde er mich zurücklassen. Das hat der Prediger heute noch einmal betont und mit folgendem Bibelvers belegt: »Zwei werden auf dem Felde sein; einer wird angenommen, der andere wird verlassen werden.«

Oft wache ich nachts auf, und wenn es ganz still ist, durchfährt mich ein Schrecken. *Was, wenn Jesus schon gekommen ist und meine Familie, meine Freunde mitgenommen hat? Was, wenn ich nun ganz allein bin und das Gericht Gottes über die Welt kommt? Wenn ich in die Hölle komme?* Ewiges Fegefeuer. *Ewig.* Was für ein furchtbares Wort. Voller Angst schleiche ich dann die Treppen hinunter zum Schlafzimmer meiner Eltern und lausche mit bebendem Herzen. Wenn ich ihre gleichmäßigen Atemzüge höre, weiß ich, dass sie noch da sind.

Meine Eltern lieben mich. Das weiß ich. Alles, was sie machen und für mich entscheiden, ist aus ihrer Sicht das Beste. Wenn ich tue, was sie sagen, mache ich sie glücklich. Ich kann nicht damit leben, sie traurig oder enttäuscht zu sehen. Das ist die schlimmste Strafe für mich. Deshalb nehme ich mich selbst oft zurück, um sie nicht zu verletzen. Sie ordnen sich der Kirchengemeinde unter, und auch ich bemühe mich, die Regeln und Normen einzuhalten. Sobald ich etwas falsch mache, fühle ich mich schlecht, weil ich weiß, dass meine Eltern darunter leiden. Und ich habe oft das Gefühl, dass ich *nichts* richtig machen kann. Genauso, wie ich Jesus ständig verletze, so verletze ich auch meine Eltern. Wenn ich sie wirklich liebe, darf ich ihnen nicht wehtun. Warum passiert es trotzdem ständig? Schuldgefühle plagen mich.

Wie alt sind die Schatten, die mich begleiten? Ist dieser Albtraum denn nie vorbei? Wie viel gibt es noch zu bearbeiten und aufzulösen? Wie tief muss ich noch tauchen, um die Wurzeln meiner Dunkelheit zu finden?

Plötzlich sehe ich das Gesicht eines Mädchens. Die Augen sind rot, die Wangen nass von Tränen. Die beiden Hände, die neben ihrem Gesicht ruhen, sind zu Fäusten geballt, und sie atmet hastig und ungleichmäßig. Ein Seufzer ertönt und klebt einen Augenblick an den Wänden, bevor er verblasst. Ihr leerer Blick verliert sich im Nichts.

Ich weiß, was sie fühlt und was sie bedrückt. Niemand kennt dieses Mädchen so gut, wie ich es kenne. Sie geht durch ihre persönliche Hölle, die sie von innen verzehrt und ihre Eingeweide wie nasse Lappen auswringt. Sie hört auf eine Stimme, die ihr sagt, dass sie nie genug ist. Nie *gut* genug. Sie fühlt die Worte in ihrer inneren Leere widerhallen, spürt ihre Schwere. Je mehr sie sich in diesen Gedanken und Gefühlen verliert, desto wahrer werden diese. Sie kann nicht anders, als sie zu denken und zu fühlen, denn sie sind das Heroin ihrer Seele.

Dabei strengt sie sich an, es allen recht zu machen, aber je mehr sie sich bemüht, desto mehr scheitert sie. Wer weiß, ob sie überhaupt in den Himmel kommt. Vielleicht ist es dann nicht einmal schlimm, wenn sie ihr Leben selbst beendet, obwohl das eine Sünde wäre. Ob sie überhaupt jemand vermissen würde? Niemand scheint sie zu verstehen. Sie ist seltsam anders. Sie passt nicht hinein.

Am Ende ist sie eben nicht mehr als ein Opfer der Umstände. Sie kann ja doch nichts bewirken, nichts verändern. So sehr sie sich bemüht, es ist und bleibt eine sinnlose Endlosschleife. Auch ihre unheilbare Krankheit lässt sich trotz aller Anstrengung nicht besiegen. Mit jedem verstreichenden Tag empfindet sie das Leben noch mehr wie eine Gefangenschaft in einem goldenen Käfig. Alles soll doch angeblich zu ihrem Besten dienen, aber warum fühlt es sich nicht so an? Die schönen Momente verlöschen wie eine kleine Kerze in einer pechschwarzen nasskalten Sturmnacht. Die Dunkelheit siegt. Sie nimmt ihr inneres Universum ein wie ein schwarzes Loch, das Materie und Licht verschluckt. Zurück bleibt nur eine gähnende Leere, eine tiefe Sinnlosigkeit.

Bis jetzt hatte sie zu viel Angst vor der Endgültigkeit eines Suizids und davor, alle noch mehr zu enttäuschen. Aber inzwischen ist sie zu müde, zu erschöpft, um weiterzumachen. Die Zukunft hat ihr nichts zu bieten außer Leid und Schmerzen. Die innere Nacht ist zu groß, zu übermächtig. Früher oder später würde sie von ihr zermalmt werden. Die drückenden Schatten in ihr, Monster, die sie von innen her auffressen. Bald würde nichts mehr von ihr übrig bleiben als ein lautloser Schrei und eine leere Hülle. Warum soll sie ihr Leben nicht gleich beenden? Es wäre der einzige Moment, in dem sie nicht hilflos dem Lauf der Dinge zusehen müsste, sondern etwas ändern könnte. Selbst wenn sie nach dem Tod in die Hölle kommen würde: Keine Hölle kann schlimmer sein als die, durch die sie bereits geht.

Für einen Moment schließe ich die Augen, beiße meine klappernden Zähne zusammen, die vor klammer Kälte und Furcht zittern, und versuche, meinem rasenden Herz einen langsameren

Rhythmus vorzugeben. Die Abgründe sind mir vertraut, ebenso die Monster aus meiner Vergangenheit. Ich kenne jedes einzelne dieser Ungeheuer. Die Dunkelheit ist mein Freund. Wovor habe ich Angst? Wenn ich bereits am Boden liege, kann ich nicht noch tiefer fallen. Ich bin am Ende, aber wenigstens weiß ich, dass es nicht noch schlimmer kommen kann. *Bin ich schon tot? Im Jenseits?*

Ich öffne die Augen und rappele mich mühsam hoch. Schwankend stehe ich da und muss mich konzentrieren, um auf den Beinen zu bleiben. Die Kälte steigt durch meine nackten Füße bis in meinen Kopf. Das dürfte nützlich sein, um einen ruhigen und kühlen Kopf zu bewahren, denke ich. Was für eine makabre Situation, dass ich auch im Jenseits barfuß bin.

Je näher die Bestien kommen, desto weniger furchteinflößend sehen sie aus. So etwas wie Mitgefühl regt sich in mir. Ich strecke ihnen die Arme entgegen und berühre das erste Wesen da, wo ich seinen Kopf vermute. Das mit Sicherheit zu bestimmen ist schwierig. Sie sehen alle aus, als hätte jemand mit einem irren Sinn für Humor Schlachthofabfälle gesammelt und versucht, sie wieder zusammenzusetzen. Mit mäßigem Erfolg.

Ich sehe sie an, sehe alle nacheinander an und nehme sie zum ersten Mal wirklich wahr. Da sind Scham und Schuld, eingefallene und in sich zusammengesunkene Wesen. Weiter hinten das Gefühl, nie zu genügen angesichts der Ablehnung und Missbilligung anderer, kaum mehr als ein Schatten seines selbst. Das Gesicht ist zerfetzt von Raben, den dunklen Gedanken, Selbstzweifeln, die jeden Tag ein Stück von ihm fressen. Vor mir sehe ich meinen Anpassungsdruck und daneben meine tief sitzende kindliche Angst vor einem bedrohlichen Gott, eingehüllt in eine schwarze Wolke. Im Windschatten der anderen am Boden liegt der Schmerz. Der Schmerz nach meinem Empfinden von Gewalt. In den gehetzten schwarzen Augen erkenne ich mich selbst, blicke in meine blauen Augen, die dunkel vor Schmerz geworden sind.

Meine Angst hat mich belogen, hat die Kreaturen zu Schreckgespenstern verzerrt. Jetzt sehe ich neben ihrer Hässlichkeit auch ihre Schönheit. Sie waren nichts anderes als ein Ausdruck meines Selbst in der jeweiligen Situation. Sie haben mich zu dem gemacht, was ich heute bin, waren meine Lehrmeister und haben mich die Welt erfahren lassen. Jetzt ist es Zeit für sie, zu gehen. Ich lasse sie alle los.

»Danke«, flüstere ich. Sie verschwinden im aufkommenden Nebel.

Ich habe sie erschaffen und dann vernachlässigt. Dabei bin ich für sie verantwortlich. Ich brauchte sie nur ganz wahrzunehmen, sie zu sehen und sein zu lassen, um sie dann loszulassen. Dadurch, dass ich sie ignorierte, habe ich sie in meiner Realität festgehalten. Die gleiche Erfahrung habe ich in Kalifornien gemacht. Erst als ich hingesehen und den Schmerz wahrgenommen habe, statt ihn immer wieder zu vergraben, konnte ich ihn loslassen.

Keuchend fahre ich hoch. Mein Hals fühlt sich wie zugeschnürt an, und ein tonnenschweres Gewicht auf meiner Brust erschwert mir das Atmen. Die Wurzeln meiner Probleme reichen viel weiter zurück, als mir bewusst war. Ich war davon überzeugt, auf dem letzten Abschnitt meiner Reise die ganze Last meiner Vergangenheit losgelassen zu haben, dabei habe ich nur an der Oberfläche meiner Probleme gekratzt. Diese haben Wurzeln, die tief in die Erde reichen. Deshalb kann ich sie nur dann vollständig beseitigen, wenn ich auch die Wurzeln einbeziehe. Sonst wachsen sie wieder und wieder.

Meine Schilddrüse pocht kurz, eine Erinnerung an den Traum. Das kenne ich von meiner Autoimmunerkrankung. Vielleicht hat meine Angst in der Vergangenheit eine physische Form angenommen, um mich darauf aufmerksam zu machen. Angst war ein ständig präsenter Teil meines Lebens. Angst vor dem, was andere denken. Angst vor jedem neuen Tag, der Leid und Unglück bereithalten könnte. Angst vor allem, was mir fremd war. Angst vor Ablehnung. Angst davor, etwas falsch zu machen. Angst, ungeliebt zu sein. Aus dem Kloß im Hals wurde eine geschwollene Schilddrüse. Aus der inneren Selbstzerstörung eine Autoimmunerkrankung. Daraus entstanden verstärkte Symptome. Noch mehr Angst. Schlaflose Nächte. Herzrasen. Schweißnasse Hände. Ein Teufelskreis der Angst.

Ich habe versucht, meine Erkrankung zu bekämpfen, statt auf meinen Körper zu hören und die Zusammenhänge zu sehen. Die Schilddrüse ist der Mittler zwischen Herz und Kopf, sie schafft Harmonie und Gleichgewicht. Wenn sie im Ungleichgewicht ist, wie soll mein Körper dann im Gleichgewicht sein? Kein Wunder, dass ich all die Jahre unter so vielen verschiedenen Symptomen zu leiden hatte. In diesem Moment der Klarheit ergibt alles Sinn.

Leise streiche ich über meinen Hals und mein Herz. Mein Atem geht ruhig und gleichmäßig. Die alten Lasten habe ich zurückgelassen. Ich richte mich auf und sehe die dürre, dunkle Gestalt vor mir. Durch den sich auflösenden Nebel kann ich sie trotz der Dunkelheit erkennen. Die Figur verbirgt sich in einer langen Kutte, nur ein knöchernes Gesicht schaut aus der Kapuze hervor. In den leeren Höhlen sind keine Augen, doch gleichzeitig fühle ich mich von einem Blick durchbohrt, der bis in meine Seele dringt. Ein Aufblitzen lenkt meinen Blick auf einen gebogenen Streifen Metall. Eine Sense. Ich spüre keine lähmende Angst, sondern tiefen Frieden und innere Ruhe, die durch mich hindurch nach außen strahlen.

»So hast du immer in meiner Vorstellung ausgesehen«, sage ich.

Die Gestalt nickt. »Für die meisten sehe ich so aus.«

»Bin ich tot?«, frage ich.

»Ja und nein«, entgegnet die Gestalt.

»Wie darf ich das verstehen?«

»Dein Selbst ist hier. Dein Körper atmet weiter, und dein Herz schlägt. Du lebst. Allerdings ist ein Teil von dir tot.«

Verwirrt starre ich mein Gegenüber an. Dann verstehe ich. »Du meinst, meine Vergangenheit ist gestorben? Der Teil von mir, den ich die ganze Zeit mit mir herumgeschleppt habe und der mich noch belastet hat? Der Teil von mir, der eigentlich schon lange hätte tot sein sollen und den ich künstlich am Leben erhalten habe?«

»Ja. Du hast ihn wie eine verwesende Leiche mit dir getragen. Die Vergangenheit kann krank machen, wenn man sie nicht loslässt. Genauso ist es mit den Emotionen, darunter auch der Angst. Das weißt du nur zu gut, weil du es selbst erlebt hast.«

Ich nicke und sehe in die Ferne. »Bin ich nicht ertrunken? Und ist das ein Traum? Mittlerweile weiß ich nicht mehr, was Traum und was Realität ist.«

Die Gestalt lächelt, aber eigentlich tut ein Skelett das ja die ganze Zeit. Trotzdem kommt es mir so vor, als sei ihr Grinsen breiter geworden. »Du musst selbst herausfinden, was Traum und was Realität ist. Das ist eine der wichtigsten Fragen des Lebens. Was ist das Sterben anderes als ein Neubeginn? Du bist ertrunken. Schließlich wolltest du immer sterben. Du hast deinen Tod so oft in Gedanken durchgespielt, dass du ihn nun erlebt hast. Du weißt, dass er nicht unbedingt angenehm sein muss, wobei das von dir abhängt. Aber er ist jedenfalls nichts, wovor du Angst haben musst. Wer Angst vor dem Tod hat, hat Angst vor dem Leben. Du kannst erst richtig leben, wenn du weißt, was der Tod wirklich ist.«

»Ein neues Kapitel«, nicke ich.

»Unter anderem.« Die Gestalt wendet sich zum Gehen und verschmilzt mit der Dunkelheit.

Als ein Sonnenstrahl mein linkes Auge kitzelt, drehe ich mich zur Seite und öffne die Augen. Ist das ein weiterer Traum? Nein, da wache ich nie mit einer Bettdecke auf. Ich fühle mich wie gerädert, erschöpft, ich kann kaum aufstehen. Nachdem ich mir im Schneckentempo die Zähne geputzt, mich geduscht und fertig gemacht habe, komme ich kaum den steilen Weg zum Hauptgebäude hoch. Ich habe das Gefühl, die letzte Nacht nur geträumt und nicht geschlafen zu haben. Teils auf allen vieren und mit einigen Pausen krabbele ich auf das Plateau der riesigen Terrasse. Hunger habe ich keinen, ein seltenes Phänomen. Es gibt wohl viel seelische Kost von der Nacht zu verdauen. Ich begrüße die anderen und lege mich auf einen Liegestuhl im Schatten.

Habe ich nicht genau das in der Vergangenheit mit meinen Emotionen versäumt? Ich habe sie weder gekaut noch verdaut, sondern nur geschluckt. Viele sind mir im Hals stecken geblieben und haben mit der Zeit einen Kloß gebildet. Auch wenn die Nacht anstrengend und schwer war, es hat sich gelohnt. Ich fühle mich befreit und leicht. Heilung ist eben ein Prozess, der mein ganzes Leben seit der Diagnose in Anspruch genommen hat. Jeder falsche Schritt ist ebenso wichtig wie jeder richtige Schritt. Durch die falschen Entscheidungen weiß ich wenigstens, was nicht funktioniert.

Jeder Schritt, der mich barfuß in die ferne Weite führte, brachte mich mir selbst näher. Nicht immer war das angenehm. Selbsterkenntnis ist ein Weg voller Höhen und Tiefen. Jedes bisschen Wahrheit, das dabei herauskommt, kann schön oder hässlich sein. Sie ist wie ein Schritt in einen kalten Wintermorgen, ohne Schuhe an den Füßen. Mit angemessener Vorsorge und in der richtigen Situation ist jeder Schritt belebend. Wenn die eisige

Kälte meine nackte Haut allerdings unvorbereitet trifft, beißt sie tief in jede Nervenfaser.

Dann trifft mich die Erkenntnis wie ein heftiger Windstoß, wirbelt meine Einwände fort und ernüchtert mein schlaftrunkenes Selbst. So dunkel die Nacht auch war, sie hat mich daran erinnert, dass Angst aus einer Mücke ein Monster machen kann. Was meine Angst mir erzählt, muss nicht wahr sein. Wenn ich mich von ihr leiten lasse, führt sie mich in die Irre. Und selbst wenn das, was sie mir sagt, richtig ist, ihr Lösungsansatz hat gravierende Mängel. Augen und zu, vergessen, vergraben oder weglaufen – so funktioniert das nicht. Das habe ich immer wieder erfahren dürfen. Wenn ein Glassplitter tief in meinem Fuß steckt, weil ich ihn ignoriert und tiefer eingetreten habe, dann kann ich ihn nicht vergessen. Er wird sich entzünden und mir immer lauter und mit allerlei Warnsirenen sein Dasein vorheulen, bis ich mich ihm widme.

Mit Emotionen ist es genauso. Wenn sie festsitzen, darf ich sie nicht ignorieren. Denn dann werden sie zu Monstern, die mir das Leben schwer machen.

Die Probleme auf der Arbeitsstelle waren letztlich auch Warnsirenen, genauso wie die Situation in meiner Ehe. Mehr noch: Sie haben mir einen Spiegel vorgehalten. Sie haben mir gezeigt, wie ich mich selbst behandle. Ich habe mich hinten angestellt. Mich ausgelaugt. Schlecht geredet. Klein gehalten. Verachtet. Gehasst. Mich selbst angewidert. Belogen. Torpediert. Mir misstraut. Mich verdammt. Zerstört. Wenn ich das Leben als Ganzes sehe, in dem alles wie durch die feinen Fäden eines Spinnennetzes miteinander verbunden ist, dann hängt alles zusammen. Wie ich über mich denke und wie ich mich behandle, hat Einfluss darauf, wie ich behandelt werde.

Ich blicke über die weiten Berge bis zum Meer, das mit dem Horizont verschmilzt. Mein Herz schlägt in einem ruhigen und gleichmäßigen Takt. Mein Hals ist frei, mein Kopf klar. Und ich fühle mich wieder vollständig. Es gibt weder Teile, die zu viel oder unpassend sind und die ich trotzdem mit mir herumtrage, noch Teile, die mir fehlen und mich unvollständig machen. Ich nehme einen tiefen Atemzug der warmen feuchten Luft und döse vor mich hin.

Donnerstags steht Temazcal auf dem Plan, eine Schwitzhütte der Maya mit einem Lehmziegelofen. Durch das Erhitzen der Steine und das Aufgießen von Wasser entsteht ein Dampfbad-Effekt. Wir erhalten eine traditionell bemalte Rassel und eine kleine Trommel. Dann sagen wir reihum, was wir noch einmal bewusst loslassen wollen, während die anderen Lärm mit den kleinen Rasseln machen. Anschließend trommeln und johlen wir alle gemeinsam und haben eine Heidengaudi. Später unter der Dusche schrubbe ich energisch den Lehm von meiner Haut, mit dem ich mich ich in der Schwitzhütte eingerieben habe. Ich habe das Gefühl, dass Temazcal auch noch die letzten Reste von der Dunkelheit und dem Schweiß der vorletzten Nacht aus jeder Pore meines Seins geholt hat.

Den letzten Tag im Retreat verbringen wir in einer Thermalquelle und lassen die Seele baumeln, bevor Daniel und ich am Samstag unsere Weiterreise antreten. Es gibt viele Surfer an der Westküste, und manchmal würde ich mich auch gern aufs Brett stellen, aber nie zuvor erschien mir die Faulheit so angenehm und einladend wie nach dem anstrengenden Retreat. Was für eine Ironie, dass der Teil der Reise, der eigentlich entspannend sein sollte, anstrengend war und der normalerweise anstrengende Teil jetzt der Entspannung dient. Mit dem frischen Wind um die Nase schlendern wir am Strand entlang, jeder in seine Gedanken versunken.

Ich fühle mich ... anders. Zum einen begleitet mich eine große Gelassenheit. Was auch passiert, es kann nicht dunkler oder schlimmer sein als das, was ich bereits in mir und um mich herum gesehen und erlebt habe. Jeder Tag kann nur noch besser und schöner werden, vor allem, weil ich die Last meiner Vergangenheit nicht mehr mit mir trage.

Für jeden, der mir den Spiegel vorgehalten hat, sei es mein Exmann oder jemand in meiner Arbeit, bin ich dankbar. Auch wenn ich es damals nicht begriffen habe, so haben sie mir nur etwas gezeigt, das bereits in mir war. Den Glaubenslehrern gegenüber kann ich nur mit den Schultern zucken. Sie haben so gehandelt, wie es in ihren Augen richtig war. Dabei haben sie mir eine Religion gezeigt, die nicht die meine ist und es nie war. Wenn auch über steinige Wege, haben sie mich dazu veranlasst, alles zu hinterfragen und Gott selbst zu suchen.

Meinen Eltern und Freunden dagegen kann ich nicht genug dafür danken, dass sie in den schwersten Zeiten meines Lebens für mich da waren und mir den Rücken gestärkt haben. Sie haben mich gehalten, als ich es brauchte, und mir Raum gegeben, als ich ihn dringend nötig hatte. Sie haben mir bewiesen, dass ich nicht allein bin, sondern dass sie für mich da sind. Noch etwas hat sich verändert: meine Sicht auf das Leben. Es macht mir aus ganzem Herzen Spaß. Meine ängstliche Haltung, dass ich ständig etwas falsch machen könnte, ist kindlicher Lebenslust und Überschwang gewichen, die ich in meiner Kindheit viel zu früh verloren habe. Ich spiele das Leben, statt es als einen Überlebenskampf zu betrachten. Das befreit und gibt mir Leichtigkeit.

»Guck da! Lass uns das zusammen machen!«, rufe ich und zeige begeistert auf ein Schild.

Dan folgt meinem ausgestreckten Zeigefinger. »Du willst einen Reitausflug machen?«, fragt er.

»Ja! Unbedingt!«, bestätige ich.

»Okay«, meint Dan, angesteckt von meiner Begeisterung. »Du übernimmst die Recherchen und suchst einen Anbieter, der dir gefällt.«

Ich strahle. »Danke. Das ist ein Kindheitstraum von mir, barfuß und mit wehendem Haar am Strand entlang zu galoppieren. Am Strand bin ich zwar schon mal galoppiert, aber weder barfuß, noch mit wehendem Haar. Barfuß muss es ein anderes und freieres Gefühl sein.«

Ich finde einen Anbieter, der mir gefällt, und wir fahren gleich am nächsten Tag zu dem Hof. Dort werden uns Pferde zugeteilt. Ich erhalte einen sturen Hengst, der Berührungen verabscheut. Beim Satteln vergesse ich das und will ihm über den Kopf streicheln, woraufhin er mich böse anfunkelt und den Kopf mit einer ruckartigen Bewegung zurückzieht. »Oh, entschuldige«, sage ich. »Ich wollte deine Bedürfnisse nicht verletzen. Kommt nie wieder vor.« Er schaut skeptisch. »Keine guten Erfahrungen gemacht?«, frage ich.

Hinter mir höre ich den Organisator Manuel sagen: »Wir wissen es nicht, aber das ist wahrscheinlich der Fall.«

Ich nicke. »Ich kann dich gut verstehen«, flüstere ich dem Tier zu. »Nur weißt du, wenn du dich zurückziehst, dann verschließt du dich auch vor den schönen Erlebnissen. Sie zu ignorieren geht ebenfalls in die falsche Richtung, da spreche ich aus frischer Erfahrung. Versuch mal, den Gefühlen und Emotionen Raum zu geben, sie wahrzunehmen und loszulassen. Dann gehen sie anschließend von selbst.«

Der Hengst wendet mir den Kopf zu und legt ihn leicht schief. Ich muss lachen.

Die anderen sind fertig und sitzen bereits auf ihren Rössern. »Hast du Schuhe dabei?«, fragt Manuel.

»Ich wollte eigentlich ...«, beginne ich, aber der Mann unterbricht mich. »Schuhe?«, fragt er. Ich halte mein Paar Sandalen hoch. Er wirft einen zweifelnden Blick darauf. »Nein, das sind keine guten Schuhe zum Reiten«, seufzt er mit einem Kopfschütteln. »Ist es in Ordnung, wenn ich barfuß reite?«, erkundige ich mich und versuche, meine Hoffnung nicht in jedem Wort mitklingen zu lassen. Noch ein zweifelnder Blick. »Na ja, wenn du barfuß reiten *kannst*. Es ist auf jeden Fall besser als mit diesen Schuhen«, entgegnet er. Ich nicke und grinse breit.

»Brauchst du Hilfe beim Aufsteigen?«, will Manuel wissen.

»Ich denke, das klappt schon alleine«, sage ich mit mehr Überzeugung, als ich wirklich empfinde. Doch das Tier ist nicht allzu groß, deshalb sollte es keine Unmöglichkeit darstellen, in den Sattel zu kommen. Ich stelle den linken Fuß in den Steigbügel und springe ab. Mit einem etwas ungeschickten Ruck ziehe ich mich hoch und gleite in den Sattel. »Alle bereit?«, fragt der Organisator. Ich gebe das universelle Thumbs-up-Zeichen.

Es geht über schmale Waldwege und einen steilen Hang hinauf. Von oben haben wir eine gute Aussicht über ein weiten Streifen der Küste. Verschlungene Pfade führen hinunter zum Strand, eingerahmt von Sträuchern, Bäumen und Lianen. Vor dem Strand überqueren wir einen Fluss, auf dessen steinigem Grund mein Pferd einmal stolpert. Es fängt sich aber schnell und wählt die nächsten Schritte durch den Fluss vorsichtiger aus.

Vor uns liegt ein langer Strandabschnitt. Die Abendsonne hüllt den bewölkten Tag in ein warmes Licht. Mit einem leichten Druck meiner Schenkel treibe ich das Pferd an. Es folgt bereitwillig und fällt in einen raumgreifenden Galopp. Ich lehne mich nach vorne in den leichten Sitz und genieße den Wind im Haar und das kühle Metall an meinen Sohlen. Es ist eine Feier der Freiheit und Leichtigkeit. Ich habe die Angst zugeritten wie ein wildes Pferd, mit Geduld und Liebe. Jetzt kann ich mir ihre Kraft zunutze machen, ohne ihrer zerstörerischen Gewalt über mich machtlos ausgeliefert zu sein.

Die Fahrt von der nördlichen Westküste zurück nach San José zieht sich, sodass wir uns mit dem Fahren abwechseln. Ich bin müde und muss mich immer wieder daran erinnern, die Augen offen zu halten. Dan geht es nicht anders. »Wir hätten früher losfahren sollen. Eigentlich haben wir doch gleich zu Anfang gelernt, dass aus den vier Stunden Fahrzeit, die das Navigationssystem angibt, acht werden. Zumindest hier in Costa Rica«, stelle ich fest.

»Mal sehen, ob ich den Flug stornieren kann«, meint Dan und wischt auf seinem Touchscreen herum. »Oh, keine Internetverbindung.«

Ich überlege einen Moment. »Wir sind eh schon ungefähr die Hälfte der Strecke gefahren. Den Rest schaffen wir auch noch.«

Wieder verfallen wir beide in eine müde und nachdenkliche Stille. Körperlich fühle ich mich noch nicht auf voller Höhe. Die Lebensmittelvergiftung und der Detox im Retreat waren wohl ein wenig zu viel auf einmal. Die Reise im Anschluss hat ebenfalls viele Abenteuer geboten, und die Entspannung an einigen Tagen und Stationen war nicht genug, um meine Energiereserven wieder aufzufüllen. Eine Reinigung kostet viel Kraft, je radikaler, desto mehr. Und bei dieser Reinigung habe ich nicht nur meinen Körper, sondern auch Geist und Seele gesäubert. Jetzt spüre ich, wie müde ich noch immer bin. Mein Tank ist im roten Bereich, ich brauche dringend etwas Erholung.

Ständig verliere ich, wie ich es auch beim Yoga erlebt habe, das Gleichgewicht und kippe von einer Seite zur anderen, von Entspannung ins andere Extrem der Grenzerfahrung. Dabei ist die Entspannung gerade wichtig, und ich brauche sie dringend. Ich möchte zu einer Balance zurückfinden, zu einem Gleichgewicht, zur Mitte zwischen Thrill und Chill, zwischen Abenteuer und Erholung.

Aber ich habe gerne beides in meinem Leben. In der Mitte hätte ich eine Zwischenlösung, weder das eine, noch das andere.

Ein Kompromiss, der auch nicht das ist, was ich mir wünsche. Nur, was ist dann die Lösung? Vielleicht die Integration beider Extreme? Denn beide machen mich aus und sind wichtig für mich. Ich möchte sie zusammen in meinen Alltag integrieren, jedes Extrem zu seiner Zeit. Entscheidend wäre dabei allerdings, dass ich auf meinen Körper höre. Wenn er Entspannung braucht, dann gibt es keine Diskussion. Wenn er Grenzerfahrung braucht, dann gebe ich ihm Abenteuer. Alles zu seiner Zeit.

Regeln stoßen irgendwann entweder an Grenzen, veralten oder verändern ihre Bedeutung – das habe ich vor allem in der Kirchengemeinde erfahren. Die Intuition dagegen ist untrüglich. Sie braucht keine Updates, keine komplizierten Denkprozesse, keine Kompromisse. Sie weiß in jedem Moment, was gut ist. Für mich ist sie die Stimme Gottes, klar und deutlich vernehmbar. *Gott.* Mit einem Lächeln stelle ich fest, dass sich meine Erfahrung von und mit Gott in den letzten Jahren stark verändert hat. Und mit ihr die Wahrnehmung Gottes. Von einer meist theoretischen, unantastbaren und singulären Persönlichkeit, in ein alles umfassendes, nahbares, allgegenwärtiges Prinzip. Die Allgegenwärtigkeit nehme ich wörtlich. Gott begegnet mir im Gänseblümchen, im Sturm, auf YouTube, in der Nachbarskatze, in den Sternen, im Menschen, in der Göttin Mutter Natur und in der Stille. *Überall.*

Ich schrecke hoch. »Dan, soll ich wieder übernehmen? Du fährst Kurven, wo keine sind.« Er schüttelt den Kopf. »Dann sag mir aber auf jeden Fall Bescheid, wenn ich wieder übernehmen soll.« Er nickt nur.

Ich wollte Heilung, ich habe Heilung bekommen, wenn auch anders als erwartet. Sie hat innen stattgefunden, und von innen heraus zieht sie Kreise, wie ein Stein, der in einen Teich fällt. Die Kreise erreichen früher oder später den ganzen Teich.

Kapitel 11

Nevada: Ein anderes Paar Schuhe

Beim Betreten des Flugzeugs haucht mir die Klimaanlage ihren kalten Atem entgegen, sodass ich fröstele. Auf meinem Sitzplatz wickele ich mir mein Strandtuch um die Schultern und schließe die Augen. Eine lähmende Müdigkeit übermannt mich. Obwohl ich mich noch im warmen tropischen Wetter befinde, das durch die beiden Türen hereinschaut, ist mir kalt. Die künstlich gekühlte Luft einer Klimaanlage hat zwar schon oft meine Lebensgeister geweckt, aber in diesem Moment verfluche ich sie. Ich fühle mich, als hätte ich in den letzten Monaten meine ganze Energie verbraucht. Den Rest braucht mein Körper, um mein nacktes Überleben zu sichern, weshalb für meine interne Heizung keine Ressourcen mehr da sind.

Aber wenn mir jetzt bereits so kalt ist, wie soll ich die Kälte in Nevada überstehen – zumal barfuß? Vielleicht ist es an der Zeit, Kälte anders anzugehen. Immerhin war die Zeit in Costa Rica anstrengend, und statt der gesuchten Entspannung habe ich mich ständig in Gefahr und in Extreme begeben. Eine gute Ruhepause habe ich nötiger als je zuvor.

Nevada soll ein anderes Paar Schuhe sein als Costa Rica, entscheide ich. Kälte ist schön und gut, aber ich werde meine Grenzen nicht überschreiten. Alles hat seine Zeit. Manchmal kommt der richtige Moment für die Entspannung und manchmal für die Anspannung. In einer Station suche ich die Kälte der Kneipp-Kur und möchte mich abhärten, in der anderen Station geht es ans Aufwärmen. Oben in den Bergen Nevadas, wo Daniels Häuser stehen, gibt es keine giftigen Tiere, und emotionale Herausforderungen erwarte ich ebenfalls nicht. Alles deutet auf meine lang ersehnte Entspannung hin, die ich mir nicht nehmen lassen werde. Zufrieden lasse ich mich tiefer in das dünne, kratzige Kissen sinken, das von der Fluggesellschaft zur Verfügung gestellt wird.

Als wir uns im Tiefflug San Francisco nähern, trinke ich wider besseres Wissen eine ganze Tasse Kaffee, um meine nagende Müdigkeit zu bekämpfen. Immerhin muss ich durch das Flughafengebäude laufen und bei der Einwanderungsbehörde einige obligatorische Fragen beantworten. Koffein hat allerdings eine extreme Wirkung auf mich: Es macht mich zwar wach, schießt dabei jedoch so weit über das Ziel hinaus, dass ich in vollem Galopp an der Hyperaktivität vorbeirase. Meine Hände zittern, meine Gedanken rasen, mein Körper steht unter Strom, als hätte ich einen Elektroschock bekommen. Was habe ich mir nur dabei gedacht? Aber vorher war ich kaum fähig zu reden, geschweige denn aufrecht zu stehen. Mein Fuß wippt auf und ab, so sehr ich auch versuche, mich zur Ruhe zu zwingen. Trotzdem zittern meine Hände unkontrollierbar. Wenigstens ist die Schlange überschaubar.

Kurz darauf bin ich an der Reihe und tapse barfuß auf den Beamten zu, der mich zu sich gewinkt hat. Brummend nimmt er meinen Reisepass entgegen. Zuerst mustert er mich unangenehm lange von den Füßen aufwärts, dann starrt er eine Ewigkeit auf das Foto. »Brille ab«, fordert er mich barsch auf. Mit zittrigen Händen nehme ich die Brille ab und lächle unsicher. »Was machen Sie hier?«, fragt der Mann. Ich erkläre, dass ich mit meinem Freund Daniel reise und dass wir nach einigen Tagen in seinem Apartment in San Francisco zum Lake Tahoe in Nevada fahren wollen. Dort besitzt mein Freund einige Häuser, in denen wir bleiben werden. Anschließend möchte ich zurück nach Deutschland, um zu Weihnachten wieder bei meiner Familie und meinen Freunden zu sein. Meine Worte überschlagen sich fast, so schnell rede ich.

»Ist Daniel US-amerikanischer Staatsbürger?«, lautet die nächste barsche Frage. »Ja«, entgegne ich mit einem Nicken. »Woher kennen Sie Daniel, und warum reisen Sie mit ihm? Wo wohnen Sie? Was ist Ihr Job? Wie lange werden Sie in den USA bleiben? Wo übernachten Sie? Waren Sie schon einmal in den Vereinigten Staaten?« Einige dieser Fragen kenne ich bereits von meinem letzten Besuch, sie scheinen Standardfragen zu sein. Ich beantworte sie wahrheitsgemäß und ausführlich. »Meine Kollegin hier wird Ihnen gleich einige weitere Fragen stellen«, sagt der Beamte und sieht mich finster an. »Folgen Sie ihr!« Also gehe ich hinter der Dame her, die in schwarzes Leder gekleidet ist. Sie ist deutlich kleiner als ich und hat ihr Haar zu einem strengen Zopf gebunden. Wir betreten einen Raum, der mit einigen Reihen von schwarzen Plastikstühlen ausgestattet ist. Vorne steht ein Beamter hinter einer großen U-förmigen Theke und hämmert etwas in seinen Computer. In der ersten Reihe sitzt ein Ehepaar asiatischer Herkunft, in der dritten und vierten Reihe warten eine junge Frau, ein Mann mittleren Alters und ein älterer Herr, die alle aus dem nahen Osten zu stammen scheinen. »Setzen«, bellt die Beamtin, die mich hineingelotst hat. Ich folge ihrer Anweisung und nehme in der letzten Reihe Platz. Etwas weiter vor mir sitzt eine junge Frau und starrt emotionslos geradeaus. Sie hat hellblondes Haar und trägt eine dicke rote Jacke, die mit dem gemusterten Schal auf skandinavische Herkunft schließen lässt.

Oh, ich sollte Dan Bescheid geben. Schnell krame ich mein Handy aus der Tasche und beginne eine Nachricht über WhatsApp zu schreiben. Meine Hände zittern immer noch, aber ich bringe es fertig, einen kurzen Satz zu tippen. »Leg das Handy sofort weg, oder du siehst es nie wieder«, donnert jemand von vorne. Fast wäre ich von dem Plastikstuhl aufgesprungen, so sehr zucke ich zusammen. Erschrocken sehe ich auf. Ein weiterer Beamter ist neben den am Computer getreten und sieht mich grimmig an. »Entschuldigung«, sage ich und packe das Handy weg, nachdem ich noch schnell auf *Senden* geklickt habe.

»Da sind Schilder, die deutlich ein Handyverbot zeigen«, brummt der Beamte.

»Die habe ich nicht gesehen. Tut mir leid«, stammele ich und sinke zurück in die harte Stuhllehne. Da ihre unbequeme Form schmerzhaft gegen meine Wirbelsäule drückt, beuge ich mich vor und stütze mich auf meine Knie.

Nichts und niemand in diesem kahlen Gefängnis, kennt das Wort »Freundlichkeit«, stelle ich bitter fest. Wenigstens ist es kühl hier, denn ich dampfe wie eine Sauna. Den Kaffee hätte ich besser nicht getrunken, denn neben dem Schwitzen zittere ich noch immer wie Espenlaub. Ist es ein Wunder, dass die mich hierher eingeladen haben? Oder war es doch wegen den Barfüßen? Ist das ein erneuter Zusammenstoß mit einer Behörde, der mein Anderssein nicht passt? Allerdings hat niemand etwas dazu gesagt. Am besten warte ich einfach ab, vielleicht bin ich ganz schnell wieder draußen. Immerhin habe ich weder eine Straftat begangen, noch etwas zu verbergen. Es ist wichtig, einen kühlen Kopf zu bewahren. Bewusst strecke ich meine Füße aus und genieße die frostigen Fliesen unter meinen Sohlen. Von dort aus atme ich die Kälte bis in meinen Kopf hinauf und genieße die klare kalte Luft. Wo ich vorher wie durch einen Tunnel nur einen winzigen Teil sehen konnte, breitet sich jetzt die gesamte Bandbreite meiner inneren Winterwelt aus.

Wie viel Zeit vergangen ist, weiß ich nicht, aber es fühlt sich nach einer Ewigkeit an, bis die Beamtin von vorhin im Raum erscheint. »Judith Etz«, ruft sie. Als sie sieht, dass ich aufstehe, wird ihr Ausdruck noch grimmiger. »Zu mir!«, kreischt sie. Fast hätte ich salutiert und »Zu Befehl!« gerufen. Insgeheim denke ich, dass sie aussieht wie eine chinesische Kriegsherrin. Brav folge ich ihr und lasse mich mit einem Lächeln in den Sitz fallen, auf den sie deutet. Normalerweise wirkt ein Lächeln immer entwaffnend, aber es scheint sie nur noch fuchsiger zu machen. Wieder stellt sie mir die gleichen Fragen, die der Beamte am Schalter mir bereits gestellt hat. Zwischendurch verlässt sie mich für eine Weile und kommt mit weiteren Fragen oder Anschuldigungen zurück.

Einmal baut sie sich vor mir auf und kreischt: »Sie lügen! Sie sind eine Lügnerin! Geben Sie zu, dass Sie lügen!«

Ich sehe sie an. »Nein, das sage ich nicht, weil es eine Lüge wäre«, entgegne ich steif.

»SIE *SOLLEN MIR DIE WAHRHEIT SAGEN, LÜGNERIN!*«, schrillt die chinesische Kriegsherrin so laut, dass ich zusammenzucke. Woher kommt sie mir so vertraut vor? Vielleicht aus einem Film?

»Das tue ich«, sage ich fest. »Nach bestem Wissen und Gewissen.« Soll das eine psychologische Folter sein? Vielleicht hat sie aus mir herausgelesen, dass ich Konfrontationen scheue, und möchte das ausnutzen. Die Beamtin schaut mir in die Augen und verengt ihre zu kleinen Schlitzen.

Wer weiß, ob sie meine Gedanken lesen kann. Lieber schaue ich geradeaus. »Sie lügen«, faucht sie gefährlich leise und wirkt dabei wie ein sprungbereites Raubtier.

Mit einem Ruck drehe ich den Kopf. »Sagen Sie mir, wo ich gelogen habe. Sagen Sie mir, wo Sie meinen, mich bei einer Lüge ertappt zu haben«, fordere ich und stelle beide Füße mit den Sohlen flach auf den Boden. Dabei entsteht ein fast unhörbares Stampfen, das sich vom Unterbewusstsein ins Bewusstsein schleicht. Sie blinzelt.

»Sie haben gesagt, dass Sie bis zum 28. November bleiben, und dann, dass Sie bis zum 29. November bleiben«, meint sie und grinst schadenfroh. »Damit haben Sie gelogen!«

Jetzt muss ich geschickt vorgehen, damit sie sich nicht auf die Füße getreten fühlt. »Es tut mir leid, wenn ich Ihnen das Gefühl gegeben habe, Sie angelogen zu haben«, sage ich langsam. Mit wem spreche ich? Mit einem verletzen Kind? Vorsichtig fahre ich fort: »Ich bin mir noch nicht völlig sicher, wann genau ich abreise. Es wird Ende November sein, so viel ist klar.«

»Und warum sagen Sie es dann nicht gleich so?«, fragt sie barsch, aber ich kann eine leise Genugtuung in ihrer Stimme hören. Ich könnte jetzt sagen, dass ich deutlich von einer ungefähren Datumsangabe gesprochen habe, aber das bringt nichts, also atme ich den Satz in einem leisen Seufzen aus. Wenn ich das sage, hebt sie ihre Sandschaufel und haut mir damit auf den Kopf.

»Es tut mir leid«, räume ich stattdessen ein.

Nach einer Prozedur in diesem Sinn, die sich knapp fünf Stunden lang hinzieht, werde ich entlassen. Ich darf die in die Vereinigten Staaten einreisen und soll aufhören zu lügen. Als die dicke Betontür hinter mir zuschwingt, beiße ich die Zähne zusammen. Meine Hände zittern, aber jetzt vor Wut. Diese Wut habe ich die letzten Stunden mit einer zähen Gelassenheit überspielt, aber jetzt bahnt sie sich unaufhaltsam ihren Weg an die Oberfläche.

Vielleicht kann es manchmal doch nützlich sein, Emotionen für eine kurze Weile zu unterdrücken. Ich ziehe mein Handy aus der Tasche. Dan hat geschrieben, dass er vor einer ganzen Weile nach Hause gefahren ist und dass ich mit einem Uber nachkommen soll, wenn ich durch bin. Also rausche ich wie ein grimmiger Wirbelwind durch das Flughafengelände und fühle mich viel besser, als ich am Ausgang die kalte dunkle Abendluft einatme. Sie kühlt den brodelnden Hexenkessel in mir.

Mit müden Knochen steige ich wieder aus dem Wagen. Die Wut, die mich mit Energie versorgt hat, ist verraucht. Dieser Tag hat mich die Kraft einer ganzen Woche gekostet. Dan kommt mir entgegen und nimmt mir den Rucksack ab. »Schön, dass du wieder da bist. Ich habe mir schon Sorgen gemacht, dass sie dich nach Hause schicken«, sagt er und sieht mich forschend an. »Du bist müde«, stellt er fest und nimmt mich in den Arm. »Setz dich und ruh dich aus. Es ist spät.«

Ich lächle müde. »Danke.«

»Wie war's? Möchtest du erzählen?«, fragt er.

»Morgen«, entgegne ich leise. Immer wieder fallen mir die Augen zu, und mein Kopf scheint zu schwer, um ihn noch auf dem Hals halten zu können.

Am nächsten Morgen lerne ich eine Migräne in ihrer ganzen Schrecklichkeit kennen. Keins meiner sonst so hilfreichen pflanzlichen Mittel scheint etwas zu bewirken. Die Schmerzen kriechen von den Schultern über den Nacken immer höher, bis sie einen bequemen Platz in meiner rechten Kopfhälfte gefunden haben. Dort setzen sie sich, und ich fühle ihr Gewicht vor allem in meinem Auge und der Schläfe, bis hin zum Ohr. Dan lässt sich von mir in Kürze das gestrige Verhör schildern, während ich mit einem dicken Kissen auf dem Gesicht daliege. »Und sie haben in deinen Nachrichten gelesen und dein Handy durchstöbert?«, fragt er.

»Ja«, murmele ich. »Kannst du bitte leiser reden? Mein Kopf tut noch mehr weh, wenn es laut ist.«

»Entschuldige«, flüstert Dan. »Warte, ich bring dir Ibuprofen.«

Einige Minuten später höre ich ihn trotz der dicken Kissen näher kommen. »Versuch nicht mit der Ferse, sondern mit dem vorderen Bereich des Fußes zuerst aufzusetzen und zur Ferse hin abzurollen. Der Aufprall wird besser abgefedert und deine Gelenke werden es dir danken«, flüstere ich.

»Danke«, sagt Dan. »Hier sind deine Tabletten und ein Glas Wasser.«

Langsam tauche ich aus den Kissen auf und setze mich mit zugekniffenen Augen aufrecht hin. Ich trinke fast das ganze Glas in einem Zug aus und lehne mich mit einem zufriedenen Seufzen zurück. »Hey, du solltest das Wasser eigentlich für die Schmerztabletten verwenden«, protestiert Dan lachend.

»Danke, leg sie auf den kleinen Tisch. Ich nehme sie gleich«, flüstere ich. »Kannst du mir vielleicht ein Icepack bringen?«

Als er zurückkommt, verkünde ich: »Ich werde versuchen, ein wenig zu schlafen.« Dan reicht mir das Icepack und lässt mich allein. Dankbar rolle ich mich wie ein Embryo zusammen und versuche bewusst, meine verspannten Nackenmuskeln zu dehnen und zu entspannen. Zuvor hatte ich nie große Probleme mit Kopfweh oder gar Migräne. Warum stampfen sie jetzt Hand in Hand durch meinen Kopf?

Da fällt mir ein, dass meine Mutter und meine Großmutter sowohl an Kopfweh als auch unter gelegentlichen Migräne-Attacken leiden. Vielleicht haben sie mir etwas weitergegeben, das sich durch den Schmerz bemerkbar machen will. Sie sind ebenfalls beide nicht gut darin, sich wirklich zu entspannen.

Seufzend presse ich das Kissen fester auf meinen schmerzenden Kopf. Selbst das Denken tut weh, deshalb lasse ich es vorerst sein. Ich beschließe noch, die Gelegenheit zu nutzen und nicht nur meine Muskeln, sondern jede sichtbare und unsichtbare Faser meines Selbst zu entspannen, bevor ich mich tiefer in die angenehme Dunkelheit meines Geistes sinken lasse. Schlafen oder entspannen kann ich trotzdem nicht, denn die Schmerzen halten mich wach. Aber mit Ohrstöpseln in den Ohren und mehreren Kissen auf dem Gesicht über dem Icepack wird die Welt um mich herum angenehm dunkel, still und kalt. Das Icepack schmerzt zwar ebenfalls, aber ich genieße die brennende Kälte ein wenig, nicht zuletzt, weil sie den heißen pochenden Schmerz in meinem Kopf übertönt.

Ich friere und taste vergeblich nach der Decke, die von der Couch gerutscht ist. Jemand drückt sie mir in die Hand. »Danke. Hab dich nicht kommen gehört«, sage ich erfreut.

»Gerne«, erklärt Dan. Ich kann sein Lächeln fühlen. »Wollte nur mal sehen, wie es dir geht.«

»Das ist lieb«, sage ich leise, um die Schmerzen nicht zu wecken. Sie sind ein wenig eingenickt.

»Und?«, will er wissen. »Wie geht es dir?«

»Ganz gut«, sage ich. »Hab halt nur 'ne Migräne.«

Er seufzt. »Ich will wissen, wie es dir ehrlich geht.«

»Beschissen, wenn du es genau wissen willst«, brumme ich und verziehe den einzig sichtbaren Teil meines Gesichts unter dem Kissen zu einem Grinsen.

»Und warum nimmst du keine Ibu?«, höre ich ihn fragen.

»Woher willst du wissen, dass ich keine genommen habe?«, erkundige ich mich.

Dan lacht. »Zum einen kenne ich dich mittlerweile, zum anderen liegen einige Tabletten auf dem Boden.«

Mit einem Ruck setze ich mich auf und stöhne innerlich, als das viel zu grelle Licht der Sonne die Schmerzen wach werden lässt. »Damit ist mir langfristig nicht geholfen. Wenn ich mir eine Tablette einwerfe, stelle ich nur die Symptome ab, mit denen mein Körper mir etwas mitteilen möchte. Was für einen Sinn macht das? Außerdem hat jedes Medikament Nebenwirkungen. Soll ich dir die von Ibuprofen mal aufzählen?«, frage ich und hebe eine der kleinen bunten Pillen auf.

Dan winkt rasch ab. »Nein, danke.«

Vorsichtig lehne ich mich zurück. Schmerzen strahlen von meiner rechten Kopfseite aus überallhin. Sie scheinen mein Gehirn zu durchbohren, wieder und wieder. Warum tue ich mir das eigentlich an? Klar sind Schmerzen ein Feedback meines Körpers, und natürlich sind Schmerzmittel nicht das Gesündeste, was ich mir einwerfen kann, aber tue ich meinem Körper nicht gerade mehr Stress an, indem ich versuche, die Schmerzen auszuhalten?

Mit einem animalischen Stöhnen stecke ich mir zwei von den bunten Pillen in den Mund und greife nach dem Glas Wasser.

Einen Tag später fühle ich mich besser und drehe gemeinsam mit Daniel eine kleine Runde im Park. Der Weg führt mich zu dem kleinen Wald mit Redwood-Bäumen – meinem persönlichen Kurort. Die Verbindung zu diesen Bäumen erstaunt mich immer wieder. Dan scheint keine solche Verbindung zu den Bäumen fühlen zu können – vielleicht, weil er nicht barfuß ist? Ich habe bereits getestet, dass ich auch mit meinen Barfußschuhen noch eine gute Verbindung zu ihnen habe. Sicher, weil diese Schuhe aus leitfähigem Material gefertigt sind, sodass vor allem auf feuchtem Untergrund ein Austausch der Elektronen mit der Erdoberfläche stattfinden kann. Barfuß ist die Verbindung trotzdem stärker und direkter.

»Willst du nicht auch deine Schuhe ausziehen?«, frage ich den neben mir trottenden Daniel, der nur ein abwesendes »Hm, nee« murmelt und weiter auf dem Touchscreen seines iPhone herumwischt. »Ach, du arbeitest«, stelle ich mit einem kurzen Seitenblick fest. »Willst du die Arbeit nicht für einen Moment beiseitelegen und die Natur genießen? Wenn es nicht gerade wichtig und dringend ist, kannst du es im Anschluss erledigen. Mach nur eine Sache auf einmal. Wenn du spazieren gehst, geh zu einhundert Prozent spazieren, statt nebenbei noch zu arbeiten. Dann wirst du effektiver sein.«

Das möchte ich mir selbst zu Herzen nehmen, beschließe ich. Mit einem weiteren Seitenblick auf Daniel stelle ich fest, dass er mir gar nicht zugehört hat. Vielleicht bin ich zu aufdringlich. Lieber spreche ich ihn darauf an, wenn er mit der Arbeit fertig ist. Für seine Gesundheit ist ein Waldbad, so wie es in Japan praktiziert wird, in jedem Fall förderlich.

Chronischer Stress, unter dem ein Großteil der Bevölkerung in der westlichen Hemisphäre leidet, ist Auslöser vieler Zivilisationskrankheiten, und verstärkt vorhandene Störungen. Durch Nachforschungen im Zusammenhang mit meiner Schilddrüsenerkrankung habe ich erfahren, dass es zwei Bereiche des vegetativen Nervensystems gibt: den Sympathikus und den Parasympathikus. Der Sympathikus sorgt bei Stress dafür, dass sich Herzschlag und Atmung beschleunigen und der Blutdruck steigt. Die Atemwege erweitern sich und die Verdauung wird gehemmt, während das Immunsystem unterdrückt wird. Der Körper ist bereit für eine Kampf-oder-Flucht-Situation. Alles, was nicht diesem Zweck dient, wird unterdrückt oder heruntergefahren.

Im parasympathischen Zustand wird dagegen auf Entspannung gesetzt. Herzschlag und Atmung erholen sich, die Verdauung wird, ebenso wie Heilung und Regeneration, angekurbelt. Ein chronischer Stresszustand lässt dem Körper deshalb keine Möglichkeit zur Regeneration und Heilung, wodurch sich Krankheiten entwickeln oder verstärken können.

Das Barfußlaufen in der Natur bietet mir die Möglichkeit zur Regeneration und Heilung. Vermutlich regt es mein parasympathisches System an.

Gleich am nächsten Tag fahren wir zum Lake Tahoe in Nevada, wo wir eine Woche in Daniels Häusern verbringen werden. »Oh, schau nur!«, rufe ich enthusiastisch, während ich durch die Wetter-App scrolle. »In einigen Tagen soll es schneien!« Ich freue mich sehr darauf. Aber steuere ich für die geplante Entspannung das richtige Ziel an? Was, wenn ich nur das mache, was mir guttut? Das wird sich im jeweiligen Moment herausstellen. Wenn mir barfuß kalt ist, gehe ich rein oder ziehe meine Sandalen an. Schlimmstenfalls kann ich die auch mit Socken tragen, trotz des Zehentrenners, das weiß ich aus früheren Erfahrungen mit Flip Flops. Wenn es sich gut anfühlt, barfuß durch den Schnee zu spazieren, werde ich das tun. Allerdings möchte ich dabei nicht meine Grenzen überschreiten.

Dan parkt den Wagen bei einem Gemischtwarenladen, und ich spaziere hinter ihm her. »Ich werde dir ein Paar Schuhe kaufen und möchte keine Widerrede hören«, erklärt er mit einem Zwinkern. Ich stöhne theatralisch, erinnere mich aber wieder an mein Ziel der Entspannung. Vielleicht dient ein Paar Schuhe im Winter genau diesem Vorhaben. Nach dem längeren Aufenthalt in warmen Regionen kann ich geschlossene Schuhe sicher gebrauchen. So kann ich meine Füße vorsichtig an das kühle Weiß und die frostigen Temperaturen in den Bergen gewöhnen. »Danke, das ist lieb von dir«, sage ich an Dan gewandt, der mich überrascht ansieht. Wahrscheinlich hat er mit größerem Widerstand gerechnet.

Gerade schaut er mir zu, wie ich einige Paar Schuhe in die Hand nehme und versuche, sie zusammenzurollen. »Was machst du da?«, fragt er neugierig. Die Treter in meiner Hand lassen sich so weit zusammenrollen, dass sich die Ferse und der vordere Teil der Schuhe berühren. »Ich mag flexible Schuhe, mit steifen Schuhen kann ich kaum gehen. Dadurch, dass meine Gangart sich verändert hat, werde ich schon mit diesen Schuhen genug Schwierigkeiten haben, aber sie sind okay«, erkläre ich und lege die Schuhe in den Einkaufskorb.

Dan zieht die Brauen hoch. »Aber das sind Sportschuhe, nur ein dünner Stoff auf einer Gummisohle«, sagt er und hebt die Schuhe hoch. »Such dir doch vernünftige Winterschuhe aus!«

Ich schüttle entschieden den Kopf. »Das lohnt sich nicht. Wir sind nicht monatelang in einer kalten Region. Wenn das der Fall wäre, dann würde ich lieber Geld in gute Mokassins oder Barfußschuhe für den Winter investieren.«

Dan wirft einen erneuten Blick auf die Schuhe. »Okay, aber das sind keine Winterschuhe, sondern Sportschuhe mit einer glatten, rutschigen Sohle.«

Ein breites Grinsen überzieht mein Gesicht. »Genau so will ich sie. Schön rutschig«, sage ich mit einem Zwinkern.

Später im Auto fällt mir auf, dass diese Schuhe zwei deutsche Größen größer sind als meine früheren. Mir scheint, dass sich meine Füße im Bewusstsein ihrer Freiheit ein wenig mehr Raum verschafft haben. Außerdem genieße ich etwas Luft zwischen meinen Füßen und dem Schuhkäfig. Denn anders als bei meinen Barfußsandalen haben meine Zehen nur bei zwei zusätzlichen Größen ausreichend Platz. Wenn ich an die meisten modernen Schuhformen denke, kann ich nur den Kopf schütteln. Unsere natürliche Fußform ist an Babyfüßen oder Erwachsenen, die ihr Leben lang barfuß verbracht haben, gut zu sehen. Von der Ferse aus wird der Fuß nach vorne hin immer breiter. Die beiden äußeren Zehen bilden damit die breiteste Stelle des Fußbetts. Ein typischer moderner Schuh läuft jedoch spitz auf die Zehen zu und quetscht diese zusammen. Absätze verstärken den Druck, indem sie den Vorderfuß nach vorne rutschen lassen.

Die Folgen sind deformierte Zehen und Füße, Sehnenentzündungen, Plantarfasziopathie, Haltungsbeschwerden und ein gestörtes Gleichgewicht. Die modernen Fußerkrankungen sind genau das: modern. Bevor es die heutigen Schuhe gab, existierten sie nicht.

Wenn ich auf meine Füße sehe, kann ich die Nachwirkungen erkennen. Mein Hallux valgus ist durch das stetige Barfußlaufen oder das Laufen in meinen bequemen Minimalschuhen jedoch fast gänzlich verschwunden. Wenn ich mir überlege, dass etwa zwei Jahrzehnte in Schuhen ihn ausgelöst haben, dann scheint mir die Zeitspanne zur Heilung vergleichsweise kurz. Auch der verkrüppelte kleine Zeh kommt langsam aus seinem Versteck unter dem vierten Zeh hervor. Zwar sehe ich den Fortschritt weniger, aber dafür kann ich ihn fühlen. Durch die verdrehte Haltung bin ich vorher auf den Zehennägeln der beiden kleinen Zehen gelaufen, was schmerzhaft war und wodurch die Nägel immer kleiner wurden, bis sie fast verschwunden waren. Jetzt laufe ich nur noch auf der Kante des Nagels, wodurch sich insgesamt weniger Schmerzen ergeben. Eines Tages werde ich sicher soweit sein, dass ich den Nagel ganz verschone, weil mein Fuß ohne den Schuhkäfig Stück für Stück wieder zu seiner natürlichen Position zurückfindet.

Zudem hat sich mein Gleichgewicht verbessert, das früher nie besonders gut war. Gespreizte Zehen geben dem Fuß mehr Halt, weshalb ich mit der Entwicklung zurück zu meiner natürlichen Fußform eine Verbesserung meiner Balance erfahre. Mir scheint allerdings, dass sich mit der Wiederherstellung meines körperlichen Gleichgewichts auch die innere Ausgeglichenheit verbessert hat. Oder kommt das von der Schilddrüse? Sicher ist es ein Zusammenspiel aller Faktoren.

An meine Schilddrüse habe ich seit einer ganzen Weile nicht mehr gedacht. Ich nehme mir vor, demnächst eine Blutuntersuchung machen lassen, denn ich habe das Gefühl, sie hat sich deutlich verbessert. Keine Beschwerden, die mit ihr im Zusammenhang stehen, machen mir noch das Leben schwer, und seit Costa Rica fühle ich eine ungekannte innere Leichtigkeit. Dort habe ich den tief in mir sitzenden Ballast der Vergangenheit vollständig loslassen dürfen.

Nach einer weiteren Stunde erreichen wir den Tahoe-See und halten an. Mit einem Satz springe ich aus dem Auto und laufe zum Wasser. Dort tauche ich beide Füße in das kalte Wasser und seufze zufrieden. »Ich würde gern schwimmen gehen«, sage ich zu Dan, der sich mir von hinten nähert. »Sind deine Häuser weit entfernt?«

Er lacht. »Schwimmen? Es ist Winter, und bald wird es schneien. Meine Häuser sind nur knapp zehn Minuten von einem anderen Strand entfernt. Wir können das später machen, wenn du wirklich willst.«

Von den drei Häusern sind zwei gerade vermietet, deshalb machen wir uns gleich auf den Weg zu unserem Zuhause für die kommende Woche. Das Haus befindet sich knapp 2500 Meter über dem Meeresspiegel und bietet einen von Bäumen umrahmten Blick über den See, der inmitten der Berge im Tal ruht. Die Stille der umliegenden Natur verheißt Ruhe und Entspannung, vorausgesetzt, ich nehme sie wahr.

Als ich meinen Rucksack im Erdgeschoss des Hauses zu Boden sinken lasse, fällt mir ein, dass ich einen Termin für die Untersuchung meiner Blutwerte vereinbaren wollte. Ich lege mich bäuchlings auf den Boden und hole meinen Laptop hervor. Im Internet finde ich ein nahe gelegenes Labor. Der Kalender ist voll, nur am Tag unserer Abreise finde ich einen passenden

Termin für den späten Vormittag. Ich frage Dan, ob wir einen kurzen Abstecher machen können. »Minden?«, fragt er, als er ins Wohnzimmer kommt. »Was willst du da?«

»Blutuntersuchung für die Schilddrüse«, erwidere ich. »Der einzige freie und passende Termin ist um halb zwölf.«

Er überlegt einen Moment. »Wenn du willst, kannst du das Auto nehmen. Ich würde lieber erst später am Nachmittag zurückfahren.«

Ich nicke: »Daran habe ich nicht gedacht. Aber das klingt nach einer guten Lösung.«

Zwischen langsamen Wanderungen durch die immergrünen Bergwälder und der abendlichen Muße im Whirlpool unter den Sternen helfe ich Daniel bei einigen einfachen Arbeiten am Haus, die mir nicht das Gefühl geben, an der Entspannung vorbeizuarbeiten. Ich mache ein paar Vorschläge, wie er das Design des in die Jahre gekommenen Interieurs verbessern kann, und setze mich anschließend draußen auf den Balkon, von dem aus ich den See überblicken kann, um einige dekorative Elemente und neue Möbel zu bestellen.

Die trägen Stunden verbringe ich auf der Terrasse oder dem Balkon sitzend, ohne etwas zu tun. Lange Augenblicke starre ich in die Weite oder sehe den Raubvögeln zu, die weite Kreise am Himmel ziehen. Ein paar Streifenhörnchen freunden sich mit mir an, und manchmal kommt auch ein Diademhäher aus der Familie der Rabenvögel mit lärmendem Gekreische vorbei und setzt sich in meiner Nähe auf einen der Felsbrocken, die in die Terrasse integriert wurden. Dort putzt er sein tiefblaues Gefieder, und die federne Haube auf seinem schwarzen Kopf wippt dabei auf und ab.

An einem Abend fahren wir hinunter zum See, und ich nehme ein eiskaltes Bad. Kälte im richtigen Maß kann durchaus entspannend wirken – vorausgesetzt, ich höre auf die Stimme meines Körpers und bleibe diesmal in meiner Komfortzone. Zwar glaube ich, dass der durchschnittliche Mensch von heute zu viel Zeit im bequemen Bereich verbringt, aber wenn man diesen Bereich öfter mal verlässt, sind Ruhephasen durchaus wichtig, um wieder Kraft schöpfen zu können. Ständig in den Extremen zu tanzen kann auf Dauer stressig sein. Obwohl ich die Kneipp-Kur in erster Linie für die Seele und nicht für den Körper machen möchte, sollte ich meinen Körper nicht stressen, weil sich das wiederum auf die Seele auswirkt.

Stress wird in Disstress und Eustress, also schlechten und guten Stress unterteilt. Aber ich habe die Erfahrung gemacht, dass auch der sogenannte »gute Stress« schaden kann, wenn ich es übertreibe. So sehr ich das Reisen liebe und mich an jedem neuen Standort darauf freue, alles gleich sofort zu erkunden – zu viel davon macht mich trotzdem müde und schlapp. Denn am Ende werden bei beiden Arten von Stress die gleichen Stresshormone ausgeschüttet, und beide fordern im Anschluss Ruhe und Entspannung. Wird diese nicht gewährt, zieht der Körper drastischere Maßnahmen in Erwägung.

Also nehme ich nur ein kurzes Bad und schlüpfe gleich in ein Handtuch, statt, wie ich es sonst gemacht hätte, den kalten Wind auf meiner nackten Haut zu spüren.

Die Temperaturen sinken stetig, und am Donnerstagmorgen bedeckt Frost den Boden. Meine Wetter-App zeigt minus 16 Grad an. Mit einem vorsichtigen Schritt stehe ich draußen auf dem Balkon und fühle den Bruchteil einer Sekunde später die Kälte durch die Haut in meine Glieder kriechen. Ich atme scharf ein und mache einen Satz zurück auf den weichen, warmen Teppich. Das Hin und Her wiederhole ich ein paar Mal, bis ich einige Sekunden länger auf dem gefrorenen Boden stehen kann. Das ist bereits ein guter Fortschritt für den Anfang, finde ich und hüpfe die Treppenstufen hinunter, um das Frühstück vorzubereiten.

Am Freitag mache ich weitere Kälteübungen auf dem Balkon und draußen vor dem Haus. Für die nächsten Tage ist ein Schneesturm vorhergesagt worden. Spät abends beginnen winzige Schneeflocken vom Himmel zu tanzen. Meine Nase klebt am Fenster, während ich die Choreografie gebannt verfolge. Ob diese kleinen Flocken wohl reichen, um die Welt in eine weiße Winterlandschaft zu verwandeln? Einen Schneesturm habe ich mir anders vorgestellt. Ich bin gespannt, wie meine Füße auf das arktische Weiß reagieren werden.

Um sechs Uhr am Morgen werde ich vom Geräusch des Schneepflugs wach. Dieses Geräusch habe ich als Kind gehasst, und auch jetzt überfällt mich das gleiche Gefühl. Die jungfräuliche Schneedecke wird zerstört und durch Salz und Chemikalien zu einem Matsch. Ich springe aus meinem Bett und laufe zum Fenster. Es muss heftig geschneit haben, denn das Auto trägt eine weiße Haube, die sicher fünfzig Zentimeter dick ist. Das schwache Licht der Morgendämmerung bricht durch eine dichte Decke aus Nebel, Wolken und leichtem Schneefall.

In T-shirt und Sommershorts öffne ich die Balkontür. Schnee weht auf den Teppich, und schnell trete ich hinaus, um die Tür hinter mir zu schließen. Bis zu den Knien sinke ich in den weichen Pulverschnee ein. Meine Fußsohlen melden, dass alles bisher roger ist, aber meine Knöchel fragen, wie lange wir noch hier sein müssen und ob es drinnen nicht viel schöner ist. Erst als alles andere oberhalb meiner Fußsohlen zu protestieren beginnt, fällt mir ein, dass ich mich entspannen und innerhalb meiner Grenzen bleiben wollte.

Deshalb gehe ich hinein und entfache ein Feuer im Kamin, um meine Füße dort aufzuwärmen. Nach wenigen Minuten erfasst mich allerdings die Ungeduld, und ich stülpe stattdessen Socken über meine Füße. Den Kamin lasse ich trotzdem an, damit Dan sich freut, wenn er aufsteht. Auf die Schnelle putze ich meine Zähne, bürste mein Haar und flechte es rasch zu einem französischen Zopf. Dann ziehe ich meine Windjacke mit Fleece-Innenseite über das dünne T-Shirt und schlüpfe in die Schuhe. Es ist ein merkwürdiges und befremdliches Gefühl, in den Tretern zu stecken. Aber das Thermometer zeigt minus 18 Grad an, und hoher Schnee ist barfuß gerade nichts, was ich über einen längeren Spaziergang problemlos ertragen kann. Außerdem möchte ich ihnen das Salz nicht antun. Damit habe ich mir bereits einmal den Spaß verdorben, und allein deshalb bin ich vorsichtig. Salz macht eben nicht nur Fleisch zart, sondern auch die Haut an bloßen Füßen, wenn sie eine Weile darin »eingeweicht« werden. Außerdem senkt es den Gefrierpunkt von Schnee weit unter den Nullpunkt. So wird der Schnee noch kälter, und die Füße können leichter erfrieren. Darüber hinaus enthält Streusalz allerhand Chemikalien, die nicht gerade barfußfreundlich sind.

Wenn meine Füße den Boden jedoch nicht fühlen dürfen, dann sollen meine Beine wenigstens die frische Winterluft atmen dürfen, und deshalb lasse ich die Sommershorts an.

Als ich die Haustür öffne, weht mir ein Windstoß eine Ladung Schnee ins Gesicht. Ob mir nicht zu kalt wird? Ich beschließe, sofort reinzugehen und mich wärmer anzuziehen, sobald ich friere. Ein Schritt hinaus in den tiefen weichen Schnee lässt das vertraute Knirschen unter den Sohlen meiner Schuhe erklingen. Ich mag die Stille, die der Schnee mit sich bringt. Morgens ist nur wenig los, die Stille liegt noch unangetastet in der Luft, so wie der weiche Schnee vor dem Haus. Auf der Straße hat der Schneepflug den Schnee grob an die Seiten geschoben. Einige Spuren von Autoreifen haben zu beigetragen, den Schnee auf dem Asphalt platt zu fahren. So sehr ich auch hinsehe, von den schwarzen Partikeln im Streusalz und dem beginnenden Tauen des Schnees ist keine Spur. Vielleicht wird hier etwas anderes benutzt?

Meine Schuhe haben kein Profil, und als ich die Straße erreiche, gleitet mein rechter Fuß nach vorne. Ich fange mich rechtzeitig und mache mir anschließend einen Spaß daraus, auf dem gefrorenen Schnee die abfallende Straße hinunterzuschlittern. Dabei stelle ich fest, dass Schuhe nicht nur ganz nützlich sein, sondern auch viel Spaß machen können. Schlitternd erreiche ich die nächstgrößere Straße und sehe, dass hier auf jeden Fall Salz gestreut wurde, denn der Schnee hat jene typisch matschige und unspektakuläre Konsistenz. Aber, was hat der Schneepflug dann auf der kleinen Seitenstraße angestellt? Vielleicht hat er nur den Schnee beiseite geschoben und kein Salz gestreut? Das wäre großartig, weil ich dann zumindest dort das Barfußlaufen versuchen könnte. Während des Rutschens habe ich mir die Frage gestellt, ob Barfüße auch rutschig sind. Das würde ich gerne einmal austesten.

Auf dem Rückweg mache ich ein paar Fotos von der verschneiten Landschaft. Die Sonne kämpft sich durch eine dünne Wolkendecke und lässt den Schnee noch weißer erscheinen. Pinien und Tannen neigen sich unter der schweren Last. Zurück bei Dans Haus sehe ich ihn die Stufen und die Terrasse freischaufeln. »Kannst du den Schnee und das Eis vom Auto kratzen?«, fragt er. »Der Eiskratzer ist irgendwo im Auto.« Ich nicke und kämpfe mich durch tiefe Schneeverwehungen zum Kofferraum des Acura vor. Meine Füße sinken bis zu den Hüften im weichen Pulverschnee ein. Bald beginnt die Skisaison, und ich bin ein bisschen traurig, dass wir Stateline so schnell wieder verlassen. Aber auf der anderen Seite geht es im Anschluss zurück nach Deutschland, und ich freue mich sehr darauf, meine Familie und meine Freunde wiederzusehen.

Nachdem ich das Auto von Schnee befreit habe und nun selbst voller Schnee bin, setze ich mich an den Kaminofen. Meine

Hände frieren viel schneller als meine Füße. Vielleicht brauchen die auch etwas mehr Kältetraining. Ich könnte auf allen vieren durch den Schnee krabbeln, denke ich grinsend, während ich aufstehe und Dan zur Tür folge. Er hat seinen Freund Billy zu sich bestellt, um gemeinsam einige Arbeiten zu erledigen. Billy hat ihm schon oft geholfen und ist das »Mädchen für alles«. Besonders geschickt soll er jedoch mit Holz umgehen können. Ein Motor brummt laut, als sich ein Suburban ohne sichtbare Mühe durch den glatten Schnee nähert. »Das ist er«, meint Dan.

Ich nicke. »Was ich dich noch fragen wollte, wird auf dieser Straße eigentlich Streusalz benutzt?« »Nein, es gibt bestimmte Vorschriften, damit nicht zu viel von dem Zeug mit der Schneeschmelze in den See gerät«, erklärt er. Meine Augen leuchten auf. Das bedeutet, ich kann gleich das Barfußlaufen ausprobieren. »Gefallen mir, diese Vorschriften«, lache ich, während ich durch die Tür nach draußen eile.

Ein Mann im mittleren Alter kommt gerade die wenigen Stufen zur vorderen Terrasse hoch und winkt fröhlich. Ein Cowboyhut bedeckt sein sonnengebräuntes Gesicht, eine dunkle Brille schützt seine Augen vor der gleißenden Wintersonne. Unter seiner Winterjacke sehe ich eine lederne Weste über einem Flanellhemd, und an seinen Füßen sitzen schwere Westernstiefel. »Billy«, stellt er sich vor und reicht mir die Hand. Sein Händedruck ist fest, ich spüre eine Hand, die durch körperliche Arbeit rau geworden ist. »Freut mich, dich kennenzulernen, Billy«, lächle ich. »Ich bin Judith.« Sein Blick wandert zu meinen Füßen, und ich kann sehen wie sein Gesicht suchend durch alle Ausdrücke zappt, ohne einen passenden finden zu können.

»Wie kann man denn barfuß im Schnee laufen?«, fragt er schließlich fassungslos. Eine Frage, die mir bereits häufig zu Ohren gekommen ist.

»Wenn jemand ohnehin viel barfuß läuft, ist es einfacher, weil eine robuste und dicke Haut an den Sohlen vor Kälte schützt. Sobald die Tage kälter werden, beginnt man mit dem Kältetraining. Bei jedem Wetter so lange wie möglich draußen zu sein, ist dabei sehr hilfreich. Überhaupt ist alles nützlich, was die Toleranzschwelle erweitert, auch kalte Duschen oder Bäder«, erkläre ich.

Er zieht die Brauen hoch. »Liebelein, draußen sind zweistellige Minusgrade, und du stehst in T-Shirt und Shorts barfuß im Schnee. Mir ist verdammt kalt mit meinen warmen Sachen. Bist du sicher, dass du nicht frierst? Ich kann dir morgen eine warme Hose mitbringen, wenn ich wiederkomme.«

»Das ist lieb, aber ich habe eine lange Hose. Wenn mir kalt wird, ziehe ich sie schon an. Gerade ist mir nur nicht kalt«, entgegne ich. »Bewegung hilft übrigens auch, um keine Frostbeulen an den Füßen zu bekommen.«

Er verzieht das Gesicht zu einem breiten Grinsen. »Na, dann will ich dich nicht aufhalten. Sag Bescheid, falls ich dich nachher ins Krankenhaus bringen soll.«

»So weit werde ich es nicht kommen lassen«, rufe ich über die Schulter.

Auf dem glatt gefahrenen Schnee der Straße nehme ich vorsichtig Anlauf. Komisch, dass ich mir noch nie zuvor die Frage gestellt habe, ob Füße im Schnee rutschfest sind. Bei dem Versuch, auf meinen bloßen Füßen die Straße hinunterzuschlittern, falle ich fast vornüber. Sicherheitshalber probiere ich es ein zweites Mal, muss aber wieder feststellen, dass Füße auf glattem Schnee durch und durch rutschfest sind. Mit einem Mal erinnere mich daran, in Deutschland einmal mit bloßen Füßen einen Hang hinuntergeschlittert zu sein. In dem weichen pulvrigen Schnee bin ich ganz schön gerutscht. Sicher machen die Temperatur, die Beschaffenheit des Schnees und die Luftfeuchtigkeit dabei viel aus. Sie können auch ein winterliches Barfußabenteuer erschweren oder erleichtern. Nassen Schnee oder Matsch empfinde ich subjektiv als viel kälter als trockenen Schnee. Flacher Schnee macht mir das Barfußlaufen ebenfalls einfacher, weil nur die Sohlen mit ihm in Berührung kommen. In höherem Schnee wird auch der Rest des Fußes der Kälte ausgesetzt, nicht nur die an Kälte gewöhnten Sohlen mit der Elefantenhaut. Kalter Wind lässt die Füße schneller frieren, nicht zuletzt, weil er oft Schnee darüberbläst. Und harsches Eis kann den Fuß verletzen, daher achte ich barfuß im Winter sehr genau auf den Untergrund und die Wetterbedingungen.

Wichtig ist es, auf die Signale des Körpers zu hören. Solange meine Füße rot oder pink sind, ist das gut, denn das heißt, dass die Blutzirkulation erhöht ist. Füße oder Zehen, die weiß sind oder die ich nicht mehr spüren kann, sind bereits am Erfrieren und sollten schnellstmöglich ins Warme befördert werden. Dazu sollte es besser nicht kommen, denn die Haut oder die Nerven könnten bereits Schäden genommen haben. Mit Frostbeulen und Erfrierungen ist nicht zu spaßen. Alle anderen Farben außer einem gesunden Pink oder Rot sind gefährlich und sollten unbedingt vermieden werden.

Ich habe gelernt, dass ich auch den Weg zurück ins Warme einrechnen muss. Wenn ich weit gegangen bin und meine Füße bereits weiß sind, kann mir das zum Verhängnis werden. Bei längeren Strecken würde ich immer ein Paar Schuhe mitnehmen oder in der Nähe haben, falls ich sie brauche. Das Wetter kann umschlagen, oder ich kann mich verletzen und daher mehr Zeit für den Rückweg benötigen.

Dan ruft mich, weil die beiden Männer kurz meine Hilfe gebrauchen können. Als ich durch die Tür trete, höre ich, wie Billy ihn fragt, ob mir denn nicht kalt ist. Immerhin wäre ich eine ganze Weile draußen gewesen. Dan lacht nur und erwidert: »Die läuft fast überall barfuß. Da musst du dir keine Sorgen machen. Sie weiß, was sie tut.«

Ich freue mich darüber, dass er mich so annimmt und nicht versucht, mich zu ändern. Das ist einer der Gründe, warum wir immer noch zusammen reisen. Es passt zwischen uns, und da, wo es nicht passt, gibt es neben der Abwechslung oft etwas zu lernen.

Erst durch Dans offenes Ausleben von Wut ist mir aufgefallen, dass ich diese Emotion ständig unterdrückt habe. Dieser Ausdruck meiner Gefühle war dort, wo ich aufgewachsen bin, nicht erwünscht. Zuerst hat es mich wahnsinnig gemacht, und ich habe schon fast mit dem Gedanken gespielt, allein weiterzureisen. Doch dann habe ich mir die Frage gestellt, warum es mich so enorm triggert. Dabei habe ich herausgefunden, dass die Ursache in mir liegt. Rückblickend bin ich dankbar für jede Erfahrung, die wir zusammen machen und für jede daraus resultierende Erleuchtung.

Die letzten beiden Tage sind rasch vergangen. Ich sitze im Auto und halte die rechte Hand auf meinen linken Unterarm gepresst, den ich in die Höhe halte. Das hindert das Blut daran aus der kleinen Wunde vom Blutabnehmen zu tropfen oder unter die Haut zu laufen und mir einen lila-blauen Fleck zu verpassen. Mit meinem Knie lenke ich und halte das Auto auf dem Highway in der Spur. Im Labor haben sie mir Blut abgenommen und versprochen, die Ergebnisse zu mailen. Ein bisschen aufgeregt war ich dann doch, als ich das leise Stechen fühlte, mit dem die Nadel durch meine Haut in die Vene drang. Werden die Antikörper-Werte gut sein? Wie werden die allgemeinen Schilddrüsen-Blutwerte sein, nachdem ich die letzten Monate durch viel emotionalen und körperlichen Stress gegangen bin? Mein Körper fühlt sich großartig, auch wenn ich spüre, dass ich noch immer etwas ausgelaugt bin. Ich schiebe die Gedanken beiseite und beschließe abzuwarten.

Nachdem ich wieder zurück bei Dan bin, laden wir unsere Sachen ins Auto und räumen das Haus ein wenig auf. Dann noch ein kleiner Spaziergang, und schon sind wir auf dem Weg nach San Francisco. Ich melde mich kurz bei meinen Eltern. Die letzten Wochen habe ich sie erfolgreich an der Nase herumgeführt und ihnen erzählt, dass ich leider zu Weihnachten nicht da sein werde werde. Als Erklärung habe ich angegeben, dass ich gesundheitlich noch nicht fit bin und mir den langen Flug nicht antun möchte. Stattdessen würden Daniel und ich Weihnachten in Mexiko verbringen. Ich erzähle ich ihnen, dass wir gerade zurück nach San Francisco fahren, weil unser Flug in drei Tagen geht. Das ist wahr, nur geht der Flug nicht nach Mexiko, sondern nach Lissabon. Von dort aus will ich Dan ein Stück meiner Heimat Bayern zeigen. Während er sich auf den Weg nach Hause macht, werde ich weiter in Richtung Norden zu meinen Freunden und meiner Familie fahren, um Weihnachten mit ihnen zu verbringen.

Wie wird meine Familie wohl auf die Überraschung reagieren? Eines weiß ich mit Sicherheit: Alle werden sich riesig freuen. Ein gespanntes Kribbeln huscht über meine Haut, und ein versonnenes Lächeln liegt auf meinem Gesicht. Ich kann das Wiedersehen mit meinen Lieben kaum noch abwarten. Wann habe ich sie zuletzt gesehen? Vor etwa einem Jahr habe ich Deutschland verlassen, auf der Suche nach mir und auf der Flucht vor meiner Vergangenheit. Jetzt kehre ich zurück. Meine Vergangenheit liegt sorgfältig aufgerollt hinter mir, meine Zukunft einladend und geheimnisvoll vor mir. Und ich stehe dazwischen. Barfuß in meiner Mitte.

Kapitel 12

Heimreise: Auf gutem Fuß mit mir selbst

In einem Bus werden wir zu unserem Terminal transportiert. Ich genieße es, wieder barfuß sein zu dürfen, denn in San Francisco habe ich statt der Barfußsandalen die Sportschuhe angezogen. Sie haben nicht mehr in meinen Rucksack gepasst, der mit Souvenirs für meine Familie gefüllt ist. Dan hat sich köstlich darüber amüsiert, wie merkwürdig ich gehe, wenn ich normale Schuhe trage. Er sagte, ich sehe aus wie ein Kind, das gerade laufen lernt. Und ganz ehrlich, so fühle ich mich auch. Allerdings habe ich auch festgestellt, dass meine Sportschuhe das Sprinten erleichtern, weil sie den Fuß hochfedern und die Sprungkraft unterstützen. Trotzdem laufe ich, wenn möglich, lieber ohne.

Lissabon sieht sauber und gepflegt aus. Der Kontrast zu einigen Teilen von San Francisco ist in dieser Hinsicht groß. Als ich meinen Blick vom Fenster löse und durch den Bus streifen lasse, sehe ich das kleine Mädchen vor mir. Sie sieht mit großen Augen zu mir hoch und dann hinunter auf meine Füße. Ich schenke ihr ein breites offenes Lächeln, woraufhin sie etwas auf Portugiesisch zu mir sagt. Ihre Mutter neben ihr übersetzt es für mich: »Sie sagt, dass du wie Elsa bist.« Scheinbar schaue ich verständnislos drein, denn sie fügt rasch hinzu: »Elsa aus dem Film *Frozen.*« Ich werfe einen weichen Blick auf die Kleine und streiche ihr aus einem Impuls heraus vorsichtig über das braune Haar. »Danke.« Sie strahlt mich an. Offenbar versteht sie ein wenig Englisch.

»Wie heißt du, Liebes?«, wende ich mich erneut an das Kind.

»Marianne«, erwidert sie.

»Judith«, sage ich und zeige auf mich. Sie nickt und lächelt.

Während die Mutter ein Gespräch mit mir beginnt, bückt Marianne sich, um ihr heruntergefallenes buntes Armband aufzuheben. Dabei berührt sie kurz meine Füße, und als sie sich aufrichtet, streckt sie ihre Hand aus und greift nach meiner. Ich drücke lächelnd ihre Hand. »Ist mit deinem Fuß etwas nicht in Ordnung, weil du barfuß bist?«, fragt die Mutter ein wenig besorgt.

Schmunzelnd schüttele ich den Kopf. »Nein, mit meinen Füßen ist alles in Ordnung. Ich genieße es lediglich, barfuß zu sein.«

Sie wirft einen Blick aus dem Fenster. »Aber ist das nicht kalt?«, will sie wissen.

»Wenn man das öfter macht, gewöhnt sich der Körper daran und passt sich an. Es ist tatsächlich angenehm«, erwidere ich und füge in Gedanken hinzu: *vor allem nach den frostigen minus 18 Grad in Tahoe.*

Als ich die Treppe hochgehe, denke ich über die Beobachtung des Kindes nach. Zum einen ist Elsa ebenfalls affin für Kälte und hat kein Problem damit, in dünnen Kleidern und zierlichen Sandalen durch eisigen Schnee zu laufen oder ins kalte Wasser zu springen. Zum anderen versucht sie, ihr Selbst und ihre

Fähigkeiten hinter einer aufgebauten Fassade und hinter ihren Mauern zu verstecken, aus Angst davor, andere zu verletzen. Erst als sie sich austoben und ausprobieren kann, erst als sie dem Ruf ihres Herzens, der geheimnisvollen Stimme folgt und auf die Suche nach sich selbst, nach ihrer Bestimmung und der Wahrheit geht, lernt sie, mit ihren Fähigkeiten umzugehen und sie selbst zu sein.

In Elsas Entwicklung erkenne ich mich wieder – von der Angst vor dem wirklichen Ich über die Suche nach meinem wahren Selbst bis hin zum Entdecken meiner Wahrheit und meines Potenzials. Mit der Authentizität und Ehrlichkeit kommt Heilung, innen und außen. Ich muss mich nicht mehr verstecken oder verstellen, weder vor anderen, noch vor mir selbst, sondern kann mich mitteilen und meine Emotionen ohne Angst beschreiben und leben. Ich darf ich selbst sein. Es fühlt sich so an, als würden viele halbtransparente Bilder sich zusammenfügen, die verstreut herumlagen, und ein Bild ergeben: mein Bild.

Diese Entwicklung fasst meine innere Reise zusammen.

»Konntest du deine Schuhe nicht anziehen?«, fragt eine Stimme neben mir. Ein Blick dorthin zeigt mir eine ältere Dame in einem Wollpullover und einer weiten beigen Hose. Was meint sie damit? Meine Gedanken fühlen sich durch die Ablenkung wie aus der warmen dunklen Erde gezogene Wurzeln, die nicht wissen, wie ihnen geschieht. »Ich konnte sie nicht ausziehen und habe daher keine Socken an«, fährt sie munter fort. Darauf antwortete ich, dass mir warm ist und ich das Gefühl des kalten Bodens unter meinen bloßen Füßen genieße. Sie nickt lächelnd. Erst einige Meter weiter, glaube ich zu verstehen. Sie meinte wahrscheinlich, dass ihre Füße geschwollen sind und dass sie ihre Schuhe daher nicht ausziehen kann. Das Problem geschwollener Füße kenne ich nur zu gut. In der Bank musste ich an manchen Tagen viel stehen, und durch meine Schilddrüsenprobleme schwollen meine Beine häufig an. Wie gut, dass ich diese und viele andere Symptome nicht mehr habe.

In unserem Airbnb fallen wir sofort in unsere Betten. Um halb vier bin ich bereits das vierte Mal wach und stehe gähnend auf. Nachdem ich mich gestreckt habe, starre ich eine Weile aus dem Fenster auf die eigentümlich leeren dunklen Straßen. Ich dehne meine Füße und wippe ein wenig mit den Zehen. Mein Magen knurrt laut. Im Flugzeug wurde das Essen zu den verrücktesten Zeiten serviert, und jetzt habe ich durchgehend Hunger. Mein Körper ist nicht nur in seinem Zeitrhythmus, sondern auch in seinem Essensrhythmus, sofern ich jemals einen hatte, durcheinander geraten. Dan ist ebenfalls wach, und wir beschließen, uns fertig zu machen und gleich frühstücken zu gehen.

Als ich das Kopfsteinpflaster betrete, spüre ich den kühlen Morgen erst richtig. Die Steine haben die Kälte der Nacht gespeichert und wecken jeden einzelnen Nerv in meinen Fußsohlen auf. Nach wenigen Sekunden passt sich mein System an und schaltet zurück in den Wintermodus. Der Boden fühlt sich jetzt angenehm an. Es ist kurz vor sieben Uhr, draußen wird es gerade erst richtig hell. Nur wenige Läden haben offen, aber nach einem längeren Spaziergang finden wir ein Café. »Das ist ein Café, das die Pasteis de Nata serviert«, informiert Dan mich.

Die Mitarbeiter schauen etwas überrascht auf, als wir durch die Tür treten. Scheinbar fangen die Menschen hier den Morgen eher gemütlich an. Wir sind jedenfalls die ersten Gäste, alle Tische sind leer. Der Geruch von frischem Gebäck steigt mir in die Nase und lässt meinen Magen erneut knurren.

Wir bestellen und setzen uns weiter hinten an einen der Tische. Als wir gemütlich gefrühstückt haben, ist mein Bauch immer noch leer. »Soll ich uns noch zwei Baguettes mit Mozzarella und Tomaten holen?«, frage ich Dan.

Er nickt. »Klingt gut. Oder ... lass uns die beiden mitnehmen und die Stadt erkunden«, sagt er und steht auf. Auf dem Weg zur Theke sehe ich eine Gruppe von Menschen durch die Tür kommen und stelle mich in der soeben entstandenen Schlange an. Dan wartet an der Tür auf mich. Nachdem ich die Baguettes erhalten habe, drehe ich mich um und möchte zur Tür gehen. Eine ältere Dame, wie mir scheint eine Touristin, mit knallrot geschminkten Lippen und dick aufgetragenem Make-up steht mir im Weg und schaut sichtlich angewidert auf meine nackten Füße. Ich lächle ihr freundlich zu und deute mit einer Handbewegung an, dass ich vorbei möchte. Sie erwidert mein Lächeln nicht, sondern verzieht ihre roten Lippen zu einem dünnen Strich, bevor sie langsam Platz macht.

Ähnlich extreme Reaktionen wiederholen sich, während wir die sauberen Straußen entlangschlendern, die jetzt mit Menschen und Fahrzeugen gefüllt sind. Das überrascht mich, denn ich habe nicht erwartet, dass diese Stadt mit ganzjährig warmen Temperaturen mich so unfreundlich empfangen wird. Unzählige Menschen schauen entsetzt zu mir herüber, Köpfe drehen sich zu mir um, egal, wo wir gehen. Nach einer Weile fällt mir auf, dass es vor allem Touristen sind, die mich entgeistert anstarren. Die wenigsten Locals kümmern sich um mich, und in keinem Café oder Restaurant habe ich Probleme.

Wir gehen ein Stück weit am Fluss entlang und nehmen ein Uber zur Burg Castelo de São Jorge. Die Menschen in dieser Umgebung sind entspannter und freundlicher. Außerdem scheinen weniger Touristen hier zu sein, und die angenehme Atmosphäre färbt auf sie ab. Überall warten kleine Ecken oder Plattformen mit einer weitläufigen Aussicht.

Die nächsten Tage schwelgen wir in den verschiedensten portugiesischen Spezialitäten und wandern von einem Café oder Restaurant zum nächsten. An unserem letzten Morgen bringt unsere Gastgeberin uns zum Flughafen. In München angekommen, fühle ich mich gleich zu Hause. Die Sprache, die Gegend und die Menschen sind mir vertraut, und es ist ein angenehmes Gefühl, das sich wohlig warm in meiner Herzgegend breit macht. An wie vielen Orten in der Welt fühle ich mich bereits zu Hause? Rarotonga, Neuseeland, Hawaii, San Francisco, am Lake Tahoe und hier in Deutschland. Trotzdem ist das Gefühl an diesem Ort anders, weil hier meine Wurzeln sind. Es ist das Land, in dem ich geboren wurde, und das macht es auf eine tiefe Weise heimelig.

Wir schauen kurz bei einem Weihnachtsmarkt vorbei, der allerdings bereits geschlossen hat. Am nächsten Morgen entdecke ich eine kleine, aber tiefe Schnittwunde in der Mitte meiner rechten Fußsohle. Sicherheitshalber ziehe ich meine Barfußsandalen an.

Ich zeige Daniel den Weihnachtsmarkt am Marienplatz. Er ist voller Menschen, aber wir finden immer eine stille Ecke, in der wir Käsespätzle, gebrannte Mandeln oder Reibekuchen genießen können. Menschen schauen mich entgeistert an. Ausnahmslos alle tragen dicke warme Stiefel. Eine ältere Frau geht an mir vorbei, und hinter mir höre ich sie erschrocken die Luft einziehen und rufen: »Die ist ja barfuß!« Ich übersetze es für Dan. Wahrscheinlich sieht es für sie aus, als hätte ich keine Schuhe an, oder sie weitet den Begriff »barfuß« ein wenig aus. Als wir am Abend von der S-Bahn am Marienplatz zum Apartment gehen, schauen alle noch viel erschrockener. Die Temperatur liegt bei minus zwei Grad mit einem eisigen Wind, und bis ich ankomme, sind meine Zehen schon ganz rot.

Tags darauf nehmen die U-Bahn zur BMW-Welt und besuchen das BMW-Museum. Beim Verlassen des Gebäudes setze ich meinen Fuß ungünstig, sodass Dan beim Öffnen der Tür die Kante in den Ansatz meines kleinen Zehs rammt. Autsch, das tut weh! Blut läuft in meine Sandalen und färbt das braune Leder dunkelrot. Meine kleinen Zehen haben bereits eine ganze Menge Verletzungen hinter sich. Es gibt einen Witz, der besagt, dass die kleinen Zehen dazu da sind, im Dunkeln Möbel zu finden. Egal, ob dunkel oder nicht, die Zehen an der Außenseite meiner Füße finden immer wieder Dinge, gegen die sie mit aller Wucht stoßen. Vielleicht haben sie deshalb versucht, sich unter dem vierten Zeh zu verkriechen?

Einen entspannten Tag in der Therme Erding später stelle ich Daniel zwei Freunde vor: Totko, den meiner Meinung nach weltbesten Osteopathen, und seinen Sohn Veselin, ein Fotograf, der wie kein anderer mit dem Licht spielen kann. Wir essen gemeinsam in einem Restaurant, und anschließend schaut Totko sich Dan an. Ich sehe fasziniert zu. Von diesem Mann habe ich bereits eine Menge gelernt. Er hat mir auch dabei geholfen, mich von vielen drückenden Emotionen zu befreien und meinem Selbstwertgefühl und Mut einen guten Schubs zu geben. Sonst hätte ich auf der Reise wohl noch mehr aufzuarbeiten gehabt.

Dann ist es Zeit für einen Abschied. Daniel wird zurück in die Vereinigten Staaten fliegen und die Feiertage mit seinen Freunden verbringen. Ich bringe ihn zur U-Bahn, die in Richtung Flughafen fährt, und umarme ihn fest. »Bis bald«, sagen wir zueinander, bevor er einsteigt. Dann winke ich der Bahn hinterher, bis sie nicht mehr zu sehen ist. Langsam gehe ich zu Totkos Praxis, in der wir beide übernachtet haben. Ein Netz aus Traurigkeit umgibt mich. Ich vermisse Dan bereits mehr, als ich es je für möglich gehalten hätte. In seiner Gegenwart fühle ich mich unbeschwert und leicht. Wir haben viel Zeit miteinander verbracht, was beim Reisen fast unumgänglich ist, und ich habe nie das Gefühl gehabt, dass ich ihn nicht mehr um mich haben will. Im

Gegenteil: Eine Reise ohne ihn kann ich mir kaum noch vorstellen. Er ist Teil meiner Welt geworden.

Jetzt schaltet sich mein Kopf ein: »Aber er ist deutlich älter als du – so was geht nicht. Wie werden deine Freunde, deine Familie darauf reagieren? Willst du außerdem riskieren, dass die noch einmal das Herz gebrochen wird? Willst du dich wirklich in diese Position begeben? Hör auf mich, denn ich weiß es besser, und ich spreche aus Erfahrung.« Doch mein Herz lächelt. »Es ist das Risiko wert. Lieber ein gebrochenes Herz als eins, das aus Angst vor Verletzung eine Mauer um sich errichtet und nicht mehr benutzt wird.«

Die nächsten Tage sind so angefüllt, dass ich nicht viel Zeit habe, über Dan und unsere Beziehung nachzudenken. Für den Morgen haben Veselin und ich ein Fotoshooting geplant, um das erste Licht der Morgendämmerung einzufangen. Unser Treffpunkt ist der Olympiapark, und in der Herrgottsfrühe sind wir fast alleine. Ich trage die dünnen Sportschuhe und habe dicke Socken mit, um meine Füße aufwärmen zu können, weil ich nur an einer Stelle stehen und deshalb leichter frieren werde. Außerdem ist die Kälte klamm und feucht. »Ich habe das Gefühl, total aus den Posen raus zu sein«, sage ich verlegenen zu Veselin. »Dadurch wirkst du natürlicher«, entgegnet er mit einem verschmitzten Lächeln. »Das finde ich gut. Wir shooten gerade nur für uns, du darfst also ganz so sein, wie du bist.« Das passt ja zu meinem Thema, denke ich und grinse in die Kamera.

Nach einigen erlebnisreichen Tagen fahre ich mit dem Zug nach Baden-Württemberg, um dort weitere Freunde zu besuchen. Während der Fahrt überrascht mich eine Frau, indem sie mich als Barfußläuferin erkennt. Ich werde mich freuen, wenn der Trend mehr gesellschaftliche Annahme findet. Allerdings bin ich durch all die skeptischen Blicke und die negativen

Bemerkungen selbstbewusster geworden. Den Weg barfuß zu gehen hat mir dabei geholfen, meine Angst vor dem, was andere sagen oder denken, in vielen Situationen zu überwinden. Es hat mir Mut gemacht, ich selbst zu sein, mit all meinen Ecken und Kanten.

Nach einer herzlichen, viel zu kurzen Zeit bei meinen Freunden sitze ich im Zug Richtung Köln. Jetzt dauert es nicht mehr lange, bis ich zu Hause bin. Als ich aus dem Zug steige, sehe ich meinen Bruder bereits ungeduldig am vereinbarten Treffpunkt auf und ab gehen. Eine Freundin, die in meine Überraschungspläne eingeweiht ist, hat ihn unter einem Vorwand hierherbestellt. Die Beleuchtung ist schwach, aber vor dem Eingang des Supermarkts scheint das grelle Schaufensterlicht auf meinen Bruder. Als ich auf halbem Weg zu ihm bin, schaut er mich direkt an. Einen Moment fürchte ich, dass er mich bereits erkannt hat, aber dann dreht er mir wieder den Rücken zu. Natürlich erwartet er mich kein bisschen, und ich sehe verändert aus. Das macht es für ihn schwer, mich als die Schwester wahrzunehmen, die er vor einem Jahr verabschiedet hat. Mit einigen weiteren Schritten stehe ich vor ihm, während er sich gerade umdreht.

»Hi, Pati«, begrüße ich meinen Bruder und umarme ihn.

Er erstarrt und lacht dann befreit. »Nee! Nein, das kann doch nicht sein! Du bist doch in Mexiko?!«

Ich grinse über beide Ohren: »Das habe ich euch doch nur erzählt, damit ich euch überraschen kann.«

Er zieht die Augenbrauen hoch. »Also wissen Pa und Ma nichts davon?«

»Nein!«, grinse ich.

»Dann machen wir das gemeinsam«, sagt er freudig, und wir gehen die nächsten Schritte durch.

Eine halbe Stunde später ist mein Vater von der Arbeit zu Hause. Das haben wir mit einem unverdächtigen Anruf in

Erfahrung gebracht. Mein Bruder schließt die Tür auf und ruft »Hallo«. »Hallo Patric«, kommt es nacheinander von beiden Eltern. Für alle ist es ein ganz normaler Tag, keiner erwartet etwas Ungewöhnliches. Als ich allerdings vor meinem Bruder die Küche betrete, erstarren beide. Für eine Ewigkeit bewegt sich weder mein Vater, der am Küchentisch sitzt, noch meine Mutter, die gerade am Herd das Mittagessen aufwärmt. Ich fühle mich wie eine Erscheinung. Langsam kommt mir die Stille und Starre unheimlich vor. Als dann mein Bruder im Türrahmen hinter mir prustend zu lachen beginnt, biege auch ich mich vor Lachen. Die ganze Situation ist zum Schreien komisch. Meine Mutter legt zumindest den Pfannenwender neben den Herd, den sie wie zum Schutz in ihrer Hand gehalten hat. Allerdings bewegt sie sich trotzdem nicht von ihrer Stelle. Ich stelle mich nur zur Sicherheit vor und sage: »Hallo, ich bin's. Eure Tochter Judith.« Erst als ich die Arme ausstrecke und ein paar Schritte auf die beiden zumache, kommt Bewegung in sie. Auch wenn sie immer noch nicht ganz glauben können, dass ich es wirklich bin, wollen sie mich trotzdem nicht mehr loslassen.

Ich muss mich setzen und werde mit Fragen durchlöchert. Das muntere Geschnatter meiner Lieben ist so vertraut, dass mich ein warmes Gefühl überrollt. Hier sind meine Wurzeln. Egal, wohin ich reise oder ziehe, ich werde immer mit diesem Ort und diesen Menschen verbunden sein.

Zwei Tage später überrasche ich meine Tante, die nur eine Straße weiter wohnt. Mein kleinster Cousin erkennt mich sofort, auch wenn er erst etwas skeptisch ist. Als ich ihn frage, ob seine Mutter zu Hause ist, öffnet er mir die Tür. »Maaamaaa«, schreit er zur Badezimmertür.

»Ja, was ist denn?«, fragt Nelli.

»Jemand ist da«, meint der kleine Bub.

»Na, wer denn?«, fragt sie. »Sag, ich dusche gerade.«

»Judith ist da«, entgegnet er.

»Wer?«, fragt sie erneut.

»Judith«, sagt er einfach.

»Na, welche Judith? Die von Tante Elvi?« Er schweigt zuerst für einen kleinen Moment und überlegt augenscheinlich.

»Leon, sag mir doch, wer da ist?«, ruft meine arme Tante, deren Stimme langsam verzweifelt klingt.

Also gehe ich schnell dazwischen: »Ich bin's, Nelli.«

»Judith??«, fragt sie verwundert. Meine Stimme hat sie gleich erkannt, kann es jedoch kaum glauben.

»Ja, ich bin's. Dusch erst einmal in Ruhe, dann erkläre ich dir alles.« Während sie sich fertig macht, umarme ich Leon und setze mich dann ans Klavier.

Als Nelli aus dem Bad kommt, drückt sie mich voller Freude an sich. »Dann bist du jetzt auch zur Weihnachtsfeier da, oder?«

»Ja, ich werde dabei sein«, versichere ich ihr.

»Das ist wirklich schön!«, freut sie sich. Dann erzählt sie mir, dass sie zuerst dachte, Leon würde die Freundin ihrer Tochter meinen. »Die Freundin von Jana heißt auch Judith. Und dann dachte ich, Leon veräppelt mich nur. Das macht er manchmal. Aber als ich deine Stimme hörte, wusste ich, dass du es bist. Und dein Klavierspielen hat mir noch einmal versichert, dass du es wirklich bist.«

Während Leon aufgeregt um uns herumhüpft, erzählt Nelli, dass meine Großeltern kurz vorbeischauen wollten. »Die können wir doch auch überraschen, oder? Wie denkst du?«, fragt sie mit einem Glitzern in ihren Augen.

»Klar«, nicke ich.

»Das wird voll cool«, begeistert sich mein Cousin.

Wenig später betritt meine Großmutter die Küche. Ich bedeute ihr mit dem Zeigefinger auf den Lippen, dass sie leise sein soll. Mein Großvater zieht nämlich noch seine Jacke aus. Zuerst starrt sie mich an und greift an ihre verdunkelte Brille, um sie zurechtzurücken. Dann eilt sie zu mir, umarmt mich und sagt leise: »Ach, meine Kleine. Meine liebe Kleine.« Sie kann es kaum fassen, ich sehe, wie ihr sogar die Tränen kommen. Ich umarme sie fester und bin ehrlich gerührt über die Freude, die mir alle aus der Familie entgegenbringen.

Mein Großvater betritt die Küche und bleibt für eine Sekunde im Türrahmen stehen. Dann zieht ein Lächeln über sein Gesicht, während er mich in seine Arme schließt. »Schön, dass du da bist«, sagt er einfach. Meine Großmutter hat sich auf einen Stuhl gesetzt und wischt sich die Tränen von den Wangen. »Ich habe dafür gebetet, dass du zu Weihnachten kommst«, schnieft sie.

Ich habe viele Fragen zu beantworten und viel zu erzählen, aber es gilt, noch einige Cousinen und Cousins zu überraschen. Wir holen sie von der Bushaltestelle ab, und als sie die Wagentür öffnen, um einzusteigen, grinse ich ihnen vom Rücksitz entgegen. Die Überraschung ist groß, und wir haben so viel Spaß daran, dass wir beschließen, auch meiner ältesten Cousine mütterlicherseits noch einen Besuch abzustatten. Gemeinsam mit der ganzen Bande stehen wir gleich darauf vor der Tür ihrer Wohnung. Sie reißt Mund und Augen auf, als sie mich hereinkommen sieht. Alle freuen sich von Herzen, und das macht mich glücklich.

Das Haus meiner Großeltern ist festlich geschmückt, als wir eintreffen. Meine Großmutter umarmt mich herzlich, und mein Großvater lächelt mich hinter ihr an. »Wir freuen uns so sehr darüber, dass du auch da bist«, sagt er. Meine Großmutter löst sich von mir und nickt. »Ja, nie im Leben hätten wir gedacht, dass du uns so überraschst! Das ist wirklich schön. Wir freuen uns sehr, dass du wieder bei uns bist.«

»Hallo, Juuuudith!«, höre ich meine Tante von der Küche rufen. Sie eilt herbei. »Hi Olli«, begrüße ich sie und umarme sie. »Na, hör mal, das ist aber eine Überraschung. Du hast uns alle veräppelt. Echt witzig«, lacht sie. Ihre quirlige und fröhliche Art habe ich immer bewundert. Sie schert sich nicht darum, was andere über sie denken oder von ihr halten. Ihr Mann Prince winkt mir mit seiner Tochter auf dem Arm. »Hallo, Judith. Schön, dass du hier bist.«

Nachdem ich alle begrüßt habe, gibt es ein Festessen und danach die Bescherung für die Kinder. Anschließend verspeisen wir den Nachtisch und unterhalten uns eine ganze Weile. »Mir ist so warm«, sage ich plötzlich. »Wer hat Lust auf einen Spaziergang?« Mein Cousin Ben springt sofort herbei. »Ich komm mit! Ich komm mit!«, ruft er.

»Alles klärchen«, lache ich und gehe zur Tür.

»Willst du keine Jacke anziehen?«, fragt meine Mutter.

Ich schüttele den Kopf. »Ich will mich doch abkühlen. Außerdem habe ich gar keine mitgebracht.«

Meine Großmutter schaut erschrocken auf. »Das ist doch viel zu kalt ohne Jacke. Ich bring dir eine.« O weh, und das ist erst der Anfang, denke ich mit einem Grinsen. Was machen sie, wenn sie erfahren, dass ich ohne Schuhe rausgehe? Das sollte ihnen eigentlich klar sein, aber erfahrungsgemäß vergessen sie das vor lauter Fürsorge immer gern.

»Ich geh auch ohne Jacke«, sagt Ben.

»Nein, du ziehst eine Jacke an. Es ist doch Winter draußen. Man geht nicht ohne Jacke im Winter«, sagt Nelli, seine Mutter. Ben und ich schauen uns an und verdrehen beide die Augen.

Irgendwie schaffen wir es doch noch, rauszugehen, Ben mit Jacke, ich ohne, und beide sind wir barfuß. Ich habe versprochen, dass ich ihn tragen werde, wenn ihm kalt ist. Immerhin liegt kein Schnee draußen, was das Barfußlaufen erleichtert. Wir spazieren durch den Wald und lassen das herbstliche Laub unter unseren Sohlen rascheln. »Du schlägst dich echt wacker«, sage ich zu Ben.

Er winkt ab. »Ach, ist doch gar nicht so kalt.«

Ich lache und klatsche vor Freude in die Hände. »Ja, ja, genau!«, rufe ich. »So ist es. Du bist der Hammer!«

Mein Vater sagt gerne: »Zu Hause ist es am schönsten«, und ein Teil von mir sieht das genauso. Der Rest fühlt immer noch den Ruf der Ferne. Die Ferne war es schließlich, die uns einander nähergebracht und uns zusammengeschweißt hat. Wir haben gelernt, uns trotz der Unterschiede zu akzeptieren und zu lieben. Meine Familie bedeutet mir viel, und ich weiß, dass sie mir immer den Rücken freihalten wird, egal, was passiert.

Sir Terry Pratchett schreibt: »Warum geht man fort? Damit man zurückkehren kann. Damit man den Ort, den man verlassen hat, mit neuen Augen und anderen Farben sehen kann. Auch die Menschen dort sehen einen anders. Dorthin zurückzukehren, wo man begonnen hat, ist nicht das Gleiche, wie nie zu gehen.«

Ich bin als ein anderer Mensch an den Ort meiner Vergangenheit zurückgekehrt, mit anderen Perspektiven auf verschiedene Gesichtspunkte des Lebens, mit anderen Wahrheiten und anderen Prioritäten. Ich habe gelernt, den Weg ebenso sehr zu genießen wie das Ziel; inneren Impulsen ohne weiteres Hinterfragen zu folgen; das zu genießen, was ich gerade habe; und nicht untätig zu warten, bis Wunder passieren, sondern meinen Beitrag zu leisten, um die Wahrscheinlichkeit für Wunder zu erhöhen. Dabei habe ich begriffen, dass ich nicht alles alleine schaffen muss, dass ich erst vollständig bin, wenn ich meine Licht- und Schattenseiten gleichermaßen integriert habe, dass eine Balance zwischen den meisten Dingen im Leben hilfreich sein kann und dass wir Menschen als Teil der Natur unser volles Potenzial am besten in der Verbindung zu ihr entfalten können.

Als ich abends müde von den Abenteuern des Tages im Bett liege, fällt mir ein, dass ich seit der Ankunft in München noch keine Mails gecheckt habe. Sicher sind die Blutwerte bereits vor einer ganzen Weile eingetroffen. Ich springe auf und taste nach meinem Handy. Tatsächlich ist eine Mail von dem Labor in meinem Postfach. Voller Aufregung öffne ich sie und suche nach den Ergebnissen. Die Antikörper stehen ganz oben, und alle befinden sich im Normalbereich. Nicht nur das, sie sind im untersten Normalbereich und damit kaum mehr messbar.

Autoantikörper sind der Auslöser meiner Autoimmunerkrankung. Wenn die Werte niedrig sind und kaum Autoantikörper vorhanden sind, dann bedeutet das, es findet keine Autoimmunreaktion statt, die Erkrankung ist nicht mehr vorhanden. Oder jedenfalls nicht mehr nachweisbar. Voller Freude mache ich einige Luftsprünge durch das dunkle Zimmer und stoße dabei mit dem kleinen Zeh gegen einen Schrank. Autsch! Das muss ich morgen unbedingt meiner Familie erzählen. Die werden Augen machen.

Auch die anderen Werte meiner Schilddrüse sind erfreulich gut. Kein Wunder, dass ich keine Symptome mehr habe. Was für ein großer Moment – ein Meilenstein in meiner Reise. Die Genesung war nicht immer angenehm und manchmal sogar schmerzhaft, aber jeder einzelne schmerzvolle Schritt hat sich gelohnt. Sie enden in dem Crescendo der Heilung, einem Wunder, das unkonventionelle Wege gegangen ist. Meine Reise war ein Jakobsweg der Rekonvaleszenz. Versuch und Irrtum, Glaube und Verzweiflung, Gebete und Flüche, Herausforderungen und Erfolge, die Weisheit der Natur und viele barfüßige Fortschritte und Rückschritte haben in den Fluss gemündet, dessen Wasser mich an das Ufer der Heilung gebracht haben. All die Jahre, in denen ich verzweifelt gegen meine Krankheit gekämpft habe, ist mir nicht bewusst gewesen, wie wichtig die innere Heilung ist. Wie innen, so außen. Am Ende der Reise habe ich gefunden, was ich gesucht habe: Heilung, mich selbst und Frieden mit meiner Vergangenheit.

Eine weitere Herzensangelegenheit beschäftigt mich allerdings noch: Ich habe mich in Dan verliebt, aber er lebt in den USA, und ich bin hier in meiner deutschen Heimat. Soll ich den Schritt in eine Beziehung zu ihm wagen? Wie wird es funktionieren, und wohin wird es mich ziehen? Sicher in mein nächstes großes Abenteuer.

Eine Gewissheit ruht jedoch tief in mir: Egal, wie ich mich entscheide, es wird gut werden. Denn ich habe zu mir selbst gefunden, und auf diesem Fundament kann ich selbst die höchsten Türme bauen.

Dank

Danke an

Rolf. Du hast maßgeblich zu meiner Reise beigetragen, als du mir die Flüge um die Welt geschenkt hast. Danke für die Chance, meinem zerborstenen Leben zu entfliehen und auf die Suche nach mir selbst zu gehen.

Thomas. Dieses Buch würde nicht existieren, wenn du nicht an mich geglaubt hättest, als du den Kontakt zur Literaturagentin Michaela hergestellt hast. Danke für deine Initiative, die mir die Möglichkeit gab, meine Vergangenheit aufzurollen und andere zu inspirieren.

Michaela. Du warst *die* Unterstützung: Den reißenden Strom meiner Kreativität hast du in sinnvolle Bahnen gelenkt. Bei allen Hindernissen warst du trotz der Entfernung an meiner Seite, hast mich ermutigt und das Ziel nie aus den Augen verloren.

Jessica, Random-House-Team & Co. Die ansteckende Begeisterung für das Projekt hat mich immer wieder beflügelt. Danke für die unkomplizierte Zusammenarbeit mit Ihnen allen und für das schöne Cover!

Liebe Jessica, deine Gelassenheit und dein Organisationstalent waren eine große Hilfe.

Liebe Frau Strerath-Bolz, danke für Ihre tatkräftige Unterstützung bei der Fertigstellung und dem letzten Schliff.

Meine Eltern. Ihr habt bedingungslos zu mir gestanden, als ich mich allein wähnte. Ihr werdet sagen, dass ihr auch eure Fehler habt, wenn ich euch *die besten Eltern, die ich haben könnte* nenne. Das sehe ich anders: Ihr seid wunderbar. Eure Liebe hat keine Fehler gemacht, sie hat mich stark werden lassen.

Anna & Walter, Laura & Mario, Lena & Thomas. Eure Fürsorge, euer Zuspruch und eure tatkräftige Hilfe haben mich gehalten.

Erik. Du hast mir geholfen, aus meinem alten Leben zu treten, mir bewusst gemacht, was ich schweigend über mich ergehen ließ. Du warst mein Anker in einer Zeit, als ich in der nasskalten Schwärze um mein Überleben gekämpft habe.

Meine gesamte Familie und meine Cousinen-Freundin Brigitte. Ihr habt mir den Rücken gestärkt, wart die Wand, an die ich mich lehnen konnte. Meine liebe Brigitte, danke für deinen Mut, für mich einzustehen.

Totko. So viel hast du mir gegeben und beigebracht: Heilung, Unterstützung, Wissen. Ich gebe es weiter, weil ich verstehe, dass dies der beste Dank für dich ist.

Peter. Du hast mir dein Heim geöffnet, mir Wege gezeigt, als ich suchend war.

Andreas. Mit deinem Sein hast du mich eingeladen, die Freiheit schuhlos zu leben.

»Adoptiv«-Familie in Raro & Airbnb/Couchsurfing Hosts Guille, John, Mo, Cam. Danke für die Freude am Geben, die ihr mich gelehrt habt, für offene Türen und Hände und für süße Erinnerungen.

Clément. Deinen Rat habe ich mir zu Herzen genommen. Danke für die Zeit mit dir.

Jaz. Du hast mir einen Einblick in deine Kultur gegeben, dein Wissen geteilt und mir Leichtigkeit geschenkt.

Dan. Dein großes Herz hat mir die Weiterreise ermöglicht. Danke für jede gemeinsam geschaffene Erinnerung und die Unterstützung im Schreibprozess. Deine Kochkünste weiß ich zu schätzen. Du bist ein wichtiger Teil meines Lebens geworden.

Barfußschuhe. Ihr wart trotz meiner Undankbarkeit treu und habt mir den Weg geebnet.

Liebe:r Leser:in. Du hast dir Zeit genommen und mich auf meiner Reise begleitet. Das weiß ich zu schätzen. Ich hoffe, es hat dir gefallen (und du hast Lust auf mehr).

Eine Seite ist definitiv zu wenig bei all den Menschen, denen ich noch danken möchte. Daher: Danke an all die Engel, denen ich begegnet bin, an all die Menschen und Freunde mit dem Herz am rechten Fleck. Ihr habt mich inspiriert, beflügelt, unterstützt, umarmt und zum Lachen gebracht. Wir haben vielleicht nicht einmal viel Zeit zusammen verbracht, aber jede Minute mit euch war für die Ewigkeit.

Barfuß um die Welt auf Social Media:

Instagram: barfuss_um_die_welt
Webseite: barfussumdiewelt.com